发掘内蒙古历史文化 服务"一带一路"建设研究丛书

朝 克 主编

内蒙古语言文字与 "一带一路" 建设研究

Inner Mongolia Languages and the Belt and
Road Construction Study

朝 克 曹道巴特尔 包乌云 凯 琳 著

中国社会科学出版社

图书在版编目（CIP）数据

内蒙古语言文字与"一带一路"建设研究／朝克等著．—北京：中国社会科学
出版社，2021.5

（发掘内蒙古历史文化 服务"一带一路"建设研究丛书）

ISBN 978 - 7 - 5203 - 8075 - 1

I.①内… II.①朝… III.①蒙古语（中国少数民族语言）—研究②"一带一路"—
国际合作—研究—中国、蒙古、俄罗斯 IV.①H212②F125.531.1③F125.551.2

中国版本图书馆 CIP 数据核字（2021）第 041269 号

出 版 人 赵剑英
责任编辑 张冰洁 侯聪睿
责任校对 杨 林
责任印制 王 超

出 版 中国社会科学出版社
社 址 北京鼓楼西大街甲 158 号
邮 编 100720
网 址 http://www.csspw.cn
发 行 部 010 - 84083685
门 市 部 010 - 84029450
经 销 新华书店及其他书店

印 刷 北京君升印刷有限公司
装 订 廊坊市广阳区广增装订厂
版 次 2021 年 5 月第 1 版
印 次 2021 年 5 月第 1 次印刷

开 本 710×1000 1/16
印 张 21.75
插 页 2
字 数 301 千字
定 价 118.00 元

总　　序

内蒙古自治区人民政府交办的重大委托课题"发掘内蒙古历史文化，服务'一带一路'建设"于 2017 年 10 月课题经费下拨后正式启动。

在课题经费下拨之前，根据内蒙古自治区主席布小林提出的："要坚定不移地以习近平总书记提出的新时代中国特色社会主义思想和关于'一带一路'建设的重要论述为指导，深入贯彻党的十九大和十九届二中、三中全会精神，认真贯彻落实习近平总书记提出的哲学社会科学工作要为党的路线方针政策及经济社会建设服好务的重要论述。要充分解放思想、求真务实、与时俱进，深入发掘内蒙古源远流长的历史文化与文明，充分发挥内蒙古政府交办的重大委托课题的示范引导作用，为党和国家工作大局及'一带一路'建设服好务。要从内蒙古地区自身优势出发，科学解读和阐释'一带一路'建设的核心内容、性质和目的及其现实意义，进而更科学、更有力、更积极地推动中俄蒙乃至延伸到欧洲各国的'一带一路'建设"以及她所指出的"该项重大委托课题要将对策研究、应用研究及理论研究紧密相结合，对策、应用研究要从内蒙古地区和'一带一路'建设的实际情况出发，要以该地区'一带一路'建设的重大理论和现实问题为主攻方向，深入实际和强化实证性研究，拿出具有重要决策参考价值和实践指导意义的对策性、应用性、实用性调研报告或研究成果。在基础研究和理论研究方面，要实事求是地发掘和充分反映内蒙古地区的历史文化与文明，进而为中华民族多元一体的历史文化与文明不断增添新的内涵，为内蒙古'一带一路'建设不断增加新的活力和生命力"等指导思想为主题，2017 年 3 月在内蒙古自治区人民政府办公厅（以下简称内蒙古政府办公厅）负责人的主持下，北京和内蒙古两地的相关专家学者在京首次召开课题工作会议。与会专家学者针对自治区主席提出的课题思路、课题内容、课题意义、课题框架、课题实施计划等展开了广泛而务实的讨论，随后将会议讨论稿交给了内蒙古政府领导。在这次召开的课题会上，初步做出如下几项决定：一是，由中国社会科学院民族文学研究所党委书记朝克研究员主持该项重大委托课题。二是，重大委托课题内部要分：（1）蒙古族与欧亚草原历史文化渊源；（2）元朝商贸往来与"一带一路"贸易畅通研究；（3）蒙古始源与中蒙俄"一带一路"地名考释；（4）蒙古族民俗文化与"一带一路"建设研究；（5）蒙古族文学艺术与"一带一路"建设研究；（6）内蒙古农牧业文化与"一带一路"建设研究；（7）蒙古族教育科学医疗文化与"一带一路"建设研究；（8）草原丝绸之路与呼伦贝尔俄侨历史文化研究；（9）内蒙古草原丝绸之路与中蒙俄经济走廊建设研究；（10）内蒙古语言文字与"一带一路"建设研究，共 10 个子课题。三是，根据参加该项重大委托课题专家们多年从事的科研工作实践及研究领域和专业特长，由中国社会科学院历史研究所青格力研究员、中央民族大学黄健英教授、内蒙古党校吉日格勒教授、中国社会科学院民族学与人类学研究所色音研究员、中央民族大学汪立珍教授、内蒙古社会科学院王关区研究员、内蒙古师范大学党委书记傅永春教授、呼伦贝尔学院院长侯岩教授、内蒙古社会科学院院长马永真研究员、内蒙古师范大学孟和宝音教授分别承担 10 项子课题的科研工作任务。四是，每个子课题要完成一部科研专著，同时还要写一份同研究课题相关的政策对策调研报告或相关政策对策性建议。并要求政策对策性调研报告或相关政策对策性建议要在课题启动后的第一年年底完成，课题专著类研究成果要在课题启动后的第二年年底完成。五是，该项重大委托课题在下拨经费后两年内完成。六是，课题总负责人同子课题负责人签署课题合同责任书。七是，课题的日常事务性工作、各子课题间的相互协调、各子课题组在内蒙古地区开展调研或资料搜集时协助提供各方面的方便条件、政策对策建议及调研报告的撰写工作、课题《工作简报》的编辑工作等均由内蒙古自治区研究室（参事室）来负责。该项课题在正式启动之前，课题组核心成员及各子课题负责人先后召开两次工作会议，主要是进一步讨论第一次课题工作会议上拟定的课题实施计划及相关内容，以及如何更好、更快、更高质量地按计划完成各项子课题科研工作任务等方面的事宜。在广泛而反复讨论的基础上，最后对于课题实施计划及要求做出了明确规定，其规定基本上保持了第一次课题工作会议上拟定的事项和内容，只是对有关子课题题目和相关子课题负责人做了必要调整。

内蒙古自治区人民政府交办的该项重大委托课题经费于 2017 年 10 月份下拨到各子课题负责人所属部门的账号，从此各子课题组开始正式启动了各自承担的科研工作。2018 年 7 月，各子课题组基本上都撰写完成了各自承担的对策研究报告。其中，有的课题组完成了两份对策调研报告。而且，调研报告经课题组负责人会议讨论通过后，第一时间交给内蒙古自治区研究室（参事室）进行审阅。随后，根据内蒙古自治区研究室（参事室）提出的建议，将这些对策研究报告，分别交给中央党史和文献研究院及中国社会科学院从事政策对策研究的资深专家进行审阅。各子课题组根据审阅和审读专家提出的意见，对政策研究报告做了必要修改和补充，同时淘汰了个别审阅未通过的政策研究报告。最后将 10 个子课题组审阅通过并进行修改补充的 13 篇对策研究报告，合订成 30 余万字的《内蒙古自治区人民政府重大委托课题"发掘内蒙古历史文化，服务'一带一路'建设"之对策研究报告》，交给了内蒙古自治区研究室（参事室）。

各子课题组承担的科研工作，也基本上按计划于 2019 年年底完成了田野调研、资料搜集整理和分析研究、撰写课题成果专著等方面的工作任务。在这里，有必要说明的是，由于两位子课题组负责人的先后去世，以及一些子课题组负责人工作岗位、工作部门、工作性质的变动和调整，加上有些子课题组负责人所承担的行政管理工作或其他科研管理工作过重而很难拿出一定时间主持该项课题等原因，在具体实施这一重大委托课题的实践中，对有关子课题组负责人做了及时调整和补充。另外，也有个别子课题组核心成员由于所承担的其他各种科研工作任务过重等原因，自动申请退出了该项课题。所有这些，给内蒙古政府交办的重大委托课题的顺利推进带来了一定困难。但在内蒙古自治区研究室（参事室）领导和相关人员的积极协调和帮助下，在课题组负责人及所有课题组专家学者的共同努力下，除了极个别的子课题组没有按时完成课题成果的撰稿工作之外，绝大多数子课题组均按时提交了作为课题研究成果的初步定稿。

在这里，还需要交待的是，课题总负责人同内蒙古自治区研究室（参事室）负责人共同商定后，在课题进行的过程中根据一些子课题组负责人的变化与变动，重新调整了第三、第八及第十子课题组负责人。重新调整后的这三个子课题组负责人分别是蒙古国国立大学的超太夫博士（第三子课题书稿补充修改完成人）、呼伦贝尔学院的斯仁巴图教授（第八子课题负责人）、中国社会科学院民族文学研究所的朝克研究员（第十子课题负责人）等。其中，蒙古国国立大学的超太夫博士主要在相关专家的协助下，负责完成其父亲内蒙古党校吉日格勒教授基本成型的课题研究书稿。以上子课题组负责人的及时调整，对于该项重大委托课题的顺利推进产生了积极影响和作用。另外，还根据该项重大委托课题的指导思想及科研任务、研究内容，将第八子课题题目改为"内蒙古草原旅游文化与'一带一路'建设研究"。依据课题工作安排，将初步完成并提交上来的各子课题组书稿，全部送交中国社会科学院、内蒙古社会科学院、内蒙古大学、内蒙古师范大学的相关专家进行审阅。对于各子课题组完成的书稿，审阅专家们提出了不同程度的修改意见。然而，从 2019 年年底至 2020 年年中的半年多时间，受新冠肺炎疫情影响，一些子课题组对审稿专家提出的书稿修改所需的补充调研工作未能按计划推进。这期间，各子课题组根据现已掌握的第一手资料也做了一些补充和修改，但一些具体数字还需要经过再次补充调研才能够进一步完善。疫情得到基本控制后，子课题组专家学者在第一时间对于书稿修改内容做了补充调研，并在较短时间里完成了课题书稿的修改完善工作。其实，从2019年年底到2020年9月，该项重大委托课题的各子课题组又将修改补充的书稿，在不同时间段内分别让不同专家学者反复审阅2—3次。而且，审阅专家学者都从各自的角度提出不少意见和修改建议。最后，于2020年9月至10月，把审阅通过并修改完善的书稿先后交给了中国社会科学出版社，顺利进入了出版阶段。

内蒙古政府交办的该项重大委托课题在具体实施的两年多时间里，各子课题组负责人和参加课题研究的专家学者，先后用汉文和蒙古文公开发表41篇学术论文，在中蒙俄"一带一路"沿线地区开展37次实地调研，并在北京、呼和浩特、海拉尔及蒙古国的乌兰巴托等地先后召开14次不同规模、不同内容、不同形式、不同层面的大中小型学术讨论会、专题讨论会、学术报告会等。与此同时，还内部印发四期课题《工作简报》，主要报道课题组负责人工作会议、子课题组负责人的变动和调整、整个课题工程的推进、各子课题组承担的科研工作进度、各子课题组取得的阶段性成果及发表的论文或相关文章、不同规模和内容的课题学术讨论会及课题推进会、国内外进行的学术考察和田野调研、课题进行中遇到的问题或困难等方面的内容。另外，内蒙古自治区研究室（参事室）还先后印制了四本约200万字课题阶段性研究成果汇编及资料汇编。所有这些，对于整个课题的顺利推进产生了极其重要的影响和作用。

众所周知，从元代以来的"丝绸之路"到当今新时代强有力推进的"一带一路"建设的漫长历史岁月里，内蒙古作为通往俄罗斯和蒙古国乃至通向欧洲各国的陆路商贸大通道，为欧亚大陆国际商贸往来、商业活动、商品交易、文化交流发挥过并一直发挥着极其重要的作用。特别是，当下内蒙古对外开放的边境口岸，已成为我国对外开放和

"一带一路"建设的重要枢纽。根据我们现已掌握的资料，内蒙古草原边境地区有 19 个对外开放的口岸，关系到内蒙古边境陆路口岸和国际航空口岸的地区共有 14 个旗（市）及呼和浩特市和呼伦贝尔市。其中，发挥重要枢纽作用的是，对俄罗斯开放的满洲里口岸和对蒙古国开放的二连浩特口岸，以及呼和浩特、海拉尔、满洲里 3 个国际航空口岸等。所有这些，给元代以后兴起的草原"丝绸之路"远古商业通道注入了强大的活力和生命力，并肩负起了以中蒙俄为主，包括欧洲各国的商贸活动和经贸往来，乃至承担起了东西方文化与文明交流的重要使命。正因为如此，从草原古"丝绸之路"到新时代"一带一路"建设这一条国际商贸大通道上，内陆地区的商人同俄罗斯和蒙古国的商人之间，建立了互敬互爱互信互勉互助的友好往来和深厚友谊。尤其是，内陆地区的商人同生活在草原"丝绸之路"与"一带一路"通道上的内蒙古各民族之间，建立了不可分离、不可分割的商贸合作关系和骨肉同胞关系。所有这些，毫无疑问都表现在他们的你中有我、我中有你的历史文化与文明，乃至他们的经济社会、生产生活、风俗习惯、语言文字、思想教育、伦理道德、宗教信仰等方方面面。也就是说，从草原古"丝绸之路"到新时代"一带一路"建设的漫长历史进程中，他们的相互接触、互相交流、思想沟通变得越来越深，进而对于彼此的影响也变得越来越广。其中，语言文化方面的相互影响更为明显。

我们在该项重大委托课题里，从历史学、地理学、地名学、社会学、经济学、政治学、文化学、语言文字学、教育学、民族学、民俗学、文学艺术、外交学、宗教学等角度，客观翔实地挖掘整理和分析研究了内蒙古草原对古"丝绸之路"的作用和贡献及在新时代"一带一路"建设中如何更好地发挥作用、蒙古汗国和元朝时期古"丝绸之路"商贸往来与内蒙古"一带一路"贸易畅通之关系、古"丝绸之路"上的蒙古族与欧亚草原历史文化的渊源、内蒙古草原古"丝绸之路"对亚欧大陆历史进程的影响、蒙古族游牧文化与中蒙俄"一带一路"农牧业和生态合作关系、蒙古族科教医疗事业的发展对于"一带一路"建设的贡献、内蒙古地区蒙古族民俗文化与"一带一路"民心相通的内在合力、蒙古族文学艺术与"一带一路"建设的关系、内蒙古草原旅游文化对"一带一路"建设产生的重要推动作用、中蒙俄"一带一路"建设及语言文字资源的开发利用等学术问题。我们认为，从 13 世纪初开始，八个多世纪的人类历史的进程中，内蒙古地区对于草原古"丝绸之路"商贸往来发挥过极其重要的作用。在强有力地推动中国政府倡议的开放包容、和平发展、合作共赢，以及政治上高度互信、经济上深度融合、文化上广泛包容的"一带一路"建设的新时代，内蒙古草原作为欧亚大陆的大通道，在这关乎人类命运共同体、人类责任共同体的伟大工程及历史实践中，同样发挥着十分积极而重要的推动作用。

朝 克

2020 年 12 月

目　　录

前　　言

　　此项成果是内蒙古政府交办的"发掘内蒙古历史文化，服务'一带一路'建设"重大课题的第十子课题"'丝绸之路'沿线蒙古族语言文字资源的保护利用"之科研工作任务。后来，根据课题研究的实际内容、实际需要、实际情况，对于课题名称做了必要的调整，改为"内蒙古语言文字与'一带一路'建设研究"。与此同时，对于课题组成员也做了适当改动，使课题组成员变得更加实用、更加务实、更加精练。课题经费拨下来之后，课题组成员按照分工及各自承担的科研工作任务，投入到课题任务所涉及的具体科研工作中。不过，由于每一位课题组成员除了承担该项科研工作任务外，还主持并参与国家社科基金项目、中国社会科学院创新工程项目，以及省部级和地方院校一系列重要课题等，很难拿出全部时间和精力投入内蒙古政府交办的这一重大项目之中。尽管如此，课题组成员仍从百忙的科研工作中挤出一定时间按照原定计划实施并推动该项科研工作，包括搜集整理相关资料，到内蒙古草原"一带一路"沿线或周边地区及中蒙、中俄边境口岸，开展语言文字使用方面的实地调研。与此同时，还到俄罗斯和蒙古国的草原"一带一路"沿线地区进行语言文字使用方面的调查研究工作。所有这些，为该项课题的顺利推进和圆满完成奠定了雄厚的资料基础，使该项科研工作基本上按原定计划圆满完成。

　　众所周知，语言文字研究是一项极其严谨、细致而复杂的科研工作。特别是语言文字使用方面的科研工作，几乎涉及社会的方方面面，包括自然环境、生存条件、社会历史、经济贸易、生产生活、婚姻家庭、风俗习惯、文化教育、思想意识、伦理道德、宗教信仰等诸多领域。对从内蒙古草原"丝绸之路"到新时代"一带一路"建设的漫长历史岁月里的内蒙古地区，包括俄罗斯、蒙古国及欧洲相关国家使用的语言文字，展开语言文字学、社会语言学、语言历史学、语言文化学、语言民族学、语言接触学、混同语言学、濒危语言学、语言变迁论及语言演化论等角度的分析研究，是一项难上加难的学术研究任务和使命。再说，项目经费并不富裕，科研工作计划完成的时间又比较短，这些现实问题给课题组成员严格按照课题研究计划向前推进带来诸多问题和困难。而且，课题组成员在实施该项科研工作时，明显感觉到在此方面的历史文献资料的不完整、不全面、不系统，甚至有些历史文献资料处于空白状态，这就在客观上督促课题组成员拿出一定的时间开展广泛深入的调查研究。说实话，内蒙古草原"丝绸之路"与"一带一路"通道上使用的语言文字极其复杂，不仅涉及国内的汉语、蒙古语及蒙古语不同方言土语、通古斯诸语，还涉及蒙古国的蒙古语及方言土语和通古斯诸语，俄语及俄罗斯西伯利亚地区的布里亚特蒙古语和通古斯诸语等。所以，没有一定的有说服力的第一手调研数据或资料，很难科学地论述中蒙俄草原"丝绸之路"与"一带一路"通道上，不同历史岁月、不同国家、不同民族、不同地区、不同社会环境中使用的不同语言文字。因此，课题组项目启动后的很多精力和时间都投入到历史文献资料的搜集整理以及实地调查研究等工作方面。经过大家的努力，课题组还是拿到了有一定学术价值、研究价值、理论价值的第一手资料。在此基础上，课题组成员从各自承担的科研工作的角度，对获取的资料进行全面整理、科学分类和分析研究，并基本上按照原定计划较圆满地完成了这一内蒙古政府交办的重大项目的子课题科研任务。

我们承担的科研工作任务，主要涉及充分开发利用内蒙古草原"一带一路"语言资源更好地为"民心相通"服务，草原古"丝绸之路"与蒙古语言文字的关系，草原"丝绸之路"与"一带一路"通道上的蒙古语方言土语同汉语的接触与受到的影响，内蒙古草原"一带一路"通道上汉语对蒙古语的发展与变化产生的积极作用，草原"丝绸之路"与"一带一路"通道上蒙古语言文字做出的历史性贡献，草原"丝绸之路"与"一带一路"通道上回鹘式蒙古文的产生发展与变化，草原"丝绸之路"与"一带一路"通道上汉语借词对蒙古国蒙古语语音带来的影响及本身发生的音变原理，草原"丝绸之路"与"一带一路"通道上汉语借词对蒙古国蒙古语词汇的影响及作用，中蒙俄草原"丝绸之路"与"一带一路"通道上通古斯诸语受汉语、蒙古语、俄语的影响及产生的作用等方面的学术问题。同时，为了使内蒙古草原"一带一路"建设中使用的不同民族语言更好地为"民心相通"服务做贡献，我们深入分析研究了内蒙古草原"丝绸之路"与"一带一路"的关系，以及内蒙古草原"丝绸之路"与"一带一路"通道上使用的语言文字及其实际发挥的作用。科学阐述了内蒙古草原"一带一路"语言资源的科学开发利用的基本思路与途径及方式方法，乃至内蒙古草原"一带一路"与语言资源的科学保护的措施与步骤，包括紧密联系内蒙古草原"一带一路"建设规划好语言文字使用和教学工作，要充分利用现代化高科技手段及丰富多样的语言文化资源推进草原"一带一路"建设的各项工作等方面的学术问题。

　　有关草原"丝绸之路"与蒙古语言文字的讨论，着重分析草原"丝绸之路"上的语言文化交流与文字传播、草原"丝绸之路"上的蒙古语及其早期文字、草原"丝绸之路"上的蒙古语言文字的历史性变迁、草原"丝绸之路"与"一带一路"上的蒙古语方言土语的分布格局、草原"一带一路"上的蒙古语方言的变迁与发展。其中，以内蒙古草原"一带一路"沿线的牧区蒙古语方言和农区蒙古语方言为例，分别讨论各自受到的汉语语音和词汇乃至语法方面的影响，以及自身发展过程中出现的语音、词汇、语法方面的不同程度的演变，包括牧区和农区蒙古语方言土语，在各自不同的自然条件、地理位置、地域环境、生产生活及其经济社会发展变化中，新出现的具有一定代表性的演变规律及深层新结构特征。其中，还要涉及中蒙俄"一带一路"沿线的巴尔虎—布里亚特蒙古语方言、卫拉特蒙古语方言的基本结构性特点及其各自发挥的实际作用等。

对于内蒙古草原"丝绸之路"与"一带一路"沿线地区汉语对蒙古语影响的讨论，在该项成果中占有一定篇幅和比例。这是因为，从草原"丝绸之路"到"一带一路"建设，内蒙古草原作为通往俄罗斯和蒙古国乃至通向欧洲各国的陆路商贸大通道，是欧亚大陆国际商贸往来、商业活动、商品交易、文化交流的必经之路，内蒙古草原对外开放的边境口岸自然也成为草原"一带一路"建设的一个个重要枢纽。众所周知，内蒙古草原边境地区有 19 个对外开放的口岸，关系到内蒙古边境陆路口岸和国际航空口岸地区共 14 个旗（市）及呼和浩特市和呼伦贝尔市。其中，发挥重要枢纽作用的是对俄罗斯开放的满洲里口岸和对蒙古国开放的二连浩特口岸，以及呼和浩特、海拉尔、满洲里 3 个国际航空口岸等。所有这些，给元代以后兴起的草原"丝绸之路"远古商业通道注入了强大的活力和生命力，并肩负起了以中蒙俄为主，包括欧洲各国的商贸活动和经贸往来，乃至承担起了东西方文化与文明交流的重要使命。正因为如此，从草原古"丝绸之路"到新时代"一带一路"建设这一条国际商贸大通道上，内陆地区的汉族商人同中蒙俄的蒙古族商人，以及生活在草原"丝绸之路"与"一带一路"通道上的蒙古族人们之间建立了互敬互爱互信互勉互助的友好往来及不可分离、不可分割的商贸合作关系和骨肉同胞关系。那么，所有这些，毫无怀疑地表现在他们的语言交流之中。也就是说，从草原"丝绸之路"到"一带一路"的漫长历史岁月里，他们之间的语言接触、语言交流、心灵沟通变得越来越深，进而对于彼此语言的影响也变得越来越广。特别是汉语对于蒙古语的影响十分明显。因此，本书拿出一定篇幅全面系统地论述了草原"丝绸之路"与"一带一路"通道上，汉语对蒙古语语音、词汇、语法等方面的影响，甚至分析了汉语对于蒙古语有关方言土语的虚词类词和形态变化语法现象及句法结构等方面的影响。同时，还讨论了在草原"丝绸之路"与"一带一路"通道上汉语借词在蒙古国蒙古语中发挥的作用，以及汉语借词在语音、词义、用法等方面发生的变化及其演变原理。尤其是汉语借词中出现的元音和谐规律、元音长音化原理、辅音替换规则、语音脱落与增加现象，以及词义的转换生成功能与作用，包括汉语借词的构词性能的提高及扩大化使用手段等方面的深层学术问题。另外，在该项成果里，也讨论了中蒙俄草原"丝绸之路"与"一带一路"通道上生活的通古斯诸语受到的汉语、蒙古语、俄语的影响，包括通古斯诸民族语言在草原"丝绸之路"古商道及日本海、白令海、鄂霍次克海等东北亚海上"丝绸之路"上的早期国际商贸活动，以及中蒙俄草原"一带一路"建设中发挥的作用与影响力。

　　我们在这里也客观翔实地挖掘、整理、分析了草原古"丝绸之路"及新时代"一带一路"建设中，蒙古文的产生、发展、变化及其做出的历史性贡献。其中，着重讨论了草原"丝绸之路"与回鹘式蒙古文的关系及其历史性贡献、草原"丝绸之路"与八思巴字及其历史贡献、草原"丝绸之路"与托忒蒙古文及其贡献、草原"丝绸之路"与"一带一路"上的近现代蒙古文及满文汉文的历史文献与主要发挥的作用。特别是专门探讨了草原古"丝绸之路"上的敦煌石窟回鹘式蒙古文题记的语音特征，并同《蒙古秘史》等早期蒙古文献资料及蒙古语相关方言土语进行了比较研究。同时，论述了敦煌石窟回鹘式蒙古文题记词汇受到的藏传佛教方面的一定影响，以及在草原"丝绸之路"商道上敦煌石窟回鹘式蒙古文所发挥的作用，尤其在传播藏传佛教方面起到了重要推动作用。

　　总而言之，从13世纪初开始，在这8个世纪的人类历史的进程中，蒙古语言文字在草原"丝绸之路"上发挥过极其重要的作用。在顺利实施中国政府倡议的开放包容、和平发展、合作共赢，以及政治上高度互信、经济上深度融合、文化上广泛包容的"一带一路"建设的新时代，内蒙古草原作为欧亚大陆的大通道，在这关乎人类利益共同体、人类命运共同体、人类责任共同体的伟大工程中，同样发挥着积极推动作用。特别是在中蒙俄草原"一带一路"建设中，蒙古语言文字作为一种重要的交际工具和交流手段，在同蒙古国和俄罗斯西伯利亚布里亚特共和国间的国际商贸往来、商业活动、商品交易中发挥着日益重要的作用。与此同时，其对于内蒙古草原"一带一路"沿线及周边地区的经济社会的建设与发展，包括对外开放和更好地服务"一带一路"建设等方面也都做出了积极贡献。

第 一 章

草原"一带一路"语言资源的
开发利用

　　在这一章里分四个部分，主要讨论内蒙古远古时期的草原"丝绸之路"古商道与新时代草原"一带一路"建设的关系、内蒙古草原"一带一路"与语言资源的开发利用与保护，以及紧密联系内蒙古草原"一带一路"建设规划好语言文字使用和教学工作、内蒙古草原"一带一路"建设中充分利用现代化高科技手段及语言文化丰富资源推进各项工作等方面的学术问题。

第一节　内蒙古草原"丝绸之路"与
"一带一路"

　　从历史的角度来看，元代不只是蒙古人带领我国北方各民族打天下的朝代，还是充分发挥我国北方民族有史传承的游牧式、流动式、开放式思维方式，遵循和信仰自然万物和谐共存的自然法则建立起来的具有鲜明的草原游牧文化特色朝代。从某种意义上讲，元代几乎改变了人类生存的基本格局，从我国的北方到南方，从世界的东方到西方，打开了人类不同文化与文明相互交流与融会贯通的大通道。与此同时，对蒙古族等我国北方游牧民族传统文化的对外传播产生了不可估量的重要影响和作用，也为蒙古族在内的我国北方诸民族的草原文化与文明向南方诸民族乃至向世界各国的文化与文明的学习，带来了千载难逢的好机遇、好视野、好世界。在此基础上，不同民族、不同地区、不同国家间，不同文化与文明的相互接触和交流变得十分活跃而广泛。特别是蒙古族等北方民族与当时的中原文化、南方文化建立了非常密切的互动关系和相互往来，游牧文化与农业文化开始大范围深度碰撞与融合。甚至，在宗教信仰世界里，出现了佛教、道教、基督教、伊斯兰教和萨满教和谐并存、相互尊重、互相交流、各行其道的精神产物，进而强化了我国北方与南方文化的深度交流，强化了我国与西方国家间不同文化的广泛接触。结果，不只是我国北方蒙古族用生命和信仰传承的温寒带草原传统游牧文化受到农业文化的强有力的刺激与冲击，更加鼓舞人心的是，我国蒙古族等北方民族传统的草原游牧文化，出现了历史性的一系列重大发展变化与变革，进而给他们的生产生活及传统的思想意识注入了强盛活力。

在我们看来，一个民族的伟大觉醒和崛起，使他们将本民族独特的文明与智慧，同其他民族或地区的文明与智慧科学、有效、成功地相互融合，不断强化不同民族、不同地区、不同国家间的不同文化的相互尊重、相互学习、相互借鉴和相互包容与并存。毫无疑问，这也是在中世纪世界文化史上，蒙古族等我国北方民族传统游牧文化能够毫无掩饰地表现出它那顽强的生命力之根本原因。在元代，我国历史上形成的草原"丝绸之路"① 这一跨越疆界，贯穿欧亚大陆的古商贸通道虽然有数条干线和许多支线，但草原"丝绸之路"是其中不可忽视的重要组成部分，它开启了蒙古草原通向欧亚大陆的重要商贸大通道。在当时，这条商贸大通道对于蒙古草原的历史进程与经济社会的发展产生了直接而深刻的影响，甚至对于东西方文化与文明的接触与交流同样产生了深远影响，进而在一定程度上推动了特定历史时期的我国草原文化与文明的崛起与繁荣发展，使蒙古草原单一性的本土文化与

① 形成于公元前 2 世纪与 1 世纪之间。

文明拥有了多样性和多重性内涵，进而很大程度上推动了欧亚草原"丝绸之路"的商业贸易活动和文化交流，为东方与西方的政治、经济、文化交流注入了新的活力和生命力。事实上，这一连接欧亚商业贸易和文化交流的生命通道，历经无数次磨难与艰辛一直延续到今天，为人类文明的进步和发展产生了不可忽视的重要影响。特别是，对于内蒙古地区经济社会的发展发挥着极其重要的推动作用。虽然，在一些特殊历史年代，因各种不利因素的直接或间接影响，对于内蒙古草原"丝绸之路"古商道的商贸交往、商业活动、商品交易及其文化交流受到过不同程度的负面影响，但还是没能够从根本上彻底影响不同角度、不同程度、不同层面、不同方式、不同内容的经济文化交流。

众所周知，地处我国正北方的亚欧大陆内部的内蒙古自治区，拥有 4200 公里边界线以及 19 个对外开放口岸。其中，通往俄罗斯、蒙古国的航线有 6 条，经内蒙古满洲里和二连浩特口岸开往欧洲的班列共有苏满欧、营满欧、津满欧、湘满欧、鄂满欧、渝满俄、昆满欧、哈满欧、沈满欧、长满欧、盘满欧、临满欧、赣满欧、粤满俄、辽满欧、郑欧、湘欧等共计 36 条线路。其中，中蒙最大陆路口岸是二连浩特，中俄最大陆路口岸是满洲里，它们同样是内蒙古最为重要的两个对外开放窗口，进而成为内蒙古两个国家重点开发区，并很快产生了十分可观的对外贸易经济效益，跨境人民币业务结算数额连年突破原定预算。在此基础上，很快形成北上南下、东进西出、内外联动、八面来风的对外开放新格局，已成为我国向北开放的重要窗口和"一带一路"建设的重要枢纽。那么，我们在这里提到的对外开放的 19 个口岸，分布在内蒙古边境地区的 14 个旗（市）以及呼和浩特市和呼伦贝尔市。其中：（1）对俄罗斯开放的有满洲里铁路口岸、满洲里公路口岸、黑山头水运口岸、室韦水运口岸、二卡公路口岸、胡列也吐水运口岸 6个；（2）对蒙古国开放的包括二连浩特铁路口岸、二连浩特公路口岸、策克公路口岸、甘其毛都公路口岸、珠恩嘎达布其公路口岸、阿日哈沙特公路口岸、满都拉公路口岸、额布都格水运口岸、阿尔山公路口岸、巴格毛都公路口岸 10 个；（3）还有呼和浩特航空口岸、海拉尔航空口岸、满洲里航空口岸 3 个国际航空口岸。其中，人口不足万人的边远小镇二连浩特，有史以来就位于我国重要的草原"丝绸之路"及"茶叶之路"。尤其是，新中国成立以后，从我国首都北京到蒙古国首都乌兰巴托及俄罗斯首都莫斯科的国际联运列车的顺利开通，给这一元代以后兴起的草原远古商业通道注入了强大的生命力，并肩负起了以中蒙俄为主，包括欧洲各国的商贸活动和经贸往来，乃至承担起了东西方文化与文明交流的重要使命。

尤其是自 1992 年以后，内蒙古呼伦贝尔满洲里、锡林郭勒盟二连浩特以及阿拉善盟额济纳旗戈壁腹地的策克口岸，包括巴彦淖尔的甘其毛都等成为我国对蒙俄开放口岸之后，这些地区的经济社会步入快速发展轨道。这使国内外琳琅满目的优质产品及品牌货物，经这些口岸通道源源不断地集聚、中转，穿梭于蒙古高原、俄罗斯腹地和欧洲各国，进而强有力地展现出草原边境口岸的勃勃生机。据不完全统计，在过去的几十年里，内蒙古口岸每年的进出口货运量位居全国口岸前列。毫无疑问，这使改革开放后的内蒙古口岸自然成为经济社会快速发展的一个新的重要支撑点。内蒙古政府为了更多更有效地吸引以俄罗斯为中心的欧洲各国商人、商家和企业，在满洲里等口岸兴建以俄罗斯式建筑为主的欧式商场商街、饭店酒家、娱乐消遣场所。与此同时，每年开展多种形式和内容的商品展销、商贸交易、文化交流、文艺演出、选美大赛等活动。再加上优惠的商贸商品免税制度，以边境口岸旅游和我国内陆地区旅游相互配套的旅游产业的不断扩大，以及交通、服务、购物、消费等方面基础设施的不断完善和优化，越来越多地吸引俄罗斯、蒙古国及欧洲各国游客，游览内蒙古边城独特风光并采购优质商品。另外，越来越多的俄罗斯、蒙古国及欧洲各国名牌商家企业到这里投资和经商。很快，内蒙古的这些边境口岸城市成为内蒙古经济社会发展的新的增长点。随着草原"一带一路"建设的不断向深度和广度推进，以及不断加快提升完善优化的基础设施建设，内蒙古地区同俄罗斯、蒙古国及欧洲相关国家间的商业、贸易和各种民间交往实现深度融合，中蒙俄经贸交流合作不断升级，各口岸贸易量、货运量和进出境人数连年呈现数十倍的可持续增长。再说，内蒙古草原生态保护工程的强有力推动、植树造林、沙漠绿化、退耕还牧、畜牧业科学化管理等一系列政策性措施按部就班地落到实处，使内蒙古地区的自然环境、生态环境、生产环境、生活环境、人文环境越来越优美。特别鼓舞人心的是，内蒙古的优秀传统文化与时俱进地吸收了现代文化与文明，也就是用现代文化与文明进行精美包装、修饰、打扮、点缀、优化、提升之后，更加焕发出强盛的新时代生命力、感染力和影响力。所有这些使内蒙古优秀传统文化同高科技现代文化相互作用、互相照应、共创辉煌。在此基础上，内蒙古经济社会的发展打造出蒙古族优秀传统文化与北方各民族文化，以及同汉族文化与文明、古今文化与文明、中西文化与文明紧密相结合的多样性、多元化文化格局。

那么，我们应该理性地看到，人和人之间、不同地区和国家之间的交流，包括各种商贸往来、商品交易、经济合作和民间交往等，都需要用语言进行沟通和交流。我们在科学有效地推动"一带一路"建设以及同"一带一路"建设相关的任何一项工作，实施任何一个项目时，都首先需要用语言来沟通、用语言来交流、用语言来铺路。没有语言的沟通交流与铺路，我们的任何一项工作都很难按计划顺利推进。特别是，内蒙古地区同俄罗斯和蒙古国及在草原"一带一路"沿途的欧洲各国间建立的不同规模、不同领域、不同范围、不同形式、不同内容、不同层级的开放性、自由性、公平性、互利性、互惠性、共赢性商贸合作中，充分体现出蒙古语言文字具有的生命力和感召力。为了更好地推动草原"一带一路"建设，内蒙古草原各边境口岸自改革开放之初就有计划、有思路、有战略地培养适应型俄语和多语人才。同时，各口岸地区开办各种形式的俄语、蒙古语、英语培训班、短训班、速成班、初级班、中级班和高级班，还向蒙古国和俄罗斯各大院校派遣留学生学习俄文及斯拉夫蒙古文。甚至向草原"一带一路"沿线的欧洲各国派遣留学生，学习包括英语在内的欧洲各国语言文字。实用型语言人才的培养，对于内蒙古地区推动草原"一带一路"建设产生了极其重要的影响。反过来说，通过中蒙俄边境口岸的改革开放，以及工作实践和创新性探索，我们更加深刻而切身地体会到草原"一带一路"建设中实用型语言人才的重要性，乃至语言沟通、语言交流所拥有的生命力和发挥的强大作用及带来的好处，使我们更加明确、清楚、全新而科学地认识到，在草原"一带一路"建设中首先要搭建好人心沟通、民心相通的语言文字这一心灵桥梁，铺好这条语言之路的重要意义。

2013 年秋，国家主席习近平先后提出了"丝绸之路经济带"和"21 世纪海上丝绸之路"，这是推动人类文明发展进步与惠及人类无限美好未来的伟大思想理念和深思熟虑的倡议。后来，这一陆地和海上"丝绸之路"被简称为"一带一路"。我们要充分挖掘和开发利用内蒙古草原"丝绸之路"这一历史上的古商道资源及其与草原"丝绸之路"沿线各国建立的相互交往、商贸往来、经济合作、语言交流的伙伴关系。在此基础上，打造出民心相通、文化相融、经济互利、政治互信、求同存异、相互包容的利益共同体、责任共同体和命运共同体。对于内蒙古地区而言，与草原"一带一路"建设直接相关的有 19 个口岸及14 个旗（县）和盟（市），这些地区在历史上为草原"丝绸之路"文化文明与经济贸易交流发挥过相当重要的作用。改革开放之后，伴随我国对外交流的不断扩大，特别是草原"一带一路"方案的提出和具体实施，这对于内蒙古同俄罗斯、蒙古国及欧洲各国的商贸往来、经济合作、国际交流发挥了十分重要的作用。那么，在推动草原"一带一路"建设的工作实践中，蒙古语言文字及其相关民族语言文字等同样发挥了不可忽视的重要影响和作用。众所周知，语言既是无形之路，更是思想之舟。我们深深地懂得，关系到人类共同命运和未来发展的草原"一带一路"是属于人类共同的发展之路、共同的幸福之路、共同的追梦之路，但所有这些需要用语言来交流和沟通。正因为如此，我们必须先修建语言之路，搭建打通好语言通道。这也是我们常说的，要使贸易畅通和货币流通都离不开语言交流与沟通。

习近平主席在哈萨克斯坦首谈"丝绸之路经济带"时，就高瞻远瞩地提出"五通"，即政策沟通、道路联通、贸易畅通、货币流通、民心相通。实现"五通"，当然需要语言互通。首先，政策要用语言表述。协商制定区域合作规划与措施，并使相关政策、法律、规划、措施为民所知所用，这些所有的环节都需要用语言来交流，用语言来沟通。在此基础上，"一带一路"建设方案才能够一个个付诸具体的行动并落到实处。其次，设施联通更需语言联通。语言之路不通畅，其他方面也难以通畅。再次，"五通"之中，民心相通讲的是一个根本性问题，那就是把"一带一路"建设作为命运共同体的伟大实践，在真正意义上实现利益互惠、互利共赢、共同繁荣发展的美好心愿，民心相通是其主要前提、根本条件和坚实基础。

与内蒙古草原"一带一路"建设直接对接的国家主要是俄罗斯和蒙古国，所以本书主要涉及俄罗斯的俄语和蒙古语及西伯利亚的通古斯诸语、蒙古国的蒙古语及通古斯诸语等。为服务国家"一带一路"建设工程，以语言互通促进"五通"的实现，内蒙古语委以科研为先导，充分做好顶层规划，积极组织研制《推进"一带一路"建设语言规划研究行动方案》，并组织实施了一系列同草原"一带一路"语言文字专项课题密切相关的重大课题研究。同时，从2015年开始，在中蒙俄边境城市或相关地区的院校，先后设立了有关语言方面的专业化科及专修班，启动了相关语言教材的编写工作。更为重要的是，鼓励各有关高校及科研机构积极参与同草原"一带一路"相关的语言政策、语言规划、语言保护、语言现状调查，以及语言服务、语言产业、语言资源的充分开发利用等方面的研究。所有这些，为草原"一带一路"的建设和顺利推进，给予了语言文字方面相当强大的支撑。

根据我们掌握的资料,我国古丝绸之路主要有 4 条重要通道:一是,贯通蒙古高原地带的草原"丝绸之路";二是,沙漠"丝绸之路",也就是从洛阳、西安出发,经河西走廊至西域,然后通往欧洲;三是,东南沿海的海上"丝绸之路";四是,西南地区通往印度的"茶马古道"。可以说,"丝绸之路"从远古时起就开启了中西方文化的交流、文明的对话、商贸的往来,以及人类文明与文化的互通有无、取长补短、继往开来、共创辉煌的伟大使命,进而为人类的进步和发展发挥了极其重要的作用。毫无疑问,"丝绸之路"属于世界上最长的一条语言文化、思想意识、政治经济相互交流的生命之路。这其中,以草原"丝绸之路"最为典型,其发挥的作用最为显著。

就如前面所说,草原"丝绸之路"是指蒙古草原地带沟通欧亚大陆的人心大通道、商贸大通道,是"丝绸之路"极其重要的组成部分。其时间范围可以定位为青铜时代至近现代,空间范围大致框定为北纬 40 度至 50 度的这一区域,自然环境以草原为主要地貌特点,以游牧活动为主要经济类型。其主体线路是由中原地区向北越过古阴山(今大青山)、燕山一带的长城沿线,西北穿越蒙古高原、南俄草原、中西亚北部,直达地中海北陆的欧洲地区。沿线经过的主要古代城市有辽上京(今巴林左旗辽上京遗址)、元上都(今正蓝旗元上都遗址)、集宁路(今集宁路古城遗址)、天德军(今丰州古城遗址)、德宁路(今傲伦苏木古城遗址)、哈喇浩特(今额济纳旗黑城遗址)、哈剌和林(今蒙古国前杭爱省哈剌和林遗址)、托克马克(今吉尔吉斯斯坦托克马克市)等地。草原"丝绸之路"东段最为重要的起点是内蒙古长城沿线,也就是现今的内蒙古自治区所在地。

在我们看来,内蒙古地区按草原"丝绸之路"通道实现"一带一路"建设倡议,首先必须要用汉语、蒙语、俄语及相关民族语铺好路、搭好桥。尤其是要充分利用中、蒙、俄三个国家使用的不同语言进行相互深度沟通。也就是说,中、俄、蒙三国使用的不同语言间的互通是实现"五通"的重要前提和基础,没有语言的互通或相互间的深度沟通，其他方面的所谓互通很难落到实处。而且，相关政策、规划、思路也很难达到理想沟通的境界。其结果自然而然地直接影响政策沟通、设施联通、贸易畅通、资金融通。蒙古族虽然分别生活在我国的内蒙古、蒙古国和俄罗斯的布里亚特加盟共和国等国家和地区，然而，生活在不同国家和地区的蒙古族，完全可以用彼此熟悉的方言土语进行交流，这一语言方面的先决条件给中蒙俄的草原"一带一路"倡议下的设施联通、贸易畅通、资金融通带来了千载难逢的好的语言机遇、好的语言基础、好的语言环境。

众所周知，使用语言的人类社会创造的所有文化与文明是这个世界上最为珍贵的财富，也是最为重要的载体。所以，我们任何一种语言文字，都代表一种历史、社会、文化、思想、文明。那么，不同的民族语言文字，同样承载着不同的历史、社会、文化、思想、文明。正因为如此，不同国家、地区、民族间语言的交流，事实上就是不同历史、社会、文化、思想、文明的交流。因此，我们必须要用海纳百川、包容豁达、求同存异、取长补短、相互学习、谋求共识、建立互信、共创辉煌的思想理念，从实现人类共同美好梦想的角度，扎实有效、切实可行地做好草原"一带一路"建设所需的语言规划、语言使用、语言服务工作。在此方面，内蒙古政府及边境口岸城市和地区做了大量行之有效的工作，培养了一批又一批实用型多语种人才。尽管如此，我们为了更好、更全面、更加完全彻底地服务于草原"一带一路"的建设，应该在更高层面、更大范围、更加长远地设计语言保护和使用规划。一定要统筹考虑我国内蒙古地区及俄罗斯和蒙古国，包括草原"一带一路"通道上的欧洲各国的诸多语言的学习和使用情况，以及跟这些语言密切相关的历史、社会、文化、思想、文明的学习与研究工作。这就是说，我们既要认真思考和科学把握内蒙古地区的语言使用、语言历史、语言社会、语言文化、语言思想、语言生活、语言文明、语言环境及语言生态的变化与发展，乃至与此相配套的语言政策、语言规划、语言政治；同时，我们也应该充分考虑和科学把握，俄罗斯和蒙古国及其欧洲相关国家的语言使用、语言历史、语言社会、语言文化、语言思想、语言生活、语言文明、语言环境及语言生态的变化与发展，及其与此相配套的语言政策、语言规划、语言政治等方面的深层问题。这样我们才能够在双边和多边交流中处于优势地位，更多地争取人心、赢得民意、获得共识、建立互信，求得发展空间。在我们看来，"发掘内蒙古历史文化，服务'一带一路'建设"这一内蒙古政府的重大委托项目所承载的历史使命，就是让我们更好地为中央提出的草原"一带一路"建设服务，也是让我们为强有力地推动草原"一带一路"建设提供理论支撑。我们认为，在我国内蒙古地区与俄罗斯和蒙古国及欧洲相关国家间通过草原"一带一路"建设，实现和睦相处、互利互惠、共谋发展的国际商贸往来的伟大历史进程中，各国各地各民族语言资源的充分开发利用显得尤为重要。

虽然不同国家或地区的母语使用者能够无障碍地使用作为跨境语言的蒙古语直接交流和沟通，但蒙古语还是存在一定程度的区别性特征，这些区别性特征更多地表现在语音和词汇方面。作为跨境语言的蒙古语之间出现的变异现象，既有地理性、地域性、地方性特征，也有历史性、社会性、文化性、接触性、外来性、特殊性因素。从地理位置或特定地域环境来讲，蒙古语之间出现的区别性特征似乎跟方言土语一样，都是由于地理位置的不同和生存的自然环境和条件的不同，加上历史上的特殊时期相互间的往来变得十分少或基本上被切断，久而久之出现了蒙古语内部的地域性差异或区别性特征。我们掌握的第一手资料及相关研究表明，在不同地理位置、地域环境、自然条件下生活的同一个民族语言，由于相互间不长期交往和交流，即使在没有外来语言的影响和干扰下，也会自然而然地出现各自不同的地方性和地域性语音和词汇方面的异同现象。而这种同一个语言内部的语音和词汇方面的变异，完全取决于各自生存的不同地理位置、不同地域环境和自然条件。比如说，生活在草原牧区的蒙古语语音中长音现象较为突出，他们的语言里草原牧区、草原植被、五畜牧场方面的词汇较为丰富，进而成为语言交流的核心内容；生活在山区或戈壁沙漠地区的蒙古语语音中高音较为突出，他们的语言词汇里有关山林或山林植被、山林野生动物、戈壁沙漠等方面的词汇占有一定比例，自然成为该地区蒙古族日常会话中的重要内容；生活在农区农村的蒙古语语音较短、语速较快，其词汇中出现大量与农业生产、农作物、农村生活密切相关的内容。毫无疑问，这些是他们语言交流的重要组成部分。从这个意义上讲，无论是我国境内的蒙古语，还是俄罗斯或蒙古国的蒙古语都有其鲜明的地理性、地域性、地方性特征。除此之外，从不同的社会环境等方面来讲，蒙古语中出现的一些异同现象，也无疑跟不同国家的不同社会生活及不同的政治制度、管理体制、市场经济、文化教育、语言文字、宗教信仰等有关系。比如说，俄罗斯的蒙古语语音受一定程度的俄语语音影响，我国境内的农区蒙古语也受一定程度的汉语语音影响，新疆的蒙古语还受到突厥语族语言的影响等。所有这些，自然也成为蒙古语出现差异性特征的社会因素。而当今，整个世界的不同国家均产生着历史性的巨变，经济社会的繁荣发展出乎人们意料地快速向前推进，这使不同国家和地区的蒙古语的使用受其不同地理位置和地缘环境及社会变革等方面的直接影响，不同国家的跨境蒙古语的使用出现较为显著的变异现象，甚至要比同一个国家内不同地区的方言土语的变异显得更为突出。这种变异现象，涉及语音、词汇、语法、文字等语言文字学所有领域。当然，其中在词汇方面的差异性特征最为明显。众所周知，蒙古语言文字是典型的跨境语言文字，有其特定社会因素、国际环境和影响力。特别是，伴随草原"一带一路"建设方案的推动以及中蒙俄三国蒙古族之间的往来不断增多、不断加深、不断扩大，使人们更加清楚、更加实际、更加全面地感受到，不同国家间使用的蒙古语中存在的实实在在的差异，以及这种差异变得越来越大的客观存在的现实。在此种现实面前，我们一定要集中人力财力进一步强化蒙古语这一跨境语言文字的变异现象的实质性、针对性、全面性和综合性研究，进而推动中蒙俄草原"一带一路"建设中的语言沟通、心灵沟通、民心相通工作。

第二节 内蒙古草原"一带一路"与语言资源的开发利用与保护

我们在推动中蒙俄草原"一带一路"建设的实践过程中，十分紧迫地感受到蒙古族语言文字资源的科学化开发、科学化使用、科学化保护的重要性。为什么说科学化开发使用呢？我们知道，科学的手段就是要遵从事物发展的自然法则，顺应人类社会发展的必然规律，尤其是草原"一带一路"建设所需的内在的和外在的发展原理。更为准确地讲，在中蒙俄草原"一带一路"建设和商贸通道上，要更加实用、更加有效、更加切实可行地开发蒙古语言文字资源，使它在中蒙、中俄①草原"一带一路"建设中发挥更为重要的作用。经过中蒙俄草原"一带一路"建设实践，我们更加迫切地感受到该项工作的紧迫性。从某种意义上讲，在以中国内蒙古和蒙古国及俄罗斯为核心的中蒙俄草原"一带一路"建设中，也就是在中蒙俄商贸往来的经济走廊上，蒙古族语言文字具有不可怀疑而极其重要的作用和意义，甚至直接关系到该项划时代意义的命运共同体重大建设工程的质量和成果。在这一通道上，遍布蒙古族语言文字使用区域，其语言资源极其丰富而复杂。那么，在不同国家和地区的蒙古语言文字及其方言土语的生态格局发生重大变化的特定历史背景下，我们需在推进草原"一带一路"建设

---

① 这里说的是在中国和俄罗斯布里亚特加盟共和国之间的商贸物流，布里亚特语是属于蒙古语的一种特殊方言。使用该方言者被称为布里亚特蒙古人或布里亚特人，布里亚特蒙古人除了生活在俄罗斯外，在我国的内蒙古自治区呼伦贝尔鄂温克族自治旗，以及蒙古国都有一定人口的居民。布里亚特蒙古人有史以来就有很强的经商意识，并在中蒙俄"一带一路"沿线国家和地区的商贸往来中一直发挥着较为重要的作用。

和宏伟蓝图中，更加科学有效地保护这一弥足珍贵而极其重要的语言资源，从而使内蒙古地区为中蒙俄草原"一带一路"建设规划的具体实施做出更大贡献。这就是说，我们要不失时机地不断强化蒙古族语言文字资源的深度开发研究，彻底消除草原"一带一路"建设通道上由于语言生态的变异而导致的不利因素，这对于推动中蒙俄草原"一带一路"建设具有很强的现实意义和可持续发展的长远战略意义。自党的十八大以来，对于科学保护蒙古族语言文字，保护蒙古族语言资源、语言生态，甚至对于蒙古语中的不同方言土语的保护等方面已经开展了大量实地调研和富有成效的分析研究，取得了一系列非常重要的阶段性成果。我国的蒙古语言文字专家学者们将民族语言文字的保护同蒙古族优秀传统文化与历史文明的保护和传承密切相联系，同内蒙古文化强区建设及中蒙俄草原"一带一路"建设紧密相结合，用科学的态度和理论高度构拟了蒙古族语言文字保护框架和体系。其中提出：首先，要下大力气将有历史文献记载的蒙古文字保存好，在此基础上进一步强化开发利用力度，进而充分发挥历史文献资料拥有的现实的未来的学术价值。其次，要对众多无文字记载的蒙古语濒危方言土语，开展更加深入、更加全面、更加系统、更加细致入微的实地调研和富有成效的科学保护。在此基础上，充分发挥中蒙俄草原"一带一路"沿线国家和地区使用率较高、活力较强的布里亚特蒙古语、沃鲁特蒙古语、巴尔虎蒙古语等蒙古族方言土语的功能和作用，使蒙古语的这些方言土语，在草原"一带一路"建设的语言交流、人心沟通、民心相通方面做出更大贡献。再就是，更多地从蒙古族语言文字教育、语言文字使用、法律用语的保障，以及新技术用语的运用等角度，从科学保护和开发的策略、路径、方法、措施出发，多方位、多层面、多角度地开发利用蒙古族丰富多彩的方言土语。总而言之，我们必须下大力气，进一步加强与草原"一带一路"建设相关的蒙古语方言土语的开发利用和分析研究工作。最后，一定要科学高效地全面规划蒙古族语言文字保护与经济社会发展进步所需的实际问题，以及中蒙俄草原"一带一路"建设中存在的语言交流、人心沟通、民心相通的重要现实问题,进而客观现实而针对性地提出蒙古语方言土语保护层面上操作性强、行之有效的方略措施。

我们的调研资料还表明,伴随中蒙俄草原"一带一路"建设的不断深度推进,这条通道和周边地区对于蒙古语言文字产品的需求也在不断加大。我国在改革开放初期开展的不同国家和地区间的民间商贸往来中,对此问题的关心不够或者说关注不是十分到位,由此一定程度上影响了蒙古语言文字产品的开发利用,甚至在一些方面或多或少地影响了中蒙俄草原"一带一路"建设中的国际商贸往来和商品流通。毋庸置疑,在当时的历史条件下,在中蒙俄草原"一带一路"建设通道上从事国际商贸活动和商品交易的内蒙古地区及内陆地区的商人,不懂蒙古语言文字或只会简单交流,无法深度洽谈商贸交易。在这种现实面前,他们在不同国家间的国际商贸活动中大量使用翻译工作者,然而翻译人员也很难完整完美地翻译出中蒙俄商家的真实意愿和深刻思想内涵。毫无疑问,语言交流和沟通方面出现的障碍和问题,对于政策沟通、设施联通、贸易畅通、资金融通、民心相通等产生不同程度的负面影响。对此我们认为:一是,广泛而深度开发蒙古语言文字产品,研发推广携带便利、方便实用、功能互补的蒙古语言文字学习产品。其中,既应该包括草原"一带一路"沿线国家或地区的蒙古语方言土语的学习产品的开发,也包括面向草原"一带一路"沿线国家或地区推广推销蒙古语学习产品。二是,要深度开发科学便利的语言应用产品,比如便携式蒙古语与其他语言翻译器、蒙古文与其他民族文翻译阅读器、蒙古语与不同文字高效率输入法等。三是,需要研发具有丰富内涵的多种多样的蒙古语文化产品。就是以蒙古语言文字为元素或为载体,更好地满足草原"一带一路"沿线不同国家的蒙古族商人和消费者对于不同文化娱乐产品的特殊需求。比如说,适合于蒙古语言文字开发利用的经典、幽默、轻松而快乐的短小精悍、内容丰富的文学作品、影视戏剧、动漫故事、文化知识读本、学术性著作、游戏、玩具等，以此不断满足人们对于蒙古语言文化产品的实际需求。

我们认为，中蒙俄草原"一带一路"建设的顺利实施，将会不断加大沿线国家和地区间人们的相互交往、相互往来、相互流动。比如说，工程建设、商贸往来、交流访问、旅游探亲、跨国婚姻、留学等诸多领域和方面的人员及人才的相互流动。那么，这一现象的出现，乃至这一现象的不断增多，自然会在不同程度上影响现有的蒙古语文字的使用格局，营造更为复杂多样的蒙古语言文字使用生活环境，或者是更多更为复杂的不同国家语言、不同民族语言交叉使用的语言生活社会。在这种现实面前，怎样更好、更理想地帮助不同国家和地区的商人、旅游者、学者克服因蒙古语言文字的使用而带来的诸多困难，能够在国际经贸活动、商业洽谈、商品交易、旅游观光、文化交流、学术讨论等各项活动中，进行无障碍交流与沟通，这是相关部门必须认真考虑的一个极其重要的现实问题。与此相关，像进出口窗口服务行业、宾馆酒店、旅行社及相关办事机构的工作人员，包括市场化服务部门的干部职工，应该不失时机地强化蒙古语与各种语言的交流培训，提高他们的蒙古语言文字使用功能和水平。与此同时，要积极主动地不断优化蒙古语言文字使用环境，应该建立健全随时随地汉俄蒙语言文字个性化翻译的服务体系。在此基础上，制定蒙古语言使用规划，不断提高蒙古语言资源平台服务职能。比如说，蒙古语在外宣工作中的设计，包括草原"一带一路"建设中的蒙古语话语体系的科学设计，以此避免因话语失当而影响中蒙俄草原"一带一路"建设工程的顺利推进。另外，我们还需要进一步调整和优化蒙古语言文字在中蒙俄国际性商贸营销中的使用，以及同跨国企业语言文化生活的实际需求相配套的工作思路、工作安排、工作计划。

根据调研资料，中蒙俄草原"一带一路"沿线国家或地区除了使用蒙古语言文字外，还使用通古斯诸民族语言。特别是，像鄂温克、鄂伦春、赫哲等通古斯诸语均属于跨境民族语言。在中国内蒙古呼伦贝尔地区、蒙古国及俄罗斯的西伯利亚和远东地区都有一定人口数量的通古斯诸民族。在俄罗斯的通古斯诸民族除了使用本民族语言外，还使用由俄罗斯斯拉夫字母创制的文字埃文基文、那乃文等通古斯种民族文字。众所周知，通古斯语族语言也和蒙古语族语言一样，属于阿尔泰语系语言。值得一提的是，在阿尔泰语系语言里，蒙古语族语言和通古斯语族语言关系最为亲近，这种不同语言间的密切关系不只是出现在早期的基本词汇方面，甚至在这些语言的语音和语法方面也都存在相当广泛而深入的共有关系。在历史上，对于阿尔泰语系满通古斯语族通古斯诸语的研究不太多，只从 19 世纪中后期才出现通古斯诸语的有关语言记录，较为系统的调研资料及研究成果出现于 20 世纪20 年代以后。尤其是 20 世纪 30 年代相继出版发行了一大批有关俄罗斯西伯利亚通古斯诸民族语言词汇集、词汇比较集、口语语音研究、语法研究、方言土语研究等资料集、辞书、专著等。更加可贵的是，在 20 世纪 30 年代，俄罗斯给西伯利亚和远东地区通古斯诸民族分别用斯拉夫字母创制了文字，并组织相关专家编写了俄罗斯通古斯诸语的教科书，还开办了相关小学，让通古斯诸民族适龄儿童通过斯拉夫字母的母语文字学习文化知识。毫无疑问，这对俄罗斯通古斯诸民族文化教育的普及、本民族语言的保护和传承、各类各级人才的培养发挥了十分重要的作用，产生了非常深刻的影响。在当时，通古斯诸民族母语的使用、本民族文字的学习成为一种时尚。另外，上学的孩子们还从小学就学习俄语和俄文，这使俄罗斯的通古斯诸民族的学生们不仅学习掌握了母语文字，还很快学习掌握了俄语和俄文，成为名副其实的双语或多语使用者。从历史的角度来讲，俄罗斯西伯利亚及远东地区的通古斯诸民族，在早年就开辟了与中国和日本、朝鲜的海上"丝绸之路"。那时，他们从中国购买丝绸、陶瓷品及相关生活用品，通过海上运到朝鲜和日本，同它们进行跨国商贸交易。同时，从日本购买或通过易货交易获取当时较为先进的渔业生产工具、大米或相关生活用品，带回到西伯利亚和远东地区，进而一定程度上提高了他们的渔业生产及生活质量。而且，在当时，他们还用中国丝绸和陶器、日本和朝鲜的渔业生产工具和大米及相关生活用品,同俄罗斯人进行不同形式和内容的商品交易。由此我们说,俄罗斯西伯利亚和远东地区的通古斯诸民族的先民,不仅有东北亚海上"丝绸之路"的历史文化与文明,还是新时代草原"一带一路"建设的积极参与者。

毋庸置疑,包括俄罗斯的通古斯诸民族语言在内,作为跨境语言的鄂温克、鄂伦春、赫哲等国内通古斯诸民族使用的母语,同蒙古语有其不同程度、不同层面、不同角度的历史来源、地理位置、地缘文化、语言交流等方面的错综复杂的关系。他们的不同语言文字中,凝聚着先民们共同拥有的远古文明,承载着多元一体的文化内涵,蕴藏着极其丰富而厚重的历史积淀。与此同时,在另一方面也呈现出各自具有的独特语言环境、语言社会、语言文化。我们对于他们的历史来源、社会发展、文明进程、语言文化的变迁进行深度科学讨论时,就会自然而然地发现你中有我、我中有你的命运共同体的特殊关系。更加令人深思的是,这种特殊关系无可怀疑地表现在各自不同的民族语言的深层结构之中,也就是较为完整地储存于这些语言的远古的底层结构。那么,对于这些语言的地层结构中储存的同源关系的分析研究,使蒙古语历史来源的探讨变得更加复杂和多元,蒙古语的讨论变得更有生命力和影响力。并且,很大程度上拉近了蒙古语族语言与满通古斯语族语言的亲属关系,尤其是拉近了蒙古语及通古斯诸语间有史以来结缘的亲属关系。对此我们认为,蒙古语及通古斯诸语的历史来源关系的研究,对于顺利推动中蒙俄草原"一带一路"建设,以及对于不断向深度和广度拓展的这一关乎人类命运共同体的伟大工程,乃至更好地发掘蒙古族历史文化及其语言文字,更好地发挥它们拥有的强大活力和感染力有其特殊的现实意义。也为在更加广泛的政治、经济、文化领域,对于这些历史命题开展的学术讨论,乃至进一步强化他们间的语言交流、人心沟通、民心相通将会产生深远影响。换言之,我们在实施中蒙俄草原"一带一路"建设时,首先要打造语言先通、人心先通、民心先通的"人文之路",这就需要不断深入发掘、整理、开发、利用跨境蒙古语言文字，以及相关民族语言文字这一弥足珍贵的心灵宝藏。蒙古语及内蒙古地区的相关语言作为跨境语言充分显示出有历史变革、民族迁徙、社会制度的变化、政治制度的更替、文化语言的接触、碰撞与发展变化的遥远而悠久的历史由来。在这些语言中，实际上积淀了极其丰厚而遥远的多元性历史文化，它们是属于蒙古族等内蒙古诸民族的十分珍贵的"活化石"。通过对蒙古族等内蒙古诸民族有史以来的文化生成、演进、传播、变异现象，以及同不同民族间产生的不同历史时期、不同层级、不同程度的语言文化交流与交融等现象研究，可以科学地揭示远古历史文化的根与脉。我们也可以从中不断发掘为当今中蒙俄草原"一带一路"建设发挥作用的积极因素，并注入现今的人们为美好生活与未来梦想不懈努力拼搏的强大精神力量，继承和借鉴由历史传承而来的不同民族共同认同的优秀文化与文明，从而不断增进中蒙俄各国各民族间的相互了解和相互合作。在此基础上，不断为草原"一带一路"建设提供学术支持和理论支撑，更加理想地搭建人心沟通之路。

以上所说，在中蒙俄草原"一带一路"建设中，我们首先要奉行语言先通、人心沟通、民心相通的"人文先行"的合作发展理念。语言包含着极其丰富的文化内涵，语言具有的特殊功能和作用，直接关系到新时代"一带一路"建设中的政策沟通、设施联通、贸易畅通、资金融通。蒙古语言文字是我国内蒙古地区实施中蒙俄草原"一带一路"建设的伟大实践中，进行对外交流的重要的语言交际工具，也是推动沿线国家和地区开展蒙古语言文字国际化教育的重要内容，有利于不同国家和地区间更加深入了解蒙古族悠久历史文明与优秀传统文化，全面提升合作共赢的发展理念，为该项关乎人类命运共同体的建设工程的预定目标奠定坚实思想基础。经过改革开放，在内蒙古地区的对外开放、国际合作、国际性经贸往来，特别是在草原"一带一路"建设等方面，蒙古语言文字发挥了十分重要的功能和作用。与此同时，在国际性教育教学工作方面，蒙古语言文字教育也取得了相当丰硕的实践成果。由此，内蒙古政府不断加大对蒙古语言文字资源开发利用的政策和资金等多方面的支持力度，包括进一步加大了对中蒙俄草原"一带一路"建设，以及沿线相关国家或地区的临时性、季节性和开放性蒙古语言文字学校或培训中心的扶持力度。另外，也跟我国内陆地区的相关院校合作开设了不少蒙古语言文字国际性教育专业班。在此基础上，培养了一大批双语或多语实用性人才。尤其可贵的是，中蒙俄边疆口岸地区蒙古语民间教学日臻完善，教材质量和教学质量不断提高，教师队伍的教学水平、教学素质、教学能力不断提高。甚至，在不同国家和地区实施了有关蒙古语言文字使用情况、教学教育情况的一系列富有成效的调查研究。其中，还涉及不同国家和地区的蒙古语方言土语，以及与蒙古语密切相关的通古斯诸语等的实地调研工作等。我们必须承认，在中蒙俄草原"一带一路"建设背景下，不同国家和地区实施的具有很强的现实意义和长远的战略意义的蒙古语言文字、方言土语、相关亲属语言使用情况的调研和分析研究工作，具有十分鲜明的新内涵和新特点。并且，具体体现在以下四个方面。

一是，充分体现出了坚定不移地推动中蒙俄草原"一带一路"建设，以及蒙古语言文字及优秀传统文化同沿线各国各地区的语言文化的接触与交流实践中，自觉而积极主动地融入"和而不同、合作共赢"的思想理念，以及"平等友好，互利互惠"等"丝绸之路"的古老文明的思想内涵。在此基础上，科学而有计划、有步骤、有成效地开展了沿线国家和地区的蒙古语言文字教育的推广活动。

二是，充分体现在通过不同形式和内容，包括开展各种学术交流、学术活动、学术会议，打造出了蒙古语言文字国际交流平台。其中，也关系到基于语言习得、语言能力、语言智能训练建立起来的蒙古语言文字国际化教育体系。所有这些，对于营造中蒙俄草原"一带一路"建设框架内的语言友好交流、人心理想沟通、民心和谐相通等方面产生了不可忽视的重要影响。这使蒙古语言文字国际化教育更加旗帜鲜明地表现出服务中蒙俄草原"一带一路"建设的这一根本目的和最高目标。同时，也成为不同国家、不同地区、不同民族的人们共同参与并推进中蒙俄草原"一带一路"建设工程的一种共识，以及一种强大的内在的合力和能量。

三是，充分体现在全面开发利用蒙古语言文字和方言土语资源，以及与蒙古语密切相关的语言文字资源等方面。所有与此相关的一系列项目，包括实地调研和学术交流活动广泛而富有成效地开展，加上现已取得的相当丰厚的前期阶段性学术成绩，同样对于强有力地推动中蒙俄草原"一带一路"建设产生了深远影响。也自然成为强有力地实施该项关乎人类命运和未来美好生活之伟大工程的重要举措、重要途径和重要力量。通过前一阶段的工作实践和工作经验，我们也深刻认识到在中蒙俄草原"一带一路"建设的过程中，要针对不同国家和地区的不同国情、不同政治制度、不同社会环境和条件，尤其是不同语言文字的使用情况，更加科学有效地从顶层设计蒙古语言文字资源的开发利用工作，充分发挥好蒙古语言文字的实际功能和作用。

四是，进一步加强对中蒙俄草原"一带一路"沿线国家和地区蒙古语言文字教育的个案研究工作，发挥好各自具有的得天独厚的优势，集中各方力量和智慧攻坚克难，不断向深度推进与此相关的各项工作。我们认为，服务于中蒙俄草原"一带一路"的蒙古语言文字教学和使用情况的全面深入的研究，一定要从实际需求、实际需要出发，需要兼顾国内和国际语言生活两个大局。就国内而言，主要是不断深度探讨在内蒙古地区现代化进程和新时代的小康社会建设道路上，在蒙古语言文字的开发利用方面遇到的一系列问题及其采取的对策。与此同时，把这些工作要同内蒙古草原"一带一路"建设紧密相连，进而为该项人类重大工程的可持续强势发展积蓄新的无穷力量和生命力。就国际而言，主要是服务于中蒙俄草原"一带一路"人文交流、争取民心的迫切需要。中蒙俄草原"一带一路"沿线各国文化各有不同、各有特色，宗教信仰又十分复杂，尤其是经济社会发展水平差异比较显著，由此出现不同国家和地区的人们对于利益的诉求不相一致的现象。

那么，我们必须求真务实、因地制宜、客观现实地针对这些存在的问题和实际情况，做更加深入、细致、全面的调查研究。并在深度交流和沟通及其充分了解的基础上，广泛而富有成效地开展细致入微、深入人心的各方面工作，进而争取和赢得民心。从这个意义上讲，在中蒙俄草原"一带一路"建设中，要下大力气做好蒙古语言文字开发利用方面的语言规划、语言教育、语言使用和交流工作。还要在这些工作中，积极主动、不折不扣、确确实实、完全彻底地融入服务好中蒙俄草原"一带一路"建设的思想理念。要充分利用蒙古语言文字具有的生命力和影响力，找准切入点主动作为、积极作为，不断加大推动新时代"一带一路"建设的力度，不断强化中蒙俄草原"一带一路"建设的活力、影响力、感染力和感召力。

第三节　紧密联系内蒙古草原"一带一路"建设规划好语言文字使用和教学工作

在这里，我们还应该进一步阐述，如何更好地进行蒙古语言文字使用规划的问题。在前面的讨论中，我们也提出过与此相关的问题。在我们看来，当今的信息化时代，大数据与互联网使甚至是在不同国家和地区间的人们能使用同一个语言文字进行交流，该语言文字的社会功能、社会作用、社会影响也被急剧放大。在推进中蒙俄草原"一带一路"建设的伟大进程中，我们更应重视蒙古语言文字的规划问题。紧密结合上面的讨论，以及现已掌握的第一手调研资料，本文从以下几方面分析蒙古语言文字在中蒙俄草原"一带一路"建设中更好地进行科学规划的一些思路。

一是，就如上面所说，要下大力气研究好中蒙俄草原"一带一路"通道上的蒙古语言文字及其他相关语言文字的使用状况。要摸清各自不同的语言文字使用底数、列出清单、组织调研，建立健全蒙古语言文字及相关语言文字数据库，强化国际国内蒙古语言文字及相关语言文字的智库建设，构建服务中蒙俄草原"一带一路"建设的蒙古语言文字及相关语言文字的科学体系。目前，我国与草原"一带一路"沿线国家和地区间开展的不同角度、不同范围、不同层面、不同形式、不同商贸往来的企业已达到几万家。其中，一些企业在开展中蒙俄间的国际性商贸交易时，还是不同程度地存在语言文字方面的一些障碍或问题。但是，经过改革开放 40 余年的努力，在中蒙俄草原"一带一路"建设实践中，绝大多数企业已经基本上解决了语言文字沟通问题，只有少数企业在此方面还没有得到完全解决。就此我们认为，针对存在的一些问题，为了更好地推动中蒙俄草原"一带一路"建设，我们应该更加积极主动地科学规划如何更好地提升语言使用、语言沟通、语言交流能力的行之有效的实际方案。特别是在内蒙古边境口岸地区蒙古语言文字的使用，以及相关语言文字的使用方面的调查研究及进一步全面规划显得十分重要。也就是说，我们拟定的语言文字使用方面的调查研究及规划，除了蒙古语言文字的使用情况的调查研究工作外，还应该包括汉语言文字及通古斯诸民族语言文字等使用情况的全面调查研究工作。目前，国家已经启动对内蒙古、新疆、西藏、云南、广西边境地区语言使用状况的调查研究工作。我们要不失时机地充分利用这些大好机遇，求真务实而科学有效地提出在中蒙俄草原"一带一路"建设中，对内蒙古边疆地区和边境口岸各有关部门，以及开展国际商贸活动的各有关企业使用汉语言文字、蒙古语言文字及相关民族语言的实际情况做全面调查研究，并在此基础上进行针对性的科学规划。与此同时，还要充分科学合理地调整同边境口岸语言文字使用密切相关的工作思路、工作方案、工作部署。换言之，该规划方案也应该设计拿出专项经费，组织相关专家学者，编辑中蒙俄三国蒙古语言志及相关民族语言志，编纂单语词典、多语词典及各种专业化词典，编写汉语言文字、蒙古语言文字及通古斯诸民族语言的教科书，以及普及性实用读本或多语学习手册等内容。而且，除了编辑出版传统的纸质小词典、口袋书,还需要有规划、有安排、有步骤地开发便携实用的多语言电子词典、多语言翻译器、跨语言阅读器、自动嵌入邮件翻译器、便携式多媒体语言学习器等。

二是,根据我们掌握的资料,在改革开放的40余年时间里,整个内蒙古地区,尤其是边境口岸地区外语学习不断升温,公民的外语水平大有提高。但学习的语种同改革开放初期和中期的状况有所不同,那时对于俄语、英语、蒙古语、通古斯诸语等全面开展教学和学习,确实培养了一批应急型、实用型多语种人才。如前所说,这些工作对于当时的内蒙古中蒙俄草原"一带一路"建设及边境口岸的国际商贸交易发挥了积极推动作用。但后来,内蒙古边境口岸地区语言文字的培训学习变得比较单一。特别是近些年,人们把学习外语的精力和时间更多地用在了英语上,从而一定程度上忽略了俄语和蒙古语及相关民族语言的学习与提高。其结果,精通这些语言文字的人才变得供不应求。对此我们认为,在中蒙俄草原"一带一路"建设中,一定要有规划、有思路、有远见、有安排地下大力气、下好本钱继续培养精通中蒙俄三种语言文字的高端人才。这是一项十分迫切而重要的工作任务,它直接关系到中蒙俄草原"一带一路"建设中的语言交流、人心沟通、民心相通的大事和要事。在这一现实面前,我们必须充分科学规划急需人才的培养问题,同时要加大培养力度和培养投入。内蒙古草原"一带一路"建设,覆盖俄罗斯、蒙古国及其这条通道上的欧洲相关国家,沿线国家和地区的语言文化极其丰富多样,存在各自不同的区别性特征和差异。不论怎么说,中蒙俄草原"一带一路"建设所面对的语言社会、语言世界极其丰富,然而其中最为重要的是汉语、蒙古语和俄语,如果这些语言关都迈不过去,那么从俄罗斯及蒙古国走向欧洲各国的通道会变得更加困难。内蒙古作为草原"丝绸之路"与"一带一路"通往俄罗斯、蒙古国及欧洲相关国家的主要陆路通道,在这条通道上涉及的语言文化极其丰富和复杂,加上内蒙古草原"一带一路"沿线地区自身具有的丰富多样的蒙古语方言土语,以及汉语方言土语和达斡尔语、通古斯诸语等，在一定程度上加大了语言调查研究及语言规划与语言政策规定方面的难度。在中蒙俄草原"一带一路"建设中，虽然也可以用英语进行沟通，但是要同俄罗斯和蒙古国开展真正意义上的国际性商贸交易或活动时，走入其国家、走进其社会和厂矿企业、走到其市场和民众之中，深入了解其语言文化与思维规则与模式，进而拉近彼此之间存在的语言使用、感情交流、心灵沟通的障碍时，就会深刻而切身地感触感觉感悟到，使用其最为熟悉而喜欢的语言所具有的亲和力、吸引力和生命力。在实用性语言文字人才的培养规划中，要从中蒙俄草原"一带一路"建设的实际需求出发，认真制订汉语、俄语、蒙古语等语言教学与培训学习方案。有人认为，中蒙俄草原"一带一路"建设工程的开展已经取得了一定阶段性成绩，进而迈入正常运作规程，由此某种程度开始忽略汉语、俄语、蒙古语交流中出现的一系列现实问题。事实上，远不止如此，我们在这条路上要做的工作还很多，要走的路还很长，要遇到的困难和问题同样有不少。特别是，要面临的挑战、攻克的难关有许多。在刚刚走过的改革开放40余年时间，我们确实走过了从无到有、从小到大、从探索到实践、从实践到理论思考的一条成功之路。同时，也积累了极其丰富的实践经验。所有这些，成为今天推进中蒙俄草原"一带一路"建设的重要前提、坚实基础和可靠保障。其中，我们更加深刻地认识到，优秀而精通中蒙俄三种语言的高端语言人才的重要性。也就是说，内蒙古与中蒙俄草原"一带一路"建设中，我们急需一大批既精通汉语言文字及蒙古语言文字，又精通俄语俄文及通古斯诸民族语言文字的优秀专业化人才。内蒙古与中蒙俄草原"一带一路"建设中，使用的官方语言文字，首先涉及汉语言文字、俄罗斯语言文字、蒙古语言文字，其次还涉及通古斯诸语及该通道沿线欧洲各国使用的官方语言文字。这里提到的通古斯诸语，也属于在中蒙俄草原"一带一路"建设及其通道上，在中国、俄罗斯、蒙古国三国之间都使用的语言，不过目前在内蒙古地区甚至在国内此方面的学习教育工作开展得不太理想，尚未开设通古斯诸语更高层面、更加深入的学习教育和培训，只有在俄罗斯西伯利亚和远东地区的中小学教育或在大学的研究生教育中开设了通古斯诸民族语言文字教学课程。但遗憾的是，俄罗斯和蒙古国的通古斯诸民族除了懂母语和俄罗斯语，蒙古国的通古斯诸民族还掌握蒙古语等之外，他们都几乎不懂汉语言文字。俄罗斯的通古斯诸民族，其至不懂蒙古语言文字。也就是说，我国境内的通古斯诸民族，在俄语学习使用方面不仅没有得到很好的培训教育，而且也没有受到中蒙俄不同国家和地区的母语和汉语、蒙古语方面的系统教育，结果生活在中蒙俄边疆线的通古斯诸民族只懂母语和本国的主流语言，对于其他民族语言或其他国家的主流语言却一知半解或根本不懂。尤其是，在方言差别较为显著的情况下，对于蒙古国和俄罗斯的通古斯诸语的方言及蒙古语方言土语等基本不掌握，这就自然而然地给他们在草原"一带一路"通道上的母语交流，以及使用俄语或蒙古语不同方言土语的交流带来许多不便。特别是，对于汉语交流带来很大不便。更为显著的是，当下精通通古斯诸语及汉语言文字、俄语俄文、蒙古语言文字的人才显得十分短缺。

众所周知，内蒙古草原"一带一路"建设关系到东西两条线路，东线从满洲里通往俄罗斯及欧洲相关国家，与此同时从满洲里国际陆路大通道向国内通往海拉尔、大庆、哈尔滨、长春、沈阳、锦州、山海关、天津、北京乃至通往国内各大城市。西线是从内蒙古二连浩特出发，通往蒙古国和俄罗斯及欧洲相关国家和地区。其中，满洲里口岸既是我国最大的边境陆路口岸，也是欧亚大陆通往俄罗斯及欧洲相关国家的国际大通道。满洲里位于内蒙古呼伦贝尔大草原腹地，东临兴安山，南临呼伦湖，西临蒙古，北临俄罗斯。它是一个有着百年历史的港口城市。它被誉为"东亚之窗"，融合了中、俄、蒙三国的风俗习惯。从满洲里口岸出发的铁路是中俄贸易最大的通商铁路。同时，满洲里口岸还有对外开放的，有其一定流量及吞吐量的公路口岸，从而给国际贸易往来、商贸交易及公路货运创造了得天独厚的陆路公路口岸。由此更加拉近了中蒙俄草原"一带一路"通道上的密切接触关系，语言交流关系，民心沟通基础。毫无疑问，像满洲里国际机场航空交通口岸、满洲里国际铁路口岸、满洲里国际公路交通口岸等的先后建立，给中蒙俄草原"一带一路"建设注入了强大活力和生命力。其中，一百年前修筑的中俄中东铁路，当时就在满洲里建了铁路口岸，并于1901年起在此口岸和通道上开始了中俄国际贸易活动及其交流。经过90年来的风风雨雨，一直延续到我国的改革开放。从20世纪90年代初起，伴随我国对内经济体制的改革，以及在和平共处五项基本原则基础上对外实行的开放包容的国际经贸往来政策的顺利实施，内蒙古呼伦贝尔大草原腹地的满洲里市不失时机地同俄罗斯后贝加尔斯克市建立了互惠互利、合作共赢的国际合作贸易区。所有这些，使中蒙俄草原"一带一路"建设工程，更加扎实、稳妥、有效地拓展到俄罗斯远东地区。尤其是中蒙俄草原"一带一路"建设工程的不断顺利推进，加上在此通道上各种国际性、地域性、地区性、民间性商贸交往和活动的不断深度开展，俄罗斯后贝加尔斯克地区已发展成为相当重要的中俄远东贸易国际市场。这使我们更加迫切地感受到，在中俄草原"一带一路"建设中俄语和布里亚特蒙古语及后贝加尔通古斯诸语的重要性。这些语言文字的学习掌握和熟练使用，直接关系到在俄罗斯后贝加尔斯克这一远东贸易核心区域，富有成效、广泛而可持续地开展各种商贸交易和贸易活动。再说，充分掌握这些语言文字，对于俄罗斯西伯利亚和远东地区的自然资源开发，有着极其长远的重要战略意义。因为，该地区极其丰富的自然资源，基本上都在布里亚特蒙古族及通古斯诸民族生活区域。反过来讲，内蒙古边境城市满洲里作为中蒙俄草原"一带一路"建设的重要通道之一，同样是亚欧大陆桥的东部起点地区，以及同俄罗斯后贝加尔斯克贸易核心区建立国际商贸合作关系的边陲，随着中蒙俄草原"一带一路"建设及国际贸易事业的快速发展和崛起，满洲里的国际商贸地位变得越来越重要。由此，满洲里市的各种国际商贸交流、商贸洽谈、商贸活动变得越发活跃，满洲里的市容建设也变得更加国际化，进而成为具有浓郁异国风情的边境国际经贸城市。在满洲里市，到处是进行国际性商贸的场所或商场，到处是来自俄罗斯和蒙古国的俄罗斯人、蒙古人、布里亚特蒙古人及通古斯诸民族，以及来自内蒙古各地或中国内陆其他地区的商人。中蒙俄草原"一带一路"建设不断深入推进，汉族、蒙古族、俄罗斯人及通古斯诸民族间的交往变得越来越多、越来越频繁、越来越密切，语言交流变得越来越深，语言涉及的内容也变得越来越丰富与复杂。这一切从客观上造成在语言使用、语言交流、民心沟通中对多语种人才的需求。这项工作，不只是关系到蒙古语和俄语，同时也关系到汉语、布里亚特蒙古语、通古斯诸语等语言文字方面的翻译人员和其他相关工作人员。

在这里，还应该提出的是，现今的内蒙古呼伦贝尔腹地的满洲里市，不仅成为拥有几十万常住人口的中小型国际化边境城市，同时也有不少俄罗斯和蒙古国，甚至是内蒙古草原"一带一路"建设通道上的欧洲相关国家和地区的企业商业的常住办事机构、办事地点、常驻性的办事人员或工作人员。满洲里市内生活方便、生活条件优越、生活物质丰富，再加上各种生活用品价格便宜等因素，很多俄蒙及欧洲相关国家和地区的人都喜欢到满洲里市采购各类生活用品，开展跨国采购活动已成为一种生活方式与日常习惯。同样，我国内陆地区的人们也喜欢到满洲里来享受俄罗斯和蒙古国地域文化、建筑文化、服饰文化、饮食文化、音乐歌舞文化等，以及购买俄罗斯和蒙古国及其欧洲相关国家和地区的独具特色的生活用品、艺术品、服饰及食品、酒水、咖啡及各种食品。用他们的话说，来到了满洲里，就等同于去了俄罗斯和蒙古国，没有什么太大的区别。但是，不论是从俄罗斯和蒙古国乃至欧洲相关国家或地区来的商人或旅游者，还是从中国内陆地区或沿海地区来的商人或旅游者，共同面临的问题就是语言深度交流、民心深度沟通的现实问题。毫无疑问，由于语言交流不畅通，这对中蒙俄民间商贸商品交易带来一定负面影响。其实，类似现象在内蒙古中蒙俄草原"一带一路"商贸通道上都不同程度地存在，根据以上提到的实际情况，我们在边境口岸地区，包括内蒙古有关高校外语专业招收的研究生中，应该适当考虑像通古斯诸语以及布里亚特蒙古语、巴尔虎蒙古语、沃鲁特蒙古语方面的特殊人才。过去的时间里，也培养过与此相关的民族语急需人才，但总觉得力度不够，特别是多语种人才的培养，还要进一步强化工作力度。与此同时，在少数民族边境口岸地区，为了使少数民族消费者及其从事各种国际商贸活动的人们更好地与内陆地区商人开展引进商品和货物交易及交流，也应该对于那些只懂蒙古语而汉语言文字能力较差的蒙古族进行汉语言文字方面的培训和教育，提高他们的汉语言文字使用能力和水平，使他们在内蒙古边境口岸乃至在跨国经营的国际商贸活动中，对于汉语、蒙古语、俄语等语言的使用处于优势地位，主动、积极、有效地解决语言交流中遇到的各种问题和难题。另外，还要对在内蒙古边境口岸地区开展中蒙俄草原"一带一路"国际性商贸活动的汉族商人，有计划、有安排、有步骤、有成效地进行蒙古语言文字方面的培训教育，快速提高他们使用蒙古语言文字的能力。就如前面所说，内蒙古边境口岸地区也办过一些针对在边境口岸开展国际商贸活动的汉族商人的蒙古语短训班或急训班，但与此相关的一些工作没有很好地持续下去，有些工作效益并不是十分理想或令人满意。其结果，一些汉族商人只是学会了简单的日常会话或用语，很难达到同俄罗斯和蒙古国的蒙古族商人深度交流、洽谈各种业务、民心理想沟通的程度。这使他们在跨国商贸交易中，只是用自己不太熟悉的蒙古语或俄语或英语开展商业性对话，或者是用对方不太熟悉的汉语进行交流，由此导致商贸交易效率不尽如人意或大打折扣。

在这种现实面前，我们在中蒙俄草原"一带一路"建设中，一定要充分考虑不同语言应有的政治、经济、社会方面的实用价值与实际效益。同时，用特殊教学法灵活机动而扎实有效地培养各种语言急需人才，或者将各种语言或多语实用型人才的培养放在相关语言国家或地区接受更加有效的教育。另外，布里亚特蒙古语及通古斯诸语，同样是中蒙俄草原"一带一路"建设中使用面较广的语言和使用价值较高的语言。所以，应在内蒙古大专院校语言专业研究生培养计划中，对于像蒙古语布里亚特、沃鲁特、巴尔虎等特殊方言土语，以及通古斯诸语专门人才的培养方面开辟特殊通道。再说，对于此类语言人才的培养，包括研究生学习阶段的培养计划中，应该针对性且有目的地制定送他们到使用这些语言的国家或地区留学，并在具体的语言环境中学习使用这些语言的教学方案。内蒙古呼伦贝尔地区为了更好地推进草原"一带一路"建设工程，从本地区精通汉语及布里亚特蒙古语和通古斯诸语的青年学生中，选拔一些优秀人才到俄罗斯西伯利亚和远东地区及蒙古国的一些大学读书，甚至读硕士研究生和博士研究生课程。经过培养，他们已经成长为精通汉语言文字、蒙古国的标准蒙古语、布里亚特蒙古语、沃鲁特蒙古语，熟练掌握俄罗斯语言文字和通古斯诸语言的多语人才，从而在中蒙俄草原"一带一路"建设中发挥着极其重要的作用。尤其可贵的是，这些人才不仅掌握多种语言文字，还较全面而深入地了解中蒙俄草原"一带一路"通道上不同民族的历史文化、经济社会、经贸关系、风俗习惯等。所有这些，都和他们在国内读书和留学期间学的语言文化与经济社会的公共课程有关。说实话，内蒙古地区的一些大专院校，面向中蒙俄草原"一带一路"建设所需人才的培养计划中，开设有关语言教学及经济社会方面的课程，为在该地区强有力地推动草原"一带一路"建设发挥着十分积极的语言桥梁作用。不过，根据中蒙俄草原"一带一路"建设不断向深度和广度推进的现实情况，以及在多语种语言人才的需求变得越来越多的前提下，改革开放以后培养的实用型多语人才还是显得供不应求，许多人才已处于老年化阶段，甚至一些人还因为年龄关系离开了工作岗位。这种现实，更加迫切地需要抓紧时间用各种途径或方式，包括以开办参加人数少而精的小班化教学培训形式，用三个月或半年甚至是一年时间，不失时机地培养多语言文字实用型人才。那么，与此相配套的是，应该组织相关专家学者编写针对性强、实用性强而有实际效益的各种语言教材，该教材的内容中应该还涉及我国草原"一带一路"建设计划和相关政策法规，涉及不同国家和地区的历史文化及经济社会密切相关的基础知识、法律知识等。通过这些方面的系统性教育，使学习者们对于不同语言背后的不同国家和地区的历史文化与社会现实，有较为全面的了解和把握。在我们看来，学习掌握一种语言，熟练而科学地使用一种语言，同语言社会、语言使用习惯、语言表达方式和能力，包括同语言政策等都有必然的内在联系，这些都属于语言使用公共政策的重要组成内容。其中提到的语言使用习惯、语言使用技巧、语言表达方式和能力，同不同国家和地区的历史文化与文明有其必然的深层次联系。同样，也无可怀疑地表现在他们的政治、经济、社会生活之中。这些方面的知识、培训、学习和素养，也是我们更好地开展中蒙俄草原"一带一路"建设的根本前提和基本保障。

第四节　内蒙古草原"一带一路"建设中以现代化高科技手段充分开发利用丰富多样的语言文化资源

当前，信息网络正铺天盖地地冲击人们生活的每一个角落，进而成为人们生产生活中必不可少的重要内容，甚至可以说直接影响着人们的生产生活质量，尤其同人们的经济社会的建设和发展，以及同国际商贸往来、商品交易等均有千丝万缕的密切联系。那么，问题是我们如何更好地利用信息网络世界，更好地发挥信息网络语言功能和作用，这是摆在我们面前的十分严肃而不可回避的实际问题。所以人们说，谁掌握了当今的信息网络世界，信息网络的话语权，谁就拥有了未来和未来发展。反过来讲，伴随信息网络的快速普及、信息网络产品的不断更新、信息网络交流手段的不断优化，例如多功能电脑、智能手机、短信微信、电子邮件、PPT、翻译软件等不断升级更新，我们必须针对性地科学开发中蒙俄草原"一带一路"建设工程中使用的信息网络化的各种语言文字，否则我们很难满足在中蒙俄草原"一带一路"建设中，语言先行、语言服务、语言交流、民心沟通的更高更实际的要求。这就是说，我们要科学地利用信息网络这一语言交流平台，充分利用信息网络语言，大力开发信息网络语言技术，有计划、有思路、有目的地建构信息网络语言文字，要充分利用信息网络这些现代语言交流技术手段，开创科学高效、功能齐全、灵活多样的语言服务平台。在此基础上，最大限度地保证内蒙古中蒙俄草原"一带一路"建设工程所需的信息网络化的语言文字需求，进而更好地为彰显人类命运共同体及惠及人类未来美好生活的伟大工程服务。信息网络语言的开发和利用，自然要涉及如何更好地发挥互联网和各种移动通信平台，打造出覆盖面广而多样化的中蒙俄草原"一带一路"建设工程的语言使用、语言服务平台。同时，还需要打造出方便、快捷、实用、理想的汉语言文字、蒙古语言文字、俄语俄文、通古斯诸语等多语言文字的咨询服务平台。

说到底，中蒙俄草原"一带一路"建设从历史走来并服务于当下内蒙古的经济社会建设，以及我国内陆地区和沿线各国的经济社会建设。其中，作为人类交际工具的语言，自始至终发挥着举足轻重的作用。也就是说，语言接触、语言交流、语言服务及通过语言进行民心沟通是中蒙俄草原"一带一路"建设的重要前提和基本保障。如前文所说，中蒙俄草原"一带一路"建设的启动，给内蒙古地区的经济社会发展创造了更加实惠、更加理想、更加广泛、更为频繁的国际交流与合作机遇。这使我们的语言文字交流变得更加丰富、更加多样、更为复杂，使我们在国际商业活动、商贸洽谈、商品交易，包括在各个边境口岸城市和地区的日常交流语言国际化，进而使多样化及国际化的语言服务需求不断增多。特别是，信息网络语言文字的不断开发和推广，使我们更加迫切地感受到，我们不只是要全面熟练掌握汉语言文字、蒙古语言文字及俄语俄文拥有的信息网络世界，同时还要掌握好不同国家和地区不同文字、不同方言建构的不同信息网络，以及通古斯诸民族语言文字建立的信息网络。甚至，我们在学习掌握不同国家和地区的不同信息网络语言文字的前提下，要充分考虑如何用不同信息网络语言文字更好地为中蒙俄草原"一带一路"建设服务，以及在这一新时代国际商贸通道上更好地为国际国内经贸谈判、商贸洽谈、商品交易服好务这一核心问题。另外，还要充分考虑与中蒙俄草原"一带一路"建设相关的信息网络语言文字的安全，以及建立健全有关信息网络语言文字的政策法规。我们在强势推动中蒙俄草原"一带一路"建设工程中，为了更加快速合理地调解或解决信息网络语言文字带来的国际国内商贸洽谈、商业交流方面的问题，要不失时机地开展不同角度、不同形式和内容、不同层级的信息网络语言文字国际国内学术交流，包括开展在此领域的尖端科学技术方面的国家合作工作。自改革开放以后，特别是在草原"一带一路"建设的伟大实践中，我们积累了极其宝贵的经验，充分地认识到一定要下大力气和下好本钱，建立健全开放包容、惠及四方、惠及人类未来美好生活的信息网络语言文字服务平台。

众所周知，在中蒙俄草原"一带一路"建设中，开展多种形式和内容的国际经贸合作及商品交易活动，语言交流与沟通是最重要的内容，也是"五通"的最为重要的基础。道理很简单，我们要进一步深入推动中蒙俄草原"一带一路"建设，要在真正意义上实现"五通"，就需要我们和俄罗斯、蒙古国及沿线各国或地区进行将心比心、深入人心、坦诚友好的交流和沟通，让我们的国际合作伙伴能够深刻、准确、全面地认识和认同，并能积极接受我们的合作诚意和美好愿望。尤其是在信息网络语言文字极其发达、不断凸显它那无可怀疑的特殊功能和作用的今天，我们更应注重信息网络多种语言文字平台的建设和开发利用。只有在共同构建大家熟悉或熟练掌握的信息网络不同语言文字及其平台的前提下，才能够不折不扣、顺心顺意、如愿以偿地相互快速、及时、高效、深度沟通和交流，才能够在国际商贸往来中让对方及时全面了解我们的互利共赢的合作目的和愿望。同时，通过信息网络多种语言文字平台，我们更加客观、精确、深刻地把握不同国家和地区不同合作伙伴的不同要求、不同条件和不同愿望。在此基础上，才能够不失时机地进一步推动中蒙俄草原"一带一路"的"五通"，不断开拓发展相互信任、人心相通、互惠互利而可持续发展的经贸往来关系。否则，中蒙俄草原"一带一路"建设就很难与时俱进和按部就班地推进各项工作，进而取得预期的经济效益。特别是在内蒙古中蒙俄草原"一带一路"建设中，要更好地发挥蒙古语言文字及各国各地区的不同方言土语的信息网络平台作用。这是我们当今草原"一带一路"建设中必不可少的重要组成部分，该平台的搭建和功能作用的充分发挥，直接关系着中蒙俄草原"一带一路"建设的质量和未来发展，也是强势推动中蒙俄草原"一带一路"建设中不可忽视的关键环节和内容。我们很清楚，这里指出的信息网络语言文字平台建设，不仅涉及不同国家和地区的不同语言文字，还要涵盖不同国家和地区的不同自然环境、不同地理位置、不同地域资源、不同历史文化、不同社会制度、不同政治体制、不同民族心理、不同风俗习惯、不同宗教信仰等诸多方面的信息网络知识。正因为如此，在中蒙俄草原"一带一路"建设伟大工程中，我们一定要客观实在而科学有效地强化信息网络多种语言文字沟通功能，以及信息网络多种语言文字交流的科学能力，不断消除由于信息网络多语种多文字沟通困难而带来的各种不良反应和不利影响，不断增进信息网络语言文字的科学设计、科学开发、科学使用和科学管理。根据我们掌握的资料，在中蒙俄草原"一带一路"建设的伟大实践中，尤其是经过前一阶段强有力而富有成效的推动，在国内沿线各地及国外沿线各国产生了较理想的经济效益与社会反响。更加令人高兴和深受鼓舞的是，在国内外信息网络化的各种语言文字发挥出的强大生命力和影响力之下，在不同国家和地区用不同民族语言文字刊发或报道了数量相当可观、内容极其丰富、客观翔实的各种消息、新闻、评论、经贸洽谈、合作事项、商品交易活动。所有这些舆论宣传，给中蒙俄草原"一带一路"建设注入了强大活力和推动力。这使我们更加清楚地认识到，在中蒙俄草原"一带一路"建设中，丰富多彩的信息网络语言文字规划、信息网络语言文字建设、信息网络语言文字使用平台建设的重要性。正因为如此，我们一定要充分考虑国内外草原"一带一路"沿线各国各地的信息网络语言文字资源的科学合理的开发利用、信息网络语言文字生态的科学保护、信息网络语言文字社会的全面建设、信息网络语言文字使用环境的不断优化，以及与此密切相关的信息网络政治平台、经济平台、文化平台等方面的建设。尽可能地充分开发利用中蒙俄草原"一带一路"各国各地各民族信息网络语言文字及其平台，通过这些信息网络语言文字平台，在更广泛的国际商贸合作领域开展更加求真务实、公开透明的深入交流，建立健全丰富多样而务实高效的信息网络多种语言文字话语体系。而且，我们对在信息网络平台上常用的政治、经济、社会、法律及规章制度方面的词语、关键词、专业化术语、特殊用语等要全面、准确、灵活而严格把握。在不同国家和地区开展国际性商贸交易或洽谈时，一定要事先弄明白国内外信息网络中经常使用的不同国家和地区的语言文字，包括不同民族语言文字同历史文化密切相关的政治、经济、社会、法律及规章制度方面的内涵。其目标是，在中蒙俄草原"一带一路"建设中，我们用对方最为熟悉的物流信息语言文字开展国际性商贸交易，一定要尽量避免使用对方听不明白、听起来很困难，甚至是影响人们正确认识的物流信息语言文字。

如上所述，从目前在内蒙古大草原上强有力推进的中蒙俄草原"一带一路"建设的实际情况来看，沿路各国各地各民族信息网络语言文字资源的全面开发利用显得十分重要。不同国家和地区的语言文字是中蒙俄草原"一带一路"建设必不可少的宝贵资源，它有着极其重要的功能和作用。所以说，科学有效、求真务实地发掘中蒙俄草原"一带一路"信息网络语言文字资源，对于内蒙古地区经济社会的建设提供着又好又快的多方面的服务和支撑。此外，我们要充分发挥中蒙俄草原"一带一路"沿线国家和地区富有的历史文化积淀，深入探讨他们的语言文字接触史和相互交往的悠久历史。从中挖掘出内蒙古草原"丝绸之路"古商道的珍贵史料，总结出其中隐含的弥足宝贵的历史经验、历史教训、历史成绩、历史辉煌，进而为中蒙俄草原"一带一路"建设提供更多更丰富更有力的历史依据和借鉴。我们首先要充分地开发利用蒙古语言文字承载的跨国家跨地区的历史文化内涵，以及不同国家和地区的不同民族语言文字承载的不同历史文化，使其能够更好地促进中蒙俄草原"一带一路"建设中的国际文化交流与合作。说实话，在早期，草原"丝绸之路"沿线各国留下了相当丰富而厚重的历史文化资料，那些都是我们"吐故纳新""温故知新""古为今用"的历史文化与文明，也是留给我们今天的中蒙俄草原"一带一路"沿线各国人民的共同美好记忆、共同的精神财富和物质财富。我们要百倍地珍惜这一弥足珍贵的语言文字资源，以及不同国家和地区的不同语言文字间相互交流的历史文化与文明，要不断发掘其中存在的一切积极因素，更好地为当下强劲推动的中蒙俄草原"一带一路"建设服务。为了更好地产生实际效益，我们应该有计划、有思路、有远见地将远古草原"丝绸之路"的历史文献资料，以及一切美好的历史记忆与丰厚历史经验，全部融入今天的信息网络语言文字世界，让它们为中蒙俄草原"一带一路"建设发挥应有的积极作用。

当今世界的沟通，基本上都在使用信息网络及互联网语言，进而促进了人们之间的随时随地相互沟通与了解，由此强有力地保障了中蒙俄草原"一带一路"建设。经过调研，我们还深刻地感悟到在中蒙俄草原"一带一路"建设中，信息网络多种语言文字平台建设的重要意义和作用。为此我们首先需要从政府角度强力推动中蒙俄草原"一带一路"建设，同时也要不断鼓励各国民间力量的积极参与，要充分发挥好不同国家或地区的不同民间力量。而且，要打造出信息网络多种语言文字平台服务，要兼顾公益性服务和有偿性服务两个方面。在这里，还应该强调指出的是，中蒙俄草原"一带一路"建设，要充分考虑信息网络语言文字服务规划，以及充分考虑向沿线国家和地区的政府、企业、社会机构及家庭、个人等提供信息网络语言文字服务平台。其中，就应全面探索包括汉语标准话的信息网络化教学与服务，蒙古语言文字及蒙古语特殊方言土语的信息网络化教学与服务，俄语俄文的信息网络化教学与服务，以及通古斯诸语的信息网络化培训教育和学习等。这里所说的：（1）汉语标准话的信息网络化教学与服务是指，对生活在中蒙俄边境口岸地区的蒙古族，以及中蒙俄草原"一带一路"建设中开展国际商贸活动的蒙古族以及俄罗斯和蒙古国的企业家或商人，进行汉语标准话的信息网络化培训教育，进而强化他们的信息网络化汉语标准话使用能力。与此同时，还要给中蒙俄草原"一带一路"建设中，开展国际商贸活动的国内沿海城市、南方地区的汉族进行汉语标准话信息网络化培训教育，使他们提高汉语普通话或标准话的信息网络化使用能力，进而更好地融入内蒙古边境口岸地区及草原"一带一路"沿线地区汉语标准话交流信息网络语言社会，更加理想地发挥他们在这一国际商贸通道上的积极作用。（2）蒙古语特殊方言土语信息网络化教学指的是，对俄罗斯西伯利亚和远东地区的布里亚蒙古语使用者，以及蒙古国巴尔虎蒙古语及沃鲁特蒙古语的使用者，进行蒙古标准语信息网络化培训教育。另外，还要对内蒙古中蒙俄边境口岸地区生活的蒙古族和汉族，以及中蒙俄草原"一带一路"建设中开展各种国际商贸活动的蒙古族和汉族，进行布里亚特蒙古语、巴尔虎蒙古语及沃鲁特蒙古语的信息网络化培训教育等内容。同时，还涉及在斯拉夫字母的蒙古文、斯拉夫字母的布里亚特蒙古文、竖写式蒙古文之间，建立健全信息网络化相互学习平台。（3）俄语俄文的信息网络化教育与学习自然是指针对俄罗斯语言文字使用国家和地区，开展国际商贸活动的蒙古族和汉族俄语俄文信息网络化培训教育的工作。尤其是，在中蒙俄草原"一带一路"建设中，开展国际商贸活动的我国内陆地区、沿海地区、南方地区的汉族企业家和商人，不失时机地抓紧时间做好俄语俄文信息网络化培训教育工作，以此不断强化他们的俄语俄文信息网络化使用功能和水平。在此基础上，更好地推进俄罗斯及其使用俄语俄文国家和地区的国际商贸往来及商业活动。（4）通古斯诸语言的信息网络化培训教育及学习是说，针对在俄罗斯西伯利亚和远东地区开展国际商贸活动的国内汉族和蒙古族，进行通古斯诸语的信息网络化培训教育的工作。

总之，中蒙俄草原"一带一路"建设所需不同语言文字的信息网络化革命，是人类社会进步发展到一定阶段，建立在计算机技术、数字化技术和生物工程技术等先进技术基础上的产物。不同国家和地区的语言文字，包括不同民族的语言文字迈入信息网络化新时代，使人类以更快、更便捷、更理想的语言文字交流方式传递各种商业信息，开展各种商贸活动及商品交易。在此方面，信息网络语言文字给不同国家和地区的人们提供了非常及时高效的服务，进而不断促进在中蒙俄草原"一带一路"建设伟大工程中，不同国家地区的人们之间随时进行密切交往和对话，进而不断拉近相互间的关系，增进相互间的理解。在当今以信息网络化为核心的语言文字交流世界里，中蒙俄草原"一带一路"建设工程的一切国际国内的商贸活动和商品交易，包括与此密切相关的社会、经济、政治、文化活动，似乎都无一例外地通过信息网络化的语言文字进行传递和获得。从这个意义上讲，信息网络化语言文字将有形物质产品创造价值的社会，转化为无形信息创造价值的当今社会。这使中蒙俄草原"一带一路"建设中使用的不同国家和地区的语言文字，包括不同民族语言文字交流更趋于智能化、电子化、全球化和个性化。同时，在综合性、竞争性、渗透性、开放性方面具有了强大生命力和活力，这使中蒙俄草原"一带一路"建设工程的信息网络化语言文字的使用变得更加活跃，并日益广泛地渗透到与此相关的各种国际国内商贸活动及其商品交易之中。我们认为，在内蒙古中蒙俄草原"一带一路"建设中，信息网络化语言文字的使用占有相当重要的战略地位，它是人们交流、人心沟通、民心相通及商品交易、贸易洽谈、国际合作和交流的最为重要的手段之一，如果相互间的信息网络化语言文字不畅通，相互间不熟悉彼此使用的信息网络化语言文字，就会给相互间的国际商贸洽谈、国际商贸往来、国际商贸合作及其开展国际性商品交易带来一些不利因素和麻烦。再说，语言交流和人心沟通是民心相通重要的前提和基础，没有语言交流和人心沟通也就谈不上民心相通。进一步讲，倘若没有民心相通的国际合作环境和社会语言基础，就很难在中蒙俄草原"一带一路"建设中，在真正意义上实现政策沟通、设施联通、贸易畅通和资金融通的美好愿望。特别是，在中蒙俄草原"一带一路"通道上所使用的语言文字相当复杂多样的情况下，更要重视语言交流、人心沟通、民心相通的重要意义和实际作用，更加重视不同国家和地区及不同民族语言文字的信息网络化服务工作。

第 二 章

草原"丝绸之路"与"一带一路"
蒙古语言文字

　　众所周知，"丝绸之路"连接了欧亚大陆，推动了人类文明之间的交流。不仅如此，在人类历史上的几大文明都分布于从渤海、黄海到地中海的古"丝绸之路"沿线，如中华文明、印度文明、两河文明、埃及文明等。而且，这些文明最具标志性的连接纽带就是语言和文字，虽然有的文明早已消失，但是古老的文字以各种变体形式发展变化，被传承至今。"古'丝绸之路'横跨欧亚大陆，绵延7000多公里，总人口近30亿。沿线国家多、居住民族多、语言文字多、文化相同点多。"① 从黑龙江到地中海，古"丝绸之路"沿线的主要语言是汉语和阿尔泰语系，后者包括满通古斯语族语言、蒙古语族语言、突厥语族语言等，主要文字体系包括了汉文、蒙古文、托忒蒙古文、维吾尔文、哈萨克文、阿拉伯文、土耳其文和蒙古国以及中亚各国家各自的西里尔文字。爱德华·特里雅尔斯基在《丝绸之路地理和语言状况》一文中指出，在"丝绸之路"上"随着旅行者和货物一起流动的，还有外国的思想，技能和想象力的产品。经常随之而来的商人、朝圣者、传教士、使节和外交人员通常起着信息传播者的作用；他们创造了新的思想、信仰、传说和艺术品。在这一点上，'丝绸之路'各个部分及其

---

① 伊·达瓦米尔阿迪力江·麦麦提：《古丝绸之路经济带相似语言信息横向处理通信技术的研究》，《新疆师范大学学报》（自然科学版）2014年第4期。

毗邻地区不仅应该从经济史方面，而且应该作为传播和接受思想、观念和知识的地区来加以研究"。① 习近平主席提出"一带一路"倡议的初衷也在于激活古"丝绸之路"沿线地区的经济、文化、科技交流，推动沿线国家和地区的共同繁荣发展。"一带一路"是"丝绸之路经济带"和"21 世纪海上丝绸之路"的简称，其将充分依靠中国与有关国家既有的双多边机制，借助既有的、行之有效的区域合作平台，旨在借用古"丝绸之路"的历史符号，高举和平发展的旗帜，积极发展与沿线国家的经济合作伙伴关系，共同打造政治互信、经济融合、文化包容的利益共同体、命运共同体和责任共同体。"一带一路"沿线语言文化丰富，曾经或者正在为"一带一路"沿线国家和民族之间的经济、文化、科技交流和共同繁荣发展发挥作用，特别是语言文字是民心相通的最直接的纽带。爱德华·特里雅尔斯基在其《丝绸之路地理和语言状况》的文章中罗列了古"丝绸之路"沿线地区历史上的很多重要的语言和文字。例如，梵语、普拉克利特语、土火罗语、斯基泰语、花剌子模语、于阗语、哒语、安息语、塞种语、中波斯语；匈奴语、蒙古语、满语、回纥语、卡拉罕语；汉语、藏语、唐古特语；叙利亚语、希伯来语、阿拉伯语、希腊语、波斯语、拉丁语、斯拉夫语以及阿拉伯文、阿拉米文、婆罗米文、中文、埃斯特兰吉洛文、希腊文、希伯来文、哒文、契丹文、佉卢文、拉丁文、摩尼文、八思巴字、鲁尼文、粟特文、藏文等。爱德华·特里雅尔斯基还有丹尼斯·西诺尔重视"丝绸之路"沿线文化交流中的口语和书面语在政治、经济、社会、宗教等方面的作用，提到了在西域和中亚、西亚地区古代人的多语言技能的重要性，强调翻译人员在外交、商务、日常生活方面的重要价值和作用。② 据研究统计，当前"一带一路"沿线 65 个国家中有

---

① 爱德华·特里雅尔斯基著：《丝绸之路地理和语言状况》，元贞译，《第欧根尼》1997 年第 1 期。

② 参见《第欧根尼》1997 年第 1 期中的爱德华·特里雅尔斯基《丝绸之路地理和语言状况》和丹尼斯·西诺尔《丝绸之路沿线的语言与文化交流》二文。

53 种官方语言，其中印欧语系语言占一半以上，还包括了阿尔泰语系 6 种语言、汉藏语系 5 种语言、南岛语系 4 种语言等多个语系语言。65 个国家中以阿拉伯语为官方语言（或者之一）的国家有 14 个，以英语为官方语言的有东南亚、南亚 4 个国家，以俄语为官方语言（或者之一）的国家也有 4 个。[①] 被指定为官方语言的阿尔泰语系语言有土耳其语、哈萨克语、吉尔吉斯语、乌兹别克语、土库曼语和阿塞拜疆语，还有蒙古语。所以"一带一路"沿线以阿尔泰语系语言为官方语言的国家可能是 7 个。国际上大多数国家都立法确立了国家官方语言的地位。目前，汉语在"一带一路"建设中的重要性明显突出，很多国家呈现出学习汉语和了解中国文化的热潮。"值得关注的是，随着中国经济的发展和国际地位的提高，汉语在'一带一路'沿线国家也日益受到重视。截至 2014 年 12 月，'一带一路'沿线 65 个国家已建立孔子学院和孔子课堂共 172 个，其中孔子学院 114 个，孔子课堂 58 个。"[②] 汉语担负着联系中国和"一带一路"沿线国家，传播中国文化，让世界认识中国的重要的使命。除此之外，我国跨境民族语言也在与各自相对应的境外语言的交流中发挥着积极的纽带和传播作用，其中便包括蒙古语。

第一节　草原"丝绸之路"及语言文化交流与文字传播

　　世界上的语言很多，文字也不少。关于世界上的文字起源和发展以及其在"丝绸之路"沿线国家和地区的传播，学界基本形成相对一

---

① 王辉：《为"一带一路"铺设"语言之路"》，《社会科学报》2016 年 8 月 25 日第 5 版。

② 王辉：《为"一带一路"铺设"语言之路"》，《社会科学报》2016 年 8 月 25 日第 5 版。

致的认识。例如，其最初是由原始图画演变成为图画文字，再发展为象形文字和表音文字两个基本的分支。

首先，就起源而言，所有的文字都来自于原始图画，原始图画首先广泛用于人类先民的生产、祭祀等活动，包括物质文化和精神文化两个方面，所表达的往往是巫术、图腾、咒语、狩猎、饲养、战争、交易等与人们精神生活和物质生活紧密相连的事物。古代的图画或者其后来的发展——图画文字具有明显的传达、记录信息的目的，多以岩画等形式被保存下来，表达的往往是较完整的事件，是一个句意表达方式，而不是个别的词语。人类的文字在不断的发展过程中发生了很多的改变和完善，从而有了各种新的变化。与此同时，世界上也仍有很多的被称为无文字的文化群体直到近代仍然在使用着图画或者图画文字。可以说，现在的文字，就其最初的起源而言，全部都来自于图画，以原始图画为来源的所有文字大致形成相互有别的两个基本体系，一个是表意文字，即象形文字；另一个是表音文字，即拼音文字。在古代，岩石、树木、器具等是人类祖先图画文字的书写载体，在更多的情况下，古代人直接用语音表达而无留下记录。可以设想古代人应该是用口述加手势的方式传播和表达思想，此时的手和手指头是语言表达的有限的辅助性载体。人们在交流中，通过其不同的变换和肌体的姿势以及脸部表情的结合来对有声的语言进行一些必要的辅助，从而使语音和手势等一起构成能够表达语义的载体。所以，可以认为图画的简化形式和手势的形状之和成为由图画过渡到文字的关键过程，也就是说文字是图画和手势形状的简化和虚化的结果。

其次，所有表意文字（象形文字）的最典型代表应该是汉字以及汉字系文字，还有古代两河文明时期的苏美尔文和它的另一个变体埃及象形文字。而所有表音文字的代表是腓尼基文字。表意文字继承和发展了文字的语义功能，而表音文字继承和发展了文字的代号功能，二者之间不存在优劣，而是各有各的优势和魅力。文字的选择往往与语言的类型特征相关。某一特定的语言更适合使用某一类的文字，反过来文字也促进了该语言所有类型特征的强化。关于表意文字和表音文字与语言之间的关系，苏联学者 W. A. 伊斯特林在其《文字的产生和发展》一书中有非常清晰的讨论。他指出"在各种不同类型的语言中，孤立语最大程度地促进了表词文字的发展和巩固，因为语法上不变化的词（特别是单音节词）最容易作为基本的和不变的单位从言语中划分出来"。"此外，孤立语不必要有音节或音素的补充符号来表达语法形式。黏着语适应于表词文字的程度小，因为要表达构形词缀就需要音节符号或者音素符号。""不与表词文字相适应的还有屈折语，尤其是多式综合型的语言，因为屈折语，特别是多式综合语中，词根难以从句中分出。"[①] W. A. 伊斯特林在书中对"表意文字"这个传统的名词术语提出质疑，特意采用了"表词文字"这个提法。

人类的历史是不同文明之间不断的交流和发展变化的历史，包括古"丝绸之路"沿线国家和地区在经济、文化等方面的早期交流。文明的主要标志是文字，在原始时代，人类为文明社会的建立经历了漫长的准备。直到人类有了文字，才有了能够记录思想的工具，有了思辨，有了对世界和人类的最初期的系统化的自主性认识，形成了有文字记载的宗教信仰体系。早期，人类把图画文字用于生产、财产的记录，用于祭祀活动的规范以及社会规则等方面。后来，宗教文献的形成和传播大大推进了文字的作用。据历史研究，古代世界各地区的帝国王朝，都用文字颁布国家的法律。例如，约公元前 1792 年至公元前 1750 年的古巴比伦《汉穆拉比法典》、公元前 449 年至公元前 450 年古罗马的《十二表法》、中国战国时期魏国的《法经》、公元前 200 年的古印度婆罗门教教规的《摩奴法典》等。因此，人类的文字正是因宗教的成熟和商业的发达而得到传播并获得新的发展，在世界各地先后形成了具有内部结构完整的表达思想的工具，即彼此间有所区别的各种文字符号体系。

---

① ［苏］W. A. 伊斯特林：《文字的产生和发展》，北京大学出版社 1987 年版，第 98—99 页。

在世界的东方,汉字产生了重大的影响,始终是东方文字的核心,并在东方古"丝绸之路"沿线国家和地区得到不断推广和发展,进而影响和带动了东方国家和地区诸多文字的形成和发展,构成了汉字系文字系统。例如,日本文(假名)、越南文(字喃)、朝鲜文(谚文)、壮文、白文、苗文、水书、西夏文、女真文、契丹文、女书等各种文字,都是起源上与汉字有着密切相关的文字。①

汉字来源于甲骨文及更古老的源流。甲骨文是用于卜辞的文字,也就是最初主要用于祭祀、巫术、原始天文历法的文字,是中国商代的产物,距今已有3600年的历史,是汉字和汉字系文字系统的远祖,是人类表意文字的典型代表。作为古老中华文明的标志,甲骨文于2017年11月24日成功被联合国教科文组织世界记忆工程国际咨询委员会列入了《世界记忆名录》。

比甲骨文更加古老的表意文字是公元前3500年左右的苏美尔文。考古遗产表明,古代苏美尔文由图画演变而来。在其发展的早期阶段,它是一种典型的表意文字,到公元前2500年左右的时候,发展成为虚化的楔形文字,后来成为通行于阿拉伯半岛的文字体系,后经波斯人的修改和完善成为标音的字母文字。

在文字的初期或者漫长的萌芽期阶段,蒙古高原经历过久远的远古图画时代,在大兴安岭、阴山山脉、贺兰山、祁连山、阿尔泰山、杭爱山、肯特山、萨彦岭,狩猎人和游牧人所到达过的广阔地区的岩石上,古代游牧民族的先民们留下了众多的岩画遗产。还有,当今游牧人的服饰、家具、房屋、马具上的图案以及牲畜身体上的印记等,都在记录着古老的文字及其起源时期的符号信息。

在古代,文字最基本的功能是经书和记账,而且最重要的扩散途径也是宗教的传播,至今能够留下来的最多、最完整的文献资源也是宗教文献。随着佛教、基督教、伊斯兰教各个大小分支以及各种变体

---

① 王锋:《从汉字到汉字系文字——汉字文化圈文字研究》,民族出版社2003年版。

的传播,文字也被扩散到各地,形成了形形色色的文字。考古学不断挖掘发现和解读的文字文献,保存了人类在不同时期的发展风貌和文化交往史。其中,草原"丝绸之路"是世界历史文化遗产中最丰富的人类早期文化相互交流交融的文明。

腓尼基字母被认为是当今拼音文字的远祖,它是在基于苏美尔楔形字基础上采用古埃及象形字元素而形成于公元前1500年左右的文字,后来的希伯来字母、阿拉伯字母、希腊字母、拉丁字母等所有文字在起源上都与腓尼基字母有着必然的联系。腓尼基字母沿古"丝绸之路"向西的方向影响了希腊字母的创造,又由希腊字母衍生出拉丁字母和斯拉夫字母等欧洲的文字。与此同时,沿草原"丝绸之路"向东方向,首先派生出的是阿拉米字母,然后又从阿拉米字母演化出了很多文字。例如,印度文、阿拉伯文、希伯来文、波斯文、粟特文、回鹘文、蒙古文、满文等都是由腓尼基字母派生并演化而来的不同变体。

希伯来语既是古犹太人的语言,也是犹太教的宗教语言,所记录的是产生《旧约书》的母语,《旧约书》是用希伯来字母书写的。在2500年前希伯来语曾经被毁灭,但是随着以色列国的建立,在20世纪中期,犹太人复活了希伯来语。可能是因为希伯来语不仅是犹太教的宗教语言,而且是后来的基督教和伊斯兰教都在来源上与犹太教有关联的原因,希伯来语的一些词语作为底层语言一直潜伏在后来的阿拉伯语和欧洲的语言当中。所以,虽已消失了2000多年,但那些被各种语言文字所携带的词语一直是为希伯来语的复活而早已埋下的火种。

公元前7世纪,以叙利亚为中心的西亚地区中东一带的主要文字是阿拉米字母,考古学发现了很多的阿拉米字母碑文,阿拉米字母是西亚、中亚、南亚、北亚地区诸多文字的来源。例如,希伯来字母源自阿拉米字母,后来的粟特文也来源于阿拉米字母。公元前3—4世纪流行于印度、中亚、中国西域的佉卢字母也是阿拉米字母的变体,7—10世纪的突厥文同样也是源自阿拉米字母的文字。公元前6世纪活跃于中亚的粟特人是闻名于世的商业民族,他们的粟特文是对佛教传播具有重要作用的文字之一，8—11 世纪的粟特人用粟特文书写并保留至今的主要文献有摩尼教、基督教、佛教经典以及商业书信等。粟特文也是回鹘文和蒙古文的直接来源。毫无疑问，以上这些草原"丝绸之路"沿线国家和地区使用的诸多古老文字，都是在相互间的不断接触、交流、影响中产生和发展，从而很大程度上推动了人类文明的进步。

回鹘文是唐代回鹘人所创制和使用的文字，是粟特文字母的一种改进型变体。回鹘人是维吾尔族的先民，他们留下了不少的回鹘文文献。特别是，敦煌、吐鲁番、哈密、酒泉一带的佛教文献相当丰富。著名的回鹘文文献有《九姓回鹘可汗碑》《菩萨大唐三藏法师传》《福乐智慧》《弥勒会见记》《金光明经》《高昌馆杂字》《高昌馆来文》等，这些都成为后人研究唐代以来回鹘人宗教、历史、文学和语言的宝贵的文献资源。①

回鹘人的佛教经典并非直接从梵文翻译而是经过粟特文译本翻译而来，主要体现在回鹘文佛经里的一些佛教词语不是梵语词语而是粟特语词语。回鹘人的这种词语或者被后来的蒙古人所继承，或者与回鹘人同时期的蒙古人就直接从粟特文佛经里吸收了很多粟特语词语，总之，在早期蒙古语的很多佛教经典词语与回鹘语十分一致。关于蒙古语中的梵语词语、粟特语词语和回鹘语词语的影响，贺希格陶克陶有较贴切的分析性描述。他指出："回鹘文文献与蒙古文文献的密切关系集中表现在佛经翻译方面。回鹘人较早就用回鹘文从梵文、吐火罗文和汉文翻译了大量佛教文献，在词汇和名词术语的运用方面积累了丰富的知识和经验。元代搠思吉斡节儿、必兰纳识里等蒙古、回鹘翻译家们开始用蒙古文字翻译佛经时很好地吸收了回鹘文佛经翻译经验。在名词术语方面，从回鹘文佛经译文中借用了大量的梵语借词。""同时，回鹘文佛经译文中，对某些梵文名称却没有借用，而借用了粟特

---

① 敦煌研究院杨富学研究员的《回鹘文佛教文献研究》（上海古籍出版社 2018 年版）中汉译并较系统介绍和研究了回鹘文佛教文献，揭示了回鹘佛教在古代回鹘人的民间信仰、政治、科技、宗教、历史、文化方面所产生的影响。

文文献中的名称。蒙古文佛经译文中也随回鹘文借用了那些粟特文名称。"①

综上所述，语言文字产生和发展都跟不同国家和地区、不同民族的相互接触往来、相互学习有关。而且，也都和古"丝绸之路"沿线国家和地区，以及我国周边各国的海上通道和陆路通道有其悠久而广泛的语言文字和文化方面的交流与交往。从这个意义上讲，不断深入研究和讨论我国古老的语言文字、古老的文化与文明在古"丝绸之路"的不同通道上发挥的不同作用和影响，对于我们今天的"一带一路"建设，乃至对于推动内蒙古在中蒙俄"一带一路"建设中的影响力和作用，均有极其重要的历史价值和现实意义。

第二节 草原"丝绸之路"及 蒙古族早期语言文字

内蒙古地区是草原丝绸之路②上不可忽视的主要通道之一，在历史上，该通道对由中国通往欧洲各国的草原"丝绸之路"上的中蒙俄地段的经济、文化交流，发挥过重要的作用。其中，蒙古语言文字所产生的语言交际和文化交流作用值得深入研究。蒙古族在其不同的历史发展阶段中使用过多种不同的文字。这些文字的创制和使用，自然与蒙古族与草原"丝绸之路"上不同民族之间长期接触和不断的文化交流以及相互影响有着必然的联系。

我国内蒙古地区的蒙古族一直所使用的文字叫作蒙古文，学术界也称其为"回鹘式蒙古文"或传统蒙古文，这是一种和古代的回鹘文十分接近的文字，特别是其早期书写形式几乎与回鹘文没有太大的区别，而且二者都是来自于古代粟特文的变体。所以，一直以来没有间

---

① 策·贺希格陶克陶:《蒙古文字 蒙古文献》，民族出版社 2019 年版，第 148 页。
② 这里说的丝绸之路基本上都指草原古丝绸之路。

断过关于蒙古文与回鹘文关系方面的学术争论。比如，蒙古人是否借用了回鹘人的文字？蒙古文是不是回鹘文的变体？蒙古先民和回鹘先民是否先后分别从粟特人那里直接借用了粟特文？诸如此类的问题是争论的焦点，而且至今也未得到具有说服力的权威性答案。还有，蒙古人到底什么时候开始使用蒙古文呢？这也是一个未知的问题。比较稳妥的说法是蒙古人至少在 13 世纪最初 25 年的时候在使用蒙古文，因为这样的判断立足于可靠的考古依据。被学界命名为《成吉思汗石碑》的一块石碑上的蒙古文是距今发现年代最早的蒙古文文献。《成吉思汗石碑》也称《移相哥石碑》《也松格石碑》等，该石碑上刻有五行蒙古语语句，根据碑文中的内容，学界认定此碑立于 1225 年。该石碑于1818 年被俄罗斯考古队发现，发现位置是今俄罗斯境内额尔古纳河支流乌卢龙贵河上游。被发现的石碑先在尼布楚保存一段时间，后于1832 年运送到圣彼得堡，至今保存于圣彼得堡爱尔米塔什博物馆。[①]《成吉思汗石碑》碑文的内容用现代汉语意译如下："成吉思汗打败萨尔塔兀尔人（回回人）班师回朝，大蒙古国文武官员云集在名叫哈苏池海的地方（举行庆祝大会）。此时，也松格射箭，射程达三百三十五庹（约 560 米）之遥。"因为碑文全文以"成吉思汗"一词起首，故学界把该石碑称为《成吉思汗石碑》。也因为记录了也松格射箭一事，而被称为《也松格石碑》。也松格，亦称移相哥，成吉思汗之弟哈撒儿次子，蒙古族科尔沁部落的第二代始祖之一，《蒙古秘史》《史集》《元史》等都有有关也松格事迹的记录。

　　《成吉思汗石碑》的碑文刻于高 202 厘米、宽 74 厘米、厚 22 厘米的石碑之上，是用蒙古文的早期书写体刻写的，即用学术界所称的"回鹘式蒙古文（畏兀儿体蒙古文）"书写。碑文的历史和学术价值很高，虽然全文只有 5 行、不到 30 个词语，但是包含了历史、军事、政治、文化、语言、文字等诸方面的信息。

---

　　① 道布：《回鹘式蒙古文文献汇编》，民族出版社 1983 年版，第 1 页。

一是,《成吉思汗石碑》记录了政治立场和历史信息。文中的 sartaɣul 是指当时的西域国家花剌子模,该国不仅庇护成吉思汗劲敌乃蛮部的残余势力,还以奸细之嫌杀害了蒙古汗国派往西域的商队及国使。为此,成吉思汗亲率二十万大军西征,消灭了花剌子模。碑文中的 dauuliju 一词的语义是"为惩罚而出征",也就是说,立碑者明确表明了花剌子模大逆不道冒犯在先,成吉思汗带领蒙古军队西征是一次维护合法利益而进行的正义之征。这里包含着成吉思汗和蒙古汗国的政治立场。碑文也传达了历史事件及其时间和地点。碑文中的 baɣuju 一词具有"凯旋、班师"的意思,根据历史记载,学界认定这个庆祝大会的时间是第一次西征结束的 1225 年。碑文中的"布哈苏池海"(buqasučiqai)既是举行庆祝大会的地点,也是立碑的地方。历史事件就是在西征班师庆祝大会上,也松格射箭,射出了 560 米的射程。

二是,《成吉思汗石碑》记录了蒙古族的传统文化信息。人人皆知,当今蒙古族那达慕中"射箭"是男人的三大技艺之一。《成吉思汗石碑》碑文中有一个动词 ondodrun,就是"射箭"的语义。我们从碑文中发现,在蒙古帝国时期,当时的蒙古人和现在一样用"射箭"比赛等方式庆祝重大事件,这种传统被后人传承至今。另外,遍布蒙古高原草原上的古老的鹿石、突厥文石碑、婆罗米文石碑等是成吉思汗之前的北方游牧人留下的文化遗产,该石碑所传达的另一个文化信息价值在于成吉思汗时期的蒙古人继承了北方游牧民族这种古老的石碑文化。尤其是,立石碑记录历史性事件是古代汉民族的传统,其对北方少数民族的文化产生了积极的影响。

三是,《成吉思汗石碑》记录了蒙古族的语言文字信息,这个十分重要。至今发现的石碑中,《成吉思汗石碑》是立碑年代最早的蒙古文石碑,甚至被认为是代表着蒙古人的文字历史。其他文献均为其之后发生的,例如 1240 年的《蒙古秘史》,1240 年《济源紫微宫懿旨碑》上的三行蒙古文,1246 年左右的《贵由可汗玺》等都是用蒙古文书写的。但是这些并不意味着蒙古人是在 13 世纪才有文字的。20 世纪末期对婆罗米文《慧斯套勒盖石碑》的发现以及进入 21 世纪以来对《慧斯套勒盖石碑》碑文的深入研究，拉开了对蒙古人文字年代的新一轮探讨。

1967 年蒙古国科学院语言文学研究所以 D. 成德为首的考察队在该国布尔干省木盖图县叫作慧斯套勒盖的地方发现了三个石碑，被命名为《慧斯套勒盖石碑》，后于 1972 年由蒙古国科学院历史研究所专家 M. 希讷呼经研究确认为《婆罗米文石碑》，但是从此以后就没有进行进一步的研究，记录的是什么内容？究竟用的是什么语言？都没有答案。

2019 年，德国籍学者苏龙格德·L. 胡日查巴特尔的《1400 年前的古代蒙古语——慧斯套勒盖碑文（HT1）之研究》一书出版，哈萨克斯坦学者巴·纳皮尔（B. Nabil）为其作序。该序言中巴·纳皮尔提到了以下几个方面的信息：慧斯套勒盖碑文研究于 2003 年开始出现了新的进展，哈萨克斯坦学者巴·纳皮尔和蒙古国突厥学家成德·巴特图拉嘎合作，采取拍照、手工描画、拓片等方式进行研究，并进一步确认碑文为梵文—婆罗米文书写的文献。2013 年，巴·纳皮尔与德国学者、梵学家迪特·茂瓦（Dieder Maue）取得联系，建议其仔细研究慧斯套勒盖碑文。2014 年，迪特·茂瓦完成了拉丁文转写，亚历山大·沃文（Alexsander Vovin）基于迪特·茂瓦的拉丁文转写，对该碑文进行了深入的研究，指出碑文所用语言是古代原始蒙古语。[①] 苏龙格德·L. 胡日查巴特尔的《1400 年前的古代蒙古语——慧斯套勒盖碑文（HT1）之研究》一书是这一研究的延伸和深入，有其独到的见解。作者在书中以肯定的口气写道："慧斯套勒盖碑文是在公元 601—605 年

---

① ［德］苏龙格德·L. 胡日查巴特尔：《1400 年前的古代蒙古语——慧斯套勒盖碑文（HT1）之研究》，（蒙文版）国际蒙古电影家出版协会 2019 年版，第 6 页。

刻于石碑上的蒙古语用古代婆罗米文记录突厥帝王祭祀活动的碑文。"①
他在书中也介绍了相关学者的类似推断，例如："关于这一点，Mehmed
Düdüncü 教授指出：非常有趣的是该石碑中用蒙古语记述了有关突厥可
汗的事件，是至今发现年代最早的古代蒙古语石碑。如果《蒙古秘史》
是蒙古文书写年代最早的文献，那么该石碑比它还早 500—600 年。"
"Mehmed Ölmez 把《阙特勤碑》《毗伽可汗碑》中的古突厥语动词同蒙
古语进行比较之后指出，其中用突厥语无法解释的词语往往是蒙古语
词语，翻过来蒙古语无法解释的词语也往往是突厥语的。……（现代
突厥语）已经忘掉的（古代突厥语）词语仍然存在于（现代）蒙古语
动词中。"②

　　《慧斯套勒盖石碑》（601—605 年）的碑文语言虽然不能直接确定
为蒙古语，但是据学者释读无疑是蒙古语族语言之一。那么，在历史
上能够立碑纪念历史性事件的蒙古语群体应该是谁呢？古代北方草原
的主人要么是突厥语人，要么是蒙古语人。在突厥汗国之前，蒙古高
原的主人是柔然汗国，是阿尔泰语系蒙古语族语言的群体，柔然人的
成分中包含鲜卑人、突厥人，其贵族与拓跋鲜卑有着血缘关系。柔然
汗国兴盛时期，突厥人受其统治，被柔然人称为"煅奴"，就是从事炼
铁的臣民。公元 4 世纪柔然人崛起于蒙古高原西北部的叶尼塞河一带，
6 世纪中期被突厥所灭。

　　据蒙通社报道，在 2019 年 11 月 25 日，蒙古国政府把慧斯套勒盖
婆罗米文石碑安置在国家宫，政府总理胡日勒苏赫出席仪式。

　　鲁尼文本来是中世纪的欧洲文字，主要用于北欧日耳曼语族的语
言，特别在斯堪的纳维亚半岛与不列颠岛屿通用，公元 8 世纪蒙古高原
上的突厥、回鹘等突厥语民族使用鲁尼文。鲁尼文碑文似乎遍布草原

---

①　［德］苏龙格德·L. 胡日查巴特尔：《1400 年前的古代蒙古语——慧斯套勒盖碑
文（HT1）之研究》，（蒙文版）国际蒙古电影家出版协会 2019 年版，第 97 页。

②　［德］苏龙格德·L. 胡日查巴特尔：《1400 年前的古代蒙古语——慧斯套勒盖碑
文（HT1）之研究》，（蒙文版）国际蒙古电影家出版协会 2019 年版，第 93 页。

"丝绸之路"上的内陆亚洲及中亚地区。蒙古高原最著名的突厥语鲁尼文碑文，发现于哈拉和林附近和硕柴达木湖的《阙特勤碑》和《毗伽可汗碑》。《阙特勤碑》立于唐玄宗开元二十年（732 年），《毗伽可汗碑》立于唐玄宗开元二十三年（735 年），是用突厥鲁尼文书写了突厥语内容。那么 6—7 世纪的蒙古高原使用婆罗米文、7—8 世纪使用鲁尼文、8—9 世纪开始使用回鹘文，维吾尔族在敦煌、吐鲁番、哈密一带使用回鹘文到 16 世纪等，直到后来维吾尔族回鹘文全部被传播伊斯兰教的阿拉伯文所取代。

在草原"丝绸之路"西域和蒙古高原，佛教的传播先于伊斯兰教的传播。公元前 3 世纪，佛教成为印度北部最有影响力的信仰，受到阿育王的大力扶植，扩展到巴克特里亚（即大夏）和锡兰。① 佛教在劝诫商人信教方面非常成功。信仰佛教的商人把教义传播到经商的各个地域，对佛教沿草原"丝绸之路"传播到达伊朗、中亚、中国和东南亚的进程，起到了推动作用。② 佛教的传播是依托文字的，其在西域和蒙古高原的传播主要依托婆罗米文。据研究，《慧斯套勒盖石碑》是用婆罗米文雕刻而成，而且包含佛教内容。

公元前 5 世纪至前 1 世纪是了不起的时代，陆续出现了世界著名的哲人孔子（公元前 551 年—公元前 479 年）、释迦牟尼，前者为儒家鼻祖，后者为佛祖，都是古代文化的符号性人物。作为语言文字的标志性文献《圣经》的《旧约》也产生于公元前 5 世纪。4 个世纪以后耶

---

① "希腊—巴克特利亚"（graeco-Bactriankingdom）的地理位置在今乌兹别克斯坦东南部、塔吉克斯坦和阿富汗斯坦北部，西方人也称之为"吐火罗斯坦"（Tokhārestan），即中国史书《史记》上所说的"大夏"，是"丝绸之路"中段最为重要的地区之一。2009年，人们以张骞出使西域的时间为标志，把张骞出使西域之前的这个地区称为希腊—巴克特利亚，它是从塞琉古王朝分裂出来的希腊人国家，理应称呼它原来的国名，而把张骞出使西域之后的这个地区称为"大夏"或"吐火罗斯坦"，是因为此时这里已经被大月氏人（吐火罗人）所统治。

② 严耀中：《〈隋书·经籍志〉中婆罗门典籍与隋以前在中国的婆罗门教》，《世界宗教研究》2009 年第 4 期。

稣诞生。在中国、印度和西方，几乎同时进入用语言文字进行教育和传播宗教的时代，汉语言文字、梵文和希伯来语言文字、希腊语言文字、拉丁语言文字等成为人类早期草原"丝绸之路"商业活动和传播宗教、传播思想的媒介。草原"丝绸之路"的商业活动，很大程度上推动了社会生产，带动了产品的广泛流动。同时，把宗教信仰也带到了世界文明便于流通的地区。也就是说，在公元前后的五百年间，人类在不同的地区分别进入学校、教师、书本的时代。

古代语言文字文化以中国、印度、中东地区为核心发展起来，各自传播各自的宗教，沿着草原"丝绸之路"商队行走的古道，在商业城镇修建寺庙、教堂，在东西方形成具有重要影响力的几个强大的国家，使它们的国土逐渐扩大，向各自的方向逐步扩展。印度文明和佛教由草原"丝绸之路"向西北方向传播，经巴基斯坦、阿富汗到达中亚、叶尼塞河流域的西伯利亚及蒙古高原，经葱岭传入新疆地区。"佛教首先在'丝绸之路'的一些绿洲城镇上建立了自己的影响，著名的城镇有木鹿（Merv）、布哈拉（Bukhara）、撒马尔罕（Samarkand）、喀什（Kashgar）、于阗（Khodan）、库车（Kuqu）、吐鲁番和敦煌，因为在绿洲上的城镇里，商人们和商队能够获得食物，找到市场和住宿休息的地方。这些绿洲也依靠这些商队繁荣起来，他们允许商人建造寺庙并邀请僧人和抄写经书的人进入他们的社会组织。这里的旅游者来自四面八方，说着不同的语言，遵守着不同的宗教实践，绿洲上的城镇由此变成了世界性的中心。早在公元前 2 世纪，许多绿洲上的居民就信仰了佛教，在从公元前 200 年到公元 700 年大约 1000 年的时间里，佛教是丝绸之路上商人们的最主要的信仰。"[①]

佛教在西域和北方草原的传播路径正好是草原古"丝绸之路"沿线和草原地带，时间也基本吻合张骞出使西域的同一个大时代背景时期。张骞第一次出使时间是汉武帝建元二年（公元前 139 年），原因是

---

① 《佛教和印度教的传播：佛教在中亚、佛教在中国》，2018 年 10 月 11 日，https://baijiahao. baidu. com/s？id = 1613992207173014461&wfr = spider&for = pc。

匈奴势力在北边临近汉朝边境，在西北不断向西域扩大，占领了天山南北的西域诸国，严重危害了汉朝的安全。为此，汉武帝派遣张骞，联系葱岭以西的大宛、乌孙、大月氏、康居、大夏等尚未进入匈奴控制之下的西域诸国，目的是要削弱甚至要打败匈奴的威胁。当时的葱岭以西的地方还没有进入汉朝、罗马帝国、匈奴的实力范围。张骞就是在这一时期为了扩大中国影响范围而出使的汉朝遣使，是打通草原"丝绸之路"的先驱。张骞及其草原"丝绸之路"的打通有两个方面的主要意义，一方面把中华文明传播到西域，另一方面促进了佛教在中国的传播，也就是推进了象形文字和拼音文字文化群体的接触与交往。历史研究认为佛教在中国的传播始于西汉末期和东汉初期。"到公元前1世纪，佛教在中国也找到了立足点。中国最早的佛教徒是外国商人——印度人、帕提亚人和来自中亚的商人，这些人在自己的圈子里坚守自己的信仰，汉朝官员们允许他们居住在长安和其他主要的城市里。在几个世纪的时间里，佛教主要是这些远离家乡的商人们的信仰，对本土的中国人并没有产生强烈的吸引力。但是寺庙和传教僧人的存在使佛教有了吸引中国改宗者的潜力。大约在公元5世纪，中国人开始对佛教产生了热切的回应，古典时代之后，佛教成为整个东亚地区包括中国、日本和朝鲜最受欢迎的宗教信仰。"① 佛教文献被汉语翻译，西域和西北地区的民族从汉语再次翻译成鲜卑语、回鹘语等，留下了南北朝时期的莫高石窟、云冈石窟等佛教文化遗产。蒙古语中的佛教词语通过回鹘文等进入，后来随着藏传佛教在蒙古地区的传播由藏语借词或者翻译了不少的词语。

在匈奴之后，南北朝时期的北方草原南部地区逐渐受到蒙古语族鲜卑人的控制。拓跋鲜卑人所建的北魏（386—534年）是中国北方地区佛教文化鼎盛时期，像云冈石窟、莫高窟等草原"丝绸之路"沿线的佛教圣地都建于北魏时期。一般认为，佛教经中亚传入中国的开头

---

① 《佛教和印度教的传播：佛教在中亚、佛教在中国》，2018年10月11日，https://baijiahao. baidu. com/s? id = 1613992207173014461&wfr = spider&for = pc。

是西汉末年至东汉初年。

佛教首先传入的地方是中国汉族地区，并且大量被翻译成汉语，然后才被翻译成其他民族的文字。在佛教由草原"丝绸之路"向东方向的传播中粟特人的作用很大，特别是粟特文担负着重要传播媒介的功能。其中，早已传入中国中东部地区并大量译成汉文的佛教经文，经粟特人的努力再次由汉文翻译成中国西北地区以及西域的各种语言，被广泛传播。至今发现的粟特文佛经文献都是由汉语翻译成西域的语言，而且这种文献中有些印度词语都体现出汉语语音的特点，包括7世纪的西藏佛教文献也是从汉语翻译过去，而并非从印度引入并由梵文译成藏文。当然，佛教在西北地区以及西域的草原"丝绸之路"沿线地区的传播，也离不开传播途径中的各个语言文字，曾经出现过多种语言文字的版本，留下了丰富的文献资源。据历史研究，公元148年安息王子安石高到长安之后开始出现汉语语义佛教文献，之前传播的是由草原"丝绸之路"通道西域商人和信徒带来的西域语言文献，而大量汉语语义佛教文献的传播是始于401年鸠摩罗什来长安设立翻译社之后。佛教文献翻译传播中吐火罗文、粟特文等具有重要作用，回鹘人的回鹘文佛教文献译自汉文、吐火罗文、粟特文等。粟特人还传播了摩尼教。西域的各种文字对宗教传播和经济、文化交流起到了关键的桥梁作用，可是大部分语言和文字都在历史发展过程中消失。"在'丝绸之路'穿过的地区发现的许多使用多种语言的铭文证明，沿草原'丝绸之路'居住的民族在语言上存在着多样性，同时还说明，在跟这些民族打交道时，在政治上或宗教上需要使用他们自己的语言。"[1]

很多历史文献的记录都在肯定，草原"丝绸之路"上的鲜卑人使用过自己的文字。但是，因为没有留下任何的依据，至今无法断定他们曾使用的是什么文字，也许是婆罗米文字，也许是鲁尼文。有学者指出："汉文献资料记载拓跋部有自己的文字和文化，但是许多书面词

---

[1]　丹尼斯·西诺尔：《丝绸之路沿线的语言与文化交流》，黄长著译，《第欧根尼》1997年第1期。

汇没有留传下来，所留传下来的只是文献名称。这说明拓跋首领在收归其他部众（突厥人和蒙古人）时，古蒙古语的'鲜卑方言'是其语言。"①

除此之外，鲜卑人在政治、文化生活方面接受汉文化，在改用汉语和汉文之前，还用鲜卑语翻译过大量的汉文文献。

鲜卑人与蒙古人之间的语言文化关系似乎很密切。在南北朝时期，萧子显在梁武帝天监年间（502—519 年）撰纪传体断代史《南齐书》，其中出现了不少的古代蒙古语词语。②乌其拉图在《〈南齐书〉中部分拓跋鲜卑语词的复原考释》一文中，从《南齐书·魏虏传》中选择十五个拓跋鲜卑词语，利用汉字古音考释，指出："直真——屠耆——特勤，比德真——比车耆——比彻赤——笔帖赤，九豆和——骨都侯，都是同一个词的不同时代音写。这三个词是匈奴和拓跋鲜卑共有的官号。作为官号屠耆或直真由突厥语族承袭之。比车耆或比德真由蒙古语族和满通语族承袭之。意为'刽子手'的'契害真'和意为'使臣'的'咸真'二词是蒙古语族和突厥语族共有的名词。意为'通事、翻译官'的乞万真、意为'断事官'的折溃真为蒙古语族特有的官号。其余的都是地道的蒙古语词。拓跋鲜卑无疑操的是蒙古语族语言。"③乌其拉图还有《匈奴人语言所属初探》④《部分匈奴语词之复原考释——再探匈奴人语言所属》⑤《"江格尔"与北方民族古代史若干问

---

① ［匈牙利］D. 卡拉：《蒙古人的文字与书籍》，内蒙古人民出版社 2004 年版，第 3 页。

② ［匈牙利］D. 卡拉：《蒙古人的文字与书籍》，内蒙古人民出版社 2004 年版，第 2 页。

③ 乌其拉图：《〈南齐书〉中部分拓跋鲜卑语词的复原考释》，《内蒙古社会科学》2002 年第 6 期。

④ 乌其拉图：《匈奴人语言所属初探》，《内蒙古大学学报》1998 年第 4 期。

⑤ 乌其拉图：《部分匈奴语词之文化复原考释——再探匈奴人语言所属》，《内蒙古大学学报》1999 年第 4 期。

题的联系》①《关于蒙古语族古代文化研究》②等论文,他在这些成果中从语言文化学角度恢复古匈奴、鲜卑的一些词语,探寻了蒙古语同它们的联系,复原考释了汉文史籍中记载的45个单词、词组,8个短语以及部分黏附成分和蒙古语的格,初步得出了匈奴人所操语言为蒙古语。他指出,匈牙利人与匈奴人在历史上有着千丝万缕的关系。③

同样,鲜卑和后来的契丹之间的关系比较密切,关于他们与蒙古之间的语言关系研究比较多,基本认为鲜卑和契丹二者都是蒙古语族语言的古代分支。有学者认为鲜卑语和契丹语中除了不仅有与蒙古语、突厥语的共同成分,还有不少与满通古斯语的相同成分。例如,戴光宇摘选《魏书·官氏志》中的鲜卑姓氏之一的代北语言词汇同《辽史》契丹语词语、蒙古语族语言和满通古斯语族语言的相关词语进行语音、词义对比,并从西伯利亚东北亚语言文化及汉语的语言文化交流等视角,深入浅出地探讨了这些语言的相同成分。④

柔然汗国(402—555年)位于北魏北侧,也有信仰佛教的历史记录。如果北魏的佛教经草原"丝绸之路"传入中国,那么柔然汗国的佛教可能是经北边的草原"丝绸之路"传入蒙古高原。这个判断,正好吻合佛教和婆罗米文向北发展的线路。考古学家林梅村指出:"佛教初传漠北约在五世纪中叶。《高僧传》卷八《法瑗传》载,南齐僧人法瑗之兄'法爱亦为沙门,解经论并数术,为芮芮国师,俸以三千户'。芮芮或称蠕蠕,即5—6世纪称雄于漠北的柔然汗国。法瑗卒于南齐永明七年(489年),可知约5世纪中叶佛教已传入漠北。"⑤

蒙古国后杭爱省《布古特石碑》的三面是粟特文,一面为婆罗米文,

---

① 乌其拉图:《〈江格尔〉与北方民族古代史若干问题的联系》,《蒙古语言文学》(蒙文)1999年第4期。

② 乌其拉图:《关于蒙古语族古代文化研究》,《金迪》(蒙文)1999年第2期。

③ 曹道巴特尔:《蒙汉历史接触与蒙古语言文化变迁》,辽宁民族出版社2010年版,第37页。

④ 戴光宇:《试论鲜卑语、契丹语和满语的关系》,《满语研究》2014年第2期。

⑤ 林梅村:《布古特所出粟特文突厥可汗纪功碑考》,《民族研究》1994年第2期。

立于577—580年，和《慧斯套勒盖婆罗米文石碑》（601—605年）一样，是突厥汗国（552—654年，682—745年）初期的文献。突厥汗国在其初期使用柔然汗国曾经用过的粟特文和婆罗米文，同时也使用匈奴时期的鲁尼文，后来才用突厥鲁尼文来取代婆罗米文。

在《布古特石碑》（577—580年）碑文上被称为摹诃特勤的人就是君主佗钵可汗，即阿史那库头，是突厥汗国第四任可汗，于572—581年在位，在其之前，突厥人不信仰佛教。"摹诃特勤"的"摹诃"是佛教中的梵语词语，意思是"伟大的"。①

根据上述各种依据可以勾勒出蒙古高原文字史上的一些情况。比如，可以认为柔然汗国可能先使用粟特文，而后使用婆罗米文；突厥汗国可能先使用粟特文，后使用婆罗米文，再后使用鲁尼文。蒙古高原早期文字的出现顺序可能是粟特文和婆罗米文在先，突厥鲁尼文在后，接下来才是回鹘文、蒙古文。

鲜卑和柔然都被史学界认为是蒙古族的远祖，鲜卑和柔然贵族之间有着血缘上的关联。那么，匈奴和鲜卑的关系会是如何呢？在历史上，匈奴和鲜卑都是大集团，而不是单一群体或者具体的民族，二者在语言和文化上应该存在很大的交叉和共有的东西。历史上的不少民族，或者曾经属于匈奴集团，或者属于鲜卑集团，或者在历史风云变化中都曾属于匈奴和鲜卑两个集团。就柔然而言，先为鲜卑分支，受鲜卑奴役，后西迁摆脱鲜卑控制，到达匈奴之地，控制突厥等叶尼塞河流域的各部落，后逐渐发展壮大。匈奴、鲜卑、柔然很可能有着语言文化源流上一脉相承的关系，与突厥也存在很多共同之处。

至于鲜卑人使用什么文字，似乎没有太多的文献支持，不过，十分明确的是北魏孝文帝的改革以后，鲜卑人基本使用了汉语和汉字。那么，为什么说匈奴所使用的文字可能是鲁尼文呢？策·贺希格陶克陶根据《周书》"突厥者，盖匈奴之别种。……其书字类胡……"的记

---

① 林梅村：《布古特所出粟特文突厥可汗纪功碑考》，《民族研究》1994年第2期。

载，以突厥人使用的是鲁尼文为依据，进而提出了匈奴人的文字应该也是鲁尼文的推断，他指出"因此，这一记载证明胡人——即匈奴人不仅已有文字，而且突厥的书字类似于匈奴的书字，即可以理解为突厥文字来源于匈奴书字"。① 也就是说，匈奴和突厥使用的是鲁尼文，突厥鲁尼文是从匈奴文传承下来的，而柔然用的是粟特文和婆罗米文。也许是和突厥初期一样，柔然时期的文字也有可能是在不同年代和不同地区使用过粟特文和婆罗米文，或者二者并用，就像后来的元朝使用八思巴字，而其他汗国使用蒙古文一样，同一个王朝的不同辖区使用不同的文字可能是蒙古高原游牧部落自古以来的一个较为普遍的现象。

在北方草原，突厥以降是回纥汗国（公元744—846年，回鹘汗国），回鹘人原始信仰是萨满教，后因草原"丝绸之路"的不断延伸，先后受到摩尼教、佛教、伊斯兰教的影响，同时也不同程度地接受了摩尼教、佛教、伊斯兰教。众所周知，早期的粟特人主要居住于中亚阿姆河与锡尔河一带，那里是连接东西方经济贸易交流的商业民族，长期活跃于西域沙洲草原"丝绸之路"沿线的商贸活动场所，也是不同宗教文化和语言文字的相互接触、相互交流、相互影响的重要通道之一。在唐代，回纥汗国因粟特人的影响而接受了摩尼教并且把摩尼教当作国教。摩尼教是在"丝绸之路"上结合祆教、基督教、佛教内涵而形成的复合型宗教，回纥汗国信仰摩尼教的同时翻译了大量佛教经典。正是因为粟特人的影响，回纥汗国在粟特文基础上创制和使用了回鹘文。所有这些，充分说明草原"丝绸之路"通道上的粟特人，在历史上对于回纥汗国的政治、经济、文化产生过重要影响和作用。

---

① 策·贺希格陶克陶：《蒙古文字　蒙古文献》，民族出版社2019年版，第117页。

第三节 草原"丝绸之路"及蒙古语言文字的历史性变迁

　　在中蒙俄草原"丝绸之路"上，乃至在欧亚大陆的草原"丝绸之路"通道上，蒙古语言文字确实得到相当理想的开发和发展。虽然，我们很难确切地说清蒙古语远古的起源，但可以根据人类学、考古学、历史学、语言学、民族学等方面的研究成果，对蒙古语言文字的发展变化展开有一定深度和广度的学术探讨。特别是，蒙古族早期繁衍生息的自然环境、地理位置和社会形态及其结构等，为我们的讨论提供了很多有益线索。

　　作为中蒙俄草原"丝绸之路"与"一带一路"通道上的主要交流媒介，蒙古语及其与之相关的文化，在其漫长的发展进程中，因自身发展条件和周边语言文化的影响，经历了具有标志性特征的两次重大历史性转变。第一次大变化是从山林文化向游牧文化的转变。也就是说，蒙古族先民走出山林，来到草原地带，从游猎社会分离出来，依次融入匈奴、突厥等北方草原文化群体社会生活范围。在此基础上，发展了游牧生产生活语言文化。第二次大变化是由游牧文化向定居化的生产生活方面的转变。具体地讲，自 19 世纪以来，尤其是从 20 世纪开始，内蒙古东部和东北三省相关地区的大部分蒙古族，向农业和畜牧业生产方式紧密相结合的定居式生活方向转变，乃至转变为完整意义上的定居式农耕文化。无论哪一次的生产生活及其文化等方面的历史性转变，都无可置疑地引起蒙古语本体的语音、语法和词汇的变化，也涉及语言使用关系、语言使用态度、语言使用形式和内容等方面的变化。反过来讲，语言方面的变化都源于生产生活方式的变迁及其文化的变迁。这些变化，一方面同蒙古族社会环境的变化以及跟物质文化的变迁密切相关的制度文化的变迁和精神文化变迁有着联系；另一方面同新的技术革命对蒙古族传统生活方式的无情冲击有关。尤其是电子革命时代带来的冲击和影响，显得越来越明显、越来越多、越来越广。不只是对于蒙古族语言文化，对于全人类的不同语言文化而言，科学技术及电子革命都带来了普遍的不同程度的影响和冲击。特别是在中蒙俄草原"丝绸之路"与"一带一路"通道上，科技进步对蒙古族语言文化所产生的影响十分显著而突出。①

　　虽然无法假设远古时期蒙古语言文化的古老状态，但是神话传说、岩画遗产、考古发现、以汉文典籍为代表的古代历史文献记载等用大量的依据支持学界的科学研究。比如说，众所周知，蒙古人至今的传统文化是一种以游牧经济为核心的文化。其文化根源在很多方面与古代的匈奴、东胡、突厥等先民的文化传统有关。这是比较明朗的情况，因为都有历史文献依据，所以已经成为人们公认的常识性知识。那么，更为早期的情况会怎么样呢？可以推断，在远古时代，蒙古先民在尚未接触到匈奴、突厥等上述草原群体之前的语言文化应该是北方森林文化的一部分。应该是分布于西伯利亚森林地带的游猎的或者半游猎和半游牧的混沌状态的文化的一部分。当时，万物皆有灵的原始思维占据其整个思维空间，人们极度依赖日月星辰和大自然，生产能力明显低下。

　　自从进入匈奴、东胡、突厥等游牧社会以来，蒙古人的语言思维方式、整个词汇结构、语句中的情感表达方式等发生了相应的变化。随着经济文化类型的转变，逐渐形成了有意识地支配大自然和以有利于自身发展的方式适应周边环境的能力，同时也以驯化、饲养的方式支配一些特定的动物，借鉴学习使用或创造丰富的牧业文化词语。其结果，构建出了蒙古人一切文化词语都与传统的游牧文化紧密相连的基本格局。经过几个世纪的发展变化，草原"丝绸之路"上的蒙古人把古代匈奴人、东胡人、突厥人的遗产继承并弘扬，创造了蒙古人自

---

　　① 曹道巴特尔：《蒙古语言文化源流及其变迁》，载汪立珍主编：《蒙古族及呼伦贝尔诸民族族源关系研究》，中国社会科学出版社2014年版。

身的文化体系，其核心往往是马文化。原来手握弓箭，脚踏雪橇，飞速穿梭于林海雪原中的猎人后代，逐渐构筑出草原上呼风唤雨的马背牧人的世界。

随着时间的推移和草原"丝绸之路"的不断延伸，对于游猎群体而言尚属微不足道的游牧文化这个外来因素或者其周边形成的一股潮流，慢慢变成了引发根本性演化的初始条件，使一波又一波蒙古人走出森林，汇入西伯利亚森林南沿草原地带的游牧文化的洪流。一开始时，刚走出森林的蒙古人群体还对崭新的领域尚不深知，长期漂泊于游牧文化圈北方边缘地带，历经好几个世纪。但是到了 13 世纪，蒙古人逐渐进入草原游牧文化核心地带，使蒙古人由游猎群体引诱出来的那个微不足道的沿流或者奇异的吸引子，即向游牧文化靠拢的迹象，逐渐带入游牧人的行列，最终使之变成了掌握 13 世纪人类风向的引领者。这种游猎—游猎游牧结合—游牧的渐进式变化是一个完整的非线性的、混沌学意义上的发展过程。蒙古人走出森林没有其必然性，但是一旦走出森林进入草原，要融入游牧文化是必然的。游猎和游牧没有因果关系，但是游猎人来到草原进行动物饲养业，有其先天优势，因为懂得动物，更是因为家畜最初也是由野生动物分离出来的。

就物质文化和语言文化的关系而言，古老的文化词汇总是代表着某一历史时期的或者某一经济文化类型区的物质文化信息。蒙古人和西伯利亚古老的通古斯诸民族或者东北亚诸民族的历史渊源几乎都从这些古老词汇中得到印证。

在西伯利亚森林深处，古老的"莫儿根"（神箭手，北方猎民的首领称号）最初只是一个让人羡慕的神箭手，因为能够给家族或者群体带来更多的食物和皮毛，在漫长的岁月里他们逐步成为公认的首领，所以在广阔的西伯利亚森林地带几乎所有的游猎部落都把神箭手称号"莫儿根"当作了他们部落首领的名号。蒙古人在森林地带狩猎时期，也有过很多以"莫儿根"命名的部落首领，《蒙古秘史》等记录蒙古人历史的古代文献记载中出现过 10 世纪之前的"豁里察儿·篾儿干"

"朵本·篾儿干"等很多的"篾儿干"。这个"篾儿干"就是"莫儿根"的另一种文献拼写变体，就是由神箭手称号引申而来的部落首领名号，是北方东北亚文化圈诸多民族共有文化所携带的共同源流信息来源。因为蒙古人在草原上继承和发展了游牧文化，部落首领名号不再是"莫儿根"而是以"伯颜"所替代了，因为游牧社会经济发达，出现贫富差距，智慧超群、驯养能力强的人构成了富有阶层，掌握了私有制社会部落及部落联盟的支配地位，本来只有"富有者"词义的"伯颜"一词成为游牧蒙古人部落联盟首领的称号，例如《蒙古秘史》中出现了9—13世纪的"脱罗豁勒真·伯颜""纳忽·伯颜"等很多部落首领名称。"莫儿根"一词从而在草原上发生了词义转移，演化成对智慧、知识的形容词。在12—13世纪的蒙古社会中，"伯颜"的地位也受到挑战，部落联盟产生了具有更为显赫地位的"汗"（君主）和"可汗"（皇帝）名号。"伯颜"一词从而又回到"富有、富饶、丰富"的词义上。纵览蒙古人社会历程，每个时期的称号都代表着不同的发展水平。"莫儿根"对应于森林中的原始狩猎生活，"伯颜"对应于私有制初期的贫富分化的部落联盟时期，"可汗"称号对应于封建时期的有组织的统治政权。

　　蒙古人在8—12世纪建立了以游牧经济为核心的文化体系。直到20世纪，传统意义上的蒙古语言文化是属于以马文化为核心的游牧语言文化。但是，20世纪的科技进步和中国社会的风云变化，从技术革命和文化接触两个方面，一定程度上改变了中国境内蒙古语言文化。当今，我们所看到的中国蒙古语是发生了局部的、急剧变化的一种语言。

　　毫无疑问，蒙古人及其语言文化首先是从古老的西伯利亚森林游猎群体分离出来的，后来再次从古代匈奴、东胡、突厥文化中分离出来。游牧文化是蒙古人作为一个民族群体所拥有的物质文化、精神文化、制度文化，所以有其自身独特性的基础。这个基础导源于一个初始条件，即蒙古人在自己对动物的熟悉程度、草原所提供的饲养场所和先民饲养经验、蒙古人自己所处的森林和草原交错地带为文化过渡所提供的便利条件等基础上第一次迈步。这个初始条件及其壮大决定了蒙古文化的个性和能够成为全民族普遍价值取向的定型。

近代中国蒙古语言文化发生了又一次的重大变化，草原"丝绸之路"上的蒙古族和汉族，在蒙古草原的相互接触，特别是汉族文化的影响在蒙古草原文化中不断扩散，进而导致两个发展走势。其中一个走势是不断改变古老的生产生活方式，另一个具有极大普遍意义的走势是新技术革命的兴起，它是对人类具有普遍影响的发展动力。所以，蒙古人语言文化的变迁，包括草原"丝绸之路"影响下的变迁，尤其是近现代中国蒙古语言文化的变迁并非是线性的、单一条件下的简单变化，它是由多种因素协同作用的结果。那么，这其中，草原"丝绸之路"影响下兴起的新技术革命的意义重大。当然，这和草原"丝绸之路"上不同语言文化的接触有着重要的内在联系。

第 三 章

草原"丝绸之路"与"一带一路"
蒙古语方言土语

　　蒙古族作为草原"丝绸之路"与"一带一路"上的我国北方古老民族及跨境民族之一，有着悠久而极其丰厚的语言文字、历史文化遗产。在这条通道上，蒙古族在不同的历史时期，对人类文化与文明的相互影响、共同繁荣发展发挥过十分重要的推动作用，并以鲜明而独特的草原博大精深的文化与文明，为中华文化与文明的灿烂辉煌不断增添着丰富的内涵。也就是说，"蒙古族对中国历史的发展、疆域的形成和界定、中华各民族大家庭的繁荣昌盛、中华文化的丰富与多样性等都做出过不可磨灭的贡献，并且以独特而灿烂的文化奠定了自己的基础，延续着自己的历史，开拓着自己的未来"①。

　　在整个世界范围内来讲，蒙古族人口并不是很多，据不完全统计约有 1000 多万人口。并且，主要分布在中蒙俄草原"一带一路"沿线的中国、俄罗斯、蒙古国等国家。其中，中国约有 650 万名蒙古族人，蒙古国有 300 万名蒙古族人，俄罗斯有 40 万名布里亚特蒙古人和 30 万卡尔梅克蒙古人。由于历史上不同迁徙、重大变革及战争、政治、经济、社会发展等诸多因素，蒙古族内部出现了地域性、社会性、政治性分化，进而各自走向了有所不同的发展道路，成为草原"一带一路"

---

① 曹道巴特尔：《蒙汉历史接触与蒙古语言文化变迁》，辽宁民族出版社 2010 年版，第 12—14 页。

重要的跨境民族。由于所处的地理位置的不同和地域性差距，相互间的往来又不多，加上各自受到不同语言文化的影响，不同国家和地区的蒙古语之间产生了不同区别性特征，由此逐步形成了当今不同的方言土语格局。

根据我们的调研资料，在中蒙俄草原"一带一路"通道上，蒙古国仍然是使用蒙古语最重要的国家。在蒙古国，蒙古语言文字是国家的通用语言文字，且主要使用以喀尔喀方言为基础的中部方言，此外还有西部的卫拉特蒙古语，北部的布里亚特蒙古语和南部的一些蒙古语土语等。蒙古国有4.6万多布里亚特蒙古人，他们主要分布于东方省的巴彦通、查岗敖包、巴彦乌拉、朝仑浩饶特、达西巴拉巴尔等县，以及肯特省的宾代尔、巴特希雷特、达达勒三个县。另外，蒙古国还约有10万哈萨克族和一些通古斯人，他们除了使用本民族语言之外，也都使用作为蒙古国通用语的蒙古语言文字。

我们掌握的资料还显示，在中蒙俄草原"一带一路"通道上的俄罗斯的蒙古人，主要生活在后贝加尔边疆区和伊尔库茨克州。他们使用的蒙古语基本上分两种，一种是布里亚特蒙古语，另一种是卡尔梅克蒙古语。在俄罗斯，布里亚特蒙古人属于西伯利亚诸民族之一，主要使用俄语和布里亚特蒙古语。布里亚特蒙古人发展畜牧业、渔业的同时，在苏联时期大力发展集体农庄，结果在当时农业成为他们最主要的生存方式和生产内容。在此基础上，孕育了具有浓厚的贝加尔湖文化氛围的布里亚特蒙古语言文化。卡尔梅克蒙古人主要居住在俄罗斯里海北岸伏尔加河流域的卡尔梅克共和国，他们是16世纪由新疆游牧过去的卫拉特蒙古人后裔，使用卫拉特蒙古语的卡尔梅克土语。他们仍然从事着畜牧业生产，一定程度上丰富和发展了卡尔梅克蒙古语的语言文化。

下面从蒙古语方言格局、蒙古语牧区和农区方言基本特点、蒙古语巴尔虎—布里亚特方言基本特点这三个部分，分析讨论草原"一带一路"沿线蒙古语方言土语中存在的一般性、基础性和代表性结构关系及其特征。

第一节 草原 "一带一路" 及
蒙古语方言分布格局

按照阿尔泰语言学说,阿尔泰语系包括突厥语族语言、蒙古语族语言和满通古斯语族语言三大部分。而且,它们都在草原"丝绸之路"与"一带一路"通道上有其悠久的历史性往来和接触,甚至有着诸多方面的同根同源。再说,每一个语族语言内部涵括诸多语言和方言土语。那么,蒙古语族语言所包括的语言也不少,尤其是其中的方言土语极其丰富和复杂,并且分布于整个中蒙俄草原"一带一路"沿线国家,以及国内与草原"一带一路"直接相关的内蒙古、黑龙江、吉林、辽宁、新疆、青海、甘肃、河北八个省区。从某种角度来讲,在我国的少数民族中蒙古族在国内草原"一带一路"沿线地区分布最广,发挥的作用也十分突出和明显。一般来说,在草原"一带一路"沿线使用的蒙古语族语言包括蒙古语、达斡尔语、东乡语、保安语、土族语、东部裕固语、莫戈勒语七种。据最新研究,青海的康家话也属于蒙古语族语言。[①]

在草原"一带一路"沿线的蒙古语族语言中,莫戈勒语在阿富汗国,而达斡尔语、东乡语、保安语、土族语、东部裕固语等均在中国。蒙古语及其方言土语则使用于中蒙俄草原"一带一路"上的更多国家和地区。从这个意义上讲,在蒙古语族语言里蒙古语不仅是使用人口最多、分布地区最广,而且是唯一具有本民族文字的跨境语言。更加可贵的是,在不同历史时期蒙古语使用过不同文字,留下了丰富的历史文化遗产,并且在当今"一带一路"沿线的国家和地区的政治、经济、文化交流中,蒙古语言文字仍然发挥着作用。

① 斯钦朝克图:《康家语研究》(汉文),上海远东出版社1999年版。

　　虽然在中蒙俄草原"一带一路"沿线蒙古语作为一种跨境语言，分布于不同国家和地区，同时也存在一定地域性区别特征，但是从大的方面来讲，还是较好地保持着语言地层结构，或者说基础结构方面的诸多一致性。对于全面熟悉蒙古语不同方言土语的人来讲，其内部的区别性特征不算太大，经过一段时间的接触或磨合，不同方言土语的人可以进行不同程度的直接交流。依据我们的分析研究，分布于中蒙俄草原"一带一路"沿线及国内相关地区的蒙古语，根据其自然性、地域性、环境性、文化性等方面的特征，一般要分为西部方言、中部方言、东部方言、北部方言四大部分。其中，西部方言说的是卫拉特—卡尔梅克方言，中部方言是指喀尔喀—内蒙古牧区方言，东部方言是科尔沁—喀喇沁农区方言，北部方言是巴尔虎—布里亚特方言。这里除了科尔沁—喀喇沁农区方言位于中国东北地区以外，其他三个方言都属于跨境方言。①

一　蒙古语第一大方言是中部的喀尔喀—内蒙古牧区方言

　　喀尔喀—内蒙古牧区方言是中蒙草原"一带一路"沿线的牧区方言，它以内蒙古中、西部牧区和蒙古国大部分地区为中心，构成草原"一带一路"上跨越中国和蒙古国的大方言，使用人口约有430万，包括200万中国牧区的蒙古人和230万蒙古国的喀尔喀蒙古人。② 喀尔喀—内蒙古牧区方言由两个部分组成，一是蒙古国的喀尔喀方言，二是中国的内蒙古牧区方言。从某种角度讲，喀尔喀—内蒙古牧区方言是当今蒙古语的核心，也是跨境蒙古族传统语言文化最主要的载体，其社会交际功能和政治地位很高。其中，喀尔喀方言是蒙古国国家语言的基础，内蒙古牧区方言是中国蒙古族语言的基础方言，国内广播电视等宣传媒体用语和学校教学语言都以内蒙古牧区方言为基础。从

---

　　①　曹道巴特尔：《喀喇沁蒙古语研究》，民族出版社2007年版，第5页。
　　②　曹道巴特尔：《蒙汉历史接触与蒙古族语言文化变迁》（汉文），博士学位论文，中央民族大学，2005年，第3页。

分布的范围看，蒙古国除了东西部少数地区之外，其他地方几乎都使用喀尔喀方言，在我国内蒙古的赤峰市、锡林郭勒盟、乌兰察布市、巴彦淖尔市、鄂尔多斯市等地的广大牧区蒙古族都使用内蒙古牧区方言。

二　蒙古语第二大方言是东部的科尔沁—喀喇沁农区方言

该方言的使用人口仅次于中部的喀尔喀—内蒙古牧区方言，是蒙古语第二大方言，是蒙古语四大方言中唯一的非跨境方言。该方言位于我国草原"一带一路"沿线东北地区的黑龙江西部、吉林西北部、辽宁北部、河北东北部等地区，约有260万人在使用。该方言的具体分布区域主要包括内蒙古东部的赤峰市喀喇沁旗、宁城县，通辽市、兴安盟，吉林省的前郭尔罗斯蒙古族自治县，黑龙江省的杜尔伯特蒙古族自治县，以及辽宁的阜新蒙古族自治县和朝阳市，河北省的平泉县等地。该方言区的蒙古语由于长期受汉语影响而产生不同程度的变化，且这种影响越来越大、越来越广，涉及的人口也越来越多。因此，"其特点是，在经济文化上由牧业经济转变为农业经济；在语言方面受到汉语的影响，口语出现双语化、混合语化、汉语化等现象"①。由于历史上的蒙汉民族在草原"丝绸之路"上的经济、文化等方面的广泛交流，内蒙古东部地区和东北三省蒙古族地区的经济生活发生了根本的变化，形成了以种植粮食为主的农业地区，这里的农区蒙古族早已成为跟当地汉族相同的定居农民。在汉语的循序渐进而不断的影响下，农业地区蒙古人的语言逐渐显现出与牧区蒙古人的语言较为明显的差异，逐步形成蒙古语东部方言或者科尔沁—喀喇沁农区方言，内部包括科尔沁土语群和喀喇沁土语群两个部分。因为离山海关不远，随着闯关东汉族移民的逐年增多，在喀喇沁地区的蒙古语首先受汉语言文化的影响，进而渐渐形成了蒙汉双语混合式的喀喇沁土语。尤其是在19世纪末，为了躲避当时社会混乱局面及各种尖锐复杂的矛盾，大量

---

① 曹道巴特尔：《喀喇沁蒙古语研究》，民族出版社2007年版，第6页。

喀喇沁蒙古人从农区移居到科尔沁草原牧区，同时把蒙汉混合语性质的喀喇沁土语带到了新居点，由此出现了当今使用人口众多的受汉语影响较大的科尔沁土语，在此基础上构成科尔沁—喀喇沁农区方言。

三 蒙古语第三大方言是北部的巴尔虎—布里亚特方言

巴尔虎—布里亚特方言也是一个跨境方言，因位于整个蒙古语使用区的北部，所以有人就称其为蒙古语北部方言。该方言的使用者主要在俄罗斯布里亚特自治共和国，以及蒙古国东部边疆和中国的呼伦贝尔草原牧区。根据调研资料，存在于中蒙俄三国的巴尔虎—布里亚特方言，受不同生存条件和社会环境及外来语言文化等诸多方面的影响，在不同地区产生了不同程度的变化。例如，俄罗斯的巴尔虎—布里亚特方言受一定程度的俄语影响，蒙古国的巴尔虎—布里亚特方言喀尔喀蒙古语化现象十分突出，中国的巴尔虎—布里亚特方言却越来越靠近中部蒙古语的标准音。使用巴尔虎—布里亚特方言的总人口约有40余万人，其中在中国有将近10万人，① 但现在真正意义上使用该方言的人可能只占1/4，大部分人使用的是科尔沁土语和巴尔虎—布里亚特方言混合而成的蒙古语方言。相比之下，俄罗斯该方言区的布里亚特蒙古语方言虽然受俄语一定程度的影响，但在保存该方言的传统结构性特征方面要优于蒙古国和中国的方言。

四 蒙古语第四大方言是卫拉特—卡尔梅克方言

该方言的使用者分布于草原"一带一路"沿线的欧洲卡尔梅克自治共和国和蒙古国的西部地区，以及中国的新疆、内蒙古、甘肃、青海等地，使用者约有40万人。其中，中国有20万卫拉特方言的使用者。但有必要说明的是，中国新疆的卫拉特蒙古人中，有一部分属于察哈尔蒙古人。正因为如此，察哈尔蒙古人的口语里，依然保持察哈

---

① 曹道巴特尔：《蒙汉历史接触与蒙古族语言文化变迁》（汉文），博士学位论文，中央民族大学，2005年，第3页。

尔蒙古语土语的一些底层结构性特征。如此说来，真正意义上使用卫拉特方言的人是新疆的土尔扈特蒙古人和厄鲁特蒙古人以及青海的和硕特蒙古人。

中国是世界上蒙古族人口最多的国家，据第六次全国人口普查统计，我国有650万蒙古人，[①] 约占世界蒙古族总人口的60%。中国蒙古人的语言文化随着近代以来经济社会及文化的变化，逐渐形成了牧业语言文化、农牧结合的语言文化、农业语言文化三种结构类型。从历史的角度来讲，蒙古语是蒙古族的母语。从蒙古族隶属于不同国家的角度来讲：（1）蒙古国的蒙古语是国家通用语，全体蒙古国的公民都讲以中部方言为基准的喀尔喀标准语。（2）然而，在俄罗斯境内使用蒙古语的情况就有所不同，俄语是俄罗斯及其全体俄联邦国家使用的唯一通用语，布里亚特蒙古语在俄罗斯只是在布里亚特自治共和国内使用的法定通用语。（3）毫无疑问，卡尔梅克蒙古语是卡尔梅克自治共和国的法定通用语。俄语作为俄罗斯和俄罗斯联邦国家普遍使用的通用语，对布里亚特蒙古语和卡尔梅克蒙古语的影响都比较大。（4）在中国，蒙古语是蒙古族最主要的交流工具和工作语言及教学语言之一。我国的蒙古族在学习掌握好母语和蒙古文的同时，还要学习掌握好作为国家通用语言文字的汉语言文字。

总之，作为中蒙俄草原"丝绸之路"与"一带一路"通道上重要的交际语言，蒙古语及方言土语主要在蒙古国、我国的内蒙古自治区等8个省市区，以及俄罗斯的西伯利亚和远东地区使用。我国的蒙古族居住的地域几乎遍布国内草原"一带一路"沿线的东北、华北和西北等地区。其中，内蒙古、辽宁、吉林、黑龙江、新疆、青海、河北、甘肃8省区是最主要的分布区域。另外，在云南、山东、北京等22个省、市、自治区都有不同人口规模的蒙古人在居住。这些地区也都和草原"丝绸之路"与"一带一路"密切相关，从国内蒙古族分布情况

---

① 中华人民共和国国家统计局2010年11月1日第六次全国人口普查统计结果。

及人口结构来看，其主要分布在内蒙古和东北，以及新疆、河北、青海等地，其他一些蒙古人也散居于河南、四川、贵州、北京和云南等地。① 据较新资料数据，内蒙古的蒙古族有 466.61 万人，约占全国蒙古族总人口的 3/4，其余 1/4 的蒙古族人口分布在其他十多个省、市、自治区。例如，在辽宁有 67 万蒙古人，新疆、黑龙江、吉林也分别有 15.1 万、15.9 万、17.2 万蒙古人，甘肃省有 1.5 万蒙古人，青海省有 8.6 万蒙古人。② 另外，在河北省有 15 万蒙古人，河南省有 6 万蒙古人，北京有近 4 万蒙古人，天津也有 1 万多蒙古人。云南省有 1 万左右的蒙古人，四川省和山东省也有一些蒙古族人口居住。③

关于国内蒙古语方言土语的划分问题，中国蒙古语界曾经出现几个不同的看法，最具代表性的并且被广泛接受的观点是三分法，即把中国境内草原"一带一路"沿线的蒙古语划分为东部、中部、西部三个部分，即巴尔虎—布里亚特方言、内蒙古方言、卫拉特方言。实际上被称为西部方言的卫拉特方言是跨境卫拉特—卡尔梅克蒙古语方言的中国部分，被称为东部方言的巴尔虎—布里亚特方言也是跨境巴尔虎—布里亚特蒙古语方言的中国部分。另外，三分法还在内蒙古方言里包括了黑龙江、辽宁、吉林等地的蒙古语方言。其实，在我国农区蒙古人的语言和牧区蒙古人的语言之间，比较明显地出现了不可忽视的方言土语差异。那些被划入中部或内蒙古方言的科尔沁土语、喀喇沁土语等已经出现了与巴林土语、察哈尔—苏尼特—乌拉特土语、鄂尔多斯土语、阿拉善—额济纳土语等之间相当清楚的区别性差异。为此，"我们认为，如果要划分国内蒙古语方言土语，可以分为西部卫拉特方言、中部内蒙古牧区—半农半牧区方言（简称牧区蒙古语方言）、东部科尔沁—喀喇沁农区方言（简称农区蒙古语方言）、北部巴尔虎—

① 新华网内蒙古频道：《蒙古族分布情况》，http：//www.nmg.xinhuanet.com。
② 舍那木吉拉：《中国民族语文工作的创举》（汉文），辽宁民族出版社 2000 年版，第 13—25 页。
③ 斯琴等：《蒙古语方言学》（蒙古文），中央民族大学出版社 1998 年版，第 6 页。

布里亚特方言四个区块。只有这样,才能比较客观地反映出蒙古语方言土语的跨国界性质和语言文化方面的特性"①。

第二节 中蒙草原"一带一路"及农牧区
蒙古语方言的基本特点

就整个蒙古语来讲,中蒙草原"一带一路"沿线的牧区方言和农区方言所涉及的人口最多,使用的范围也最广,语言的使用环境也相当复杂。其中,牧区蒙古语方言又是属于跨国界性质的方言,在中国和蒙古国草原牧区都在使用,我们称其为喀尔喀—内蒙古牧区方言,内部包括蒙古国的喀尔喀方言和中国的内蒙古牧区方言。而只分布在我国的科尔沁—喀喇沁农区方言,包括科尔沁土语、喀喇沁土语。在下面的讨论中,我们将把国内的蒙古语划分成牧区蒙古语方言和农区蒙古语方言两个部分,分析它们在语音、语法及其词汇等方面形成的基本特点。

一 内蒙古草原"一带一路"及牧区蒙古语方言基本特点

如上所说,草原"一带一路"沿线的牧区蒙古语方言(喀尔喀—内蒙古牧区方言)是跨国界性质的方言,主要分布于草原"一带一路"通道上的中国和蒙古国的草原牧区,其所包含的蒙古国的喀尔喀方言和中国的内蒙古牧区方言在语音、语法、词汇等方面存在诸多共性化特征。事实上的牧区蒙古语方言,就是所说的喀尔喀—内蒙古牧区方言。所以,在这里我们就以中国境内的牧区蒙古语方言为例,分析喀尔喀—内蒙古牧区方言的语音、语法、词汇的基本特点。根据我们的调研和掌握的资料,中国境内使用牧区蒙古语方言的蒙古族主要生活

---

① 曹道巴特尔:《喀喇沁蒙古语研究》,民族出版社2007年版,第8页。

在内蒙古的赤峰市、锡林郭勒盟、乌兰察布市、巴彦淖尔市、鄂尔多斯市等地所辖的草原牧区及半农半牧区。或许正因为如此，也有人们习惯上称其为牧区—半农半牧区蒙古语方言。在很长的历史发展阶段，这些地区的蒙古族无论是在生产内容还是在生活方式等方面都没有发生过太大的变化，几乎始终保持着传统的草原牧场畜牧业经济，自然而然形成了草原"一带一路"沿线的富有游牧文化特色与内涵的牧区蒙古语方言。

（一）语音系统的基本特点

该方言的语音基本特点主要表现在以下六个方面：

1. 有 a、ə、ɪ、i、ɔ、ⱳ、o、u 8 个短元音；

2. 有 aa、əə、ɪː、ii、ɔɔ、ⱳⱳ、oo、uu 8 个长元音；

3. 有ǎ、ə̌、ɪ̌、ɔ̌、ⱳ̌、ǒ、ǔ 7 个词中弱化短元音；

4. 有 ai、əi、ɔi、ⱳi、oi、ui、ⱳa、ⱳai 8 个复合元音；

5. 有比较整齐的元音和谐律，阴性元音的和谐和阳性元音的和谐突出地表现在唇形的和谐现象之中；

6. 有 p、p'、m、β、t、t'、n、s、l、r、ʧ、ʧ'、ʃ、j、g、k、h 17 个辅音。

（二）语法系统的基本特点

该方言的语法基本特点，主要表现在名词类词及动词类词的错综复杂的形态变化语法现象等方面。

1. 名词类词的形态变化语法范畴的基本特点表现在以下三个方面：

（1）名词类词的数形态变化语法现象主要有-nar /-nər，-uut /-uut，-ʧ'uut /-ʧ'uut，-t、-s 等复数词缀；

（2）名词类词的格形态变化语法现象主要有主格-0（零词缀）、定格-ɪːn /-iin、-ee ~ -ɪː /-ii、向位格-t /-t'、从比格-aas /-əəs /-ɔɔs /-oos ~ -gaas /-gəəs /-gɔɔs /-goos、凭借格-aar /-əər /-ɔɔr /-oor ~ -gaar /-gəər /-gɔɔr /-goor、与格-t'ai /-t'əi /-t'ɔi /-t'oi、宾格-ɪː /-ii ~ -ɪːg /-iig 等格词缀；

（3）名词类词的领属形态变化语法现象主要包括反身领属-aan /

-əən/-ɔɔn /-oon，以及人称领属-min ~ -tʃʻin ~ -ɹ 等领属词缀。

2. 动词类词的形态变化语法范畴的基本特点表现在以下三个方面：

（1）动词类词的陈述式形态变化语法现象主要有现在时和将来时-na /
-nə /-nɔ /-no、开始时或结束时-la /-lə /-lɔ /-lo、过去时-tʃai /-tʃəi ~ -tʃʻai /
-tʃʻəi ~ -ba /-bə 等词缀；

（2）动词类词的祈使式形态变化语法现象主要有第一人称-ɹ /-ii ~
-ja/-jə /-jɔ /-jo、第二人称-gaarai /-gəərəi /-gɔɔrɔi /-goorəi、-aarai /
-əərəi /-ɔɔrɔi /-oorəi ~ -gaatʃʻ /-gəətʃʻ /-gɔɔtʃʻ /-gootʃʻ ~ -aatʃʻ /-əətʃʻ /
-ɔɔtʃʻ /-ootʃʻ、第三人称-gaasai /-gəəsəi /-gɔɔsɔi /-goosəi ~ -aasai /-əəsəi /
-ɔɔsɔi /-oosəi 等词缀；

（3）动词类词的副动词形态变化语法现象主要有立刻副动词的
-magtʃʻ/-məgtʃʻ /-mɔgtʃʻ /-mogtʃʻ、假定副动词的-βal /-βəl /-βɔl /-βol、
让步副动词的-βtʃʻ、延续副动词的-saar /-səər /-sɔɔr /-soor 等词缀。

（三）词汇系统的基本特点

该方言词汇的基本特点主要表现在丰富多彩的游牧文化词汇上。
也就是说，中蒙草原"一带一路"沿线的牧区蒙古语方言，自从蒙古
帝国开始就极大地发展了由古代草原游牧群体那里继承下来的语言文
化，积极吸收汉语、波斯语、藏语、满语以及英语和俄语等西方语言
的词语，构成了极其丰富、完整的词汇系统。该方言区的锡林郭勒盟、
乌兰察布市、巴彦淖尔市、鄂尔多斯市的方言都有各自的特点，并有
一些地方性词语。与之稍有区别的是半农半牧区的一些土语。比如，
赤峰市翁牛特—奈曼蒙古语土语、阿鲁科尔沁—巴林蒙古语土语等虽
然属于牧区蒙古语方言，但也具有一定的牧区蒙古语方言与农区蒙古
语方言之间的过渡性特点。其主要表现是有一些与农区蒙古语方言土
语相同的汉语词语成分。虽然如此，其更多的词汇还是牧区蒙古语方
言所有的，整体上属于牧区蒙古语方言。①

---

① 曹道巴特尔：《喀喇沁蒙古语研究》，民族出版社 2007 年版，第 8 页。

二 内蒙古草原"一带一路"及农区蒙古语方言的基本特点

在这里所说的内蒙古草原"一带一路"沿线的农区蒙古语方言，主要是指中国境内的蒙古族农民使用的蒙古语方言，是科尔沁—喀喇沁农区方言的另一种称呼，该方言包括科尔沁土语、喀喇沁土语两个部分。我们掌握的资料充分说明，在我国蒙古语各个方言中，农区蒙古语方言的使用人口最多，内部还分为科尔沁土语和喀喇沁土语。其中，科尔沁土语受喀喇沁土语影响而产生，已成为蒙古语土语中使用人口最多的一支。下面以科尔沁土语及喀喇沁土语为例，简要阐述农区蒙古语方言的基本特点。

（一）科尔沁土语的基本特点

在内蒙古地区草原"一带一路"通道上的科尔沁土语受到的汉语影响，几乎仅次于喀喇沁土语，汉语甚至影响了该蒙古语土语的语音、语法、词汇等各个方面。尤其是在词汇方面的影响较为突出，由汉语借入的各种新词术语逐年增多。众所周知，科尔沁土语主要使用于中国的东北地区。具体来讲，该方言区涵括内蒙古通辽市的科尔沁区、科尔沁左翼中旗、科尔沁左翼后旗，以及内蒙古兴安盟的乌兰浩特市、科尔沁右翼中旗、突泉县、科尔沁右翼前旗、扎赉特旗，还包括黑龙江的杜尔伯特蒙古族自治县、肇源县，吉林省的前郭尔罗斯蒙古族自治县等蒙古族生活地区。其使用者约有210多万人口，在经济生产和社会生活的形式和内容上，早已形成半农半牧的生产格局，并且大部分地区向定居农业方向转移。毫无疑问，这一格局的形成同从关内移民而来的汉族农民，以及受农业文化影响较大的喀喇沁蒙古族农民所带来的农业文明等有着极其必然的内在联系。

我们的分析表明，受汉语影响的科尔沁土语，在语音、语法、词汇等方面具有了以下基本鲜明的特点。

1. 语音系统的基本特点

（1）元音系统中，没有圆唇元音 o，有 ɛ、œ、y 等前元音；

（2）辅音系统中，用辅音 ʃ、ş 代替了其他蒙古语方言土语的辅音 ʧ'。另外，辅音 n 被发音为 l 或 j。还有，辅音 s 有演变为 t 或 t' 音的现象；

（3）元音和谐率趋于弱化，进而出现不是很整齐和规范的所谓元音和谐现象。

2. 语法系统的基本特点

（1）语法形态变化现象中，比较突出的特点是，在名词类词的格形态变化语法现象中，出现了时间格、限内格、原由格等实例。例如，有 -lɛɛ、-tt'ər、-t'lan 等新增的格形态变化语法词缀；①

（2）名词类词的领属形态变化语法现象里，第一人称代词词根演化为 nɛmɛn-（namaa-）的发音形式，同喀喇沁土语；

（3）动词类词的祈使式形态变化语法现象的第二人称中出现了 -aasta（-aaşta）、-ləgguɛ 等形态变化语法词缀；

（4）动词类词的体形态变化语法现象的完成体出现了 -aat'əg 这一语法词缀；

（5）动词类词的体形态变化语法现象的跟随副动词、立刻副动词、目的副动词等，分别使用了 -hlɛɛ 和 -naaraan 及 -huɛ 等语法词缀；②

（6）疑问语气词和加强语气词等，分别使用了 -ʃii-paa、-ii 及 ʃuluu（-ʃult'ɛɛ）、-ʃilɛɛ、-ʃagt'ɛɛ 等词缀。

3. 词汇系统的基本特点

科尔沁土语词汇中借入了相当数量的汉语借词。而且，绝大多数跟农业生产生活有关。不过，根据我们掌握的资料，在该蒙古语土语里较好地保留了跟蒙古族早期畜牧业生产生活密切相关的一些固有词。另外，该蒙古语土语在清代借入了不少同当时的社会制度、政治体制、

---

① 斯琴等：《蒙古语方言学》，（蒙古文），北京中央民族大学出版社 1998 年版，第 328 页。

② 斯琴等：《蒙古语方言学》（蒙古文），中央民族大学出版社 1998 年版，第 330—342 页。

行政管理、官吏称谓等密切相关的一部分满语名词术语。

总之，历史的变迁、社会的发展、生活环境的不断变革，使科尔沁蒙古族的经济生产和社会生活的形式和内容发生了很大的变化，他们基本上从传统意义上的游牧性质的畜牧业生产转型为定居性质的农业生产。在这一革命性传统产业的转型过程中，借用了大量与汉语农业生产及定居生活密切相关的词语，使科尔沁土语出现了与牧区蒙古语方言有显著差异的基本特点。很有意思的是，这里所说的科尔沁土语的一些基本特点，同受汉语影响较大的喀喇沁土语之间保持有相当强的一致性。

（二）喀喇沁土语的基本特点

喀喇沁土语，亦称喀喇沁—土默特土语，是典型的蒙汉混合式结构类型的语言，包括喀喇沁次土语、蒙古贞次土语和库伦次土语三个次土语。它们的使用者较为集中地生活在内蒙古东南部，以及辽宁省的西北部和北部，还有一小部分人生活在河北省东北部地区。

那么，进一步具体阐述的话：（1）使用喀喇沁次土语的蒙古人，主要生活在内蒙古的赤峰市喀喇沁旗、宁城县，以及辽宁省的建平县、建昌县、凌源县和喀喇沁左翼蒙古族自治旗。使用喀喇沁次土语的一小部分蒙古人，居住在河北省的平泉县等地。（2）使用蒙古贞次土语的蒙古人生活在辽宁省的朝阳市、北票市、阜新蒙古族自治县和彰武县等地。（3）使用库伦次土语的蒙古人，基本上居住在内蒙古通辽市的库伦旗及其周边地区。从 1955 年至 1956 年的全国蒙古族人口普查资料来看，当时该蒙古语土语区的蒙古族约有 30 万人。另外，据 1993 年所做的并不全面细致的人口统计数来看，该蒙古语方言区的蒙古族已超过 50 万人。① 应该指出的是，喀喇沁土语区相当比例的蒙古族，跟隶属于科尔沁土语的黑龙江省和吉林省的蒙古族相同，日常生产生

---

① 曹道巴特尔：《蒙古语方言土语划分和喀喇沁土默特土语研究》（汉文），《满语研究》1999 年第 2 期，第 99 页。

活中基本上都使用汉语，其人口已达到总人口的40%以上。而且，该地区使用汉语的蒙古族人口还在不断增加。不过，相比之下，蒙古语喀喇沁土语的库伦次土语和蒙古贞次土语的汉化现象，没有像喀喇沁次土语那么突出和明显。尤其是，蒙古贞次土语的使用者对于母语有其特殊情感，对于母语的学习和使用有其很高的热情，正因为如此，该地区的蒙古语具有了相当强的生命力和延续性。另外，库伦次土语实际上是由喀喇沁土语和科尔沁土语混合而成的产物。

喀喇沁土语在语音、语法、词汇等方面，虽然还没有完全失去内蒙古牧区方言的基本结构性特点，但已出现许多异同现象或区别性特征。同样属于农区蒙古语方言的科尔沁土语和喀喇沁土语间有着相当多的共性化特点，所以被划入同一个方言范畴。

1. 语音系统的基本特点

喀喇沁土语也同科尔沁土语一样，在元音系统中出现了一套前元音，从而在语音结构上更加适应汉语借词的发音和使用。也就是说，在有些语音的发音上已有了较为突出的汉语语音特点。

2. 语法系统的基本特点

喀喇沁土语中，早期蒙古语固有的一些形态变化语法现象丢失的现象比较多。而且，这种现象越来越明显，取而代之的是使用率越来越高的各种汉语助词。

3. 词汇系统的基本特点

喀喇沁土语中，已出现大量的汉语借词、汉语音译词、汉语音译兼意译词、汉语音译加意译词、意译加汉语词等。另外，还出现了一些使用不精确、音译或意译不到位的汉语借词等。这也是喀喇沁地区蒙古语借词使用方面的一些特点。

我们的资料还表明，喀喇沁土语和科尔沁土语这两个蒙古语土语之间也存在相当明显的差异。例如，科尔沁土语没有蒙古书面语第六元音 o，但在喀喇沁土语中却有该元音。不过，喀喇沁土语的元音 o 在具体的使用中却产生了一定变化，它的发音形式似乎演变为复合元音性质的 uə 音或 ʷo 音。与此相关，蒙古贞次土语与科尔沁土语相同，也没有蒙古书面语第六元音 o。再说，科尔沁土语和蒙古贞次土语等中出现的无第六元音 o 的此类语音现象，同样在巴尔虎—布里亚特蒙古语中会见到。很有意思的是，保存蒙古语早期语音形式较多的蒙古语族语言的达斡尔语中也没有该元音。① 还有，在作为同语系语言的满通古斯诸语的满语和锡伯语及赫哲语内也似乎都没有该元音。② 另外，科尔沁土语及其相关方言土语的第五元音 u，在喀喇沁土语里变成了另一个复合性质的元音 ʷa，这一点与达斡尔语相同。③

我国东北地区的历史及其发展变化，同女真、契丹、蒙古和满族，以及闯关东的汉族先民密切相关。所以，我们有理由认为，喀喇沁土语所包含的特点，有的跟契丹语有关，有的与女真语以及后来的满语有联系。当然，有的特点是古代蒙古语的固有产物，这些固有特点在许多方言土语里早已消失，然而被喀喇沁土语等保留了下来。所以，我们分析有关特殊的语音现象时，必须要充分考虑契丹语、女真语以及满语的早期语音结构系统，以及它们发展变化的基本原理和规律。甚至，也可以将朝鲜语的早期语音现象作为一种参考一并全面深入思考和探索。④

总而言之，包括喀喇沁土语和科尔沁土语的东部农区蒙古语方言与中部牧区蒙古语方言之间，在语音、语法、词汇等诸多方面，都存在十分明显的差异性特点。而且，随着汉语影响的不断深入，这种差异性特点似乎变得越来越大。在此基础上，喀喇沁土语从蒙汉双语结构类型向蒙汉混合语方向转化。分析还表明，同属东部方言的喀喇沁土语和科尔沁土语之间，不仅存在很多的共同点，也存在不同程度的

---

① 恩和巴图：《达斡尔语和蒙古语》（汉文），内蒙古人民出版社 1988 年版，第 27 页。

② 朝克：《满通古斯诸语比较研究》，民族出版社 1997 年版，第 15 页。

③ 恩和巴图：《达斡尔语和蒙古语》，内蒙古人民出版社 1988 年版，第 30 页。

④ 曹道巴特尔：《蒙古语方言土语划分和喀喇沁土默特土语研究》（汉文），《满语研究》1999 年第 2 期，第 99 页。

内部差异。科尔沁土语的词汇中虽然有大量汉语借词,但很有意思的是,使用该土语的蒙古族中会说汉语的人却很少,同时也不会讲蒙古语标准话,他们之间主要用本地区的科尔沁土语进行交流。可是,喀喇沁土语里,除了库伦和阜新等地的蒙古语使用情况同科尔沁土语基本一致外,绝大多数地区的蒙古族已失去母语交流的能力。也就是说,在蒙古语喀喇沁土语区,汉语已经成为使用面最广、使用率最高的语言。与此相反,蒙古语除了使用于极少数蒙古族集中生活的自然村和蒙古族家庭内部的交流语言之外,已经很大程度上失去了社会交际功能和作用。毋庸置疑,同科尔沁土语相比,喀喇沁土语的汉化现象更为明显。而且,就如前面所说,母语使用人口变得越来越少。这一现实告诉我们,喀喇沁土语是整个中蒙俄草原"一带一路"通道上,母语使用已进入严重濒危状态的特殊的蒙古语方言土语。

如上所述,科尔沁土语和喀喇沁土语是在中蒙俄草原"一带一路"通道上,受汉语影响最大的地方性蒙古语方言土语。这些蒙古语里不仅借入了数量可观的汉语借词,这些批量涌入的汉语借词,一定程度上已经改变了其蒙古语母语原有的语音系统格局,由此出现了 ε、œ、y、ɣ 等前元音。与此同时,科尔沁土语和喀喇沁土语在语法上也不同程度地失去了固有成分,使丰富多彩、错综复杂、纵横交错的形态变化语法现象不断被省略或被丢失。然而,令人感到很惊奇的是,科尔沁土语和喀喇沁土语中却保留了蒙古语早期的一些固有成分。此外,这两个蒙古语土语之间,也出现了较为明显的差异。例如,科尔沁土语中没有蒙古书面语第六元音 ö,而喀喇沁土语内有 ö 元音,但已演变为 ʷo 音。还有,喀喇沁土语中,把蒙古书面语第五个元音 u 发音为 ʷa 音,相反科尔沁土语里则无此种音变现象,仍然较完整地保持着元音 u 的原有发音形式。

第三节　中蒙俄草原"一带一路"及蒙古语巴尔虎—布里亚特方言和卫拉特方言的基本特点

这里所说的巴尔虎—布里亚特蒙古语方言及卫拉特蒙古语方言，基本上均属于中蒙俄或中蒙草原"一带一路"沿线地区。从这个角度讲，它们都属于跨境蒙古语方言。因为布里亚特蒙古语的使用者绝大部分居住在俄罗斯的布里亚特共和国，所以有些国内学者认为布里亚特蒙古语是不同于蒙古语的一种独立的蒙古语族语言，该语言是俄罗斯的布里亚特共和国的通用语言之一，被称为布里亚特语。有的人认为布里亚特蒙古语只是蒙古语的一个方言，与巴尔虎蒙古语一起构成了跨境的巴尔虎—布里亚特蒙古语，即蒙古语巴尔虎—布里亚特方言，它位于蒙古语区的北部。卫拉特蒙古语方言的性质也基本一样，因为该方言的卡尔梅克土语分布在俄罗斯卡尔梅克共和国，并且也是该共和国的通用语言，所以有学者同样把它当作蒙古语族语言来看待，称其为卡尔梅克语。实际上卡尔梅克语是蒙古语跨境的卫拉特—卡尔梅克方言的一个分支，是一个次方言或者一个土语，而且与国内的卫拉特蒙古语方言基本相同，不存在太大的差异。卫拉特—卡尔梅克方言位于蒙古语区的西部。

一　中蒙俄"一带一路"及巴尔虎—布里亚特蒙古语方言的基本特点

巴尔虎—布里亚特蒙古语方言包括巴尔虎蒙古语和布里亚特蒙古语两个部分，是中蒙俄草原"一带一路"通道上的跨境蒙古语。这其中，巴尔虎蒙古语主要使用于中国和蒙古国相接壤的草原牧区，而布里亚特蒙古语则是用于中蒙俄草原"一带一路"沿线的相关地区。根据相关研究资料和我们的分析，不论是使用于中蒙两国的巴尔虎蒙古语，还是使用于中蒙俄三国的布里亚特蒙古语，在其不同国家的语言之间并不存在太大的区别性特征。更多的区别关系或许存在于不同国和地区的巴尔虎蒙古语和布里亚特蒙古语中借入的不同语言的借词等方面。所以，在这里我们主要以中国境内的巴尔虎—布里亚特蒙古语方言为例，分析这些蒙古语方言在语音、语法及其词汇方面表现出来的突出而鲜明的一些特点。在中国的巴尔虎—布里亚特蒙古语方言的使用者，主要生活在内蒙古东部呼伦贝尔草原牧区的新巴尔虎右旗、新巴尔虎左旗、陈巴尔虎旗、鄂温克族自治旗等地，约有 10 万人口的蒙古族。根据我们的调研，现在的巴尔虎—布里亚特蒙古语方言，受科尔沁土语的影响比较突出。此外，该蒙古语方言的使用范围在不断缩小，使用人口也在日益减少。据不完全统计，在我国境内现在实际使用巴尔虎—布里亚特蒙古语方言的人数不足 2 万。而且，巴尔虎蒙古语主要使用于呼伦贝尔巴尔虎蒙古族生活的三个旗的牧区，以及呼伦贝尔鄂温克旗布里亚特蒙古族生活的锡尼河西苏木和锡尼河东苏木，使用者有将近 8000 人。[①] 下面以中国境内的巴尔虎—布里亚特蒙古语方言为例，简要阐述中蒙俄草原"一带一路"沿线国家和地区使用的该方言的语音、语法、词汇方面的独到之处。

那么，在这里，首先要交代巴尔虎蒙古语和布里亚特蒙古语在语音、语法、词汇等方面表现出的一些共性化特点。

（一）语音系统的基本特点

1. 巴尔虎—布里亚特蒙古语没有元音，也没有前音化元音现象；

2. 巴尔虎—布里亚特蒙古语里，蒙古书面语的辅音 j 分化为 ʧ 和 tɕ，辅音 ʧʻ 分化为 s 和 ʃ；

3. 巴尔虎—布里亚特蒙古语中，蒙古书面语的辅音 s 演变为辅

---

① 曹道巴特尔、呼和：《蒙古国布里亚特人社会文化调查报告》，中国社会科学院民族学与人类学研究所，2016 年 12 月，第 6 页。

音 h;

4. 巴尔虎—布里亚特蒙古语的词中不区分 n 和 ŋ 两个鼻辅音,而且词尾的鼻辅音均发作 ŋ 音。

(二) 语法系统的基本特点

1. 巴尔虎—布里亚特蒙古语的复数有形态变化,语法词缀中有 -sʊːl/-suul;

2. 巴尔虎—布里亚特蒙古语从比格形态变化,语法词缀有 -haa/-həə/-hɔɔ /-hoo;

3. 巴尔虎—布里亚特蒙古语的人称代词 bi "我"、ta "您" 等能够使用于谓语后面。

(三) 词汇系统的基本特点

在草原"一带一路"沿线使用的巴尔虎蒙古语和布里亚特蒙古语里,均有一定数量的俄语借词。比较而言,布里亚特蒙古语里借入的俄语借词比巴尔虎蒙古语的要多。再说,中国境内的巴尔虎蒙古语和布里亚特蒙古语中使用的俄语借词基本上都属于 20 世纪 40 年代之前的名词术语,更多地和畜牧业生产有关系。不过,在蒙古国和俄罗斯的巴尔虎蒙古语和布里亚特蒙古语里,借入的俄语借词比我国境内的巴尔虎蒙古语和布里亚特蒙古语的俄语借词要多得多。特别是,在俄罗斯的布里亚特蒙古语中借入了相当数量的俄语借词。从这一实际情况来看,在中蒙俄草原"一带一路"通道上,俄语借词使用最多的首先是俄罗斯的布里亚特蒙古语,其次是蒙古国的巴尔虎蒙古语及布里亚特蒙古语,使用率较低的是中国境内的巴尔虎蒙古语及布里亚特蒙古语。然而,在中国境内的巴尔虎蒙古语及布里亚特蒙古语中除了借入早期的一些汉语借词之外,从 20 世纪 50 年代开始,尤其是 20 世纪 80 年代以后,借入了相当数量的汉语借词。而且,伴随中国境内的巴尔虎蒙古族及布里亚特蒙古族经济社会的快速发展,汉语借词的使用面变得越来越广,使用率也变得越来越高。

二 中蒙俄草原"一带一路"及卫拉特蒙古语方言的基本特点

根据分析，卫拉特蒙古语方言是在中蒙俄草原"一带一路"沿线上使用路线较长的跨境蒙古语。蒙古语言学界还将该方言称为"卫拉特—卡尔梅克方言"。境内外的卫拉特蒙古语方言在语音、语法及词汇方面存在的区别性差异并不十分突出，由此在这里我们以中国境内的卫拉特蒙古语方言为例，阐述该方言中出现的语音、语法、词汇的基本特征。众所周知，在中国使用卫拉特方言的蒙古族，主要分布于新疆的巴音郭楞蒙古族自治州、博尔塔拉蒙古族自治州和布克赛尔蒙古族自治县，内蒙古的阿拉善盟和呼伦贝尔市，甘肃省的肃北蒙古族自治县，青海省的海西蒙古族藏族自治州，以及河南省的蒙古族自治县等地区。据不完全统计，中国卫拉特方言区的蒙古族约有 20 万人，除了青海省的蒙古人中约有 2 万人基本失去母语使用功能，几乎都转用了藏语之外，其他境内的卫拉特蒙古人基本上都使用母语。

我们完全可以说，在中国境内新疆是卫拉特蒙古语方言的核心地区。而且，新疆的卫拉特蒙古人自 300 多年以前，在传统的蒙古文基础上，创制了独具特色的托忒蒙古文，并一直使用到现在，进而很大程度上保护和传承了本地区的蒙古语方言。同时，作为蒙古语的一种地方性特征很浓的方言，其在语音、语法、词汇等方面具有了一些鲜明的特点。

（一）语音系统的基本特点

1. 卫拉特蒙古语方言的元音 e、ø、y 的读音，不同于现代蒙古语喀尔喀—内蒙古牧区方言的元音 ə、o、u，它们的读音比 ə、o、u 要相对靠前一些，似乎更接近于古代蒙古语元音 e、ö、ü 的发音形式；

2. 卫拉特蒙古语方言有与元音 e、ø、y 相对立的长元音 ee、øø、yy；

3. 卫拉特方言中，阳性元音内部及阴性元音内部出现的元音和谐现象及其规律，现已变得不是十分严谨，进而出现元音和谐的不整齐、不规律、不规范等情况。因此，也出现了阳性元音 a、o、u 等在卫拉特方言中演化为阴性元音 e、ø、y 等；

4. 卫拉特方言里，元音 i 同样属于中性元音，可以使用于由阳性元音和阴性元音和谐构成的不同词内。再说，蒙古语阳性词中出现的元音∩，在卫拉特蒙古语方言里基本上都发音成阴性元音的 i 音；

5. 卫拉特方言里，有由蒙古语阳性元音 a 演变而来的前元音 œ。很显然，前元音 œ 也属于阴性元音；

6. 卫拉特方言内，蒙古语元音 i 之前出现的辅音 n 一般都分化为 n 或ņ两个音。与此同时，在元音 i 之前出现的辅音 l 也要分别发音为 l 和ļ 音；

7. 卫拉特方言中，蒙古语辅音 j 要分别发音为 ʧ 和 tɕ 音，辅音 c̆ 也要分别发音为 ʧʻ 和 ts‘ 音；

8. 卫拉特方言里，至今还保留古代蒙古语的阴性词辅音 k；

9. 卫拉特方言内，会清楚地区分鼻辅音 n 和 ŋ；

10. 由于非词首音节出现的元音脱落现象，卫拉特方言里的复辅音较多；

11. 卫拉特方言中，有特殊的 ɔ + u、ɔ + a、ɔ + u 等元音和谐现象。

（二）语法系统的基本特点

该方言里，在语法结构方面表现出的基本特点，或者说同其他方言有所不同的语法结构性特征，主要出现在名词类词的数形态变化语法现象，以及领属形态变化语法现象之中。其他形态变化语法范畴内也有一些特点，但都不十分明显和突出。

1. 卫拉特方言名词类词数形态变化语法现象里，有复数形态变化语法词缀-muut /-myyt；

2. 卫拉特方言名词类词领属形态变化语法现象里，有反身第三人称单数形态变化语法词缀-m、-ʧʻ、-nʧ，以及复数形态变化语法词缀-manʧʻ、-t‘ /-t‘n、-nʧ 等；①

---

① 清格尔泰:《关于中国蒙古语方言划分意见》（蒙古文），《内蒙古大学学报》1978年第3期。

3. 卫拉特方言中，单数第一人称代词 bi 和第三人称代词 t'a 等可以出现于谓语后面。

(三) 词汇系统的基本特点

根据我们的分析，卫拉特方言的词汇里有不少蒙古语早期词语，以及本土化的一些独特词汇。从地域性语言特征、语言结构、语言关系的角度来看，卫拉特蒙古语方言的词汇受一定程度的阿尔泰语系突厥语族语言的影响，进而该语言里借入了不少维吾尔语借词和哈萨克语借词，甚至也有一些来自藏语的借词等。完全可以说，在整个蒙古语的方言土语的词汇系统里，像卫拉特蒙古语方言一样受突厥语族语言的词汇影响，借用一定数量的维吾尔语借词和哈萨克语借词的现象不是十分突出。在这一点上，卫拉特蒙古语方言表现出自己的词汇方面的一种特点。另外，受藏传佛教的影响，蒙古语普遍借入了与藏传佛教相关的一些早期藏语借词，但卫拉特蒙古语方言中借用的藏语借词比其他蒙古语方言土语要多得多。还有，在该方言内也有一些来自汉语和俄语的借词。

总之，卫拉特蒙古语方言是具有鲜明特点的蒙古语方言土语，同中部牧区，包括半农半牧区方言间的差异是历史上形成的。首先，作为世居贝加尔湖以西林中百姓里主要成员之一的卫拉特蒙古人，自成吉思汗时期被纳入蒙古帝国的统治范围以来，始终保持使用相对独立的蒙古语方言的状态。其次，卫拉特蒙古人迁居以后，更是远离了蒙古语使用的草原，保持了卫拉特蒙古语方言的独立性特征。虽然，现在的卫拉特蒙古族的分布区域，也包含着相当数量的科尔沁—和硕特部及察哈尔部的蒙古人，可是卫拉特蒙古语方言并没因此而受到太大的影响。不仅如此，1648 年，也就是顺治五年，扎雅班迪达在蒙古文基础上，创制了十五字头、一百零五个音、自右至左竖写的托忒蒙古文。该文字能够比较准确地表现卫拉特蒙古语方言语音系统的特点。托忒蒙古文之"托忒"是"清楚、清晰"的语义，意思是该文字能够清晰地记录卫拉特蒙古人的语言，所以托忒蒙古文也叫作卫拉特蒙古文。毫无疑问，托忒蒙古文的创制和使用，包括它在新疆蒙古人中的推广和发展，很大程度上稳固了卫拉特蒙古语的使用。

在这里还应该提到的是，卫拉特蒙古语方言虽然保持了相对独立的发展，但在各方面也受到了中部蒙古语不同程度的影响。尽管如此，卫拉特蒙古人还是用最大的努力，尽可能地传承和延续着自己方言的独特而鲜明的结构性特点，对此托忒蒙古文起到了重要的作用。为了更好地传承和发展卫拉特蒙古语方言，卫拉特蒙古人不断强化该方言的交际功能和作用，特别是不断强化文学语言的使用力度。由此，他们还用母语创作了世界闻名的《江格尔》等英雄史诗，还有独具特色而十分优美的各种民间文学艺术作品和近现代托忒蒙古人作家创作的文学作品。通过英雄史诗和诸多文学艺术作品，他们充分展现了卫拉特蒙古语方言具有的语言美、语言活力、语言的生命力。也就是说，为保护蒙古族弥足珍贵的文化遗产，卫拉特蒙古语方言做出了相当大的贡献。

第四章

草原"丝绸之路"及汉语
对蒙古语的影响

在草原"一带一路"的"丝绸之路"经济带沿线，内蒙古地区一直是作为中蒙俄乃至向欧洲各国开展国际性商贸活动、经贸往来、商品交易、文化交流、人文互动的主要陆路通道之一，曾经发挥过并且仍然发挥着十分重要的作用。内蒙古是中蒙俄跨境经济文化交流的重要阵地，中蒙俄三国边境沿线分布着众多的陆路口岸，尤其是进入21世纪以来，我国重视同俄罗斯和蒙古国的友好睦邻关系，加大了对口口岸的建设。从横跨内蒙古地区通向俄罗斯和蒙古国的草原"丝绸之路"的发展历史看，在其沿线的重要要塞或者枢纽地带，形成了人口较为集中的陆路经济贸易城镇，成为内陆地区汉族商人充分利用草原"丝绸之路"通道，开展各种商业活动的重要场所。在草原"丝绸之路"沿线地区，各种商贸活动和商品交易及易货买卖市场等十分活跃，内陆地区的一些汉族商人建立各种办事据点、临时商贸活动场所来从事商贸活动和商品交易，长期居住下来，经营草原牧区十分短缺又急需的茶叶、丝绸、瓷器、铁器、珠宝及其他各种生活用品与生产用具。还有一些汉族商人兴建各中小型加工厂、加工车间、加工店铺、加工坊，就地取材，加工或生产各种皮毛产品、各种毡子、各种生活用品和生产用具，张家口、多伦、大库伦、恰克图等逐渐成为草原"丝绸之路"上的店铺林立、人来人往的贸易大城市。在长期的产品交易活动中，往返于草原"丝绸之路"沿线地区或者在贸易城镇经营店铺、开办工厂的汉族人同蒙古族等草原原住民建立了相当广泛而密切的往来，互相交换所需的畜牧产品和农业产品以及手工业产品，以诚相待，逐渐建立了以经济贸易为契机的长期稳定的、深厚而扎实的情感基础，形成了兄弟般的友谊。流动在中蒙俄草原"丝绸之路"沿线的越来越多的内陆地区汉族商人，为了更好地开展商贸活动和商品交易，逐渐在内蒙古地区及边境口岸长期居住起来，家属或相关亲属及商贸伙计等伴随他们而来，随着时间的推移，这些汉族商贩自然成为内蒙古草原"丝绸之路"沿线地区的长期居民，经营国际贸易或国际性经商活动，开展内蒙古地区的商贸活动，开办各种小型加工场所，经营旅店、商铺、饭馆、茶馆，还有随之而来的内地汉族农民开展农业生产活动，开始种植各种适合于内蒙古自然气候的季节性蔬菜及良田。内蒙古草原"丝绸之路"沿线地区出现大量汉族商贩和手工业者以及农民，出现店铺、作坊、交易场所以及农田的产生，改变了内蒙古地区的人口结构，丰富了生产生活方式，加强了民族之间的交流、交往。在内蒙古地区，蒙古人真正主动进行农业始于北元呼和浩特土默特俺达汗时期。俺达汗采取与明朝的互市政策，大量接受汉族流民，兴建呼和浩特，开发农田，这是呼和浩特地区农业化的开端。蒙古族学会经营农业，兼容农牧经济，发展农牧结合的语言文化，是在清代中后期的汉族移民的直接影响之下逐步开展的，河套平原、土默特平原、辽河平原、松嫩平原等广大河流流域的蒙古人在汉族影响之下，学会了定居农耕生活。尤其是东北地区蒙古人，不仅学习蒙古语言文化，也学习汉语言文化，学到了汉族的格律诗、章回小说等形式，丰富了蒙古族的语言文化。随着农业化进程，沿长城一带的蒙古人普遍过起了定居生活，日常饮食中增加了五谷瓜果成分，生产工具也增加了镢头、镐头、犁杖等，房屋有土草房、土木房、土瓦房等，蒙古人认识了很多的农作物，并为其取上了得体的蒙古名字，丰富了蒙古语词汇，同时引进了适量的汉语借词。在草原"丝绸之路"沿线地区，蒙古人从汉族人那里学到了有关农耕生产、米面加工方面的知识，不断充实了蒙古族人民的物质生活，同时丰富了语言文化。

草原"丝绸之路"是由陕西、山西、河北、北京通向蒙古地区的商业通道，往北达到蒙古国大库伦（现乌兰巴托）和现在俄罗斯的伊尔库茨克、乌兰乌德等地方，中国商人为蒙古人带过去的最为代表性的主要生活品是茶、烟、布匹、绸缎、针线以及糖果等内地产品，带回来的是皮毛等畜牧产品和马匹等。在这一商贸通道上蒙古族各界人士和汉族商人及从事各种服务型产业的汉人亲密接触，为了有效开展生意需要，大多数汉族商贾都掌握了一定的蒙古语，也随着商贸活动产生了专门的"通事"行业。蒙古语中，进入了 tanŋtɕiata（当家的）、tʃaŋɡœita（掌柜的）、tʻuŋʃi（合伙人、交易人）、hœtɕia（伙计）、teŋlu（灯笼）等相关文化词语。这种跨越历史、跨越民族、跨越文化、跨越文明的蒙古语及汉语的深度接触和交流，使草原"丝绸之路"沿线的蒙汉各族自然而然地熟悉了彼此的语言文字及其文化。长期深入和定居蒙古地区的汉族商人及其家属以及经营各种小型加工厂和服务型产业的汉族，还有从事农业活动的汉族农民，都无一例外地十分熟练地掌握了蒙古语，有的人还学习掌握了蒙古文，也都自然而然地接受了蒙古族的风俗习惯，成为内蒙古各民族大家庭的一员。顺着草原"丝绸之路"商贸通道陆续进入草原地区的汉族商人及其汉族移民，在学习掌握蒙古语的同时，也传播了汉语言文字和汉族农业文化和文明，他们直接或者间接地影响了较多频繁接触的蒙古族商人和家属以及脚夫、马夫，驼队人员，同他们建立各种生产、生活关系。这些蒙古族也都自然而然地学习掌握了汉语，熟悉了汉族的生活习俗和习惯，也初步掌握了农业生产生活。后来，伴随汉族商人及其家属，包括从事各种服务性行业和农业生产的汉族移民的不断增多，汉语及其汉族文化的影响越来越大。尤其是，新中国成立初期以及改革开放以后，内蒙古地区的汉族移民人口快速增长，汉语言文字的影响也不断加深，内蒙古农牧区蒙古族的语言大量吸收来自汉语的成分，尤其是农区蒙古语受到了很大的影响，语音、语法、词汇的方方面面都呈现出了蒙汉混合式语言的特点。

下面，我们从草原"丝绸之路"通道上汉语对国内蒙古语的影响、草原"一带一路"通道上汉语对蒙古语语音的影响、草原"一带一路"通道上汉语对蒙古语语法的影响、草原"一带一路"通道上汉语对蒙古语词汇的影响四个方面，分析研究汉语在草原"丝绸之路"与"一带一路"通道上对于中国境内的蒙古语的影响。

第一节 草原"丝绸之路"与"一带一路"及汉语对蒙古语的影响

就如前面所说，我们在这里指的草原"丝绸之路"通道上汉语对蒙古语的影响，主要是说早期草原"丝绸之路"通道上，汉语对于内蒙古陆路边疆口岸地区及人口较为集中地区的不同程度的影响。自从元代以来，特别是清代以后，更精确地讲从清代中期开始，蒙古族地区出现了相当数量的汉族商人及其家属和从事农业生产的汉族农民，走西口、闯关东而来的汉族带来了关内的生产、生活方式，对蒙古族传统畜牧业生产生活方式产生了深远的影响。进入 20 世纪以后，尤其是新中国成立以来，蒙古族地区迁移来数量相当可观的内地汉族人口，并对我国境内的蒙古族经济社会的发展产生深刻影响。那些与汉族长期杂居的蒙古人先后逐渐接受了农业生产生活及其文化，同时逐渐放弃了传统的畜牧业生产生活。语言文化也相应地发生变化，蒙古语中借入了不少的汉语农业生产生活用语以及农业文化、社会制度、行政管理、官吏称谓方面的词语，汉语借词很快成为蒙古族日常用语不可或缺的组成部分。改革开放之后，草原"一带一路"沿线内蒙古边境口岸及其商贸往来频繁，地方经济社会快速发展，汉族人口快速增长，汉语的影响和作用不断扩大。特别是，以手机、电脑、电视、互联网为语言交流媒介的汉语言文字的不断普及，在更大范围内深刻影响蒙古语的发展变化，推动了由蒙古语和汉语的融合而构成的蒙汉混合式农区蒙古语方言土语的进一步加强，以科尔沁—喀喇沁农区方言为代表的中国蒙汉混合式蒙古语已经发展成为中国蒙古语使用人口最多、趋于占有优势地位。据国内蒙古语的使用情况看，这种蒙汉混合语似乎更加适合于蒙汉民族杂居区的日常交际，更容易满足人们相互间进行语言交流的实际需求。

汉语对草原"一带一路"沿线地区的语言交流、文化传播具有重要的意义，无论哪一个方言土语，我国蒙古语都程度不同地吸收了汉语借词。特别是，蒙古语四大方言之一的科尔沁—喀喇沁农区方言是典型的蒙汉词语混合使用的语言，是完全意义上的蒙汉混合语，为了讨论之便，本章节称其为"科尔沁—喀喇沁蒙汉混合式蒙古语"。

目前，国内蒙古语的使用面临新的挑战，蒙古族群众的国家通用语言文字水平逐渐提高，蒙古语的使用范围逐渐缩小，加大了科尔沁蒙古语和喀喇沁蒙古语等蒙汉混合语的使用范围。为此，学术界重视蒙古语的规范化、标准化工作，大部分蒙古语言学家仍然主张要在推广、使用蒙古语标准音的前提下，要保护好具有地方特色的蒙古语方言。同时还希望，能够以现代蒙古书面语文学语言和标准音来规范已发生严重变异的科尔沁—喀喇沁蒙汉混合式蒙古语。

目前，我国科尔沁—喀喇沁蒙汉混合式蒙古语的使用范围正在逐渐扩大，这有其合理性。随着我国经济社会的快速发展，不断涌现了大量的新词术语。各民族的语言文字要迅速翻译使用。虽然内蒙古自治区蒙古语名词术语委员会不断审定并颁布用蒙古语翻译的一系列新词术语，供统一使用的规范化标准化的新词术语，但是其中的不少词语不被蒙古族群众所接受和使用，人们更喜欢直接借用汉语新词术语。语言是开放的系统，需要纳入很多其他语言的成分才能够得到进一步的发展和继续生存。世界上几乎没有什么所谓单纯的独立的语言，每一种语言在自身发展过程中都或多或少地吸收了相关语言的成分，以此来不断发展和丰富作为交际工具的语言，包括汉语和英语也是如此，日语和朝鲜语更是如此。像阿尔泰语系语言和汉藏语系语言及中国周边地区的不同语系语言内，都有来自汉语或其他不同语言的成分。最为典型的就是日语和朝鲜语，这两种生命力相当旺盛的语言里，来自汉语的成分几乎达到 70%—80%。这就是说，一种语言在自身发展的历史进程中，会或多或少、不同程度地借入或吸纳其他语言成分，来不断充实和弥补自己是每一种语言自我完善、自我强化、自我发展的必要手段。毫无疑问，蒙古语的发展也应该如此。蒙古语中吸收汉语新词术语，已成为蒙古语自身发展所需的一个新的途径。从蒙古语历史发展的实际情况来看，在不同的历史发展阶段，蒙古语中借入或吸纳了来自不同民族语言的诸多成分，进而对于蒙古语的自身发展产生了积极推动作用。

中世纪以前的蒙古语曾经受过一定程度突厥语族语言的影响，后来依次受到来自于汉语、藏语、满语的影响。蒙古语中应该有很多来自古匈奴、古梵语、波斯语、女真语、契丹语的成分。然而，这些不同历史阶段的不同民族语言，为蒙古语自身发展起到了不同程度的推动作用。由此我们认为，蒙古语族有很多来自其他语言的成分，这也是蒙古语自身发展必不可少的前提和条件。当然，这要取决于蒙古族不同地区的不同发展现状。按理来讲，在内蒙古草原"一带一路"沿线地区，经济社会发展速度越快，汉语对该地区的蒙古语影响就会越大，反之影响程度就会越小。这就是出现科尔沁—喀喇沁蒙汉混合式蒙古语现象的根本原因。就如前面所说，从畜牧业生产生活转为定居性的农耕生产生活的科尔沁—喀喇沁蒙古族，虽然人口众多而居住又十分密集，但他们使用着不是十分标准的蒙古语，而在他们的母语中被借入或吸纳的汉语词汇也都失去了原有的声调和发音特征，变成了带有蒙古语语音特点的无声调的汉语借词。其结果，自然形成了具有科尔沁—喀喇沁农区为中心的本土化语言文化风格，出现了蒙汉混合式蒙古语现象，其使用者占中国蒙古语母语者的一半以上，进而科尔沁—喀喇沁蒙汉混合式蒙古语成为国内最大的蒙古语方言。另外，科尔沁—喀喇沁蒙古人几乎遍布国内所有蒙古族居住区域的行政、科研、教育、服务、金融、生产等各个领域，从而不同程度地影响着不同地区的蒙古语。

我们也可以将科尔沁—喀喇沁蒙汉混合式蒙古语认同为是一种地方话，是农区蒙古族使用的语言形式，也是一种在蒙古族和汉族语言文化交流中自然形成的语言变化现象，而且已经成为我国蒙古语方言土语中，使用人口最多的蒙古语大方言。汉语的影响力是非常大的，不仅影响了国内民族语言，而且现在正逐步加大国际影响力。在过去，汉语和汉族文化对草原"丝绸之路"沿线民族和地区曾经产生过巨大的影响，现在随着"一带一路"建设的推进，汉语连接世界各国人民交流的作用将更加突出。中国蒙古语的发展变化和科尔沁—喀喇沁蒙汉混合式蒙古语的产生是中国民族语言接触与变迁的一个重要的范例之一，也是国内蒙古语的发展途径和发展方向。科尔沁—喀喇沁蒙汉混合式蒙古语的特点是词汇中借入和吸纳了相当数量的汉语词语，语音也相应地发生了变化，而语法方面相对稳定，基本保持蒙古语语法体系的特征。所以，从整体上看，科尔沁—喀喇沁蒙汉混合语还是属于蒙古语的一种特殊方言，而不是汉语的附属性语言或特殊方言。

在我国，伴随改革开放的不断深入，汉语在政治、经济、社会、文化、科技等方面的影响和作用日益凸显，进而成为各民族日常生产生活语言中不可或缺的重要交际工具，汉语普通话和规范汉字是全体中国人要学习和使用的国家通用语言文字。汉语在不同地区、不同民族、不同语言和方言土语的相互接触、相互交往、相互交流中发挥着越来越重要的作用。它是少数民族及时学习掌握并使用各种新词术语，学习掌握现代科学技术的最重要途径和手段。这就是说，学习和使用汉语言文字，也就是学习和使用国家通用语言文字，已成为包括蒙古族在内的各民族同胞发展本民族语言文字及优秀传统文化的必要前提和条件。

内蒙古牧区是草原"丝绸之路"与"一带一路"的沿线地区，有史以来此处从来没有中断过商贸往来和商品交易，古代蒙古语中有一定数量的汉语词语，汉语中也有一定数量的诸如 γobi（戈壁）、jam（站）等蒙古语词语，很早就营造出了你中有我、我中有你的语言景观。现在，在我国逐步形成了科尔沁—喀喇沁蒙汉混合式蒙古语，也许它将是中国蒙古语的代名词。

在草原"丝绸之路"与"一带一路"上使用和接触的语言均属于不同语系，汉藏语系的汉语、印欧语系的俄语、阿尔泰语系的蒙古语是该地区最重要的三个语言。不同语系的语言自然有其区别于其他语言的语法结构类型。蒙古语是属于黏着型语法结构类型的语言，而汉语则是孤立型语法结构类型的语言，由此汉语和蒙古语分别属于不同的两个语系。汉语和蒙古语的基本区别在于如下几点。一是蒙古语的基本语法特征是词根或者词干上以黏附的方式接缀各种语法形态成分，具有词汇意义的词根、词干和只有语法功能的、抽象的语法形态变化现象是构成蒙古语句子的基本特征。与蒙古语不同，汉语要靠词序、介词等来表达不同语法关系。二是蒙古语句法属于 SOV 结构类型，汉语的句法是属于 SVO 结构类型。三是蒙古语和现代汉语在语音系统上，也存在明显的差异性和区别关系。[①]

在我国草原"一带一路"沿线的内蒙古中部和西部，包括新疆、青海、甘肃等地的牧区—半牧半农区，生活着约占蒙古族总人口的35%、约200万蒙古族。他们基本上无一例外地从事畜牧业或者以牧业为主兼营少许农业的产业，且使用接近于蒙古国喀尔喀蒙古语的牧区方言。另外，我国还有分布于内蒙古赤峰市南部、通辽市、兴安盟和辽宁省阜新蒙古族自治县、喀喇沁左翼蒙古族自治县以及吉林省前郭尔罗斯蒙古族自治县、黑龙江省杜尔伯特蒙古族自治县等广大东部农区的约占蒙古族总人口的45%，约260多万蒙古族农民。他们主要从

---

① 朝克、曹道巴特尔、陈宗振：《北方民族语言变迁研究》，中国社会科学出版社2012年版，第179页。

事农业或者以农业为主兼营少许牧业的产业，使用着吸纳大量汉语名词术语的农区蒙古语方言。该方言区域内，不同蒙古语土语吸纳汉语名词术语的情况还有所不同。例如，内蒙古靠近河北、辽宁、吉林、黑龙江的旗县，以及归属于这些省份管辖的蒙汉杂居区的蒙古语使用汉语借词现象比较突出。总之，农区蒙古语方言是深受汉语影响，由此出现了前面提到的蒙汉混合语使用现象。说实话，在受汉语影响比较严重的地区，一些蒙古语方言土语的语音、语法、词汇都发生了不同程度的变化，甚至一些变化十分突出而显著，进而构成了极具特色的现代蒙古语东部方言，那就是我们所说的科尔沁蒙古语和喀喇沁蒙古语为中心的农区蒙古语方言。

我们的分析还表明，中蒙草原"一带一路"沿线的国家和地区的蒙古语之间的差别并不很大。所以，他们可以用彼此熟悉的方言土语进行对话和交流。尽管如此，仔细分析还是存在一些区别性差异，并基本上表现在以下两个方面：

一是，中国蒙古语标准语和蒙古国蒙古语标准语，虽然同属于喀尔喀—内蒙古牧区方言，但由于接受科学知识、获得新词术语的渠道不同，加上分别属于中国和蒙古国两个不同的国家，二者在词汇和语音方面都存在一定的差异。特别是词汇方面出现了相当明显的区别，中国蒙古语更多地吸纳了相当数量的汉语借词，蒙古国蒙古语更多地从俄语借入了同样数量可观的新词术语，也有大量的英语单词，尤其是科技词语几乎来自于英语。

二是，中国蒙古语产生了科尔沁—喀喇沁农区蒙古语方言，而且日益壮大，因为是受汉语影响下的蒙汉混合式结构类型的语言，同蒙古国之间的通解度很低，几乎达到需要中介翻译才能够交流的程度。科尔沁—喀喇沁农区蒙古语方言的历史不是很长，也就是在过去的一个多世纪的事情。该方言地区的蒙古族同汉族人民一起在老哈河、西辽河、辽河、嫩江等江河流域的肥沃土地开垦种田，不仅学习掌握了农业生产知识，而且也不同程度地学习掌握了汉语。喀喇沁、土默特、

科尔沁地区的蒙古族人口众多，大约有 260 万人以上，其中约有 20%
的农区蒙古族完全转用了汉语，其余 80% 的农区蒙古族使用着科尔
沁—喀喇沁蒙汉混合式蒙古语。因汉语影响而形成的蒙汉混合式蒙古
语的语音、语法、词汇都具有很强的独特之处。该方言的语言学特征
包含着明显不同于内蒙古牧区方言，特别是不同于蒙古国蒙古语的特
殊的地方。所以，比较研究科尔沁—喀喇沁蒙汉混合式蒙古语同内蒙
古牧区方言之间的差异，以及比较研究蒙古国喀尔喀蒙古语同内蒙古
牧区方言之间存在的差异等，对于中蒙草原"一带一路"沿线国家和
地区语言使用现象的科学认识和把握，具有重要的现实意义和长远的
学术价值。

第二节　草原"丝绸之路"与"一带一路"及
汉语对蒙古语语音的影响

在从草原"丝绸之路"到"一带一路"的漫长历史进程中，蒙古
族和汉族建立了悠久而深入的语言文化接触关系，相互间的影响也十
分广泛而深刻。蒙汉民族经济社会权范围的交往、交流和交融，推动
了彼此语言文化的鉴赏。从历史的角度来分析，早从元朝时期开始，
蒙古语和汉语之间就有了不同角度、不同层面和不同领域的接触和交
流。到了近代，以汉族北方话为基础的汉语普通话的语音系统基本形
成，进而给蒙古族等北方少数民族学习使用汉语带来了语音方面的较
大方便。众所周知，汉语北方话的语音系统是属于受北方少数民族语
言语音影响较大的语音形式。例如，汉语普通话语音中，声调比较简
单，还有儿化音等。反过来讲，北方汉语与蒙古语的长期接触，同样
对蒙古语原有的语音系产生应有的影响。这种语音变化，我们从内蒙
古中部的牧区蒙古语方言语音，以及内蒙古东部及东三省的科尔沁—
喀喇沁农区蒙古语方言语音等同汉语普通话的语音对比分析中，完全

能够看得出来。对于中蒙草原"一带一路"沿线国家和地区的蒙古语语音特征来看，蒙古国的蒙古语语音受外来语音影响比较少，其内部出现的语音变化现象，基本上属于该语言语音系统内部的实例。然而，中国蒙古语语音变化现象，尤其是同汉族杂居区的蒙古语语音变化现象，似乎同汉语接触和影响有其一定内在联系。特别是，像科尔沁—喀喇沁农区蒙古语方言内出现的语音变化，同该方言区的蒙古人与汉族汉语的密切接触有必然关系。不过，像牧区蒙古语方言的语音，同蒙古国的蒙古语语音比较接近，其音变形式和内容也基本上属于本民族语言内部的语音变化现象。

下面以受汉语影响较大的科尔沁—喀喇沁农区蒙古语方言为例，分析中蒙"一带一路"通道上汉语对蒙古语语音的影响。其中，主要讨论汉语对蒙古语有关元音和辅音的影响，以及对有关音变规律进行简单归纳。

一 内蒙古草原"丝绸之路"与"一带一路"通道上汉语对蒙古语元音的影响

我们在分析草原"一带一路"通道上汉语对于蒙古语元音的影响之前，先简要介绍蒙汉语元音系统，以及它们之间存在的一些区别性特征。众所周知，蒙古语的元音系统有 a、ə、i、ɔ、ω、o、u 七个元音，现代汉语（普通话）元音有 a、e、ê（ɛ）、i、ü（y）、o、u、er（卷舌元音）八个。蒙古语和汉语元音的主要区别性特征，基本上表现在圆唇元音上。再说，汉语对蒙古语元音的影响，几乎都体现在圆唇元音的发音和使用方面。也就是说，蒙汉两个语言里，圆唇元音的发音有所不同，音节中的表现也不尽一致。因此，在蒙汉语的接触中，科尔沁—喀喇沁农区蒙古语方言的圆唇元音由于受到汉语圆唇元音之影响，出现了较为明显的发音方面的变异现象。[①]

蒙汉语圆唇元音的区别性特征，可以概括成如下几个方面：

---

① 曹道巴特尔：《汉语对农业蒙古人语音的影响》，《国际蒙古学研究论文集》2006 年第 16 期，乌兰巴托，2009 年 1 月。

一是，蒙古语有ɔ、ɷ、o、u四个圆唇元音，而汉语则有ɔ、o、u、ü四个圆唇元音。然而，蒙古语和汉语的这些圆唇元音中，没有在读音上完全相对应的语音现象。

二是，蒙古语圆唇元音ɔ、ɷ、o、u等不仅能够独立构成零声母音节（如ɔ-、ɷ-、o-、u-），还能够构成不同的复合元音（例如，ɔi-、ɷi-、oi-、ui-、aɷ-、eu-），也可以和前后的辅音构成各种音节（例如，ɔl-、ɷl-、ol-、ul-，pɔl-、pɷl-、pol-、pul-）。而汉语圆唇元音ɔ、o、u、ü没有独立做音节的功能，它们只能位于辅音声母之后做音节的韵母（例如，lu、lü），也可以与其他元音结合起来构成复合元音韵母（例如，-aɔ、-uo、-üe）等。

三是，汉语拼音方案中，圆唇元音o有ɔ和o两种发音形式，在元音a后面使用时发作ɔ音，并构成韵母aɔ、iaɔ等，且对应于蒙古语的圆唇元音ɔ；在辅音w后面或圆唇元音u的前后出现时被发作o音，并构成音节wo和韵母uo、ou等，且可对应于蒙古语的圆唇元音o。

四是，汉语的圆唇元音u也有ɷ和u两种不同的发音形式。在元音a之前读作ɷ，构成韵母ɷa，并可对应于蒙古语圆唇元音ɷ；在辅音w之后和元音o、i前后读作圆唇元音u，构成音节wu或韵母uo、ou、iu、ui等，且可对应于蒙古语圆唇元音u。

五是，蒙古语和汉语的圆唇元音间存在的区别性特征，主要在于词中的辅音和元音的搭配原理的不同。也就是说，由于圆唇元音同其他元音和辅音间的搭配原理的不同，所以汉族人说蒙古语时自然根据汉语发音原理进行调整。其结果，蒙古语圆唇元音的原有发音形式就会发生变化，自然成为汉语圆唇元音发音类型的语音形式。深受汉语影响而失去一些母语语音特征的喀喇沁蒙古语正好迎合了汉语圆唇元音的发音特征，进而形成了蒙古族农区使用的蒙汉混合式蒙古语。说实话，像科尔沁—喀喇沁农区蒙古族使用的蒙汉混合式蒙古语的基本特点，更多地反映在该方言的语音形式上。

上述五个方面的区别性特征，在内蒙古草原"丝绸之路"至"一带一路"沿线地区的蒙汉语的接触和交流中，他们彼此使用的母语语音系统都发生了不同变化。对于汉族而言，他们接触和使用蒙古语时，尽量在保持汉语语音特点的前提下，一定程度上受到蒙古语语音影响，由此逐步形成了蒙古族农区汉族使用的蒙古语语音特点或者说语音形式。对于蒙古语而言，蒙古族人说汉语时，将农区蒙古语语音特点尽可能保留的情况下，一定程度上受到汉语语音影响，进而逐渐形成了农区蒙古族说汉语的特定语音形式。除此之外，在内蒙古草原"一带一路"沿线受汉语影响较大的一些农区全范围接受了汉语，成为完全用汉语进行日常用语交流的蒙古人。更多的农区蒙古族，在广泛接触和使用汉语的同时，将其母语中的语音基本上改为同汉语语音相接近的发音形式。毋庸置疑，在此基础上逐步形成农区蒙古人特有的蒙汉混合式语音系统。由于在内蒙古草原"一带一路"沿线农区长期受汉语影响，在日常生产生活中主要使用蒙汉混合式蒙古语，久而久之农区蒙古族对母语原有的语音系统似乎变得有些陌生，反过来更加熟悉或熟练地使用蒙汉混合式蒙古语。在我们看来，汉语对于农区蒙古语的影响，更突出地体现在语音方面，当然元音作为语音的主要组成内容有十分明显变化。不过，我们的分析表明，在内蒙古草原"一带一路"沿线农区，汉语对蒙古语元音方面的影响，主要表现在以下方面。

（一）蒙古语元音 ω 的变化

1. 内蒙古草原"丝绸之路"与"一带一路"沿线的农区蒙古语方言，由于长期受汉语影响而出现将圆唇元音 ω 发音为 ɔ 音的现象。

汉语中没有与蒙古语元音 ω 能够直接对应的元音，所以汉族发此元音时，总要选用与该元音比较接近的元音来发音。其实，汉族说蒙古语的类似现象早已在相关历史文献资料中有所表现，由此给后人的研究提供了非常有价值的数据。这一变异性语音现象，从中世纪用汉字拼写的蒙古语文献中，就可以充分了解该语音变异现象的基本情况。尤其是，在蒙古语 ω、o 两个圆唇元音的拼写上表现得比较突出。例如，在中世纪汉语里，就出现有把蒙古语元音 ω 用 u 来拼写的现象。

再说，用汉字拼写蒙古语的经典文献《蒙古秘史》《华夷译语》等，都有与此相关的实例。例如，《蒙古秘史》把蒙古语的bɷrhan"佛"拼写为bu er han"不而罕"；[①] 编写于宋末的《蒙古译语》把蒙古语的bɷlaγ"泉"一词拼写为bu la"布剌"。[②] 在这些文献中，蒙古语零声母音节的元音ɷ基本上被拼写成wu这一音节形式。在其他情况下，被拼写成u韵母，它相当于现代汉语的wu音节或u韵母。因为，汉语里常常把握不住蒙古语元音ɷ的读音，因此也出现将其拼写为wo音节的现象。也就是说，蒙古语的圆唇元音ɷ，要相当于现代汉语的wo音节或uo、o韵母。这是自中世纪以来文献中汉语音译蒙古语元音ɷ的实际情况，反映了当时蒙古语和汉语存在的不同语音特点。

与上述情况有所不同，虽然深受汉语的影响，农区蒙古语方言则把蒙古语圆唇元音ɷ的一部分也有发音成ɔ音的情况。对蒙古语圆唇元音ɷ的这种变异性发音，基本上起源于已失去母语原有语音特征的喀喇沁蒙古语方言。而且，该方言区的蒙古族农民的不断向北变迁，使他们用的语言也逐渐向北推广到整个科尔沁地区。众所周知，喀喇沁—土默特蒙古族生活区域，早在19世纪初就已变成农业社会，同时不断积极接受汉族农耕文化，还修建了教汉语的私塾学堂。到了20世纪初，在喀喇沁—土默特蒙古语农区率先建立现代教育体系。因为社会动荡等带来的负面影响，19世纪末大量的喀喇沁蒙古人和土默特蒙古人，先后迁徙到内蒙古的北部地区。毫无疑问，他们将农业文化也带到了当今的通辽市、兴安盟等地，进而逐渐形成了现在的科尔沁蒙古人农业文化圈，以及出现了喀喇沁蒙古语和科尔沁蒙古语两个农区蒙古语方言。换言之，蒙古语圆唇元音ɷ之所以在农区蒙古语方言里发生变化，主要是受汉语影响的结果。另一方面，在草原"丝绸之路"国内通道上，通辽市和兴安盟等地区的先民，同受汉语影响较大的鲜卑、契丹、女真等早期北方民族发生过各种接触关系，由此相互间也

---

① 巴雅尔：《蒙古秘史》，内蒙古人民出版社1980年版，第1页。

② 乌·满都夫整理校注：《蒙古译语词典》，民族出版社1995年版，第72页。

受到不同程度的影响。所有这些，也跟喀喇沁蒙古语和科尔沁蒙古语圆唇元音的变化有关。从农区蒙古族使用的语言及其语音结构特点来看，其主要原因还是在于常年受汉语的影响，他们已经不太会正确地发音蒙古语原有的圆唇元音 ꞷ 了。尽管如此，他们还没有完全忘记母语中圆唇元音 ꞷ 与元音 u 之间的区别性特征。所以，虽然不太会正确发音蒙古语圆唇元音 ꞷ，但也没有像汉族那样把它读作了圆唇元音 u。

　　蒙古语中的元音和谐规律是一个非常重要的发音规则，其最重要的是对元音进行了严格意义的阴阳区分。按其元音和谐规律，蒙古语的元音要分阳性元音、阴性元音、中性元音三个部分，同一个词内不能同时使用阴性元音和阳性元音，而中性元音可以使用于由阴性元音或由阳性元音构成的词内。那么，蒙古语圆唇元音 ꞷ 和 ɔ 同属阳性元音，并且也都属于后元音，在发音部位和方法上远比阴性元音 o、u 更接近。因此，当农区蒙古语方言的使用者在发音上困难时，很容易把一些圆唇元音 ꞷ 等同于 ɔ 来发音。这种在具体的语音环境里出现的语音变化，表现出跟元音和谐规律密切相关的音变现象。类似的音变实例，在汉语中似乎很难见到。例如，农区蒙古语方言把蒙古语的 bꞷlaɣ "泉"一词发音为 bɔlɔɡ，不会出现将 bꞷ-发作 bu-的现象。毫无疑问，把蒙古语圆唇元音 ꞷ 发音为 u，是中世纪汉语文献中普遍出现的拼写形式。而在农区蒙古语里，把蒙古语的圆唇元音 ꞷ 发音成 ɔ，是蒙古人受汉语长期影响的结构。但是，我们也应该承认，农区蒙古语方言在一定程度上也保留了蒙古语原有的语音特点。bꞷlaɣ 一词在蒙古语和突厥语中都表示"泉水"之意，且在这些语言里都使用得非常普遍，还常常作为地名或人名来使用。然而，对于该词汉语音译中却使用有所不同的记音形式。例如，bu la ke "布拉克"、bu la ge "布拉格"、bu lu ke "布鲁克"、bu lu ge "布鲁格"、bao li gao "包力高"、bao li ge "宝力格"等。其中，凡音译为 bao 的基本上都出现于东北农区的蒙古语。也就是说，他们把蒙古语圆唇元音 ꞷ 的一部分发音成 ɔ 音，而不会发音为 u 音。与此相关的例子还有不少。如表 4-1 所示：

表 4 - 1 　　　　　　　　蒙古语圆唇元音 ɷ 的一部分发音成 ɔ 音的实例

农区方言	牧区方言	书面语	汉语
ɔm-	ɷmpa-	umba-	游泳、洗澡
pɔrfiɔn	pɷrhan	burqan	佛
pɔlɔg	pɷlag	bulaɣ	水泉
mɔfiɔr	mɷhar	muqur	秃的
sɔpɔt	sɷβt	subud	珍珠
ʧɔrɔʃ	ʧɷrma	Jurum-a	豆鼠

上述例子说明在农区蒙古语方言里，一些词内的圆唇元音 ɷ 被发音为 ɔ 系统的音。毋庸置疑，农区蒙古语方言中出现的 ɔ 音，相当于现代汉语拼音方案中的复合元音 ao［aɔ］。也就是说，受汉语语音长期影响，农区蒙古语方言的圆唇元音 ɷ 在许多词内逐渐失去使用功能和作用，进而由元音 ɔ 取而代之。

2. 内蒙古草原"丝绸之路"及"一带一路"沿线的农区蒙古语方言，由于长期受汉语影响而出现圆唇元音 ɷ 发音为 ʷa 音的现象。

事实上，我们在上面提到的蒙古语圆唇元音 ɷ，在喀喇沁—土默特农区蒙古语等方言中，被发音为 ɔ 现象的并不是很多，而大多数情况下蒙古语圆唇元音 ɷ 要发生 ʷa 音变。尤其是，在零声母结构类型的词中，该语音变化表现得较为突出。农区蒙古语方言内出现的圆唇元音 ɷ 的另一种音变形式元音 ʷa 之发音，似同于汉语音节 wa 或韵母 ua 的发音形式。这一语音现象，在喀喇沁土默特蒙古语土语里，已成为具有一定代表性的音变特征之一。然而，很有意思的是，在科尔沁地区的蒙古语内，该音变现象不是十分明显。在这里，顺便提到的是，蒙古语语族的达斡尔语也有 ʷa 元音，至于喀喇沁土默特土蒙古语土语和达斡尔语中出现的这一语音现象，是否属于蒙古语中出现的涉及面较广的音变规律？这个问题很值得进一步深入探讨。下面以农区蒙古语方言为例，列举圆唇元音 ɷ 发音为 ʷa 音的一些实例。如表 4 - 2 所示：

表 4 - 2　　　　　　　　　　圆唇元音 ω 发音为 ʷa 音的实例

农区方言	牧区方言	书面语	汉语
ʷas	ωs	usu	水
ʷalas	ωls	ulus	国家
ʷagaa-	ωgaa-	ugiya-	洗涤
fiʷatal	hωtal	qudal	虚假
tʷantuur	tωntωωr	dumdaɣur	中间
ʧʷaʧaan	ʧωʧaan	jujaɣan	厚

　　在中世纪由汉字拼写的蒙古语文献中，也曾出现过把蒙古语圆唇元音 ω 拼写为 wa 或 wo 的一些现象。这表明，该音变现象似乎是生活在蒙古族农区的汉族说蒙古语的一种语音特征。例如，《蒙古译语》把 ωsω "水" 拼写为 wo su "沃速"。① 另外，像蒙古语族的达斡尔语、保安语、东乡语，以及巴尔虎—布里亚特蒙古语方言内也有类似实例。② 例如，达斡尔语把蒙古语的 sωla "松动"、hωdal "虚假"、ωran "灵巧"、ωntʻa- "睡觉" 等均发音为 swal、hwatel、waren、wantʻa-等。③ 又如，保安语把蒙古语的 ωgiya-"洗涤" 也说成是 wagaa-，类似的例子还有很多。④ 正因为如此，我们可以把这一较为普遍存在的音变现象，应该视为汉语对蒙古语族语言的圆唇元音 ω 产生的较大范围的影响。

（二）蒙古语元音 o 的变化

1. 内蒙古草原"丝绸之路"与"一带一路"沿线的农区蒙古语方

　　① 乌·满都夫整理校注：《蒙古译语词典》，民族出版社 1995 年版，第 72 页。

　　② 武·呼格吉勒图：《蒙古书面语唇元音与蒙古语族语言以及方言土语语音比较》，《蒙古语文》1991 年第 7 期，第 34—40 页。

　　③ 武·呼格吉勒图：《蒙古书面语唇元音与蒙古语族语言以及方言土语语音比较》，《蒙古语文》1991 年第 7 期，第 36 页。

　　④ 武·呼格吉勒图：《蒙古书面语唇元音与蒙古语族语言以及方言土语语音比较》，《蒙古语文》1991 年第 7 期，第 37 页。

言，由于长期受汉语影响而出现圆唇元音 o 发音为 ᵂa 音的现象。

根据我们的分析，汉语和蒙古语里都有圆唇元音 o，然而在内蒙古草原"一带一路"沿线农区使用的汉语和蒙古语的圆唇元音 o 却出现发作 wo 音等现象。例如，用汉文拼写的蒙古语文献《蒙古秘史》里，出现把蒙古语 oger-e→oore "另"、oklike "支请、赏"等，拼写为 wo e lie "斡额列"、wo ke li ge "斡克力格"等的现象。[①] 与此同时，在《华夷译语》中也有把蒙古语的 odon "翎"、okin "女儿"、olemei "脚面"等，拼写为 wo dun "斡敦"、wokin "斡勤"、wo li mi "斡里迷"的实例。[②] 那么，在农区蒙古语方言也把蒙古语圆唇元音 o，发音为类同于汉语音节 wo 或韵母 uo 的 ᵂo 音之现象。如表 4-3 所示：

表 4-3　　蒙古语圆唇元音 o 发音为类同于汉语音节 wo 或韵母 uo 的 ᵂo 音的实例

农区方言	牧区方言	书面语	汉语
ᵂoŋ/wəŋ	oŋgə	önge	颜色
pᵂot'un/pwot'un	pot'on	böt'ön	完整
ɦᵂoləs/ɦiwoləs	hols	kölösü	汗水
gᵂorəəs/gworəəs	goroos	görögrsü	野兽
mᵂor/mwor/mər	mor	mör	脚印
sᵂom/swom	som	söm-e	寺庙
tʃᵂogii/tʃwogii	tʃogii	jögei	蜜蜂

在农区蒙古语中出现的 ᵂo 的具体发音听起来更像 wo 音，由此一些蒙古语专家学者就用 wo 来替代 ᵂo 音。另外，在一些研究成果里，把 ᵂo

① 额尔登泰、乌云达赉、阿萨拉图：《〈蒙古秘史〉词汇选释》（汉文），呼和浩特，内蒙古人民出版社 1981 年版，第 124—129 页。

② 乌·满都夫整理校注：《蒙古译语词典》，民族出版社 1995 年版，第 195、222、258 页。

音还说成是复合元音 ue，进而明确表示，农区蒙古语方言有复合元音 ue，却没有 ʷo 音之发音形式。①

2. 内蒙古草原"丝绸之路"与"一带一路"沿线的农区蒙古语方言，由于长期受汉语影响而出现圆唇元音 o 发音为 ʷu 音的现象。

我们掌握的资料表明，内蒙古草原"丝绸之路"与"一带一路"沿线农区蒙古语方言的圆唇元音 o，也有被发音为 ʷu 音的现象。该发音形式有别于蒙古语的元音 u，它多少有些汉语语音特点，十分接近于汉语音节 wu 或韵母 u 的发音。也就是说，在汉语音节 wu 和韵母 u 的影响下，农区蒙古语方言内不仅出现 ʷu 音，同时把一部分圆唇元音 o 的发音形式也改为 ʷu 音。如表 4－4 所示：

表4－4　　　蒙古语方言的圆唇元音 o 被发音为 ʷu 音的实例

农区方言	牧区方言	书面语	汉语
ʷulɛɛguur/wulɛɛguur	ogloo	örlöge	早晨
ʷulʧii/wulʧii	olʧii	öljei	吉祥
pʷoh/pwoh	poh	böke	摔跤手
fʷuh/fwuh	hoh	köke	蓝色
mʷurən/mwurən	moron	mören	江水
tʻʷul-/tʻwul-	tʻol-	tʻöl-	赔偿

也有蒙古语专家学者将上例中出现的农区蒙古语方言的 ʷu 音写成相当于汉语的 wu 音。

3. 内蒙古草原"丝绸之路"与"一带一路"沿线的农区蒙古语方言，由于长期受汉语影响而出现元音和谐规律的变化。

蒙古语有元音和谐规律，汉语没有元音和谐现象。蒙古语的阳性

---

① 额德虎日亚奇：《蒙古贞土语》（蒙古文），内蒙古教育出版社 1996 年版。

元音的和谐和阴性元音的和谐及中性元音的和谐，还有阳性元音同中性元音的和谐及其阴性元音与中性元音的和谐，但没有阳性元音和阴性元音的和谐现象。然而，在汉语里几乎不存在任何元音的和谐现象及其规律。那么，内蒙古草原"丝绸之路"与"一带一路"通道上，受汉语影响较大的农区蒙古语方言的元音和谐规律出现不同程度的弱化现象。从农区蒙古族所处地域分布来看，基本上处于历史上的草原"丝绸之路"通道上的鲜卑、契丹、女真、满族等东北民族的发祥地和活动地带。正因为如此，农区蒙古语在其语音特点保留了同女真、满族等历史接触的很多痕迹。更重要的是，农区蒙古语在元音和谐方面出现的变化，同鲜卑和契丹等古代东北民族的元音和谐现象，有其一定的历史上的接触关系。我们所做的较为深入而广泛的分析讨论，充分说明在历史上的草原"丝绸之路"通道上，同汉族产生比较密切接触关系的东北民族语言，似乎在元音和谐规律方面都出现程度不同的弱化现象。由此出现了同一个词里同时使用阳性元音和阴性元音的情况。与此相反，内蒙古草原"丝绸之路"与"一带一路"通道上，同汉族接触不是很密切，受汉语影响不是太大的牧区蒙古语方言，至今较完整地保留元音和谐现象。

二 内蒙古草原"丝绸之路"与"一带一路"通道上汉语对蒙古语辅音的影响

汉语对蒙古语辅音的影响，同样也体现在农区蒙古语方言的辅音变化中。就如前面的讨论，在内蒙古草原"丝绸之路"与"一带一路"通道上，由于汉语和农区蒙古语之间相互接触的历史岁月十分漫长，因此其传统意义上的辅音系统也受到一定影响。例如，牧区蒙古语方言的辅音 h，被农区蒙古语方言发为 f 或 ɦ 音。还有，牧区蒙古语方言的 ʧ、ʧʻ、ʃ，在农区蒙古语方言几乎各自中被分化为不同辅音。

（一）蒙古语辅音 h 的变化

众所周知，在蒙古语的辅音系统里没有 f 这个音。一直到 14 世纪，蒙古书面语仍然用辅音 w 来书写汉语借词里出现的辅音 f。后来，伴随内蒙古草原"丝绸之路"和"一带一路"沿线地区受汉语的影响不断加大，才在蒙古语的书写中出现了 f 这一辅音，且主要用于蒙古语里的汉语借词，因而对于蒙古语口语语音的辅音系统没有产生太大影响。然而，农区蒙古语方言的情况则完全不同，受汉语辅音 f 的直接影响把他们母语出现的一些词首辅音 h 也发音成了 f 音。如表 4 - 5 所示：

表 4 - 5 把词首辅音 h 发音成 f 音的实例

农区方言	牧区方言	书面语	汉语
furgən/ɦurgən	hurgən	kürgen	女婿
fuu/ɦuu	huu	kü:	儿子
fulɛɛ-/ɦulɛɛ-	huləə-	küliye-	等待
fun/ɦun	hun	kümün	人
fuh/ɦiwuh	huh	köke	蓝色
futʃʻ/ɦutʃʻ	hutʃʻ	kü čü	力量

另外，很有意思的是，农区蒙古语方言内出现的辅音 f 似乎只使用于由阴性元音为一些词首。特别是，在阴性元音 u、uu 前有很高的使用率。毫无疑问，这一语音现象的出现是农区蒙古语方言长期受汉语影响的结果。

（二）蒙古语辅音 tʃ 的变化

这里所说蒙古语辅音 tʃ[①] 的变化，同样是指由农区蒙古语方言。也就是说，受汉语辅音 tɕ[②]、tʂ[③] 的影响，农区蒙古语方言的辅音 tʃ 在出现 tɕ、tʂ 的音变。很显然，其中辅音 tɕ 的出现同汉语的 j［tɕ］有关，辅

---

① 蒙古语的 tʃ 是属于舌叶不送气的清塞擦音。
② 辅音 tɕ 是属于舌面不送气的清塞擦音。
③ 辅音 tʂ 是属于舌尖后不送气的清塞擦音。

音 tʂ 使用跟汉语的 zh［tʂ］相关。

1. 内蒙古草原"丝绸之路"与"一带一路"沿线的农区蒙古语方言，由于长期受汉语影响而出现辅音 ʧ 发音为 tɕ 音的现象。

蒙古语的辅音 ʧ，在牧区蒙古语方言里基本上没有什么太大的使用方面的变化，但在汉语借词上他们也有用辅音 tɕ 的情况，说母语是不使用汉语辅音 tɕ，还是照样使用传统蒙古语的辅音 ʧ。从这个意义上讲，汉语辅音 tɕ 对于牧区蒙古语方言没有什么影响。但是，深受汉语影响的农区蒙古语方言里，辅音 tɕ 不仅用于汉语借词，同时也使用于蒙古语的一部分词内。而且，农区蒙古语辅音 ʧ 发作 tɕ 音，主要有以下两种情况。

（1）农区蒙古语方言的词首音节 ʧa、ʧɔ、ʧɷ、ʧo、ʧu 中使用的辅音 ʧ 出现被发作 tɕ 音的现象。再说，辅音 ʧ 后面使用的元音 a、ɔ、ɷ、o、u 等也要产生 ia、iaa、iɔ、iɔɔ、iɷ、iɷɷ、io、ioo、iu、iuu 等复合元音结构类型的变化。如表 4－6 所示：

表 4－6　　词首音节 ʧa、ʧɔ、ʧɷ、ʧo、ʧu 的辅音 ʧ 发作 tɕ 音的实例

农区方言	牧区方言	书面语	汉语
tɕiup	ʧoβ	jög	正确
tɕiaas	ʧiaas	jiyaja	架子
tɕiɔɔh	ʧɷɷha	juuq-a	炉子
tɕiaŋ	ʧaŋ	jaŋ	性格
tɕiɔɔp-	ʧɷβa-	juba-	受难
tɕiapar	ʧaβar	jibar	微风

（2）农区蒙古语方言的词首音节 ʧe 或 ʧi 中使用的辅音 ʧ 也会出现被发作 tɕ 音的现象。不过，辅音 ʧ 后面的元音不产生任何变化。如表 4－7 所示：

表 4 - 7　　　　　　　**词首音节 ʧe 或 ʧi 的辅音 ʧ 也出现发作 tɕ 音的实例**

农区方言	牧区方言	书面语	汉语
tɕiprəg	ʧiβər	jiber	鱼翅
tɕimii-	ʧimii-	jimii-	抿嘴
tɕipsəg	ʧəβsəg	jebseg	武器
tɕifiuun	ʧihuun	jikigün	寒冷
tɕirləg	ʧərləg	jerlig	野蛮
tɕigʧuur-	ʧigʃ-	jigŝi-	恶心

在我们看来，农区蒙古语方言辅音 tɕ 的出现，除了受汉语影响外，也跟自身的一些变化原理有关。也就是说，在后来的蒙古语里，使用于元音 i 前的辅音 ʧ，似乎自然出现发作 tɕ 音的现象。为此博·仁钦等蒙古语言学家提出，应该根据不同辅音的不同使用情况来划分方言。例如，使用辅音 dz 的蒙古语喀尔喀方言，以及使用辅音 tɕ 的布里亚特蒙古语方言等。[①] 所以说，蒙古语辅音 ʧ 在不同方言内出现的不同变化现象，更多的是与长期受汉语影响有关。

2. 内蒙古草原"丝绸之路"与"一带一路"沿线的农区蒙古语方言，由于长期受汉语影响而出现辅音 ʧ 发音为 tʂ 音的现象。

蒙古语的辅音系统里，原来也没有 tʂ 这个音，随着内蒙古草原"丝绸之路"与"一带一路"沿线地区汉语借词数量的不断增加，汉语影响的不断扩大，不只是蒙古语口语内出现了该辅音，甚至在蒙古书面语里也有了专写汉语借词的辅音 tʂ 之符号。到现在为止，牧区蒙古语方言将辅音 tʂ 专用于汉语借词。可是，农区蒙古语方言则完全不同，早已出现大量使用辅音 tʂ 的现象，进而成为该方言有别于标准蒙古语的一大特点，也成为汉语对蒙古语辅音影响的一大标志。

很显然，辅音 tʂ 的最为突出的特点是，发音时出现卷舌现象。农区蒙古语方言把蒙古语固有词中的一些辅音 ʧ 发音为 tʂ 音，如表 4 - 8

---

① 博·仁钦：《蒙古语书面语法》，内蒙古人民出版社 1990 年版。

所示：

表 4 - 8　　　　蒙古语固有词中的一些辅音 ʧ 发音为 tʂ 音的实例

农区方言	牧区方言	书面语	汉语
tʂəət'uu	ʧəət'uu	jeget'eü	镢头
ʃəəʧ	əgʧ'	ege či	姐姐
tʂaam	ʧaam	jaɣam-a	衣领
tʂam	ʧam	jam	道路
tʂɔɔʧ'	ʧɷɷʧ'	jaɣu či	媒人
tʂəŋnuur	ʧiŋnuur	jiŋnegür	蒸笼

很有意思的是，农区蒙古语方言内也有将辅音 s、t、t' 等发作 tʂ 音的现象。① 还有，依据我们掌握的资料，汉语卷舌音对农区蒙古语方言的影响，还涉及蒙古语的辅音 ʧ' 和 ʃ 等。我们在下面的讨论中，将涉及这些音变现象。

3. 内蒙古草原"丝绸之路"与"一带一路"沿线的农区蒙古语方言，由于长期受汉语影响而出现辅音 ʧ' 发音为 tɕ'、tʂ' 音的现象。

牧区蒙古语方言的辅音 ʧ'，除了有送气现象外，其他发音方法与辅音 ʧ 完全相同。在农区蒙古语方言中，辅音 ʧ' 发生了 tɕ' 和 tʂ' 的两种音变现象。也就是说，这里所说的牧区蒙古语方言内出现的辅音 tɕ' 就是汉语的辅音 q［tɕ'］，tʂ' 则属于汉语的辅音 ch［tʂ'］。

分析表明，农区蒙古语方言里，在词首音节元音 i 前出现的辅音 ʧ' 发作舌面送气清塞擦音 tɕ' 的现象有不少。② 而且，不仅用于汉语借词，也用于本民族语的一些词汇。如表 4 - 9 所示：

①　曹道巴特尔：《蒙古语喀喇沁—土默特土语的辅音 j、c、ʃ》，《满语研究》2000 年第 1 期，第 87—91 页。
②　曹道巴特尔：《蒙古语喀喇沁—土默特土语的辅音 j、c、ʃ》，《满语研究》2000 年第 1 期，第 87—91 页。

表4-9　词首音节元音 i 前出现的辅音 ʧʻ 发作舌面送气清塞擦音 tɕʻ 的实例

农区方言	牧区方言	书面语	汉语
tɕʻiptɕʻim	ʧʻiβʧʻim	čiběim-e	漫长
tɕʻigtɕʻi	ʧʻigʧʻ	čigěi	厚道
tɕʻilii-	ʧʻilii-	čelii-	冷清
tɕʻilməg	ʧʻəlməg	čelmeg	晴朗
tɕʻi tɕʻig	ʧʻəʧʻəg	čečeg	花朵

再说，农区蒙古语方言中，在词首音节元音 a、aa、ɔ、ɔɔ、ə、i 前出现的辅音 ʧʻ 发作舌尖后送气清塞擦音 tʂʻ 的实例也有不少。同样用于汉语借词和本民族语的一些词汇。[①] 如表4-10所示：

表4-10　词首音节元音 a、aa、ɔ、ɔɔ、ə、i 前的辅音 ʧʻ 发作舌尖后送气清塞擦音 tʂʻ 的实例

农区方言	牧区方言	书面语	汉语
tʂʻagatʻgaa-	ʧʻaatʻgaa-	čaɣatʻɣa-	平反昭雪
tʂʻaa ʂian	ʧʻaaʃaa	čaši ban	靠边
tʂʻɔŋ	ʧʻŋɔ	čoŋqo	窗户
tʂʻɔɔl-	ʧʻɔɔl-	čoɣola-	打洞
pən tʂʻi	peenz	benz	奔驰车
tʂʻifəŋ	ulaanhata	ulaɣaŋqada	赤峰

4. 内蒙古草原"丝绸之路"与"一带一路"沿线的农区蒙古语方言，由于长期受汉语影响而出现舌叶清擦音 ʃ 发音为 ɕ、ʂ 音的现象。

首先是，农区蒙古语方言中，在词首音节元音 i 或 y 前出现的辅音 ʧʻ 发作舌面前清擦音 ɕ 音的现象也有不少。由于蒙古语的书面语中没有辅音 ɕ，只是为了记写汉语借词而语音系统中增设过该辅音，所以蒙

---

① 曹道巴特尔：《蒙古语喀喇沁—土默特土语的辅音 j、c、ʃ》，《满语研究》2000 年第 1 期，第 87—91 页。

古书面语和牧区蒙古语方言里区别对待汉语借词的辅音 ç 和蒙古语辅音 ʃ 的使用关系。然而，农区蒙古语方言已经把借词里的辅音 ç 的使用范围扩展到母语的一些词汇语音结构。我们认为，该辅音变化现象也和上面分析的 ʧ→tɕ、ʧʻ→tɕʻ 等一样，还是与词首音节出现的元音 i 有关。毋庸置疑，农区蒙古语方言里出现的辅音 ç 相当于汉语的 x［ç］音，对应于蒙古书面语和牧区蒙古语方言的辅音 ʃ。① 再说，农区蒙古语方言的辅音 ç，往往要对应于蒙古书面语和牧区蒙古语方言的辅音 ʃ、h。如表 4－11 所示：

表4－11　　词首音节元音 i 或 y 前的辅音 ʧʻ 发作舌面前清擦音 ç 音的实例

农区方言	牧区方言	书面语	汉语
çipəʧʷopəs	ʃiβʧoβs	šibeji ebesü	虫草
çifiii-	ʃihii-	šikii-	眯眼
çipət fiɔβɔt	hɔβɔr	qobor	珍贵
çiləgt-	hɔlməgt-	kelemegde-	恐惧
çiiman	hoosrol	qoɣosural	困苦
çytəən çipə-	ʃigʧʻlə-	šigčile-	剔牙

其次是，农区蒙古语方言中，在元音 ə、a、aa 前面或元音 u、ɔɔ 后面出现的辅音 ʧʻ 发作舌尖后清擦音 ʂ 音的现象也有不少。同样在蒙古语的书面语中没有辅音 ʂ，所以蒙古书面语增设了专门用于记写汉语借词的辅音 sh（诗）的 ʂ 音。因此，在蒙古书面语蒙古语和牧区蒙古语方言的辅音 ʂ 也只用于汉语借词。然而，农区蒙古语方言已经把借词中出现的辅音 ʂ 的使用范围扩展到母语的一些汇语的辅音系统里。我们认为，该辅音变化现象也和上面分析的 ʧ→tɕ、ʧʻ→tɕʻ 等一样，还是与词首音节出现的元音 i 有关。应该说，农区蒙古语方言里出现的辅音 ʂ

---

① 曹道巴特尔：《蒙古语喀喇沁—土默特土语的辅音 j、c、ʃ》，《满语研究》2000 年第 1 期，第 87—91 页。

应该对应于汉语里 sh〔ʂ〕音。如表4－12所示：

表4－12　　　　　　　**元音 ə、a、aa 前面或元音 u、ɔɔ 后面的**
辅音 ʧʰ 发作舌尖后清擦音 ʂ 音的实例

农区方言	牧区方言	书面语	汉语
ʂɔn jaŋ	ʂən jaŋ	shenyaŋ	沈阳
ʂaaʂaa	ʃahai	šaqai	鞋
ʂaal-	ʃaal-	šaɣala-	剥下
ʂatʂaŋ	ʃatʃaŋ	šaɣajaŋ	陶瓷
j æʂag	jarʃag	yaršiq	麻烦
uʂʂən	ʃetən	üdeši	夜晚
tʂɔɔʂ	ʧɯɯʃ	jaɣuši	菜肴

5. 内蒙古草原"丝绸之路"与"一带一路"沿线的农区蒙古语方言，由于长期受汉语影响而出现舌根清擦音 h 发音为 ɦ 音的现象。

根据分析，蒙古书面语和牧区蒙古语方言的辅音 h，在受汉语影响较大的农区蒙古语方言内出现不同变化现象，要么出现脱落，要么变读为喉壁清擦音 ɦ。如表4－13所示：

表4－13　　　　长期受汉语影响而出现舌根清擦音 h 发音为 ɦ 音的实例

农区方言	牧区方言	书面语	汉语
ɦɛtʰaɦ	ʃiatʰah	šitʰaqu	烧掉
ʂaalaɦ	ʃaalah	šaɣalaqu	剥下
ɦamar	hamar	qamar	鼻子
pœltʃʰœrɦœœ	pɵltʃʰarhai	bulčarqai	腺
gaagɯɯɦian	gaigɯihan	ɣaiuiqan	相当
ɦipər	ʃiβər	šiber	脚气
ʷaraɦ	ɯrga	urɣ-a	套马杆

农区蒙古语方言内辅音 ɦ 的出现，与汉语的影响有其直接的关系。不太熟练掌握母语发音规律的蒙古人，比如呼和浩特、北京、赤峰等地的蒙古人的发音中就会出现使用辅音 ɦ 的实例。因此，辅音 ɦ 的使用并非属于特定方言土语自身具有的现象，而是汉语语音在蒙古语里的一种表现形式。

综上所述，草原"丝绸之路"与"一带一路"沿线的农区蒙古语方言，由于长期受汉语影响而出现语音结构内部的一系列变化，由此导致汉语和蒙古语语音混同使用现象。这也是内蒙古草原"丝绸之路"与"一带一路"沿线的农区，蒙汉杂居区的蒙古语汉语化过程中出现的过渡性语言变异现象。而且，在元音系统里主要表现为，元音音位减少而接近汉语五个基本元音的情况，以及元音和谐规律的减弱现象等；在辅音系统里主要表现为，将舌叶音发作舌面音及其卷舌音，把辅音 h 发作 ɦ 音或者完全脱落等实例。毫无疑问，农区蒙古语方言中这些语音变化，都跟长期与汉语接触、受汉语影响直接相关。再说，这些音变现象在阿尔泰语系其他语言中也会出现，并不是农区蒙古语方言独有的现象。也是属于阿尔泰语系诸民族，同汉族长期杂居，且在经济、文化各领域受汉族较大影响出现的一种深层变化，是阿尔泰语系语言接受汉语影响而语音方面出现的不同程度、不同层级、不同角度的音变现象。

在这里，我们将汉语影响下农区蒙古语语音变化特点，还可以从以下三个方面进行归纳。

一是，在元音方面。农区蒙古语方言的元音系统没有圆唇元音 o，在农区蒙古语方言喀喇沁—土默特土语中，元音 o 被发音为两种不同的音。一种是被发为 ʷo 或者 ʷə 音，这两个元音是长期受汉语语音影响而形成的变异实例，其发音特征十分接近于汉语的 o 和 wo 音，但不属于复合元音性质的 uə 或者 uo 音；另一种是发音为 u 音的现象。不过，该语音现象也许跟蒙古语的早期发音特征有关系。因为，早期蒙古语一些方言土语里也有过此音。对此问题，还可以进一步深入讨论。

二是，在辅音方面。主要表现在农区蒙古语方言的元音系统里出现的辅音 h 变为 ɦ 音，词首大量使用辅音 w、f、p' 之现象，辅音 ʧ、ʧ'、ʃ 分别发音为 j［tɕ］、zh［tʂ］、q［tɕ'］、ch［tʂ'］、x［ç］、sh［ʂ］等不同辅音的实例。

三是，汉语语音相关元音或辅音，在牧区蒙古语方言中只用于汉语借词，但在农区蒙古语方言里除汉语借词之外还用于母语词汇，进而形成了蒙汉混合语音系统。

第三节　草原"丝绸之路"与"一带一路"及汉语对蒙古语语法的影响

蒙古语族语言最明显的语法学特征是，用黏着性质的形态变化语法词缀，表示错综复杂、丰富多样、各不相同的语法关系和语法内容。也就是说，不同的形态变化语法词缀，在蒙古语里表示不同的语法意义。例如，蒙古语的名词类词和动词类词，都有极其复杂多变的形态变化语法词缀系统。那么，内蒙古草原"丝绸之路"与"一带一路"沿线地区，特别是农区蒙古族长期跟汉族通商，后来又共同进行各种商贸活动和商品交易，共同生活并共同从事农业生产，所有这些一定程度上影响了农区蒙古语方言的形态变化语法现象。一般情况下，不同语言的相互接触、相互影响、相互作用，可以是彼此的语言在词汇系统或语音系统方面出现不同程度的变化，但语法方面的变化往往是比较小或者说影响不大、不明显、不突出。然而，农区蒙古语方言受汉语长期影响，确实出现一些较为明显的变化。这一现象，我们完全可以从牧区蒙古语方言和农区蒙古语方言的形态变化语法现象的比较中看得出来。

一 内蒙古草原"丝绸之路"与"一带一路"及汉语对蒙古语名词类词格语法形态和数词使用方面的影响

蒙古语的名词类词，主要指的是名词、数词、代词、形容词等。名词类词有格、数、人称、级等形态变化语法现象。这些形态变化语法现象，均有自成体系的各自一套的词缀系统。但是，由于受汉语长期、广泛、深入而有力的影响，农区蒙古语方言名词类词的语法词缀系统发生不同程度的变化，与出现语法形态的混用或者交替使用和语法形态的简单化、简略化、省略化等现象，甚至是开始使用了汉语式的词序方法。这些现象尤其在喀喇沁蒙古语里较为明显。下面我们以喀喇沁蒙古语为例，讨论汉语影响下农区蒙古语方言名词类词的语法形态的变化。

（一）蒙古语格形态变化语法现象受到的汉语影响

该语法范畴的汉语影响主要体现在领格的形态变化语法现象方面。例如，在牧区蒙古语方言中用形态变化语法词缀-giin、-iin、-nii、-ii 等表示领格语法概念，并都有约定俗成的使用原理和规则。但是，农区蒙古语方言受汉语影响而破坏这些原理和规则，只用-nii 这一形态变化语法词缀表达领格的语法意义。例如，在牧区蒙古语方言中，tꞵꞵ "歌" 和 tꞵꞵn "声" 的后面要接缀不同的领格形态变化语法词缀。也就是说，tꞵꞵ 接缀-giin 而构成 tꞵꞵgiin（tꞵꞵ-giin）"歌曲的"，tꞵꞵn 接缀-ii 而构成 tꞵꞵnii（tꞵꞵn-ii）"声音的"等。由此，在具体的语句中就出现 tꞵꞵ-giinəʃig "歌曲的旋律"、tꞵꞵn-ii uŋgə "说话的音色"等说法，而不能说 tꞵꞵ-niiəʃig 等不规范而不合乎原理的语句。但是，农区蒙古语方言里，却出现 tꞵꞵ-niiaj "歌曲的旋律"及 tꞵꞵ-nii uŋ "说话的音色"等说法。毫无疑问，这些说法自然打破了领格形态变化语法词缀-giin 与-ii 的区别使用的蒙古语传统意义上语法规则。我们认为，这就是喀喇沁—土默特土蒙古语的使用者，对母语错综复杂的形态变化语法词缀的使用要求、使用关系、使用功能、使用规则产生模糊认识，甚至失去区别性使用能力的具体表现。又如，在牧区蒙古语方言的 hɔt'aiin（hɔt'a-iin）"城里的"和 hɔt'anii（hɔt'an-ii）"牛羊圈内的"中使用的领格形态变化语法词缀也是不同，而在农区蒙古语方言都用-nii 来表示。与此相关，牧区蒙古语方言严格区分单数第一人称代词的主格零形态变化结构类型的 pi、领格形态变化结构类型的 minii、宾格形态变化结构类型的 nama，以及相位格、从离格、和同格、凭借格形态变化结构类型的 nata 等。但是，农区蒙古语方言打破了这些使用规则，他们的口语中似乎没有如此严格的区分和区分规则。再说，农区蒙古语方言的宾格形态变化结构类型的 nɛmɛɛ（nama/namaa），可一同用于表达相位格、从离格、和同格、凭借格等语法概念。例如，把牧区蒙古语方言的 nata-t（相位格）、nat-aas（从离格）、nat-t'ai（和同格）、nat-aar（凭借格）等，农区蒙古语方言说成是 nɛmɛɛ-t、nɛmɛɛ-aas、nɛmɛɛ-t'ai、nɛmɛɛ-gaar 等都是用了统一的 nɛmɛɛ。反过来，也可以把牧区蒙古语方言的相位格、从离格、和同格、凭借格前使用的单数第一人称代词词干 nata 取代宾格形态变化结构类型的 nama。例如，农区蒙古语方言里常常出现 nat-ii 这一说法。按蒙古语传统语法规则，此类说法不符合其基本要求和使用原理。

（二）蒙古语数词使用关系受到的汉语影响

对于蒙古语不同方言土语里使用的数词，汉语也产生了不同程度的影响。众所周知，汉语数词分个、十、百、千、万、亿等计数单位，蒙古语也有 nige "个"、arba "十"、jaɣu "百"、mɪŋg-ɣa "千"、t'üme "万"、bum "十万"、say-a "百万"、jɪu-ɑ "千万"、dɔŋšiɣur "亿"等计数单位。那么，汉语的这些数词也影响了蒙古语的数词。由于长期受汉语影响，蒙古语的 bum "十万"、say-a "百万"、jɪu-ɑ "千万"等数词，在我国境内的蒙古语中很少被使用了。特别是，受汉语影响较大的农区蒙古语方言里，似乎完全不被使用了。与此同时，在农区蒙古语方言内出现了 arpan t'ʷom "十个万"、tʂɔɔn t'ʷom "一百个万"、mɪŋan t'ʷom "一千个万"等汉语式的数词表达方式。不过，在我们看来，蒙古国的蒙古语出现的 arpan mıŋga "十个千"、ʧɷɷn mıŋga "一百个千"、arβan saja "十个百万"、ʧɷɷn saja "一百个百万" 等数词说法，好像是受俄语的影响。也就是说，在草原"丝绸之路"与"一带一路"沿线不同国家和地区使用的蒙古语，受汉语等外来语言的长期影响，其计数单位的数词在不同国家、不同方言土语里发生了不同程度的变化。其中，汉语影响在中国农区蒙古语方言中表现得较明显一些，蒙古国的蒙古语也一定程度地受俄语影响。根据资料，中国牧区蒙古语方言保留有传统意义上的数词及使用方法，但农区蒙古语方言却不断提高量词的使用率。我们认为，农区蒙古语方言土语中出现的计数单位、量词等的变化，首先源于蒙汉语言文化长期接触而出现的特殊现象，它既是词汇系统的变化问题，又是语法结构类型的变化问题，还是语言认知代码更换问题。①

二 内蒙古草原"丝绸之路"与"一带一路"通道上汉语对蒙古语动词类词式与体语法形态及助动词的影响

蒙古语动词类词包括动词、形动词、副动词和助动词等。而且，动词的形态变化语法现象包括式、态、体等语法范畴，且各有一套约定俗成的形态变化语法词缀系统。例如，式形态变化语法现象还有陈述式、假定式、愿望式、祈使式及命令式等区分。那么，陈述式内部还分有表示现在、将来、过去三个不同时间概念的形态变化语法词缀系统。然而，因长期受汉语影响，农区蒙古语方言的动词类词的形态变化语法现象出现不同程度的变异。其中，有的被弱化，有的被简单化，有的被省略。

（一）汉语对蒙古语动词式形态变化语法现象的影响

农区蒙古语方言里用不同形态变化词缀表达的愿望式和祈使式等

---

① 曹道巴特尔：《蒙古语计数单位词语结构》，《满语研究》2017 年第 1 期，第 38—42 页。

语法概念，在农区蒙古语方言中被简化为只用一两种形态变化语法现象来表达，从而失去了传统蒙古语富有的细致、准确、系统的表达形式。例如，蒙古书面语有-ya/-ye，-suɣai/-sügei、-su/-sü 三套形态变化语法词缀来表示与第一人称相关的不同意愿。在牧区蒙古语方言则用-ya/-yə及-sɷgai/-sugei 两套。可是，农区蒙古语方言里该语法概念的表现形式简化而变成-ya/-yə 一套，其他像-suɣai/-sügei 及-su/-sü 形态变化语法词缀都被省略。还有，蒙古书面语内表示希望和意愿的形态变化语法词缀-ɣarai/-gerei 及-ɣasai/-gesei，表示祈愿的形态变化语法词缀-ɣt'un/-gt'ün，表示祈求的形态变化语法词缀-ɣači/-geči 等，在牧区蒙古语方言里分别表现为-aarai/-əərei/-ɔɔrɔi/-ooroi 及-aasai/-əəsei/-ɔɔsɔi/-oosoi、-ɡt'ɷn/-ɡt'un、-aatʃ'/-əətʃ'/-ɔɔtʃ'/-ootʃ' 等。然而，受汉语影响较大的农区蒙古语方言内，这三套动词式形态变化语法词缀，却都简化为-aat'əɡ/-əət'əɡ/-ɔɔt'əɡ 一套形态变化语法词缀。或者在这套形态变化语法词缀后面再使用表示强调语气的词缀-ta，由此构成-aat'əɡta/-əət'əɡta/-ɔɔt'əɡta 等带有强调语气的形态变化语法词缀。

（二）汉语对蒙古语副动式形态变化语法现象的影响

我们的分析表明，蒙古语动词类词的副动式形态变化语法现象，根据语法功能和作用其内部分并列、提前、联合等 12 套形态变化语法词缀。可是，农区蒙古语方言内却省略了并列等 3 个形态变化语法现象而成为 9 个副动式结构类型，同时均有语音上的区别性特征。例如，蒙古书面语及牧区蒙古语方言的联合副动词形态变化语法词缀是-n，而农区蒙古语方言却用形态变化语法词缀-aat/-əət/-ɔɔt 来表示该语法概念。还如，蒙古书面语的趁机副动词形态变化语法词缀是-ngɣut'a/-nggüt'e，牧区蒙古语方言则用形态变化语法词缀-ŋgut'a/-ŋgut'e 来表示该语法意义。然而，受汉语影响较大的农区蒙古语方言，在丢失这套形态变化语法词缀的情况下，利用立刻副动词形态变化语法词缀-naaran/-nəəren/-nɔɔrɔn 来表示趁机副动词的语法概念。

（三）汉语对蒙古语动词体形态变化语法现象的影响

蒙古语动词的体形态变化语法范畴，主要包括瞬间体、反复体、完成体等，且各有约定俗成的形态变化语法词缀。例如，蒙古书面语动词体范畴的瞬间体、反复体、完成体等分别用形态变化语法词缀-ski、-čiqa/-čike、-l～-la/-le～-lja/-lje～-balja/-belje～-ɣalja/-gelje、-ɣan-a/-gen-e 等来表示。牧区蒙古语方言里，动词的瞬间体、反复体、完成体的形态变化语法现象，也跟书面语保持有相当的一致性，只是出现一些口语化的区别性特点。可是，农区蒙古语方言一定的区别性和特殊性，似乎除完成体之外的其他体形态变化语法词缀都发生了不同程度的较大变化。例如，蒙古书面语和牧区蒙古语方言的瞬间体语法概念都用-ski 这一形态变化语法词缀来表示，而农区蒙古语方言却丢失该形态变化语法词缀，取而代之的是-ʧ + -ap、-aat + -ap 或-eːt + -ap 等汉语复合词结构类型的形态变化语法现象。还有，反复体极其丰富复杂的形态变化语法词缀系统-l～-la/-le～-lʧa/-lʧe～-palʧa/-peʧje～-ɣaʧja/-geʧje～-ɣan-a/-gen-e 等，在农区蒙古语方言中基本上都失去使用效益，只留下由蒙古书面语反复体形态变化语法词缀-lʧa/-lʧe 演化而来的-lʧ 这一词缀形式。

通过以上分析，我们认为农区蒙古语方言以上提到的变化现象，主要体现在形态变化语法词缀的单一化、简易化和省略化等方面，以及充分利用汉语的复合词结构类型代替蒙古语传统意义上的词法结构类型等方面。

（四）汉语对蒙古语动词体形态变化语法现象的影响

蒙古语虽然有助动词，但是在大多数情况下，用不同形态变化语法词缀来表现。因为长期受汉语影响，农区蒙古语方言的复合词结构类型的语法形式越来越多。其中，表示加强概念的助动词的使用率比较高。而且，蒙古书面语的一些动词，在科尔沁蒙古语和喀喇沁蒙古语等农区蒙古语方言土语中充当助动词现象较多，甚至逐渐渗透到牧区—半农半牧区蒙古语中。例如，由蒙古书面语动词转化成喀喇沁蒙古语助动词的

有 ög-"给"、ab-"要"、ire-"来"、γar-"出"、üje-"看"、yabu-"去"、oči-"去"、ekile-"始"、bara-"完"、saγu-"坐"、oru-"入"、qaya-"扔"、bol-"成"、met-"知"、ol-"得"等。

三 内蒙古草原"丝绸之路"与"一带一路"通道上汉语对蒙古语虚词类词及句法结构的影响

基于我们现已掌握的有关资料以及对于牧区蒙古语方言和农区蒙古语方言的比较研究，可以发现汉语对农区蒙古语方言土语的虚词类词及其句法结构和句法学功能等都产生了影响。

（一）汉语对蒙古语虚词类词的影响

蒙古语的虚词类词包括副词、情态词、摹拟词、后置词、语气词、连接词、感叹词等。然而，受汉语影响较大的农区蒙古语方言中，现已出现虚词类词的使用率变得越来越低，甚至出现被省略、丢失、遗弃等现象。

1. 蒙古语有很丰富的副词系统，包括程度副词、时态副词、状态副词、造型副词等。蒙古书面语的 asaru "极"、bürimüsün "完全"、tengtegüü "过于"、maši "很" 等 22 个程度副词中，有 10 个被农区蒙古语方言的喀喇沁土语所遗弃，保存率只达到 54.5%。蒙古书面语的 imaγt'a "常常"、akin takin "反复"、a sit'a "永远"、tarui "立刻" 等 46 个时态副词中，有 26 个已不再使用于农区蒙古语方言的喀喇沁土语中，丢失率达到 56% 左右。[①] 另外，表示动作行为的状态副词，在农区蒙古语方言的喀喇沁土语内丢失率达到 75%，保存率只有 25%。而且，唯有造型副词的情况出奇地要好一些，传统蒙古语的造型副词在农区蒙古语方言喀喇沁土语内的保存率达到 91%。[②]

2. 蒙古语里有表示判断、肯定、强调等概念的一系列情态词。其

[①] 曹道巴特尔：《喀喇沁蒙古语研究》，民族出版社 2007 年版，第 355—364 页。

[②] 曹道巴特尔：《喀喇沁蒙古语研究》，民族出版社 2007 年版，第 377—379 页。

内部可以分为推断情态词、肯定情态词、应许情态词、强调情态词等。然而，农区蒙古语方言喀喇沁土语现已丢失 50% 的推断情态词和肯定情态词及 60% 的应许情态词，同时对于强调情态词的丢失率达到 80%。[①]

3. 蒙古语摹拟词包括拟声词和拟态词两类。我们的调研资料表明，农区蒙古语方言的喀喇沁土语现已丢失 68% 的拟声词及 50% 的拟态词。

4. 蒙古语后置词、语气词、连接词等，在农区蒙古语方言中的情形也基本同于上述虚词类的情况，都有相当概率的丢失率。

5. 蒙古语的感叹词也是比较丰富的一种虚词类词。由于早期蒙古族及现在社会在草原牧区的蒙古族，一直以来从事畜牧业生产活动，所以在他们的语言里具有相当丰富的感叹词。可是，农区蒙古语方言区的蒙古族，由于受汉族农耕文化影响而长年过定居生活，家里饲养的牲畜也从牛马羊等转为骡子、毛驴、猪、鸡、鸭、鹅等，结果他们使用的感叹词也具有了这些家禽的风格特点，也借用了不少汉语的感叹词。

（二）汉语对蒙古语句法结构的影响

蒙古语句法规则，定语、主语、宾语、状语、谓语、补语等句子成分在句中均有约定俗成的定位及严格意义上的使用规定。例如，定语要位于主语之前，宾语必须位于状语之前，宾语和状语必须位于谓语之前，主语必须位于谓语之前。蒙古语句子的定语和主语构成名词性短语结构，充当句子的主题部分。牧区蒙古语方言和农区方言之间的区别性特征，主要表现于句子成分在句子中所处的具体位置的不同。也就是说，牧区蒙古语方言基本上遵循蒙古语约定俗成的传统句法规则使用句子成分，而农区蒙古语方言因受汉语影响较大而出现了非规则使用句子成分的现象。例如，蒙古语句子述题短语结构的构成方式是"宾—状—谓"的顺序，农区蒙古语方言常常把它改变为"状—

---

① 曹道巴特尔：《喀喇沁蒙古语研究》，民族出版社 2007 年版，第 381—388 页。

宾—谓"。请看下面的进一步分析。

1. 按蒙古语的句法规则表达"要好好读书!"这句话时,说 nomsainungsi"书—好—读",而不能说为 sainnomungsi"好—书—读"。可是农区蒙古语方言恰恰出现 sainnomungsi"好—书—读"之类不规范的说法。对此说法,受汉语影响很低的蒙古国的蒙古人听后,会自然而然地理解为"读好的书!"之意,很难认为该述题短语所表示的是"要好好读书!"之概念。毫无疑问,该述题短语的传统结构类型应该是"宾—状—谓",而受汉语影响较大的农区蒙古语方言改为"状—宾—谓"式结构类型。其中,本来表示"读书状态"的宾语 sain"好好地",因为位置的更换而变成了表示"书"的性质的定语 sain"好"。从而蒙古语原有的句法规则"状谓结构"sainungsi"好好读",被农区蒙古语方言中改为"定体结构"的宾语 sainnom"好的书"。其结果,传统蒙古语的句子 nomsainungsi"要好好读书",变成 sainnomungsi 之说,进而被没有受汉语影响的蒙古人理解为"读好的书"之意,句子要表达的内涵产生了完全不同的变化。不过,受汉语影响较大的农区蒙古语方言的人们,还是会将此述题短语表达的意思理解为"要好好读书"之意。

2. 又如,"快回家"这句话在蒙古语中是由 ger、tü、ben、qur-tun、qari 五个不同词法单位组成,是"宾—状—谓"结构,其汉语直译是"家快回"。强调了回家的状态,表达了"快速回家"的语义。如果逐次用汉语标注的话,分别是 ger"家"(名词)、t'ü"相位格范畴"、ben"第一人称反身领属范畴"、qurtun"快"(形容词)、qari"回去"(动词)。这句话,在农区蒙古语方言被改变成了 qurdun ger tü ben qari,汉语直译是"快家回"。本来在谓语之前做状语的形容词 qurdun"快"一词被调到宾语 ger"家"之前,构成了"定体结构"qurdun ger"快家",但是因为 ger"家"是不可以被形容为 qur-dun ger"快家"、udaɣan"慢家"的缘故,农区蒙古语方言的这种表达方式显得很另类。

3. 汉语的"伟大的抗日战争"有两层意义,第一层是抗日战争,第二层是伟大的抗日战争。"抗日战争"是一个基本单位,"伟大的"是定语,它定义了"抗日战争"的性质。传统意义上的蒙古语不能把该短句完全按汉语表达顺序来翻译,要按照蒙古语句法结构类型翻译成 yap'un i esergüčekü aγuu yeke dayin,即由 yap'un、i、esergüčekü、aγuu、yeke、dayin 六个词法学单位组成。其中有名词、动词、形容词,还有相关形态变化语法词缀。如果,把该句的蒙古语说法逐个用汉语标注的话,应该是 yap'un "日本"(名词)、-i "宾格形态变化语法词缀"、esergüčekü "抗击"(动词)、aγuu yeke "伟大"(形容词)、dayin "战争"(名词)。将该句的蒙古语说法用汉语直译的话,应该是"把日本抗击的伟大战争",或者"抗击日本的伟大战争"。其中,yap'un "日本" + -i(宾格)+ esergüčekü "抗击"是充当状语句子的一个单元,而 aγuu yeke "伟大"作为定语用于名词 dayin "战争"之前。也就是说,yap'un i esergüčekü aγuu yeke dayin 一句要严格遵循蒙古语的"宾—状—谓"这一句子结构原理来表达。然而,在喀喇沁蒙古语中,受汉语影响而出现汉语句子结构类型的一些说法。还比如,农区蒙古语方言区的人们,常常把"副县长""副校长"等依据汉语的说法直接翻译使用。其结果,按蒙古语传统说法,很难搞清楚说的是"副县"还是"副县长",是"副学校"还是"副校长"等概念。按蒙古语句法规则应该说"县的副长官""学校的副长官"等。[①]

说实话,农区蒙古语方言里出现的这些不规范的句子结构,以及不规范的语句表现形式,都是长期受汉语影响的结构。与此相关的例子还有不少,在这里不一一分析讨论了。尽管如此,这些不规范的蒙古语句子,在农区蒙古族的日常交流与会话中,同样准确无误地表达他们彼此的话语内容和意义。

---

① 曹道巴特尔:《喀喇沁蒙古语研究》,民族出版社 2007 年版,第 482 页。

第四节　草原"丝绸之路"与"一带一路"及汉语对蒙古语词汇系统的影响

　　语言的相互影响，首先体现在词汇方面。所以，不论对哪种语言来讲，词汇受到的外来语言的影响应该最为明显，完全体现在一种语言从另一种语言借用的新词术语等方面。甚至，会直接影响到有些不同的词汇系统。那么，内蒙古草原"丝绸之路"与"一带一路"沿线地区生活的蒙古族及其语言，包括牧区和农区的蒙古语词汇都不同程度地受到汉语影响，进而也一定程度上影响到蒙古语的相关构词系统。

　　我们的资料表明，在早期的内蒙古草原"丝绸之路"和现在的"一带一路"沿线地区生活的蒙古族使用的母语里，从汉语借入了相当多的名词术语及相关词汇，以此进一步丰富和发展了蒙古语词汇系统。其实，从元代开始，或许更早的时候开始，生活在草原"丝绸之路"沿线的蒙古族使用的母语，同汉语的接触与交流过程中从汉语里借入了一些新词术语。后来，伴随蒙汉民族间的各种商贸活动或商品交易的越来越多，蒙汉民族相互间的接触与往来的不断增多，特别是新时代"一带一路"建设的提出和强有力地实施，蒙汉民族相互间的交往变得更加广泛、更加深入、更加频繁和密切，蒙古语里借入了各方面的借词。尤其是，农区蒙古语受汉语词汇的影响越来越大，进而出现汉语借词和蒙古语词汇混同使用的现象。

一　汉语对牧区蒙古语词汇的影响

　　谈论内蒙古草原"丝绸之路"与"一带一路"沿线地区受汉语影响的蒙古语词汇，自然要涉及牧区蒙古语方言和农区蒙古语方言两个相互间存在较明显差异的不同方言群。在二者之中，牧区蒙古语方言受到汉语影响的冲击比较少，不同历史年代尽管分别借入了一些汉语借词，但它们在词汇结构中的比率还是比较低，所以蒙古语词汇系统还是保护得相当理想。① 对于蒙古语来说，汉语借词的借入对于其词汇的丰富、语言的使用等方面发挥了积极推动作用，进而对蒙古语的发展注入了新的活力。

中国境内的一部分蒙古族居住在北部边疆，许多人生活在中蒙俄4710公里的草原牧区边境线上。千百年来这里的蒙古族因地制宜，遵从自然规律，顺应一年四季牧场的变化，经营以牛、羊、马、骆驼为主的畜牧生产。17世纪到20世纪末的漫长历史岁月里，尤其是从19世纪中叶以后，作为中蒙俄边疆线上的草原"丝绸之路"古商道，先是从中国内陆地区经内蒙古草原边疆到蒙古国的乌兰巴托间开展商贸交易和经商活动，后来，由于商贸活动和商品交易的不断拓展，该古商道向北经当时中蒙边境商贸基地恰克图、俄罗斯贝加尔湖的商贸城伊尔库茨克和莫斯科及圣彼得堡，延伸到整个欧洲大陆。在这条草原"丝绸之路"古商道上，从中国内陆的张家口、天津、北京、上海、武汉，乃至从南方商城，将茶叶、陶瓷、丝绸等商品源源不断地运往蒙古国、俄罗斯及欧洲相关国家，进而打造出以茶叶、陶瓷、丝绸为主的国际商贸大通道草原"丝绸之路"，也就是我们所说的中蒙俄草原"丝绸之路"或内蒙古草原"丝绸之路"，也称其为"草原茶叶之路"。再后来，发展成为连接中蒙俄乃至中欧的陆路"世纪商贸大动脉"。就在这条草原"丝绸之路"古商道上，内陆地区的汉族商人同内蒙古沿线地区的蒙古族建立了十分密切、稳固、扎实、深远、广泛的商贸关系、合作关系、伙伴关系、兄弟关系，甚至建立了亲朋关系、婚姻关系、家庭关系、家族关系等。这些关系的产生和各种商贸活动的深度推进，对边疆的稳定、经济的繁荣、社会的进步产生了积极影响和作用。与此同时，牧区蒙古语方言无可置疑地受到汉语的一些影响，且主要体现在牧区蒙古语方言里的汉语借词方面。另外，伴随新中国的

---

① 双山：《蒙古语科尔沁土语词汇研究》，博士学位论文，中央民族大学，2004年，第98页。

成立，内陆地区的不少汉族干部为了建设内蒙古草原牧区，到这里开展教学、医疗、办厂及搞基本建设，给牧区蒙古族传统生产生活带来许多新氛围、新气象、新文化、新文明、新内容、新感觉的同时，也将汉族或内陆地区的语言文化带给了牧区的蒙古族。尤其是，他们常年扎根草原牧区，与这里的蒙古族长年同居住、同生活、同工作和同参加各种生产活动，使蒙古语里借入了不少新词术语。反过来讲，在内蒙古边疆牧区生活和工作的汉族干部和同胞，包括他们的家人也都自然学会了牧区蒙古语方言，这使蒙古语成为蒙汉兄弟之间进行交流的第一种语言，汉语则成为第二种语言或补充性使用的语言。也就是说，当他们的蒙古语交流遇到问题时，就会利用汉语做补充性说明或简要交流。尤其是，新时代"一带一路"建设的启动，以及陆路中蒙俄草原"一带一路"建设工作的强有力的推动，在此通道上内陆地区汉族商人的商贸活动、商品交易的不断扩大，内蒙古草原"一带一路"沿线牧区同汉族间的交往、接触、交流变得更加频繁，更加深入、更加广泛。毫无疑问，所有这些都进一步提高了牧区蒙古语方言使用汉语借词概率。

综上所述，在漫长的历史进程中，内蒙古草原"丝绸之路"与"一带一路"沿线牧区，受汉语的影响随着岁月的积累也不断加大，其结果是牧区蒙古语方言中借入了不少汉语借词，进而一定程度上也丰富了牧区蒙古与方言的词汇系统。再说，牧区蒙古族生活和生产方式的不断改善，也导致了牧区蒙古族日常用语内容的相应变化。从历史的角度来讲，内蒙古草原牧区完全是属于地大物博、地广人稀、居住分散的生活格局。那么，有草原"丝绸之路"古商道和实施草原"一带一路"建设之后，内蒙古草原牧区人口密度不断产生变化，汉族人口逐年增多，国家、地方、个人办的各种厂矿企业也多了起来。所有这些，一定程度上改变着牧区蒙古族传统意义上的生产方式、生产活动，以及传统意义上的生活内容。由此，也出现了牧区蒙古族的定居点，冬春生活区和固定住处，以及夏秋生活区和奶牛基地等。而且，不同生活区或定居点都建有小商场、小饭店、饲料加工店、牧业机械以及圈养牲畜的固定棚圈等。牧区这些生活区也有了一些汉族居民，由此牧区蒙古族同汉族的接触和交流场合不断增多。特别是，在草原牧区全面普及的电视广播及手机网络，很大程度上影响着牧区蒙古语方言的使用，其结果是牧区的蒙古人也都自然而然学会了不少汉语词汇，甚至运用到母语的交流之中。

虽然牧区蒙古语方言借用了一些汉语借词，但没有影响他们词语的整体结构。不断增多的汉语借词，不但没有破坏牧区蒙古语词汇系统的基本格局，反而某种程度上更加丰富了牧区蒙古语词语，进一步加强了语言活力。根据我们的调研，在内蒙古草原牧区蒙古族集中生活的嘎查村或牧民小据点，除了使用与生产生活密切相关的像"活扳子""螺丝""草库伦""发电机""电视""电话""西服""馒头"等常用性汉语借词外，在其他更多的情况下仍然使用蒙古语词语，他们都会用蒙古语表达"车站""商店""饭馆""邮局""医院""银行""学校"等日常生活中使用面较广的词语。

从地理分布来讲，牧区蒙古语方言的分布地域相当广阔。在东北部地区，居住于呼伦贝尔市巴尔虎三旗的巴尔虎蒙古牧民，居住于鄂温克旗的厄鲁特蒙古、布里亚特蒙古牧民，都在使用着纯正的蒙古语。还有，这里的鄂温克族、达斡尔族牧民，不仅使用各自的母语，还说着一口流利的牧区蒙古语方言。在内蒙古中西部地区北端，锡林郭勒盟阿巴嘎旗、苏尼特左旗、苏尼特右旗、东乌珠穆沁旗、西乌珠穆沁旗、镶黄旗、正镶白旗、正蓝旗的广大蒙古族牧民更多的时候都使用母语。再说，像赤峰市阿鲁科尔沁旗、巴林左旗、巴林右旗、克什克腾旗、翁牛特旗等牧区蒙古族牧民，以及包头市达尔罕茂明安旗和乌兰察布市四子王旗蒙古族牧民鄂尔多斯市鄂托克前旗、鄂托克旗、杭锦旗、乌审旗蒙古族牧民；巴彦淖尔市乌拉特中旗，还包括乌拉特后旗以及阿拉善盟阿拉善左旗、阿拉善右旗、额济纳旗蒙古族牧民等都十分熟练地使用母语。

二 汉语对农区蒙古语词汇的影响

内蒙古草原"一带一路"沿线农区蒙古语方言，如同前面的讨论主要包括科尔沁语和喀喇沁—土默特蒙古语两个部分，而且是受汉语影响较大的蒙古语方言，除了前面谈到的语音和语法方面的影响之外，词汇方面的影响也十分明显。甚至，汉语借词，像朝鲜语和日本语的汉语借词已融入农区蒙古语方言词汇系统，成为不可忽视的词汇组成内容。不过，进行仔细分析的话，科尔沁蒙古语和喀喇沁蒙古语中，借入的汉语借词数量上有所差别。也就是说，科尔沁蒙古语中的汉语借词没有喀喇沁蒙古语的多。

喀喇沁地区的蒙古族，已经过了完全定居的生活。而且，几乎都同汉族杂居，由此在语言和生活方式上受汉族语言文化影响很大。虽然，不少村镇里出现蒙古族和汉族人口相差不大的前提下蒙古族人口占多数的情况，但也有蒙古族和汉族人口比例差不多的条件下汉族人口占优势的村镇。由于在这里生活年代长的汉族基本上都懂蒙古语，蒙古族也都会说汉语，更为重要的是不论汉族还是蒙古族，他们说汉语和蒙古语的语调大同小异，很难从他们的口语中辨别谁是汉族和谁是蒙古族。那么，同样属于农区蒙古语方言的科尔沁蒙古语也有自己的特点。我们认为，这一区别性特点的出现，或许跟该地区的蒙古族村落和汉族村落间的区分比较清楚有关，很少有人口数量不相上下的汉族和蒙古族杂居的村落，只有一些为数不多的汉族居住在蒙古族村落，或者是为数不多的蒙古族居住于汉民族村落。所以，在农区蒙古语方言的科尔沁蒙古语里，被借入的汉语名词术语比喀喇沁地区的汉语借词要少一些。

通过前面的讨论，我们已经清楚地了解到，农区蒙古族在我国蒙古族总人口中占有相当高的比例，并主要分布于赤峰市、通辽市，锡林郭勒盟、乌兰察布市、鄂尔多斯市、巴彦淖尔市等地区的农业旗县和一些市区或镇。除此之外，还有黑龙江、吉林、辽宁三省的蒙古族。其中，更多的人口集中生活在内蒙古东部地区。例如，通辽市有140万蒙古族，兴安盟也有70万蒙古族，这210万蒙古族是农区蒙古语方言科尔沁蒙古语的主要使用者。加上黑龙江省杜尔伯特蒙古族自治县、吉林省前郭尔罗斯蒙古族自治县、辽宁省阜新蒙古族自治县等地的蒙古族，我国农区蒙古语方言人口达到260万以上，很大程度上超出牧区蒙古语方言人口。在这么多人口，涉及这么多地区的农区蒙古语方言里，却借入了数量可观的汉语词语，进而对于这些地区的蒙古族使用、蒙古语词汇的丰富、蒙古语的发展产生了积极作用和影响。

（一）内蒙古草原"丝绸之路"与"一带一路"沿线农区蒙古语方言的科尔沁蒙古语词汇受汉语的影响

关于内蒙古草原"一带一路"沿线农区蒙古语方言科尔沁土语中的汉语借词，双山在其2004年的博士论文《蒙古语科尔沁土语词汇研究》中做过专门分析。该部著作语言调查的选点是210万农区蒙古族人口居住的通辽市和兴安盟，具体包括科尔沁左翼中旗、科尔沁左翼后旗、科尔沁右翼中旗、科尔沁右翼前旗、扎赉特旗等。[①] 双山所精心筛选的600余个汉语借词里，名词占81%，形容词占6%，量词占4%，动词占9%。所选的600余个汉语借词，是来自蒙古语科尔沁土语4600个词汇。据他研究，科尔沁的地区蒙古语中，汉语借词占该方言词汇的13%。然而，牧区蒙古语方言内，汉语借词只有3%左右。[②] 再说，科尔沁土语的汉语借词，绝大多数是名词和动词，但名词居多。

科尔沁土语的词汇中出现的汉语借词是，蒙古族的牧业文化和文明向农牧结合文化与文明转型过程中，同农业生产内容、农业生产活动、农业生产工具、农业生活方式及其农业文化一起，不断借来使用

---

① 双山：《蒙古语科尔沁土语词汇研究》，博士学位论文，中央民族大学，2004年，第98页。

② 双山：《蒙古语科尔沁土语词汇研究》，博士学位论文，中央民族大学，2004年，第98页。

于蒙古语的汉语新词术语。内蒙古东南部地区蒙古族接受农业文化与文明，进入农牧结合社会，至少有百年以上的历史。所以，这些地区的蒙古族物质文化、制度文化、精神文化等都不同程度地受到影响。那么，在他们的母语词汇中出现的数量可观的汉语借词，就是汉族农业语言文化蒙古语里的主要表现形式。请看下面列举的相关实例：

1. 汉语农作物名称方面的借词：有 poolmɛɛ "苞米"、lüːtuu "绿豆"、p'aatuu "巴豆"、hɷɑŋtuu "黄豆"、gɷa "瓜"、mɜɜs "麦子"、ʃiis "西红柿"、laatʃɷɷ "辣椒"、tʃ'əəs "茄子"、titɷɷl "土豆"、tʃ'iŋɜɜ "芹菜" 等。

2. 汉语农具名称方面的借词：有 tʃəət'uu "镢头"、gʷaŋtʃ'io "铁锹"、yaŋsɷɷr "洋锄"、hʷaŋs "箩筐"、p'aas "耙子"、paŋgɔɔ "板镐"、gɔɔt'ɷɷ "镐头" 等。

3. 汉语亲属称谓词方面的借词：有 sɷsɷŋ "祖宗"、gɔɔsɷ "高宗"、yəəyəə "祖父"、nɛɛnɜɜ "祖母"、taaya "大爷（伯父）"、ʃuuʃuu "叔叔"、ʃinsəə "婶母"、guuguu "姑姑"、guyəə "姑爷（姑父）"、iinaaŋ "姨娘（姨母）"、iitɛɛ "姨爹（姨夫）"、lɔɔyɛɛ "姥爷（外祖父）"、lɔɔnɔɔ "姥姥（外祖母）"、tʃuutʃuu "舅舅"、tʃuumuu "舅母"、goog "哥哥"、tʃəətʃ "姐姐" 等。

4. 人名词或与人名相关的借词：有 tɛɛʃɷɷr "带小儿"、gənʃiɔɔr "跟小儿"、lɛɛʃiɔɔr "来小儿"、guniaŋ "姑娘"、fuʃəŋ "福生"、t'ɛntʃ'iaaŋ "前强"、tʃɛntʃ'aaŋ "坚强"、ʃɷɷʃi "双喜"、wanʃi "万喜"、mantʃ'üɛn "满全"、manliaŋ "满亮"、tʃ'əŋpaŋ "成帮"、tʃinhɷar "金花"、yinhɷar "银花"、məihɷar "梅花"、tʃ'unhɷar "春花"、lɛŋhɷa "莲花"、tʃü:hɷar "菊花"、ʃiaŋtʃ'un "香椿"、hɛɛt'aŋ "海棠"、yülan "玉兰"、pailan "白兰"、yuŋməi "咏梅"、ʃüɛməi "雪梅"、hɷŋmi "红梅"、yɷŋhɷŋ "永红"、ʃiɔhɷŋ "小红"、gəmiŋ "革命"、tʃɛntʃün "建军"、t'ɛɛmiŋ "铁命"、wuʃisan "五十三"、liuʃisan "六十三"、tʃ'iʃisan "七十三"、tʃ'iʃiliɷ "七十六"、paʃiliɷ "八十六"、liɷʃipa "六十八"、

paisui "百岁"、ʧ'aŋmiŋ "长命"、ʧ'aŋʃuu "长寿"、ʧ'aŋsui "长岁" 等。另外，在科尔沁地区的蒙古族人名中，还有一种受汉语姓名影响而出现类同于汉族姓氏的写法。例如，"张巴图""李宝力道""王特木尔""白其其格""杨巴雅尔""黄巴根""赵托娅""刘朝克""韩布和"等。毫无疑问，这些蒙古语人名前使用的汉姓或者说汉字，都是属于将本家族的蒙古语姓氏简化浓缩为单一汉字的结果。

5. 衣物方面的借词：有 tayi/taʧ'aŋ "大衣"、p'əŋyi "风衣"、ʧiakər "夹克"、mɔyi "毛衣"、ruŋyi "绒衣"、ʧ'uns "裙子"、ʃifu "西服"、tɛɛs "带子"、uipɔɔr "围脖"、kuʧ'ar/kuʧ'as "裤衩"、ʃut'ɔɔr "手套"、p'iʃɛɛ "皮鞋" 等。

6. 饮食方面的借词：有 mant'ɷɷ "馒头"、mahɷar "麻花"、ʃɔɔpiŋ "烧饼"、ʃɛlpiŋ "馅饼"、t'aŋ "汤面"、gɷɛːmən "挂面"、taŋgɔ "蛋糕"、yəəpəŋ "月饼"、piŋgan "饼干"、p'ən "粉条"、hɛɛtɛɛ "海带"、p'iŋgɷ "苹果"、t'aŋʧ'ɷɷr "糖块"、ʧiaŋyɷɷ "酱油"、sɷ "醋"、hɷaʧɷ "花椒"、tɛmp'ən "淀粉" 等。

7. 生活用品用具方面的借词：有 maʃɔ "马勺"、sɷmp'ans "算盘"、pantəŋ "板凳"、paŋguŋʧuəs "办公桌"、ʃafa "沙发"、t'aŋgui/ʧ'ɛŋgii "长柜"、ligui "立柜"、təŋpɔɔs "灯泡"、tɛntəŋ "电灯"、tɛŋhɷa "电话机"、ʧiʧ'i "缝纫机"、ʃiyiʧi "洗衣机"、fatɛnʧi "发电机"、ʂɷəyinʧi "收音机"、luyinʧi "录音机"、mot'or "摩托车"、t'ɷɷlaʧi "拖拉机"、ʧ'iʧ'ə "汽车"、ʃupiɔ "手表"、ʧisɷanʧi "计算器"、yaʃɷas "牙刷"、yaagɔɔ "牙膏"、üːs "香皂"、ʃifən "洗衣粉"、t'ɷmən "洗脸盆" 等。

8. 文化教育、报刊书、喜庆节日、文艺活动及文化用具用品方面的借词：有 pən "作业本"、fempi "粉笔"、taaʃüɛʃəŋ "大学生"、yɛnʧiuʃəŋ "研究生"、ʃüɛʃiwəiyüɛn "学习委员"、wənyiwəiyüɛn "文艺委员"、panʧaŋ "班长"、panʧuurən "班主任"、ʧiɔtʧuurən "教导主任"、ʃiɔʧaŋ "校长"、ʧiɔyü "教育"、uənhɷa "文化"、ʃüɛʃu "学术"、ʧiʧ'ə "记者"、ʃinwən "新闻"、pɛnʧi "编辑"、fanyi "翻译"、

pooyin "播音员"、gɯaŋpo "广播"、tɛntˈ ʒʒ "电台"、tɛnʃii "电视机"、tʃɯaʃiaŋtʃi "照相机"、tʃɯaʃiaŋɯan "照相馆"、pɔtʂ̩ "报纸"、pɔ "报刊"、pɔɔʃəər "报社"、ʃutɛn "书店"、ʃimfəŋ "信封"、unhɯatʃü "文化局"、powuɡɯan "博物馆"、tʃallaŋɯan "展览馆"、ɡəwuɯan "歌舞团"、ɡətˈ iŋ "歌厅"、uhui "舞会"、uutˈ iŋ "舞厅"、tʃütʃˈ aŋ "剧场"、tɛyiŋyüɛn "电影院"、waŋhui "晚会"、tʃɛɛri "节日"、liuyitʃʒʒ "儿童节"、wuyitʃʒʒ "五一节（劳动节）"、wuyüɛtʃɛɛ "端午"、ɡuətʃˈ iŋtʃɛɛ "国庆节"、yüɛntan "元旦"、tʃˈ untʃɛɛ "春节"等。

9. 党政机关、企事业单位、生产营业部门等方面的汉语借词：有 yaaməŋ "衙门"、tʃiiɡɯaŋ "机关"、tanwɛi "单位"、ʃiaŋ "乡"、ʃɛn "县"、məŋ "盟"、tʃü: "局"、ɡuŋtʃˈ aŋ "工厂"、tʃiaɡuŋtʃˈ aŋ "加工厂"、tʃiutʃˈ aŋ "酒厂"、musaitʃˈ aŋ "木材厂"、rupintʃˈ aŋ "乳品厂"、ɡɯans "饭馆"、ʃitˈ aŋ "食堂"、lüɡɯan "旅馆"、tatʃˈ ətɛn "大车店"、piŋɡɯan "宾馆"、fuwutˈ ʒʒ "服务台"、ʃəutʃü "收据"、fa pˈ iɔ "发票"、kətˈ iŋ "客厅"、paihuətaalu "百货大楼"、yiŋhaŋ "银行"、yuutɛntʃü "邮局"、iiyüɛn "医院"、tʃˈ ətʃan "车站"、tʃˈ əpˈ iɔ "车票"、huətʃˈ ətʃan "火车站"、lɛŋtʃan "粮站"、mitʃˈ itʃan "煤气站"、tʃiayəu ʒ an "加油站"、fayüɛn "法院"、tʃɛntʃˈ ayüɛn "检察院"、ɡɯantʃü "公安局"、pɛɛtʃˈ usuər "派出所"、rənta "人大"、tʃəŋtʃʒʒ "政协"、tʃˈ iiwəi "旗委"、tʃiɔyütʃü "教育局"、tʃiɔtˈ ɯŋtʃü "交通局"、ʃuiwutʃü "税务局"、liaŋʃitʃü "粮食局"、ʃümutʃü "畜牧局"、saitʃəŋtʃü "财政局"、rənʃitʃü "人事局"、lɔɔtɔŋtʃü "劳动局"、ʃuyitʃan "兽医站"、nəŋlintʃü "农林局"、tuŋwuyüɛn "动物园"、ɡuŋyüɛr "公园"等。

10. 各种职务称谓和专业专职人员称谓或从事某一劳动和职业者的称呼方面的汉语借词：有 suntʃaŋ "村长"、ʃiaŋtʃaŋ "乡长"、tʃˈ itʃaŋ "旗长"、məŋtʃaŋ "盟长"、tɯantʃaŋ "段长"、kətʃaŋ "科长"、fulɛntʃurən "妇联主任"、tʃuurən "主任"、tʃɯaŋtʃia "专家"、huitʃaŋ "会长"、miʃutʃaŋ "秘书长"、tʃˈ utʃaŋ "处长"、tʃˈ aŋtʃaŋ "厂长"、tʃiŋli "经理"、ʃəətʃaŋ "社长"、

tʼɛɛʧaŋ "台长"、suəʧaŋ "所长"、ʧüʧaŋ "局长"、puʧaŋ "部长"、ʃuʧi "书记"、sɔŋli "总理"、ʧuʃi "主席"、sɔŋtʼɔŋ "总统"、ʧuli "助理"、miʃu "秘书"、taʃifu "大师傅（厨师）"、sitʃii "司机"、kœɛʧi "会计"、pɔɔɡɔn "保管员"、ʧiʃuyüɛn "技术员"、yaŋɡœar "羊倌"、niuɡœar "牛倌"、ʃuəyi "兽医"、ɡuŋrən "工人"、lɔpɛɛʃiŋ "老百姓"等。

11. 政治、法律、思想、工作、活动、运动、社会及生产生活等方面的汉语借词：有 ʧʂəntʂ "政治"、pʼipʼiŋ "批评"、pʼipʼan "批判"、tʼœɡai "土改"、siʧʼiŋ "四清"、lilun "理论"、yüɛnsə "原则"、falü "法律"、saŋɡətɛɛpiɔ "三个代表"、uəmmiŋ "文明"、faʧan "发展"、ʧüɛuu "觉悟"、fənʃi "分析"、mɔtun "矛盾"、faʃɛɛn "发现"、untʼi "问题"、tʼɔlun "讨论"、tahœiʧan "大会战"、tʼiihœi "体会"、pɔɡɔ "报告"、hœipɔ "汇报"、ʧihœa "计划"、ɡuihœa "规划"、sɔŋʧɛɛ "总结"、yiŋʃiaŋ "影响"、ʃəŋhuə "生活"、lɔtuŋ "劳动"、pisai "比赛"、yɔʧʼiu "要求"、ʃiwaŋ "希望"、tapiɔ "达标"、ʃɛnʧin "先进"、mofan "模范"、lɔmo "劳模"、ʃəŋʧʼan "生产"、uiʃəŋ "卫生"、tʼuiʃiu "退休"、liʃiu "离休"、ɡuŋsi "工资"、taiyü "待遇"、upɔhu "五保户"、tʂəŋʧʼə "政策"等。这些文化词汇是随着社会变迁、科技进步而不断增多起来的。

以上例子只不过是科尔沁土语词汇中使用的一部分汉语借词而已。其中，大部分实例的语音形式和词义，同汉语借词的本音和本义基本吻合，或者说大同小异。除此之外，也有一部分来自汉语早期说法借词。例如，yaŋʧʼəəs "洋车子"（自行车）、yaŋɣɛn "洋烟"（卷烟）等。还有属于地方特色的个别借词。例如，titœœl "地豆"（土豆）等。另外，也有的汉语借用在具体使用过程中，发生所指物的换位或变化现象。例如，汉语借词 ʧiʧʼi 本来就指"机器"，后来变成了表示"缝纫机"之意的借词。

我们掌握的资料还表明，农区蒙古语的科尔沁土语动词中还有不少汉语借词。然而，这些汉语动词，往往以词干形式出现，在其后面接缀有一系列的蒙古语动词的形态变化语法词缀。例如，kɛɕi-"开始"、ʃüɛʃi-"学习"、ʃaŋkə-"上课"、ʃiakə-"下课"、fuʃi-"复习"、tʃumpi-"准备"、kɔ-"考试"、ʃüɛn-"选"、patʃɛɛr-"拔尖"、ʂaŋ-"赏"、tʃiaŋ-"奖"、pisai-"比赛"、ʂwaŋ-"失望"、piyɛɛ-"毕业"、nampai-"安排"、gɔ-"搞"、ʂʃi-"实习"、gɛn-"干"、lɔtɵŋ-"劳动"、t'iyɛɛn-"体验"、t'ihɵi-"体会"、gɵantʃ'a-"观察"、kɔlü-"考虑"、t'iʃiŋ-"提醒"、t'u-"透"、faʃɛn-"发现"、t'ɵŋtʃi-"统计"、miŋpɛ-"明白"、ʃaŋpaar-"上班"、p'ɔ-"泡"、pan-"办"、kaihɵi-"开会"、kɛ-"开"、tʃiaŋ-"讲"、tʃ'ɵanta-"传达"、pɔgɔ-"报告"、hɵipɔ-"汇报"、fənʃi-"分析"、t'ɔlun-"讨论"、piipiŋ-"批评"、piipan-"批判"、tʃ'ifu-"欺负"、ta-"打"、pɛɛŋhu-"辩护"、gɵan-"管"、yɔtʃ'iu-"要求"、ʃiwaŋ-"希望"、sɵŋtʃɛ-"总结"、tʃihɵa-"计划"、hɵan-"换"、guihɵa-"规划"、tʃi-"寄"、yuu-"邮"、fatʃan-"发展"、ʃəŋtʃ'an-"生产"、rən-"任"、ʃiapaar-"下班"、tiŋ-"定"、liʃiu-"离休"、t'uiʃiu-"退休"、ʃiaʃiaŋ-"下乡"等，还有很多，不一一列举了。

众所周知，蒙古语的动词是通过式、态、体等形态变化语法词缀，来表示错综复杂、变化多样、层级鲜明的语法概念。那么，科尔沁蒙古语里借入的这些汉语动词，就会充当动词的词干部分，在其后面根据蒙古语动词的使用规则，接缀各种形态变化语法词缀之后，才能够使用于句子。然而，在没有接缀动词形态变化语法词缀的前提下，从汉语借用的动词基本上不能用于句子。例如，在表4-14里展示，将由汉语借用的动词 ʃüɛʃi-"学习"、ʂaŋkə-"上课"、fuʃi-"复习"、faʃɛn-"发现"、kɔ-"考试"、ʃiakə-"下课"、ʂaŋpaar-"上班"、kaihɵi-"开会"、hɵipɔ-"汇报"、p'ip'iŋ-"批评"、t'ihɵi-"体会"、t'iyɛn-"体验"、ʃiapaar-"下班"、t'uiʃiu-"退休"等作为动词词干，在其后面接缀陈述式现在将来时形态变化语法词缀-naa/-nəə/-nɔɔ 的情况。

表 4 – 14　　汉语动词后面接缀蒙古语动词陈述式现在将来时形态变化
语法词缀-naa/-nəə/-nɔɔ 的实例

由汉语借用的动词充当的动词词干	现在将来时词缀	汉蒙混合动词	表达现在将来时语义	
			现在时	将来时
ʃüɛʃi-学习	-naa	ʃüɛʃinaa	在学习	要学习
ʂaŋkə-上课	-nəə	ʂaŋkənəə	在上课	要上课
fuʃi-复习	-nə	fuʃinəə	在复习	要复习
faʃɛn-发现	-naa	faʃɛnnaa	在发现	要发现
kɔ-考试	-nɔɔ	kɔnɔɔ	在考试	要考试
ʃiakə-下课	-nəə	ʃiakənəə	在下课	要下课
ʂaŋpaar-上班	-naa	ʂaŋpaarnaa	在上班	要上班
kaihɷi-开会	-naa	kaihɷinaa	在开会	要开会
huipɔ-汇报	-nɔɔ	hɷipɔnɔɔ	在汇报	要汇报
p'ip'iŋ-批评	-nəə	p'ip'iŋnəə	在批评	要批评
t'ihɷi-体会	-nəə	t'ihuinəə	在体会	要体会
t'iyɛn-体验	-naa	t'iyɛnnaa	在体验	要体验
ʃiapaar-下班	-naa	ʃiapaarnaa	在下班	要下班
t'uiʃiu-退休	-nəə	t'uiʃiunəə	在退休	要退休

　　除此之外，在科尔沁蒙古语里，也有不少从汉语借用的动词派生而来的，表示不同语法概念的副动词。也就是说，把从汉语借用的动词作为动词词干，在其后面接缀蒙古语副动词的不同形态变化语法词缀，进而表示副动词的不同语法概念。请看表 4 – 15 内在以上提到的汉语动词后面，接缀蒙古语并列副动词形态变化语法词缀-ʧ 的现象。

表 4 – 15　　　　　　　　　汉语动词后面接缀蒙古语并列副动词
形态变化语法词缀-ʧ的实例

由汉语借用的动词 充当的动词词干	并列副动词词缀	汉蒙混合动词	表达并列语义
ʃüɛʃi-学习	-ʧ	ʃüɛʃiʧ	学习并
ʂaŋkə-上课	-ʧ	ʂaŋkəʧ	上课并
fuʃi-复习	-ʧ	fuʃiʧ	复习并
faʃɛn-发现	-ʧ	faʃɛnʧ	发现并
kɔ-考试	-ʧ	kɔʧ	考试并
ʃiakə-下课	-ʧ	ʃiakəʧ	下课并
ʂaŋpaar-上班	-ʧ	ʂaŋpaarlʧ	上班并
kaihɵi-开会	-ʧ	kaihɵiʧ	开会并
hɵipɔ-汇报	-ʧ	hɵipɔʧ	汇报并
p'ip'iŋ-批评	-ʧ	p'ip'iŋənʧ	批评并
t'ihɵi-体会	-ʧ	t'ihɵiʧ	体会并
t'iyɛn-体验	-ʧ	t'iyɛnʧ	体验并
ʃiapaar-下班	-ʧ	ʃiapaarlʧ	下班并
t'uiʃiu-退休	-ʧ	t'uiʃiuʧ	退休并

　　总之，使用于内蒙古草原"丝绸之路"与"一带一路"沿线农区蒙古语的科尔沁土语词汇受汉语影响比较大。其中，不仅有名词类词也有动词类词，在名词类词里名词借词居多，在动词类词中一般性动词占多数。但有汉语借用的动词，基本上都要充当动词词干，并在其后面接缀动词类词形态变化语法词缀后才可用于句子。另外，比较而言，在农区蒙古语的科尔沁土语里借入的汉语借词中，像早期的 sɵsɵŋ "祖宗"、iitɛɛ "姨爹"、guyəə "姑爷"、ʧəət'uu "镢头"、gʷaŋʧ'iɔ "铁锹"、yaŋsɵɵr "洋锄"、titɵɵl "土豆"、yaaməŋ "衙门"、

taʃifu "大厨师"、magɷar "马倌"、lɔpɛɛʃiŋ "老百姓" 等借词不是太多，更多的是在新中国成立以后，特别是改革开放以后借用的汉语借词。

（二）内蒙古草原"丝绸之路"与"一带一路"沿线农区的喀喇沁蒙古语词汇受汉语的影响

蒙古族生活在草原"丝绸之路"与"一带一路"沿线农区受汉语影响很大，甚至一些地区长期同汉族杂居，日常用语更多地使用汉语，同汉族建立婚姻关系、家庭关系、家族式社会关系的现象又很多，其结果导致不少蒙古人不使用母语而改用了汉语。处于类似语言使用状况的蒙古族，一般都生活在内蒙古赤峰市的林西县、敖汉旗、宁城县、喀喇沁旗及红山区、松山区、平庄区、元宝山区，呼伦贝尔扎兰屯市、阿荣旗、莫力达瓦旗、额尔古纳市、满洲里市，兴安盟的科尔沁右翼前旗、扎赉特旗、突泉县，通辽市的科尔沁区、开鲁县、霍林河市，锡林郭勒盟太仆寺旗，乌兰察布盟的察右中旗、察右后旗，鄂尔多斯市的东胜区、达拉特旗、准格尔旗、伊金霍洛旗，巴彦淖尔市的磴口县、乌拉特前旗，辽宁省的阜新蒙古族自治县、彰武县、康平县、北票市、建平县、喀喇沁左翼蒙古族自治县，吉林省的双辽市、白城市、扶余县、前郭尔罗斯蒙古族自治县、镇赉县，黑龙江省的杜尔伯特蒙古族自治县、肇源县、泰来县，河北省的张北县、康保县、沽源县、围场县等农业区。原来这些地方的蒙古族人口相当多，但随着汉族人口的增多，大部分蒙古族从这些地区迁到北部旗县，留住原地的蒙古族不多，并且基本上都被汉化。① 就内蒙古赤峰市喀喇沁旗而言，虽然有12万多蒙古人，但使用母语的蒙古人只有5000多，占全旗总人口的1.4%和占全旗蒙古族人口的4%。

喀喇沁蒙古语的使用人口也不少，约达到70多万人，但其中使用母语人口不多，大部分蒙古族早已转用了汉语。喀喇沁蒙古语是一种

① 曹道巴特尔：《蒙汉历史接触与蒙古族语言文化变迁》，博士学位论文，2005年，中央民族大学，第94页。

使用人口极少，处于濒危严重状态的蒙古语。其人口主要分布于辽宁省北部、河北省东北部、内蒙古赤峰市南部等地，母语使用人口较集中生活在辽宁省阜新蒙古族自治县和内蒙古宁城县、库伦旗（部分乡镇）。另外，辽宁省彰武县、康平县、北票市、建平县、建昌县、凌源市、喀喇沁左翼蒙古族自治县，以及内蒙古赤峰市的喀喇沁旗和河北省平泉县等地，也有一些蒙古族使用喀喇沁蒙古语，但其社会交际功能和作用变得很小。该土语在词汇方面受汉语影响特别大，可以涉及畜牧业词语、农业词语、饮食文化词语和其他相关词类。

1. 受汉语影响的喀喇沁蒙古语的畜牧业词汇

畜牧业词汇是蒙古语传统词汇的核心部分，也是重要组成内容，是蒙古族传统文化的基本表现形式。喀喇沁蒙古语区的蒙古族，早已进入农业社会，并从很早开始从事农业生产，由此畜牧业生产也就自然退出了他们生活的地区。其结果，这些地区的蒙古语里与畜牧业生产生活方面的词语变得越来越少、使用率也变得越来越低。取而代之的是汉语农业生产生活方面的借词。①

蒙古语里有关牛、马、绵羊、山羊、骆驼五畜的不同称呼、不同年龄、不同毛色、不同体态的词语及相关说法等有将近 100 个。然而，在喀喇沁蒙古语中，被保留下来的五畜词语不是太多。而且，一些词在语音结构方面出现不同程度变化。例如，蒙古语的 atɷɣɷ "马群"、ʃirtəg "鞍垫"、γɷn-a "三岁公牛"、šar "犍牛" 等，在喀喇沁—土默特土语里说 mœrən surəg、təpis（纳成毡垫）、pag uhər（小牛）、yig uhər（大牛）等。另外，像 sörge "禁奶权"、dörö "牛鼻环"、jel-e "栓畜横索"、qula "黄骠"、soyuɣalaŋ "五岁牛马或四岁羊"、qijaɣalaŋ "四岁牛马或三岁羊"、kögepör "牲畜脱掉绒毛"、iŋge "成年母驼"、putuɣu "驼羔"、tʼorom "二岁驼羔" 等五畜词语，在喀喇沁蒙古语中已失去使用效益而推出了词汇系统。特别是，有关骆驼方面的词语几

---

① 曹道巴特尔：《喀喇沁土语词汇成分》，《蒙古语文》2003 年第 8 期。

乎只留下 t'əməə "骆驼" 一词，还有与"马绊腿"有关的像 t'uša "前腿的绊腿"、örögel "绊住单面双腿的绊腿"、čidür "绊住三腿的绊腿"等相当丰富的说法里只保留 čidür "绊腿" 一种说法。还比如，喀喇沁蒙古语已不使用蒙古语里的 puda "大畜" 一词，而是根据汉语的习惯说法将该词叫 yig mal（大＋牲畜）"大的牲畜"，同时把大小绵羊和山羊不加区别地都称 hœn "绵羊" 和 imaa "山羊" 等。不过，我们的资料表明，在喀喇沁蒙古语中借入的有关五畜的汉语借词不多，只有一些像把蒙古语的 irge "羯羊" 用汉语的 ʃɛɛs "羯子" 取而代之的情况。还有，不区分蒙古语的 quča "种绵羊" 和 uqan-a "种山羊" 之类的说法，仅用汉语借词 yaŋpaas "羊爬子" 来表示。他们还用汉语借词 yaŋgoos "羊羔子" 指称 qural-a "绵羊羔" 和 išige "山羊羔"，以及用汉语借词 gaŋ ʂaŋ "缰绳" 来不加以区分地表达 jiloɣo "马辔头扯手" 和 čulpuɣur "缰绳" 等现象。

总之，蒙古语上百个五畜词语中，喀喇沁蒙古语内被保留下来了三分之一的词。再说，这些词在语音或词义方面发生应有的变化。除此之外，还有一些汉语结构类型的实例，以及特殊结构类型的词语。同时，该土语里，已丢失三分之一的五畜词语。从这些具体情况可以看出，农区蒙古族将传统意义上的畜牧业生产生活改为农业生产生活的过程中，同畜牧业生产生活密切相关的词语也不断被遗忘或丢失，包括大量的同义词和近义词的消失。可以说，喀喇沁蒙古语中，有关牲畜不同年龄、不同毛色、不同体态的五畜丰富词汇基本不存在了。与此相反，在他们的语言里，与农业生产生活相关的词汇却变得越来越多，其中就有大量来自汉语的借词。毫无疑问，所有这些，对于内蒙古地区开展农业生产，发展农业经济，推动农业化进程产生了极其重要的影响和作用。

2. 受汉语影响的喀喇沁蒙古语的畜牧业生产方面的词汇

就以我们现已掌握的资料，同样显示蒙古语有相当丰富的畜牧业生产方面的词汇。可是，其中的不少词，在喀喇沁蒙古语中已经不复存在。也就是说，在该土语里，被保存下来的蒙古语畜牧业生产方面的词只有五分之二。然而，像蒙古语的"春营地""夏营地""秋营地""冬营地"等。与此同时，喀喇沁蒙古语里，借入 pəŋ "棚圈"、fənʧʻaas "粪叉子"等不少汉语借词。

众所周知，蒙古族是一个游牧民族，畜牧业生产是他们的传统产业，因此在蒙古语词汇中与畜牧业生产相关的词语十分发达，在其语言的基本词汇中占据很大份额。那么，生活在内蒙古地区草原"丝绸之路"与"一带一路"沿线地区的草原牧区，在漫长的历史进程中长期受到农业文化与文明的影响，使一些牧区逐步发展成为农区，他们的母语也从畜牧业生产生活语言发展为富有浓厚的农业生产生活内涵的语言。其实，根据文献记载，蒙古语中使用农业词汇的历史比较早。而且，在《蒙古秘史》等 13 世纪的文献中，就出现了一些农业方面的词语。据记载，12—13 世纪时期的色楞格河的篾儿乞人，克鲁伦河的弘吉剌人等，在当时都有比较发达的农业和粮食加工技术。尤其是，蒙古汗国都城喀剌和林地区，曾进行过大规模的屯垦。还如，西域的成海垦区，也具有了较大规模的开荒种田之地。再说，《蒙古译语》《译部》《华夷译语》等译语类历史书籍中，也出现有一些蒙古语农业词汇。尽管如此，中世纪蒙古语词汇中的农业词语还是很少。那么，在蒙古语里大量出现农业词汇是 200 多年前的事情。从清中期开始，漠南地区辽河流域、张家口北察哈尔、土默川和河套地区等地的蒙古人，在草原"丝绸之路"沿线及相关地区迁徙而来的汉族农民的影响下，逐渐走入以农业生产为主的农业发展道路。顺应蒙古族农区农业经济的发展，汉语农业生产生活词汇也不断借入农区蒙古语方言，进而不断丰富农区蒙古语词汇，使农区蒙古语更加适应当地以农业生产生活为内容的日常交流需求。

说实话，在草原"丝绸之路"与"一带一路"沿线生活的农区蒙古族，为蒙古语农业词汇的丰富和发展做出了很大贡献。例如，像 sagt ←saɣaq "荞麦"、nɔgɔn ← noɣuɣ-a "蔬菜"、t'ɛgaa ←t'akiy-a "鸡"、

ɣɛhɛɛ←ɣaqai "猪"、ɛntas←anjisu "犁杖" 等蒙古语农业词汇，以及像 mɛɛs "大麦"、gɔliaŋ "高粱"、ʂanyɔ "山药"、tʃ'ɛɛs "茄子"、liis "粒子"、paas "爬子" 等汉语借词从农区蒙古语几乎传播到所有蒙古语。也就是说，在喀喇沁蒙古语里，除了汉语借词外，母语原创性农业词汇也占有一定比例。

饮食是人们日常生活中不可或缺的重要内容，喀喇沁蒙古语区的蒙古人随着生产生活方式和内容的变迁，日常饮食中五谷杂粮和瓜果菜蔬、猪肉、红茶等几乎替代炒米、奶茶、手把肉的饮食生活，由此他们的日常饮食更加接近汉族农村的饮食生活。随即而来的就是与此生活相配套的名词术语及词汇系统。其中，包括农区蒙古族原创的农村生活词语，以及从汉语中借用的像 suantii "酸的"、ʃɛntii "咸的"、ʂuutii "瘦的"、tʃ'awaar "茶碗"、tʃ'aahuu "茶壶" 等的汉语农业饮食文化词汇，有像 tʃaŋgaataa "毡疙瘩"、pəitaar "被单儿"、tʃ'ənt'əu "枕头"、yiis "胰子"、yɛntʃi "胭脂" 等生活用品方面的汉语借词，有像 tʃɔɔh "灶火"、tiŋp'əŋ "顶棚"、fənʃen "风箱"、guət'ɛɛ "锅台" 等生活用具方面的汉语借词等。另外，还有跟亲属称谓、家庭用语、职业名称，以及同社会、政治、经济、军事、民族、文化、教育、科技、交通通信、天文地理、矿产资源、动植物及疾病等极其丰富而数量可观的汉语早期借词和现代借词。

以上谈到的，在内蒙古草原"丝绸之路"与"一带一路"沿线生活的农区蒙古族，从 17 世纪以后的古茶道时期开始，就接触内陆地区来的各路各道各种汉族商人，他们在学会各种经营门道的同时，同汉族商人开展丰富多样的商贸活动、商品交易、易货买卖的同时，还学会了农业生产技能和技术，并用农业生产生活逐步代替了他们传统意义上的牧业生产生活。同时，他们的语言交流自然而然地从牧业生产生活转向农业生产生活的内容。由此在他们的语言词汇里，出现数量可观的汉语农业生产生活借词，进而为蒙古语农业词汇的丰富和发展发挥了积极作用。

3. 受汉语影响的农区蒙古语方言的构词形态也发生应有的变化

蒙古语属于黏着语，其构词形式也是属于黏着性结构类型的构词体系。也就是说，在名词类词或动词类词等的词根或词干后面，接缀具有派生新词功能的形态变化构词词缀，进而派生出与词根或词干所表达的词义密切相关或有一定联系的一系列新词。在蒙古语里，形态变化构词词缀十分丰富和发达，并为蒙古语词汇的繁荣发展发挥着非常重要的作用。然而，在内蒙古草原"丝绸之路"与"一带一路"沿线农区使用的蒙古语，由于长期受汉语及其汉语使用现象、使用关系、使用原理的影响，包括汉语借词的影响，在其母语里已丢失不少固有形态变化构词词缀，取而代之的是汉语式复合性结构类型的构词手段及其使用关系。而且，不仅涉及名词类词，同时也影响到动词类词的构成系统。其中，在名词和形容词及动词的构词范畴内表现得较为突出。

（1）汉语对于名词构词系统的影响

蒙古语名词的构词系统中，主要包括由动词类派生名词的形态变化构词词缀系统，以及由名词类词派生名词的形态变化构词词缀系统两类。农区蒙古语方言的构词形态同样如此，但因受汉语影响较大而出现形态变化构词词缀被减少或丢失等现象。

一是，由动词派生名词的蒙古语原有的 54 个（组）[①] 形态变化构词词缀中，像 -ng、-b、-b č i、-bki、-č aɣ/-č eg、-dam/-dem、-daɣ/-deg、-ɣali/-geli、-ɣal/-gel、-ɣasu/-gesü、-yasu/-yesü、-ɣul/-gül、-ul/-ül、-ɣuu/-gü꞉、-uu/-ü꞉、-li、-mal/-mel、-moɣ、-m š i、-m š iɣ/-m š ig、-msar/-mser、-müri、-mji、-n č aɣ、-ndaɣ、-njin、-qui/-küi、-qun/-kün 28 个（组）实例已在农区蒙古语方言中失去了使用效率，丢失率达到一半以上。而在农区蒙古语方言里使用的，由动词派生名词的形态变化构词词缀有-aa/-ɛɛ/-ɜɜ/-ꚙꚙ、-aatʃ'/-əətʃ'/-ꚙꚙtʃ'、-aan/-əən/-ꚙꚙn、-aar/

[①] 这里所说的"个"是指单个的、没有元音和谐现象的形态变化构词词缀，"组"是指有元音和谐现象的形态变化构词词缀。也就是说，蒙古语的形态变化构词词缀分有元音和谐现象的和没有元音和谐现象的两种结构类型。

-əər、-ɷɷl/-uul、-ɷɷr/-uur、-par/-pər、-tʃʻ、-tʃ、-tʃaa/-ʧɔɔ、-t、-taas/-təəs/-tɔɔs、-tal/-təl/-tɔl、-g/-gaa/-gəə、-gaan/-gəən/-gɔɔn、-gar/-gər、-guur、-l、-laŋ/-ŋəŋ/-lɔŋ、-lag/-ləg/-lɔg、-ltʻ、-m、-mtʻ、-r、- ş 25 个（组）。也就是说，农区蒙古语方言中，蒙古语由动词派生名词的传统意义上的形态变化构词词缀，被保存和使用的实例变得越来越少。

二是，由名词派生名词的蒙古语原有的 40 个（组）形态变化构词词缀中，像-bur/-bür、-buri/-büri、-či ~ -čin、-ča/-če、-čaɣ ~ -ceg、-ču/-čü、-č uul/-č ür̩l、-t、-tai/-tei、-tasu/-tesü、-ɣ-a/-ge、-ɣali/-geli、-ɣan-a/-gen-e、-ɣ č in/-gčin、-ɣtai/-gtei、-liɣ/-lig、-lai/-lei、-ltai/-ltei、-m、-mai/-mei、-mat/-met、-maɣ/-meg、-mji、-n č ar/-n č er、-n č eɣ/-n č eg、-ki、-kin、-qai/-kei、-r č aɣ ~ -r č eg、-ru/-rü、-rau/-reü、-s、-tan/-ten、-tu/-tü、-ja/-je 35 个（组）在农区蒙古语方言里已不被使用，丢失率达到 80%。只有像-b č i、-dur/-dür、-ɣai/-gei、-gen、-lji、-ndai/-ndei、-su/-sü、-sun/-sün、-tʃin 9 个（组）形态变化构词词缀，在农区蒙古语方言中保留了下来，保存率只有 20%。

（2）汉语对于形容词构词系统的影响

蒙古语里派生形容词的形态变化构词词缀，主要是接缀于动词词根或词干及名词后面构成新的形容词。那么，我们掌握的资料显示，农区蒙古语方言内同样丢失了不少派生形容词的形态变化构词词缀，[①]主要表现在如下两个方面。

一是，蒙古语内由动词派生形容词的形态变化构词词缀有 4 个（组）。其中，像-nggi、-ngɣu/-nggü、-ngɣui/-nggüi、-ɣ-a/-ge、-y-a/-y-e、-ɣan/-gen、-ɣar/-ger、-ɣulang/-güleng、-ɣuš itʻai/-gü š itʻei、-ɣur/-gür、-ltʻai/-ltʻei、-lgüi、-leng、-lɣan/-lgen、-m、-m ~ -e、-maqai/-mekei、-maq/-mek/-moq、-maɣai/-megei、-mal/-mel、-matʻaɣai/-metʻegei、-mči、-mji、-saɣ/-seg、-daɣ/-deg、-ɣal/-yel、-r、-rei 等在农区蒙古语方言中已不被

----

① 参见曹道巴特尔《蒙古语构词词缀在农区蒙古语中的变异》，周庆生主编《中国民族语言学研究》，社会科学文献出版社 2008 年版，第 291—306 页。

使用，丢失率达63.6%，只保留了16个（组），保存率只有36.4%。

二是，蒙古语内由名词派生形容词的形态变化构词词缀有35个（组）。其中，像-ngqai/-ngkei、-ngki、-nčaγ、-nči、-nčir、-bar/-ber/-bur、-bir、-btur/-btür、-ki、-γul/-gül、-γči/-gči、-liγ/-lig、-maγ/-meg/-moγ、-maγai/-megei、-miče、-musun/-mösön、-msuγ/-msüg、-mduγ/-mdüg/-mduγ、-saγ/-seg/-soγ、-t'u/-t'ü、-č in、-rqaγ/-rkeg、-rqu/-rkü/-rquu/-rkü：23个（组）在农区蒙古语方言里已不被使用，丢失率达65.7%。然而，被保留下来的只有34.3%。

（3）汉语对于动词构词系统的影响

蒙古语里派生动词的形态变化构词词缀，主要接缀于名词或动词词根或词干后面构成新动词。然而，受汉语影响，农区蒙古语方言同样丢失不少派生动词的形态变化构词词缀。具体表现在，由名词和动词派生动词的形态变化构词词缀的大量减少方面。

在蒙古语里，由动词派生动词的形态变化构词词缀一般认为有20个（组），其中像-čila/-čile、-du/-dü、-lda/-lde、-r-a/-r-e、-rq-a/-rke、-ši、-šiya/-šiye、-šira/-sire、-sa/-se、-su/-sü、-ji、-jira/-jire 12个（组）在农区蒙古语方言里已失去使用效益，丢失率达到70%。现在只保留了其中的6个（组）占30%的形态变化构词词缀。除此之外，也有不少由名词和形容词派生的动词，同样它们的形态变化构词词缀也被丢失很多。

总之，内蒙古草原"丝绸之路"与"一带一路"沿线地区的蒙古语，由于长期同汉族的接触交往使他们的语言词汇受到一定影响。尤其是农区蒙古语方言词汇，乃至构词程度意义上的构词系统等都受到不同程度的影响。而且，这重要性不只是在农区蒙古语方言中表现得越来越明显，甚至在牧区蒙古语方言里也表现得越来越明显。取而代之的是，数量可观的汉语借词，以及汉语式复合性结构类型的构词手段及其使用关系。而且，伴随内蒙古地区经济社会的快速发展，人民生活水平的不断提高，以电视、电脑、手机、网络为核心的现代化生活的不断普及，蒙古语交流似乎每天都涉及及时消化的许多新词术语，许许多多新概念的认知、认同、认可和使用的问题。如果不及时科学有效地处理，我们在日常用语中遇到的这些新概念、新词语、新的词汇系统，就会给我们的语言交流产生负面作用，直接影响我们的语言交流质量、语言交流内容、语言交流目的、语言交流结果。众所周知，语言是人类最高级的交流工具，语言交流不通或很难用语言相互沟通，语言就会失去使用意义和使用效益，失去它实际存在的价值和意义，进而导致该语言的消亡或被另一种语言取而代之。蒙古语的使用和发展也是如此，同样遇到了诸多新的问题。特别是，内蒙古地区，包括草原牧区，产生着日新月异的新变化和新发展，对此作为蒙古族使用的蒙古语责无旁贷地承担了本民族同胞语言交流的重大使命和任务，为了不断满足蒙古族同胞日益增长的极其迫切而现实的语言交流需求，尽最大的努力提供着语言交流所需的词汇系统。这其中，汉语借词发挥着不可忽视的重要作用，对于蒙古族当今的日常交流尽可能提供着必不可少的新词术语。

第 五 章

草原"丝绸之路"与"一带一路"
及蒙古文等的贡献

这一章分三个部分，着重分析讨论草原"丝绸之路"与回鹘式蒙古文其相关文献资料的贡献、草原"丝绸之路"与"一带一路"上的近现代蒙古语文学及其主要文献、草原"丝绸之路"与"一带一路"上的有关蒙古文文献资料和满文、汉文文献资料的作用和价值等方面的学术问题。

第一节　草原"丝绸之路"及回鹘式
蒙古文及其文献

13 世纪初，生活于草原"丝绸之路"沿线地区的蒙古族已经有了相当成熟的文字体系，即回鹘式蒙古文。学界较为贴切的蒙古文实际的观点认为，蒙古人在 8—9 世纪的时候已经和回鹘人几乎同一个时期借用粟特文，开始了回鹘文时代，进而以回鹘文为基础创制了蒙古文。如果说柔然和蒙古有渊源关系，那么蒙古人很容易接受柔然曾经用过的粟特文。粟特文有横写体和竖写体两种，均留下了文献资料依据。回鹘文和回鹘式蒙古文都是在竖写体粟特文基础上发展过来的文字。1204 年成吉思汗正式宣布"以畏兀字书国言"即开启了蒙古人的回鹘式蒙古文时代，从而使回鹘式蒙古文正式成为蒙古族的书面文，直到今天。蒙古帝国的扩张让蒙古人接触到了比自己更加庞大，比自己历史更为悠久，比自己更加具有博大精深文化遗产的国家和民族。面对人口众多而且文化发达的四方群体，蒙古人不得不采取一方面能够保护自己脆弱的文化而另一方面能够被对方容易接受的更加贴切的语言文字政策。元世祖忽必烈命令创制使用能够拼写各种语言而且具有方块文字形式的八思巴文应该有其原因。当然，作为蒙古族在蒙古高原本土依旧使用的传统文字，不会被八思巴文等其他文字所取代。所以，回鹘式蒙古文是蒙古帝国最强有力的文字，并且书写颁行过很多的重要文献。虽然留下的早期文献不多，但是我们从历史文献记载中还是能够勾勒出回鹘式蒙古文的重要地位和早期文献的一些情况：一是1206年成吉思汗下令由大断事官失吉忽秃忽负责大蒙古国要事，决定由失吉忽秃忽清查全国户口、税收、国库资源，用回鹘式蒙古文亲自记录于《青册》，并特别强调要把重要的断案必须用回鹘式蒙古文记录在案。二是1225年当成吉思汗西征凯旋之后在其弟弟哈撒尔领地举办了盛大的庆祝大会，树立了被后人称为"成吉思汗石碑"的纪念碑，该石碑上的碑文用回鹘式蒙古文记录了本次庆祝大会上发生的具有重要意义的历史事件。三是在窝阔台（1186—1241）时期于1240年用回鹘式蒙古文编写完成了成吉思汗家族史和大蒙古国史《蒙古秘史》。四是在忽必烈时期把当时被称为《金册》的用回鹘式蒙古文编写的大蒙古国史册赐给诸汗国可汗汗宫，同时严格要求诸汗国要以此为基准，编写包括各自历史在内的蒙古民族及蒙古帝国的历史。《金册》是四大汗国可汗保存并时刻学习遵循的纲领性文献，其为后人留下的最重要的历史遗产是伊儿汗国宰相拉施特于1310年用波斯文编纂完成的蒙古帝国和世界历史巨著《史集》，《金册》是《史集》所利用的最珍贵的回鹘式蒙古文文献资源。

回鹘式蒙古文文献种类繁多，涉及天文地理、宗教信仰、江山社稷、外交内政等各个方面。比如，关于蒙古帝国时期回鹘式蒙古文的行政、法律用途，伍月在《蒙古文文献的形成发展和整理研究》一文

中写道:

> 为使新兴的蒙古帝国走上法制轨道,成吉思汗就设置"断事官""立青册"的制度来掌管蒙古帝国的行政事务。设在汗廷的断事官成为当时蒙古帝国行政中枢中的最大行政长官。在诸王和勋臣的分地内也设有断事官。这样,从中央到各地封建主分地就建立起一套比较完整的司法行政体制。当年成吉思汗委派的断事官失吉忽秃忽正是根据蒙古社会已有的习惯法和成吉思汗颁布的"札萨"审断刑狱、掌管赋敛、编制千户,并把这些详细记录于青册之上的。成吉思汗本人作为蒙古帝国的最高统治者为了治理国家、训练军队、整顿社会秩序、提高臣民的素质先后颁布很多"札萨""训言""必力克"。这些用畏兀儿字记录于青册之上的"札萨""训言""必力克"后来成为蒙古帝国的"札萨大典",保存在为首的宗王库藏中。①

回鹘式蒙古文文献有不同版式和不同种类。如有写本、刻本、碑铭、玺文、令旨、信札、牌符等。虽然流传至今的早期回鹘式蒙古文文献不是很多,但是所发现之处遍布草原"丝绸之路"沿线的蒙古帝国曾经经营过的各地,比如在土耳其、伊朗、俄罗斯、法国、梵蒂冈等多个国家和地区不仅都保存有早期的回鹘式蒙古文文献资料,而且都具有十分珍贵的语言文字学以及历史学等诸方面的学术价值。

这些年,中国学术界十分重视包括回鹘式蒙古文在内的草原"丝绸之路"沿线国内文献资料的开发利用,党和政府重视各民族语言文字文献资源的保护和传承。习近平总书记于 2019 年 7 月 15 日考察内蒙古赤峰市时指出:"我国是统一的多民族国家,中华民族是多民族不断交流交往交融而形成的。中华文明植根于和而不同的多民族文化沃土,

----

① 伍月:《蒙古文文献的形成发展和整理研究》,中国民族文学网,2008 年 8 月 20 日。

历史悠久,是世界上唯一没有中断、发展至今的文明。要重视少数民族文化保护和传承,支持和扶持《格萨(斯)尔》等非物质文化遗产,培养好传承人,一代一代接下来、传下去。要引导人们树立正确的历史观、国家观、民族观、文化观,不断巩固各族人民对伟大祖国的认同、对中华民族的认同、对中国特色社会主义道路的认同。"① 习近平总书记于 2019 年 7 月 16 日考察内蒙古大学图书馆时强调:"要加强对蒙古文古籍的搜集、整理、保护,挖掘弘扬蕴含其中的民族团结进步思想内涵,激励各族人民共同团结奋斗、共同繁荣发展。"② 在党和政府指引下,我国回鹘式蒙古文文献资源的保护和利用工作正在不断深入。回鹘式蒙古文文献网网页的"卷首语"中写道:"中世纪蒙古文文献记载了大量有关语言文字、社会、历史、经济、医药学、宗教等各个方面的记录,凝聚着我们民族的文化、生活习俗、历史等重要部分。主要分布在我国的内蒙古、北京、甘肃、新疆、河南、云南等省份和蒙古国、俄罗斯、丹麦、德国、芬兰、法国、土耳其等国家。至于蒙古族最初采用回鹘字母拼写蒙古语时使用多少个字母,至今尚未发现记载。后人对回鹘式蒙古文文献进行分析,归纳其字母总数为 19 个。基于目前的研究现状,尤其基于中古阶段及其古典书面语和现代阶段蒙古语的发展的规律,逐渐逆向推进,总结出其某些现象和规律是可能的。回鹘式蒙古文的理论综合研究,到目前为止还是一个很不系统的领域,许多方面有待发掘研究。另一方面,现代蒙古语理论研究相对地达到了较高的程度,因此很容易造成类推和套用,忽视古代与现代间的个异特性。特别应该忌讳的是,先有结论后找根据。"③

---

① 《习近平在内蒙古考察并指导开展"不忘初心、牢记使命"主题教育时强调,牢记初心使命贯彻以人民为中心发展思想,把祖国北部边疆风景线打造得更加亮丽》,央视网,2019 年 7 月 17 日。

② 《习近平在内蒙古考察并指导开展"不忘初心、牢记使命"主题教育时强调,牢记初心使命贯彻以人民为中心发展思想,把祖国北部边疆风景线打造得更加亮丽》,央视网,2019 年 7 月 17 日。

③ 回鹘式蒙古文文献网,http://imnumxsb.net/。

多少年来，在草原"丝绸之路"与"一带一路"沿线国家和地区，回鹘式蒙古文文献的文献学研究一直是其他相关研究的重要基础之一。专家学者们依托回鹘式蒙古文各种各样的文献资料，开展大量的校勘、注释、翻译、注音等工作。回鹘式蒙古文文献中也有一些为数不多的语言学文献，语言学家不仅可以利用这些资源进行历史语言学和语言学史研究，也可以进行基于回鹘式蒙古文文献的文献语言学研究。[①]

在早期的草原"丝绸之路"沿线地区，有关蒙古帝国时期的回鹘式蒙古文文献有《十方大紫微宫窝阔台汗圣旨碑》（1240）、《阔端太子令旨碑》（1243）、《贵由汗御玺印文》（1246）、《释迦院碑记》（1257）、《少林寺圣旨碑》（1253—1268）、《阿八哈汗证书》（1279）、《阿鲁浑汗致腓力·贝尔的信》（1289）、《阿鲁浑汗致尼古拉四世的信》（1290）、《合赞汗致天主教皇的信》（1302）、《完者都汗致法国皇帝的信》（1305）等碑铭、印章文和外交信函。目前，各地已发现的自1204年至1305年一个世纪之内的回鹘式蒙古文文献，至少包括写本、碑铭、玺文、令旨、圣旨等几大体类。

在有关蒙古诸汗国的历史文献资料中，伊儿汗国用回鹘式蒙古文书写的几件书信价值很高，它充分反映了当时的回鹘式蒙古文在同西方国家的政治和宗教交往中发挥的重要作用。伊儿汗国是用回鹘式蒙古文与西方世界进行交流的元代的重要汗国，至今保存的重要交往文献有《阿八哈汗证书》（1279）、《阿鲁浑汗致腓力·贝尔的信》（1289）、《阿鲁浑汗致尼古拉四世的信》（1290）、《合赞汗致天主教皇的信》（1302）、《完者笃汗致法国皇帝的信》（1305）等。伊儿汗国的阿八哈汗、阿鲁浑汗、合赞汗、完者笃汗等帝王以及被派往伊儿汗国的孛罗丞相等朝廷大员，对当时的蒙古语言文化向西亚草原"丝绸之路"沿线国家和地区的传播做出了巨大的贡献。元朝有一套《金册》，是关于成吉思汗家族和蒙古帝国的历史，属于秘密档案，只有四大汗

---

① 参见曹道巴特尔：《蒙古语族语言研究史论》，内蒙古教育出版社2010年版，第108—114页。

国皇室能够接触，后来在明代用汉字拼写的《蒙古秘史》（亦称《元朝秘史》）是《金册》的缩写本。如果没有草原"丝绸之路"沿线的伊儿汗国皇室秘密文档中的回鹘式蒙古文文献，便不存在完整的《史集》。如果没有《史集》，那么 13—14 世纪的蒙古史甚至是世界史都会变得不十分完整。拉施特说，在编纂《史集》的过程中，他得到了合赞汗的特批，接触并亲手整理了合赞汗资料库中的秘密文献。《史集》中，有关蒙古族和相关民族的历史资料，主要来自于该资料库中的文献。除此之外，另一个主要来源是拉施特对当时的重要人物的访谈记录，其中最重要的人物便是元朝派驻伊儿汗国的孛罗丞相。至元二十年（1283）孛罗被派往伊儿汗国，直到去世都在西亚地区工作，他参与波斯地区的治理，长达近 30 年之久。孛罗在元朝担任要职，熟悉蒙古帝国和元朝的历史，他接受拉施特的采访，给他讲述自己亲历的和所知道的很多信息，对拉施特所修伊儿汗国史工程起到了关键的作用，对此拉施特在《史集》中有专门的交代。拉施特写道："至于在这些记载中，或详或略均未有记述者，他就分别请教于中国、印度、畏兀儿、钦察等民族的学者贤人及贵人，因为各民族各种等级的'人'，现正在伺奉于陛下左右，尤其要请教于统帅伊朗、土兰军旅的大异密、世界各国的领导者孛罗丞相……他在通晓各种技艺、熟悉突厥诸部落起源及其历史，尤其是蒙古史方面，是举世无双的。"① 在拉施特看来，孛罗丞相是"举世无双的"蒙古通。据王一丹在《孛罗丞相伊利汗国事迹探赜》一文中介绍，"美国学者艾尔森（Dhomas D. allsen）自 20 世纪 90 年代以来陆续发表著作，着眼于孛罗丞相文化传播者（culdural broker）的身份，从文化交流的角度讨论孛罗对中伊关系史所做的突出贡献"②。出使波斯之前，孛罗在忽必烈朝廷担任军事、司法、行政要职，尤其是在秘书监曾经做过与语言文字有关的经籍图书管理工作，

---

① ［波斯］拉施特主编：《史集·第一卷·第一分册》，商务印书馆 1997 年版，第 116 页。

② 王一丹：《孛罗丞相伊利汗国事迹探赜》，《民族研究》2015 年第 4 期。

"孛罗任大司农期间还曾与太保刘秉忠一起奉旨设立秘书监，一直参与秘书监事务，如奏请收管各种图书、拟定属吏俸钱、合并回回司天台和汉儿司天台等"①。

　　合赞汗（1271—1304）是知识渊博的伊儿汗国统治者。他十分熟悉天文、化学、医药、技艺、矿物等多领域知识，除蒙古语外还学习掌握了阿拉伯语、波斯语、汉语、藏语、印度语等多种语言。合赞汗爱好科学，创建圆顶天文台，重用孛罗丞相，命令拉施特编纂《史集》，在自然科学、人文科学领域实行了很多有益的实践。在拉施特编写《史集》的过程中，来自于中国的有关民族史资料是最重要的文献资源。而且，这些文献的获取途径往往是伊儿汗国汗廷的回鹘式蒙古文图书，以及包括合赞汗本人或蒙古贵族长者及像孛罗丞相那样的可信赖的忠臣的口述资料。拉施特在《史集·全书总序》中明确写道："由此可见，史学家的职责在于将各民族的记载传闻，按照他们在书籍中所记载的和口头所述的原意，从该民族通行的书籍（该民族）显贵人物的言词中采集取出来，加以转述（所述准确与否，正如阿拉伯语所说），'责任在于转述者'②。"在这里，拉施特除了表明自己资料的可靠性，还透露了这些资料是来源于"该民族通行的书籍"，也就是说，有关蒙古族和成吉思汗家族的历史资料来自于蒙古语的书本。据拉施特的记载，伊儿汗国汗廷馆藏的蒙古人用回鹘式蒙古文记载的逐代历史未曾被整理编辑，而是放在金库里严密加以保存，不让任何人阅读。但是，拉施特深得合赞汗信任，在接受编纂《史集》重任的同时，得到接触那些机密文献的机会并进行了整理。拉施特应该具有蒙古语言文字知识，要不然根本不可能整理、阅读、利用蒙古语言文字文献资料。

　　草原"丝绸之路"沿线的蒙古语言文字文献，除了通过《史集》

---

①　王一丹：《孛罗丞相伊利汗国事迹探赜》，《民族研究》2015 年第 4 期。

②　[波斯] 拉施特主编：《史集·第一卷·第一分册》，商务印书馆 1997 年版，第 93 页。

对中世纪史学研究提供了重要的资料依据外，还对伊儿汗国同草原"丝绸之路"沿线的周边国家和民族之间的政治、经济、宗教、文化交往起到了重要的媒介作用。比如，于 1267 年或 1279 年伊儿汗国阿巴哈汗，为天主教教廷使者签发的一张回鹘式蒙古文书写的通行证是一份珍贵的文献。其原件藏在梵蒂冈秘密档案馆，学界称其为《阿八哈汗证书》。当时，阿巴哈汗和伊儿汗国的蒙古人几乎都信佛教，还没有人皈依伊斯兰教。伊儿汗国对不同宗教采取较宽松政策，对天主教教徒和传教士及宗教特使都十分尊重。在《阿八哈汗证书》这份文献中，阿八哈汗对沿草原"丝绸之路"行走于伊儿汗国境内的传教士予以高级别优待，要求传教士沿草原"丝绸之路"过往路途中的官员、关卡、船夫、向导、驿站等，一律为教皇派遣的传教士提供一切便利的服务。当时，罗马天主教廷一直想通过传教士来说服伊儿汗国接受天主教，这方面有阿鲁浑汗、合赞汗分别给教皇写的两份书信。罗马天主教廷于 1288 年及 1289 年连续两次派去使者，要求阿鲁浑汗信仰他们的"救世主"。作为回应，阿鲁浑汗于 1290 年致信于罗马教皇尼古拉四世，该信件大部分遗失，仅存后半部分被保存下来并馆藏于梵提冈秘密档案馆。该文献于 1921 年被学界发现，一般称其为《阿鲁浑汗致尼古拉四世的信》。在信中，阿鲁浑汗首先肯定了教皇劝蒙古人皈依天主教的好意，然后重申蒙古人不能接受天主教的理由。他指出：蒙古人习惯于自由自在，只听命于长生天，不宜另有信仰。就那些不信仰长生天的人而言，即便让他皈依天主教也会违背天意，就信仰长生天的人来说，受不受天主教洗礼也都是一样的。所以请不要因为蒙古人不接受天主教教义洗礼而感到不满或责备。只要信仰长生天，不怀邪念，即便不接受洗礼，其实与接受洗礼没什么不同。① 虽然，与该书信的原文有所出入，匈牙利学者 D. 卡拉在一部研究著作中编译摘录了该信件的一段话，即："我们这些成吉思汗的后裔，不会接受基督教，我们要遵

---

① 道布：《回鹘式蒙古文文献汇编》，民族出版社 1983 年版，第 45—55 页。

循蒙古人的意愿，只接受一个神——长生天。"①

　　写给教皇的另一封书信是 1302 年《合赞汗致天主教皇的信》。当时，教皇卜尼法斯八世（Boniface Ⅷ，1294—1303）正在准备攻打埃及，合赞汗的信很短，带有一定的命令口吻。从内容中可以看到，就联合攻战一事合赞汗和教皇双方多次书信往来，这次合赞汗明确指令教皇卜尼法斯八世按约定派兵出师。② 虽然都是给教皇的书信，合赞汗致卜尼法斯八世的这封信与阿鲁浑汗致尼古拉四世的信完全不同，这是一份与宗教无关的国书。之前，1289 年，伊儿汗国阿儿浑汗也用回鹘式蒙古文给法兰西国王写了一份国书，原件藏在法国国家档案馆，是一份价值连城的珍贵文献，学界称其为《阿鲁浑汗致法兰西腓力·贝尔的信》。该信共 34 行，内容梗概如下。

　　　　应长生天保佑和大可汗恩典，我阿鲁浑致法兰西皇帝的信：去年你派来使者，向我承诺"如果伊儿汗国军队要攻打米希尔，我愿意出兵援助"。我当时接受了你的承诺，并回复"将于虎儿年冬末动身，初春十五日到大马士革"。如今，如果你做到了如约出兵，并能够打败我们的敌人，那么我将把耶路撒冷赠予你们。如果不按时到来，导致敌兵云集，那可不是一件好事儿。为此，请派来使者复信，顺便能够送来法兰西奢侈品以及口红之类的名贵特产，将得到长生天的保佑和大可汗的恩典。此信将由使者穆斯克日勒·忽尔赤带到。牛儿年夏季初月六日写于昆都冷。

　　这里所说的"米希尔"是指埃及，当时在埃及的马穆鲁克王朝是伊儿汗国的劲敌，为了打败这一强有力的敌人，阿鲁浑汗积极推动与欧洲国家的外交联盟，向当时的英国、法国等国家的朝廷和教廷遣使，

---

① ［匈牙利］D. 卡拉：《蒙古人的文字与书籍》，内蒙古人民出版社 2004 年版，第 8 页。

② 道布：《回鹘式蒙古文文献汇编》，民族出版社 1983 年版，第 56—62 页。

致回鹘式蒙古文书信,《阿鲁浑汗致法兰西腓力·贝尔的信》是其中的一份。

伊儿汗国另一份外交文书是完者都汗写给法国皇帝的信。完者都汗是伊儿汗阿鲁浑的第三子,合赞汗之弟,伊儿汗国的第八任君主,从1304年7月21日至1316年12月16日在位。在1305年伊儿汗国完者都汗给法兰西皇帝腓力四世写了一封信,学界称其为"完者笃汗致法国皇帝的信",原件收藏在法国国家档案馆,于1824年首次公开,至今约近200年。此信完整,共有42行,全文翻译如下:

> 我完者都苏丹,寄给法兰西皇帝:你应该清楚,一直以来你们法兰西国诸位皇帝同我的曾祖父、祖父、父亲、兄长建立良好的关系,一直以来天涯若比邻,行使不断,互赠重礼。如今我本人应长生天之保佑,继承了皇帝之位,继承祖业。此刻,我们应当不偏离祖先指定的路线,不违背祖辈意志,严守定下的誓言,更加加强相互间的往来,互派使者,保持兄弟友情,不被恶人谗言所困扰。如今,托长生天之安排,包括我们特木尔汗、托哥托嘎、策波尔、托嘎等诸位成吉思汗后裔们严守从四十五年以来的承诺,得到了长生天之保佑,兄弟之间和睦相处,与太阳升起之处的中国至地中海的诸国家相结良缘,开通连接了彼此通往的道路,各国之间相互约定如有谁不怀好意,大家合力攻克。前不久,我派出玛麻拉克、土曼二位使者,出使你们国家,了解检验了祖辈以来的友好关系的牢固程度,得到了你们法兰西诸苏丹相互和谐相处的消息。对于我们,除了祥和平安,还有什么更好的呢?为此,如有对于我们,对于你们不利的情况,愿我们向长生天祈祷,并托长生天之力,齐心协力排除掉任何不善的敌对。此信于七百零四年即蛇年初夏八日写于阿力瓦纳。

这是一份非常出色的外交文书,我们可以从中读到蒙古帝国时期所建立的草原"丝绸之路"沿线文化交流纽带。完者笃汗是一位相当强硬的帝王，同时也是非常重视友好外交的人，他在信中要求法国皇帝不要轻信他人的挑拨离间，要共同维护"曾祖父、祖父、父亲、兄长建立的良好关系"。通篇信件有礼有节，立场分明，是一件东西方国家之间外交事件的典范。它也显示出14世纪初蒙古语言文字在国际事务中的重要媒介地位。

与伊儿汗国相关的蒙古语言文字文献还有伊儿汗国时期的金币、银币上的回鹘式蒙古文，有大量的出土文物代表着中世纪中亚和西亚地区商业流通中的回鹘式蒙古文字使用实证。

在中国，13世纪初期蒙古帝国与宋朝的语言文化关系也相当密切。南宋宁宗嘉定十四年（1221）赵珙随团出使蒙古所撰的《蒙鞑备录》是一本见闻录，虽然赵珙没有深入蒙古本土体察，但书里涉及了当时蒙古社会的方方面面。其后，南宋彭大雅、徐霆也分别沿草原"丝绸之路"随奉使到蒙古，后编撰《黑鞑事略》，也一样是见闻录，内涵也基本同于《蒙鞑备录》，二者都提到蒙古人在使用回鹘文，特别是国与国之间的文书交流，都用回鹘文。因为较真实地记录了所见所闻，《蒙鞑备录》和《黑鞑事略》被视为史料价值很高的文献。

据文献资料，宋朝是最先重视蒙古语文教学的国家。由于与处于草原"丝绸之路"古道上的蒙古帝国开展广泛的交流需要，南宋编写了《蒙古译语》，用于培养通事技能的蒙古语翻译人才。《蒙古译语》也叫《至元译语》，刊行于元至顺年间（1330—1333），是南宋末年陈元靓编辑的《事林广记》中的一部分。该汉蒙对照词典，用汉字音译记录了538个蒙古语词语。①

关于《至元译语》的名称和至元年号，乌·满都夫指出：

南宋人陈元靓有可能在南宋灭亡（1279）之前编写《事林广

---

① 乌·满都夫：《蒙古译语词典》，民族出版社1995年版，第39页。

记》，在元初首次刊行，北京大学图书馆所藏《事林广记》总目末端有"至元庚辰良月郑氏积诚堂刊"，根据这一记录北大图书馆书目卡写道："事林广记，十集二十卷。元·陈元靓辑。至元庚辰良月郑氏积诚堂刊本，十册二函，有抄配及缺页。"①

日本国 1699 年版《事林广记·历代类》有"今上皇帝中统五年，至元万万年"（此书有一本馆藏于中国科学院图书馆），1260 年忽必烈登基，年号为中统，中统五年是 1264 年，也是至元初年。由此看来，曾经有过刊行于 1264 年或至元初年的《事林广记》，甚至该版本也许是《事林广记》最初版本。②

草原"丝绸之路"与"一带一路"沿线上用中世纪汉文撰写并流传下来的各种类书，具有十分重要的百科全书的功能和作用，向后人传达了不同时代、不同地区、不同群体的社会生活、风物、习俗的方方面面。有关蒙古族方面的主要著作包括《蒙鞑备录》《黑鞑事略》等见闻录就采取了类书的传统写作方式，尤其是《事林广记》更是典型的类书。被辑入《事林广记》中的《蒙古译语》或者《至元译语》是一部分类辞典，其分类词汇包括了天文门、地理门、人事门、君官门、鞍马门、军器门、五谷门、饮食门、身体门、衣服门、器物门、文字门、珍宝门、飞禽门、走兽门、虫鱼门、草木门、菜果门、数目门、时令门、方隅门、颜色门 22 个门类。虽然只包括 538 个蒙古语词语，但是极好地记录保存了 13—14 世纪蒙古语的重要信息。后来明代的《华夷译语》《译语》《译部》《北虏考》等的收录、编排方式都沿用了《蒙古译语》的格式。

进入 14 世纪，处于草原"丝绸之路"古商道上的元朝十分注重汉文经典和佛教经典的翻译工作。也许因为当时的蒙古地方仍然在使用回鹘式蒙古文，14 世纪的蒙古文文献主要以回鹘式蒙古文为主。特别

---

① 乌·满都夫：《蒙古译语词典》，民族出版社 1995 年版，第 8 页。

② 乌·满都夫：《蒙古译语词典》，民族出版社 1995 年版，第 41—42 页。

是，蒙古文字于 1307—1311 年间经过语言学家搠思吉斡节儿的修改，形成了以蒙古语特点为基础的改进性的文字体系。那么，为什么本来已经重新创制使用了八思巴文的元朝，到了 14 世纪初又把回鹘式蒙古文重新重视起来了的呢？关于这一点，18 世纪初的丹金达格巴在其《〈蒙文启蒙〉诠释》（1723—1736 年）一书中有明确的述说。摘录其中一段如下："武宗皇帝海山曲律可汗命萨迦喇嘛搠思吉斡节儿道：你要蒙译佛法经典。搠思吉斡节儿遵照可汗之命，先企图用被誉为霍尔文的蒙古方体字译经，未成。未成之原因为，直到海山曲律可汗之时，以往都阅畏兀儿文经书，并非以蒙古语诵经。所谓畏兀儿国是指当时的唐兀特国。此时，搠思吉斡节儿叩拜文殊菩萨，在萨迦班智达所造文字之上增补带尾字等诸多新字，制定首部蒙译佛经文字方案。正如搠思吉斡节儿在其《蒙译〈五部守护经〉跋诗》中写道：方体蒙文尚不能译经，众人仍以畏兀儿文听经。成吉思汗次子窝阔台，窝阔台三代孙无与伦比的海山太子。海山太子自少英明威震四海统领天下，被誉为曲律海山可汗。曲律可汗遇见了人间语言太阳般的引领者，著名的搠思吉斡节儿译师。可汗和译师以施主与福田之阴阳之力，以古老的蒙古语弘扬了佛法。"[①]这里所说的"霍尔文""蒙古方体字""方体蒙文"等就是八思巴字，"畏兀儿文"就是回鹘文。丹金达格巴的这句话传达了几层意思。一是元武宗皇帝海山（1207—1211 年）命令搠思吉斡节儿用蒙古语翻译佛经；二是搠思吉斡节儿先用八思巴字书写所翻译的蒙古语佛经以失败告终；三是搠思吉斡节儿进行文字改革，重新修订完善回鹘式蒙古文，用新修订的回鹘式蒙古文书写推广蒙古语佛经译文，大获成功；四是搠思吉斡节儿在其《蒙译〈五部守护经〉跋诗》中提到，八思巴字不适合准确记录蒙古语，所以用八思巴字记录的佛经不被蒙古人所接受，达不到传经的目的。其主要原因是在八思巴字出现之前蒙古人一直在使用回鹘语回鹘文经文，虽然一直没有

---

① 曹道巴特尔：《〈蒙文启蒙诠释〉文献学研究》，内蒙古人民出版社 2015 年版，第332—333 页。

出现蒙古语经文，但比较熟悉并掌握了回鹘文。所以使用回鹘式蒙古文比较顺手，能够很容易朗朗上口。搠思吉斡节儿很自信地写到自从使用回鹘式蒙古文译写佛经之后，"可汗和译师以施主与福田之阴阳之力，以古老的蒙古语弘扬了佛法"。这表明在元代蒙古族当中，回鹘式蒙古文的文化传播功能远比八思巴字更有基础，更为广泛。

14 世纪初的草原"丝绸之路"古商道上出现的回鹘式蒙古文文献，主要包括汉文经典的翻译和佛教经典的翻译和其他蒙古语法律、行政文书等。比较有名的有《孝经》（1307）、《入菩提行经注疏》（1312）、《亚历山大传》（1312）、《萨迦格言》（1312）等译著和注释著作；元朝政教合一行政法规概要《十善福白史册》（1330）以及《大元敕赐放荣禄大夫辽阳等处行中书平章政事柱国追封蓟国公张氏莹碑》（1335）、《敕赐诸色人匠都总管达鲁花赤竹温台公神道碑》（1338）、《云南王藏经碑》（1340）、《兴元阁碑》（1346）、《甘州海牙碑》（1348）、《忻都王碑》（1362）等碑铭。除此之外，还有《敦煌莫高窟第61甬道南壁题记》《鄂托克旗阿尔塞石窟题记》（13世纪末至14世纪初）等题记，这些都是元朝时期的文献。① 其中，《孝经》是汉文经典，中国古代儒家的伦理著作，是儒家十三经之一，也是孔子及其徒弟们的言论汇集。

北元时期"丝绸之路"古商道沿线的蒙古语文献，主要有15世纪的《高昌馆课》《明代宗朱祁钰对阳力耳吉圣旨》《五部护法》《金光明经》《百喻经》《魔尸故事》《四部医典》《百验宝珠》《消肿》等课本、圣旨、佛经和文学以及医学著作译作文献，还有16世纪的《图们汗法典》《俺答汗宗教法规》《俺答汗法典》等法规法典文献。17世纪至19世纪是蒙古族民族复兴时期，当时的蒙古族文人大量翻译藏传佛教文献，著述大量的历史、宗教、法典、文学和语言学著作。有《阿拉坦汗传》《黄金史》《黄金史纲》《大黄册》《阿萨拉克齐史》《蒙古

---

① 曹道巴特尔：《蒙古语族语言研究史论》，内蒙古教育出版社2010年版，第109页。

源流》《恒河之流》《水晶珠》《水晶鉴》《宝贝念珠》等历史文献；
《内齐托音传》《札雅班第达传》《哲布尊丹巴一世传》《蒙古宗教史》
《蒙古喇嘛教史》《甘珠尔》《丹珠尔等宗教文献；《白桦法典》《卫拉
特法典》《喀尔喀法典》《阿拉善蒙古律例》等法规文献；《蒙文启蒙》
《三合便览》《蒙文诠释》《蒙文指要》《蒙文总汇》等语言学文献；
《〈西游记〉译序、批注》《新译〈红楼梦〉译序、读法、批注》《〈今
古奇观〉译序》《〈青史演义〉序、指要、批注》等文献；《药方》《甘
露之泉》《方海》《蒙药正点》等医学文献以及《天文学》《蒙文石刻
天文图》等天文学文献。

　　20 世纪上半叶，随着活字铅印技术的成熟，大大增多了蒙古古代
文献的出版，同时也发表了新的著作。这一时期的文献有布和贺希格
《〈青史源流〉序》、卜彦毕勒格图《〈奏折成语〉序》和《喀喇沁源流
要略便蒙（译)》、贺希格巴图《初级文鉴》、诺勒格尔扎布《初学国
文》、布和贺希格《考察日本教育日记》、罗布桑却丹《蒙古风俗鉴》
以及《蒙古分类辞典》等文化、教育、语言、民俗文献。另外，一些
文献被汉字音译和汉语语义，更加客观地代表着蒙汉语言文化的关系。
主要是宋代和明清以来的主要文献，对于中华民族文化交流研究具有
重要的价值。13 世纪蒙古人崛起，引起周边民族的注意，尤其是中原
的宋王朝重视与蒙古帝国的关系，《至元译语》（亦称《蒙古译语》）
就是宋末语言学家编写的蒙汉对照词汇。因为宋王朝没有掌握回鹘式
蒙古文字，所以《至元译语》编写者采取了用汉字拼写蒙古词的方式，
这种拼写法得到后人的发展和规范，到了明代已经形成了《蒙古秘史》
汉字拼写等较成熟的体系。14 世纪的《华夷译语》和 15 世纪的《蒙古
秘史》是最重要的以汉字拼写蒙古语的文献。我们在上面谈论了与
《蒙古秘史》和《华夷译语》有关的话题，这样做并非忽略它们的
"汉字蒙古语的文献"的基本特点，而是我们考虑到《蒙古秘史》和
《华夷译语》的真正源头应该是蒙古文这个历史事实。学者们对于这些
历史文献资料的研究，我们也可以认为是对于蒙古文文献资料的研究。

但我们不能忽略，在《蒙古秘史》和《华夷译语》等中具有的"汉字蒙古语文献"的性质。这对于我们深入研究草原"丝绸之路"的语言文化、语言文字的接触与交流十分重要。

乌·满达夫注重中世纪以来的"译语"类蒙汉对照辞书，整理校注了14—17世纪的几个重要的译语词典，以《蒙古译语词典》名义出版。乌·满达夫在书中收集全部的蒙古《译语》，包括了宋末《蒙古译语》（亦称《至元译语》）和明代《华夷译语》（亦称《达达（鞑靼）馆杂字》）、《译语》、《译部》、《北虏考》5部"译语"类辞书。其中，《蒙古译语》，亦称《至元译语》，原于1264年刊印，被收为《事林广记》第8卷，共538词条。《华夷译语》，亦称《达达（鞑靼）馆杂字》，于1389年刊印，被收为《涵芬楼秘籍》第四集，共17门845词条。《译语》，1598年刊印，被收为《登坛必究》第22卷，共639词条。《译部》，1610年刊印，被收为《卢龙塞略》第19—20卷，共1324词条。《北虏考》，于1621年刊印，被收为《武备志》第227卷，共639词条。这些词典虽然是清一色的汉蒙对照词汇词典，但在用汉字拼写记录蒙古语语音方面，有其一致性和各自的特点，从一个侧面反映了13世纪到17世纪蒙古语语音的动态和静态特点，也反映了北方汉语的语音发展特点。乌·满达夫在书中总序和每部《译语》前面的介绍说明文章以及所作的校注，具有深刻的科学价值。

额尔登泰在《民族语文研究文集》上发表《满语中的〈蒙古秘史〉词汇》一文，从《蒙古秘史》中选取160条蒙古语词汇，与满语进行比较研究，试图解决《蒙古秘史》研究中遇到的难解词问题，为深入研究《蒙古秘史》做了新的探索。额尔登泰看到，《蒙古秘史》吸收突厥语词，并且对后来满语产生影响的事实。额尔登泰在该文中，排列了选自《蒙古秘史》的汉字拼写的蒙古语词汇和满语词，以及选自《御制满蒙文鉴》的满文注音蒙古语词。其中，还包括选自拉德洛夫《突厥语方言词典》和波普《木卡迪玛特·阿勒阿塔布词典》的突厥语词汇，并进行一定深度的词源学分析。文章的后面，还附上具有重要价值的《现代蒙古语中已经消失而保留在满语中的蒙古语词汇》《满语中有关野兽、家畜及牧业、狩猎方面的借词》《满语中借用的蒙语动词》《部分借词的语音对照》，以及《满、蒙、突厥3个民族通用词汇》等简表。这是关于草原"丝绸之路"古商道沿线蒙古语族、满通古斯语族、突厥语族语言词汇对照研究的重要成果。

《华夷译语》等"译语"是在13—17世纪的500年的"丝绸之路"古商道上，宋朝与蒙古帝国及明王朝与北元王朝间的交往中，使用的蒙古语常用词语的汇编本及历史文献资料。这些"译语"对于13—17世纪草原"丝绸之路"古商道上蒙古语研究具有重要的学术价值。对于《华夷译语》的语言研究，我国学者哈斯额尔敦、乌·满达夫、巴根、双福等做出较大贡献。

通过古今中外的研究，使我们更加清楚地认识到回鹘式蒙古文在"草原丝绸之路"上做出的历史性贡献，以及对于研究草原"丝绸之路"古商道上不同国家和地区、不同民族语言文化的接触和影响所具有的特定学术价值和意义。说实话，研究草原"丝绸之路"古商道上的语言文化接触，还真的离不开回鹘式蒙古文文献资料。

第二节　草原"丝绸之路"与"一带一路"及近现代蒙古语文学的主要文献

现行蒙古文源于古回鹘文，更确切的说法应该是蒙古文和古回鹘文都来源于粟特文。顺着草原"丝绸之路"与"一带一路"传播而来的这种文字比较适合记录蒙古语的语音。所以，古代蒙古族几乎没有进行太多的改进，就很顺利地运用了回鹘式蒙古文，而且占全世界蒙古族人口的绝大多数内蒙古的蒙古族一直使用。其实，卫拉特蒙古族使用的托忒蒙古文，也是属于回鹘式蒙古文的另一种书写形式。生活在草原"丝绸之路"古道上的蒙古族，从古代粟特人或者从经常接触、交往和往来的某一民族那里借用了文字，到13世纪已有了适合于蒙古语语音特征的蒙古文。后来，在特定历史发展阶段蒙古族创制并使用过八思巴文，但由于该文字不太适合蒙古语语音的记写而退出了历史舞台。创制文字，同语言本身具有的语音系统有其必然的关系，倘若文字不能精确记录和表达语言的语言系统，就会失去其使用意义和实际用处。13世纪和14世纪的学者，都十分关注蒙古语语音问题。

有关蒙古语研究的早期文献并不多。国外专家学者从较早的时候起，就开始收集整理和分析研究回鹘式蒙古文文献资料和八思巴文文献资料，所以掌握了大量的有价值且弥足珍贵的早期回鹘式蒙古文文献资料。那么，国内的回鹘式蒙古文文献研究方面的成果早期也有过一些，但主要是从20世纪80年代初开始出现数量可观而有学术影响力的论著。例如，1983年道布整理编写的《回鹘式蒙古文文献汇编》由民族出版社出版，受到蒙古语言文字及文献资料研究者的好评。由内蒙古社会科学院语言研究所整理出版的文献汇编《蒙古语文研究资料》和《蒙古语文研究资料（2）》搜集了早期蒙古语文学大量文献。1963年，蒙古国语言学家波·仁钦出版的《蒙古书面语法》中，也介绍了60份蒙古书面语法文献资料。这些早期文献资料都是在草原"丝绸之路"古商道上受梵藏传统语文学影响下形成的蒙古语成果，也可以认为是蒙古语语言学文献资料。

内蒙古语言文学研究所整理并由内蒙古人民出版社出版的《蒙古语文研究资料》一书中，搜集整理了《〈蒙文启蒙〉诠释》等从18世纪初到20世纪初的蒙古语言学文献，共12部著作。这些文献，普遍篇幅都不长，总共177页，8万字。虽然这些文献成熟时间属于晚期，但在其中始终贯穿着一个相同的脉搏，它们都向后人程度不同地传送着13世纪以来的有关早期成果的信息。《蒙古语文研究资料》之后，内蒙古社会科学院语言文学研究所的巴·斯钦巴特尔整理出版第二本《蒙古语文研究资料》，其中共收集嘎拉桑的《蒙文十二字头、词缀解释》、杜嘎尔扎布的《蒙文指要》（亦称《蒙文辑要》）、王子扬《新法拼音蒙文字母》、额尔敦套克陶的《蒙文新字典》四篇蒙古语言学重要文献。第三部《蒙古语文研究资料》于 1992 年由内蒙古人民出版社出版，该书收录了那顺乌日图的《童蒙解忧》以及和兴格的《蒙文虚词指要》《蒙文虚词用法》三份成果。由蒙古社会科学院的青林、乌·托娅整理的《蒙古语言文字研究文献荟萃》一书一套 6 册，于 2015 年由内蒙古文化出版社出版，该书基本收录了《〈蒙文启蒙〉诠释》以来重要的蒙古语文学文献。这些文献代表着草原"丝绸之路"古商道沿线两个方向的文化传播。一是印度古代《巴尼尼语法》的语言学思想通过藏文语法，经蒙古族喇嘛学者之手，自 14 世纪初开始进入蒙古族的语法体系当中。另一个是汉语文学传统通过清代中期学者之手，经各种辞书形式进入蒙古语语法中。

草原"丝绸之路"古商道沿线梵语—藏语—蒙古语语言学传统的最具代表性的成果有 18 世纪初丹金达格巴的《〈蒙文启蒙〉诠释》和 18 世纪中期的《智慧之鉴》，还有 19 世纪初嘎拉桑的《蒙文诠释》兼容梵语—藏语—蒙古语和汉语—满语—蒙古语二者的典型成果。18 世纪上半叶（1723—1736 年）出自蒙古族学者丹金达格巴之手的《〈蒙文启蒙〉诠释》是至今发现年代最早的语文学文献，亦称作《〈蒙文启蒙〉诠释——清除错字之苍穹玛尼经》。其全称为《圣者搠思吉斡节儿之作〈蒙文启蒙〉之诠释——清除错字之苍穹玛尼经》，用蒙古语简称为《苍穹玛尼》。通过以上资料，我们可以了解到，被称为"圣者"的14 世纪初期的搠思吉斡节儿曾著过《蒙文启蒙》一书。另外，还搞清了丹金达格巴对《蒙文启蒙》进行过诠释，其书名叫《清除错字之苍穹玛尼经》。书中，作者向人们传达了有关蒙古文字的产生和发展的一些重要信息。一是，萨迦班智达·贡嘎坚赞（1182—1251 年）模仿鞣皮刮板形状，首次提出蒙古字分阴、阳、中三性。二是，八思巴（1235—1280 年）受元始祖忽必烈之命，创制蒙古方块字八思巴文。三是，搠思吉斡节儿（1260—1320 年）受元武宗皇帝海山之命，用蒙古文翻译了佛经。搋思吉斡节儿蒙译佛经时用的八思巴字没有成功，后来用的回鹘文也因翻译文读音不符蒙古语而再遭失败。后以贡嘎坚赞字为基础，造字成功，顺利译经。四是，在17世纪林丹汗时期，受北元大蒙古林丹汗之命，贡嘎奥德斯尔曾取舍搋思吉斡节儿之字，蒙译藏文佛经巨著《甘珠尔》，出现的问题不少。因此，清康熙年间（1662—1723年）再版时，清代翻译家们不得不以搋思吉斡节儿字为准进行校勘。五是，雍正年间（1723—1736年），用搋思吉斡节儿字成功蒙译《章嘉活佛经》。总之，在丹金达格巴看来，搋思吉斡节儿字才是正宗蒙古字。

丹金达格巴的描述告诉我们萨迦班智达·贡嘎坚赞（1182—1251年）是蒙古字的首创人。贡嘎坚赞不仅是创制蒙古文字的第一人，也是研究蒙古语语音的第一人。至少，我们至今未发现更为早期的有关创制蒙古文字的其他信息。关于贡嘎坚赞创制的44个蒙文字母，学者们进行过各种各样的表述。我们根据丹金达格巴《〈蒙文启蒙〉诠释》中的描述可以认为，贡嘎坚赞是蒙古文字的首创者。他首先根据蒙古语发音的特点，把元音区分阴性 a、阳性 e、中性 i 三个，并各造一字；然后，以 n、b、q（k）、γ（g）、m、l、r、s、d、t、ž、č、j 13个辅音为声母，分别以 a、e、i 为韵母，创制了39个字母；又以 w 为声母，以 a、e 为韵母，创制另外2个字母；包括最初的 a、e、i 三个元音字母，共创制了44个蒙文字母。由于时间和条件原因，直到去世，贡嘎坚赞未能全部完成造字工程，也未实现翻译佛经的愿望。

我们从丹金达格巴的《〈蒙文启蒙〉诠释》还知道，搋思吉斡节儿在贡嘎坚赞工作基础上，把蒙古文字制成完整的文字体系。他的《蒙文启蒙》有（1）修补齐全蒙文字母；（2）制定辅音韵尾；（3）区分格形态；（4）制定正字正音；（5）描述语音发音部位和发音方法这几个方面的重要贡献。首先，在造字方面，贡嘎坚赞字只涉及蒙古语7个元音的前三个元音或展唇元音，没有涉及后4个或圆唇语音；而搋思吉斡节儿在阳性展唇元音 a 的基础上创制了两个阳性圆唇元音符号 o、u，在阴性展唇元音 e 的基础上创制了两个阴性圆唇元音符号 ö、ü,增加了 4 个圆唇语音字母,使蒙古文元音字母增加到 7 个字母。又以 n、b、q(k)、γ(g)、m、l、r、s、d、t、ž、č、j13 个辅音为声母,分别以自己所创 o、u、ö、ü 4 个圆唇元音字母为韵母,新创制了 52 个字母,加上 o、u、ö、ü 四个圆唇元音字母,共增加了 56 个新字母,把蒙古文字母由原来的 44 个增加到 100 个。其次,搠思吉斡节儿又在 b 辅音基础上创制 f,在 s 辅音基础上创制 s;为了区分 z 辅音与 j 辅音在词中的混淆,创制了 z 辅音在词的中部和尾部位置上的形式;还以 n 和 k/g 为基础,创制了 ŋ;又以 j 为基础创制了 ijɑr。再次,搠思吉斡节儿以新创制增加的 z(词中形式) 和 f、š 三个辅音字母为声母,以 7 个元音为韵母,创制了 21 个新字母,加上新创制增加的 ŋ 和 ijɑr,又增加了 23 个字母。就这样,搠思吉斡节儿共创制 79 个新字母,使蒙古文字母由原来的 44 个增加到 123 个。另外,据丹金达格巴介绍,搠思吉斡节儿还创制了展唇元音 ɑ、e 的共同词尾形式、展唇元音 i 的词尾形式、圆唇元音 o、u、ö、u 等共同词尾形式,又增加了 3 个形式。丹金达格巴在 123 个字母外,单独说明了后三个新创词尾形式。如果全部加起来,搠思吉斡节儿所创制的新字母,不是 56 个,也不是 79 个,应该是 82 个字母,与贡嘎坚赞的 44 个字母,搠思吉斡节儿之后的蒙古文字母应该是 126 个字母。

搠思吉斡节儿是出色的语音学家。他在《蒙文启蒙》中,明确区分元音和辅音两个不同的语音,他强调语言中元音的支配地位,指出"7 个元音是字母之本源,众辅音只能依靠元音才能有生命"的论点。搠思吉斡节儿也根据元音的阴、阳、中三性,对 11 个辅音韵尾在音节中同元音结合的规则进行了严格的规定。

搠思吉斡节儿也研究了蒙古语静词类的格形态,共区分 8 个格形态,用实例描述每个格形态的性质、功能,并发现格形态隐藏现象。搠思吉斡节儿用简短而富有哲理的语言归结他关于语法形态的理论化认识。他指出"字汇成词,词集成语,语达意,达意需要语法形态之功用"。在正字法和正音法方面，搠思吉斡节儿也提出了"必须严格遵循阴阳之别，必须遵循元音和辅音结合律"的观点。

搠思吉斡节儿在对语音发音方法和发音部位的解释中，创造性地运用了印度哲学"五大"和中国哲学"五行"概念，成功地解释了蒙古语语音的发音机制。作为古代语言学家，搠思吉斡节儿的研究工作已经达到了相当高的水准。

丹金达格巴在《〈蒙文启蒙〉诠释》中，不仅生动地介绍了搠思吉斡节儿的《蒙文启蒙》，他还表示了自己对前人成果的明确认识和自己的语言学观点。他认为，贡嘎坚赞虽然是蒙古字的首创人，但他没有完成它所致力的创制回鹘式蒙古文字工作。丹金达格巴强调指出，只有搠思吉斡节儿才是这项工作的大成者，并且搠思吉斡节儿的文字体系才是全面完整的体系。丹金达格巴对搠思吉斡节儿之后的后人之作采取批评的态度。评论北元时期语言学家兼翻译大师贡嘎奥德斯尔时，丹金达格巴用尖锐的语言写道：贡嘎奥德斯尔在林丹汗时期，在蒙译藏文《甘珠尔》过程中，另著一套《蒙文启蒙》，对搠思吉斡节儿123字进行舍弃，从中选用了108个字母，因此，蒙文《甘珠尔》中出现了符号短缺等很多的不足之处。丹金达格巴接着说，在康熙年间再版《甘珠尔》时，不得不运用搠思吉斡节儿字来勘误。丹金达格巴在谈论搠思吉斡节儿字之优点时说：传播佛经不得有误，不能导致僧俗对佛学经文的误解，所以，只有用搠思吉斡节儿字才能避免发生错误；传教布道必须尊重各种语言的差异，有人重藏轻蒙，有人重蒙轻藏，这些都是错误的偏见，只有搠思吉斡节儿之字，不仅能够表达蒙古语，也能够保留藏语原貌。

丹金达格巴认为搠思吉斡节儿字完全适用于"蒙古国核心之地察哈尔话"。这在侧面表明当时察哈尔话的语音被丹金达格巴认为是蒙古语的标准音。

丹金达格巴是给后人提供有关蒙古字起源信息的第一人，后来的学者们都引用他在《蒙文启蒙》中的说法，并几乎一口确认贡嘎坚赞

（1182—1251 年）是蒙古字的首创人，搠思吉斡节儿的《蒙文启蒙》是蒙古语纲领性的语法。丹金达格巴在《〈蒙文启蒙〉诠释》最后交代说，《〈蒙文启蒙〉诠释》是奉清雍正皇帝之命，丹金达格巴参阅贡嘎坚赞之书和八思巴之书，以搠思吉斡节儿原著为基础而编写的。我们由后记还知道，丹金达格巴之作《〈蒙文启蒙〉诠释》的手写成册者为乌拉特部固什·诺门达赖和喀喇沁部固什·松来扎木苏二人。自 14 世纪以来，搠思吉斡节儿的影响力一直稳定地控制回鹘式蒙古文字和蒙古语文学的大致方向。

传承草原"丝绸之路"古商道沿线梵语—藏语—蒙古语语法传统的学者还有精通藏文和蒙古文的阿旺丹达尔、拉木苏荣、罗布桑却夸尔、希日布扎木苏等学者。

阿拉善部学者阿旺丹达尔（1758—1836 年）之著作《详解蒙古文文法·贺楞其木格》是丹金达格巴的《〈蒙文启蒙〉诠释》之后的又一部蒙古语语文学力作。生活于乾隆年间的阿旺丹达尔明确公布创制蒙古字的确切年代，这是不同于前人丹金达格巴的地方之一。阿旺丹达尔在书中写道，贡嘎坚赞于 1243 年创制蒙古字。阿旺丹达尔《详解蒙古文文法·贺楞其木格》具有以下两个方面的特点：（1）在思路上沿用《蒙文启蒙》的观点，在方法上采用制表方式，一一列出蒙古文字母。制定蒙古文字母表是阿旺丹达尔的一个新创举；（2）阿旺丹达尔首次详细解说蒙古文字母的笔画名称及其读法，为蒙古语学习者提供更为简便的方式。以上也是阿旺丹达尔对《详解蒙古文文法·贺楞其木格》做出的重要贡献。

阿旺丹达尔的字母表列出了丹金达格巴《〈蒙文启蒙〉诠释》中的 123 个蒙古文字母。阿旺丹达尔在字母表中省略了形同音异字符。他虽然没提出元音和谐律，但阐述了其内容。他指出，之所以区分蒙古文字母的阳性、阴性、中性，是因为阳性字和阴性字不能同时出现在同一个词里面，但是可以和中性字母一起出现在同一个词里面。不仅词内部这样，表示词与词之间关系的语法词缀也区分阳性和阴性。阿旺丹达尔解释了元音的词首形式、11 个辅音韵尾、复辅音韵尾以及格、数、领属等形态的正字法用法。他还借用这些形态的书写字形，说明了每一个蒙古文书写字形笔法的名称。他指出，蒙古语词法形态词缀的读法由其上面词的阴阳性决定，位于阳性词之后的读阳性，位于阴性词之后的读阴性。他把 a（e）、i、u、un、ud 等以元音起头的部分格、数、领属形态称为"活化词"（他认为辅音无命，结合元音才能有命），而把以辅音起头的 bar、iyar 等另一部分称为"词间写词"。他也没有区分形容词和后置词，将其统称为"修饰词"。他还说明了包括梵藏借词在内的一些个别的异写异读词。

19 世纪中期拉木苏荣的《详解蒙古文文法·金鉴》是另一部重要的语文学文献。这部著作第一次总结和评论前人成果并提出自己的独到见解。拉木苏荣认同贡嘎坚赞首创蒙古字，并第一次指出贡嘎坚赞著有《蒙文启蒙》一书。如果说丹金达格巴首次提供有关贡嘎坚赞创制 44 个蒙文字母的造字信息，阿旺丹达尔则提供了贡嘎坚赞于 1243 年创制蒙古字的信息。那么，拉木苏荣进而提供了贡嘎坚赞创制蒙古字的著作名称叫作《蒙文启蒙》的信息。这么一来，《蒙文启蒙》一书并非出自后人搠思吉斡节儿之手。

拉木苏荣非常尊重蒙古传统语法，并且十分肯定前人之成果。他指出，丹金达格巴之作《〈蒙文启蒙〉诠释》始终是蒙古语主流教材，然而阿旺丹达尔（1758—1836 年）的著作《详解蒙古文文法·贺楞其木格》（1828 年）是更为简便的语法书。拉木苏荣十分赞赏敬斋公、赛尚嘎等人的著作，同时提出了自己的批评意见。他说，因为敬斋公、秀升富俊的《三合编览（满蒙汉）》（乾隆年间，1720）片面地把重点放在满译蒙，所以不便用于蒙古语学习；赛尚嘎《蒙文总汇》（嘉庆年间，1851 年）虽然是一部佳作，同样因为过于重视满汉五个元音而未能照顾到蒙古语的七个元音，因此容易产生混淆。也就是说，拉木苏荣不赞成生硬套用满语用法。

拉木苏荣非常重视正音正字法。他一面沿用阿旺丹达尔关于蒙古文字母笔画名称及其读法学说，一面更为详细地说明正音正字法规则。他在文章中用相当长的语句明确了书写满汉借词中特殊语音的借词字母。拉木苏荣还说明了蒙古语为什么用 γɑ（嘎）类字母来表示长元音的缘由。这是在同类文献中第一次出现。拉木苏荣《金鉴》中的不同于阿旺丹达尔《详解蒙古文文法·贺楞其木格》的内容，可能来自敬斋公、赛尚嘎等人的书。拉木苏荣总结前人经验，有机结合其中合理成分和自身认识，形成较为特色的蒙古语语法和正音正字法观点。

和拉木苏荣一样，注意到长元音书写规则的还有罗布桑却夸尔，他的《蒙文精义明鉴》（简称《明鉴》）于 1927 年由东蒙书社出版。

除上述主要文献外，1959 年的《蒙古语文研究资料》还包括了其他 8 篇文献。这些文献分别是希日布扎木苏《大蒙古文发声学指南》、陶贵《蒙文启蒙》、瓦金达拉《蒙古一百二十三个字母》、奔图《增编简易蒙文文法》、若勒格尔扎布与贺兴额《初学国文》、莎格扎《蒙文捷径》、讷勤《蒙文字母连接表》、扎木扬《初级儿童启蒙明鉴》。

以上蒙古语文学文献，都以蒙古语正字法和正音法为核心，谈论元音的阴、阳、中性；谈论辅音的特征、语音的发音方法和发音部位、元音和谐和语音结合、连接元音、音节末辅音（辅音韵尾）以及借词辅音等方面的语音问题，探讨了蒙古语语音的正确读写。

巴·斯钦巴特尔整理出版的《蒙古语文研究资料（二）》收集嘎拉桑、杜嘎尔扎布、王子扬、额尔敦套克陶的著作各一篇。这一资料集中的都是草原"丝绸之路"古商道沿线汉语—满语—蒙古语语法传统的部分学者的代表性成果。

嘎拉桑是生活于 19 世纪的蒙古语学家，他为蒙古语语法的形成和发展做出了重要的贡献。嘎拉桑著有一部经典著作《蒙文诠释》，该部著作于 1828 年在北京嵩祝寺刊印。《蒙古语文研究资料（二）》所收《蒙文十二字头、词缀解释》是嘎拉桑的《蒙文诠释》中的一个主要组成部分。它是一篇根据满文十二字头音节排列法为蒙文音节进行归纳编排的著作，也是嘎拉桑为蒙古语所做的一大贡献。十二字头是指所有的蒙文字母原型为第一字头，在蒙文字母原型之后依次加用 i、r、n、ŋ、b、q(k)、s、d(t)、u(ü)、m、l 11 个音节末语音构成的字头为第二字头到第十二字头。嘎拉桑十分关注语音对应规律，根据元音和谐和语音结合规则严格指出词缀用法。他也非常注意口语中读音变化，他特意列举不同语音在连读当中的长元音化实例。嘎拉桑是为书面语中纳入口语读法而努力工作的语言学家的楷模。

杜嘎尔扎布是嘎拉桑的徒弟，他的《蒙文指要》在思路上严格遵循嘎拉桑的学说，进行更详尽的归纳分类，运用更多、更为生动详细的例证说明了蒙文语音、正字法、语法和词汇以及连读音变等问题。

进入 20 世纪，现代语言学理论与方法经俄罗斯、蒙古的草原"丝绸之路"古商道，北路经蒙古语翻译，东边经日本通过日语和汉语翻译，传播到蒙古语语言学中。代表性学者有王子扬、额尔敦套克陶等。

王子扬是新式语法学的倡导者，是运用西方语音学方法来进行蒙古语语音研究的第一位中国蒙古人，他的尝试十分重要。在西学引进方面，王子扬的作用如同《马氏文通》作者马建忠对汉语研究的作用。王子扬的《新法拼音蒙文字母》包括语音、语法、正字法等内容。

额尔敦套克陶是 20 世纪中期最重要的蒙古语言学家。如果说王子扬的著作中有那么一点科学语言学的萌芽，那么，额尔敦套克陶在他的《蒙文新字典》中已经采取了相当明显的现代观点。额尔敦套克陶认识到了书面语和口语之间的严重脱钩，并主张文字的口语化，进行读音和书写一致化的尝试。他发现各方言的语音差异，主张确定一个共同的规范标准语音区域，明确提出以巴林左右二旗、阿鲁科尔沁、宾图等较接近书面语的口语为标准音的观点。

蒙古族在草原"丝绸之路"古商道上长期的历史交往，由周边民族语言翻译了大量的文献成果，包括阿拉伯、维吾尔、印度、西藏、汉等地区民族的经典。在翻译过程中，早期蒙古族语言学家们提炼出了精湛的翻译理论和翻译方法，其高深程度都反映在现存翻译成果之中。虽然如此，但我们还从来没有看到任何一部专门的翻译理论和翻译方法著作。据研究，衮布扎布等人为《大藏经》翻译而制定的翻译工作大纲《智慧之鉴》具有翻译研究性质。我们从《智慧之鉴》的记述中知道，至少到《智慧之鉴》为止，蒙古语还没有统一的翻译准则。所以，《智慧之鉴》的编写，也是为了满足这种需要。在翻译原则方面，《智慧之鉴》虽然强调忠实于原著，但不主张过于死板。《智慧之鉴》的著者们十分注重翻译实践中要仔细选择易懂而不易混淆的词语。另外，嘎拉桑的《蒙文诠释》、哈斯宝的《新译红楼梦序》、尹湛纳希的《青史演义要略》等都有些关于翻译方面的论述。

第三节　草原"丝绸之路"与"一带一路"及其他蒙古文和满文汉文文献

除了蒙古文，蒙古族在元朝时期曾使用过通用于多种语言拼写的八思巴字。还有，西域的卫拉特蒙古人从 17 世纪中期开始以蒙古文为基础创制使用了适合于卫拉特蒙古语方言的托忒蒙古文。八思巴字文献发现得不多，托忒蒙古文比较多，多以佛教经典翻译为主。

一　草原"丝绸之路"与八思巴字及其文献

1269 年，元始祖忽必烈让西藏学者八思巴创制新国字，后人称之为八思巴字。说实话，八思巴字的影响并不大，蒙古位于草原"丝绸之路"古商道上的中亚和西亚的西方四汗国，似乎都没有怎么使用过这种文字，只是在东北亚草原"丝绸之路"及周边相关国家和地区产生过不同程度的影响。那么，八思巴字在一个世纪的使用过程中，元朝应该以八思巴字印制的各种各样各类图书、典章、圣旨、诏书、榜文、碑文、牌符、拓本、图谱等文献资料。但由于在明朝几乎遭到全面毁坏，被流传到当今的文献确实很少。主要文献有《安西王忙哥剌

鼠年（1276）令旨》《忽必烈敕赐太原府石壁寺安鲁僧圣旨（1277 或
1289）》《忽必烈皇帝龙年（1280 或 1292）圣旨》《阿南他令旨
(1283)》《元成宗完者笃皇帝狗年（1298）圣旨》《完者笃皇帝牛年
(1301) 圣旨》《小薛大王兔年（1303）令旨》《怀宁王海山蛇年
(1305) 令旨》《完者笃皇帝马年（1306）圣旨》《1306 年榜文》《元
仁宗甲子年（1312）诏书》《元仁宗普颜笃皇帝牛年（1313）圣旨》
《普颜笃皇帝南华寺（1312—1317）圣旨》（照那斯图，1990）、《普颜
笃皇帝虎年（1314）圣旨》《普颜笃皇帝马年（1318）圣旨》《答己皇
太后猴年（1320）懿旨》《答己皇太后鸡年（1321）懿旨》《帝师公哥
罗古思坚藏班藏鸡年（1321）法旨》《格坚皇帝猪年（1323）圣旨》
《也孙帖睦尔泰定元年（1324）圣旨》《也孙帖睦尔龙年（1328）圣
旨》《妥欢帖睦尔皇帝猪年（1335）圣旨》《妥欢帖睦尔皇帝鼠年
(1336 或 1348) 圣旨》《妥欢帖睦尔皇帝兔年（1351）圣旨》《居庸关
东西壁题记（1345）》《敦煌莫高窟六字真言（1345）》《四川涪陵白鹤
梁题记》等。八思巴字文献以圣旨、懿旨、令旨等圣旨类为主，也包
括法旨、诏书、榜文、碑文、牌符、题记、币文等。这其中，《居庸关
东西壁题记》是具有很强的代表性的草原"丝绸之路"历史文献，该
题记用八思巴文、范文、藏文、西夏文和汉文等的精美字体刻写了修
建居庸关云台的目的和意义。

另外，巴思八字蒙古文书籍有《萨迦格言》残页、蒙汉对照《百
家姓》、韵书《蒙古字韵》、对照词典《译语》等，这些都是草原"丝
绸之路"古商道沿线蒙古语译自藏文、汉文的宝贵的文献资源。

二　草原"丝绸之路"与托忒蒙古文文献

新疆地区的蒙古族一直以来生活在草原"丝绸之路"与"一带
一路"沿线的重要通道上。草原"丝绸之路"古商道上的古代察合
台汗国、窝阔台汗国的遗址均在新疆牧草丰美的地方。那么，草原
"丝绸之路"古商道上的托忒蒙古文文献，则产生于 17 世纪中叶。也

就是说，1648 年卫拉特蒙古人那木海扎木苏，对回鹘式蒙古文进行了必要的文字改革，创造出适合于卫拉特方言语音特点的托忒蒙古文。托忒蒙古文，首先用于翻译佛经，后逐渐大量用于创作作品、民间文学手抄本、印刷文献资料等方面。根据我们现已掌握的资料，托忒蒙古文文献内容涉及很广，包括历史、政治、经济、文化、教育、文学、语言文字、宗教、医学、艺术、哲学、天文、地理等诸多领域。最早的语言学文献资料是那木海扎木苏于 1647 年撰写完成的《字母汇编》之书。

我国草原"丝绸之路"古商道上托忒蒙古文文献发掘、搜集、整理、注释、研究工作，始于 20 世纪 50 年代，并从 20 世纪 80 年代以后陆续刊布和出版。那么，像新疆的《汗腾格里》《卫拉特研究》《语言与翻译》（蒙古文版）等刊物，在发表托忒蒙古文各类文献和现代作品及研究成果方面发挥着重要作用。

三　满蒙文文献和满语言文字影响

清代蒙古人面临学用满语文的需要。为了满足这种需要，当时出现了一些满蒙辞书。这些满蒙对照词典也对蒙古语语音进行了一些研究。

18 世纪初，拉希、丹金等人编著的《御制满蒙辞典》是由清廷组织编写的满蒙对照辞典，被誉为蒙古语第一部解释辞典的该部著作，由内蒙古语言文学历史研究所整理，于 1977 年由内蒙古人民出版社以《二十一卷本辞典》之名出版。

《二十一卷本辞典》的编著者很重视语音学研究。他们在《御制满蒙辞典》序言中明确交代：为了保证选词编辞典中准确把握口语词汇的发音，不仅特意采访了察哈尔八旗老者，同时还对前来北京拜佛的内外蒙古信徒进行了广泛采访。这说明包括拉希、丹金在内的当时的语言学家们已经有了相当广泛的语音学资料基础，并且都持有视察哈尔方言为蒙古语基础方言和标准音点的共同倾向。

成书于 1720 年的敬斋公、秀升富俊之作《三合编览（满蒙汉）》是满蒙汉对照词汇辞典。其第 1 卷《蒙文指要》论述了蒙古语的语音、正字法、语法等问题。敬斋公、秀升富俊父子的工作，除了被拉木苏荣提到的一些缺点，还是具有一定的开创性意义，尤其是蒙译满汉的论述具有指导性意义。为此，道布在中国社会科学院民族学与人类学研究所编辑出版的《中国民族研究年鉴·2001 年卷》中的《20 世纪我国阿尔泰语系语言研究概述》专栏上发表《蒙古语族语言研究》一文指出："后来嘎拉桑的《蒙文全解》（1828）、《指要补》（1845），赛尚阿的《蒙文法程》（1848）等著作都沿袭了《三合编览》开辟的途径，把蒙古语研究与翻译满文、汉文的实际需要结合起来。"也就是说，《三合编览》这部著作是针对蒙译满汉词汇需要而作的，其作用不同于传统的蒙古语语法书。

赛尚阿（1798—1875）也是重要的近代蒙古语文学家之一，他编纂的蒙古文规范的工具书《蒙文指要》刊行于 1848 年，共 4 卷，内容涉及语音、语法、词汇，是一部词典和语法合一的满、蒙、汉三合词典，包括《蒙文晰义》《蒙文法程》《便览正讹》《便览补遗》《续编讹字》《便览讹字更定》等。《蒙文指要》中的《蒙文晰义》和《蒙文法程》为赛尚阿父亲景辉遗稿，收录 1661 条词语。景辉以满文正统为纲，规范蒙古文书写规则，制定一套满、汉、蒙三语对译样板。《蒙文晰义》以满文为纲，同一条目的不同义项用汉、蒙两种文字分别注出；辨析词义以蒙古文部分较为细密。《蒙文法程》是语法部分，以满、蒙两种文字对译，展现蒙古文语法形式的规范写法。而《蒙文指要》中的《便览正讹》《便览补遗》《续编讹字》《便览讹字更定》等才是赛尚阿本人之作。赛尚阿"便览正讹"主要对满、汉、蒙三种文字对照词书《三合便览》所收蒙古文部分的错字加以更正，同时也订正了汉文部分的一些讹误。"便览补遗"是对《三合便览》一书的补充，计增补 828 条。赛尚阿以《御制四体清文鉴》《御制满蒙文鉴》《御制清文鉴》等分类词典为依据，对敬斋所编《三合便览》进行修改、考证、补充而成，分别附于《蒙文晰义》《蒙文法程》等书前后。《蒙文指要》是学习满、蒙文语法及满、蒙、汉文翻译的重要资料之一。全书262 页，约收 2800 余条词语，是一部篇幅不大的满、蒙、汉文翻译词典，该词典又包括满、蒙文语音、语法等内容，还对《三合便览》进行了修改补充，为清代满、蒙文语音、语法、词汇研究提供了重要资料，在词典编纂学方面具有重要的参考价值。

嘎拉桑是非常重要的人物，他于 1828 年完成其巨作《蒙文诠释》，另一个重要的语言学家阿旺丹达尔的《详解蒙古文文法·贺楞其木格》一书也于同一年问世。在语音学方面，嘎拉桑是第一个关心书面语和口语差异的学者。内蒙古大学巴·达瓦达格巴整理嘎拉桑的著作《蒙文诠释》，于 1979 年由内蒙古人民出版社出版。巴·达瓦达格巴在出版序言中写道："《蒙文诠释》是在蒙古语研究史上对蒙古书面语与口语进行比较研究的第一部著作。而且，学者嘎拉桑进行比较研究的目的在于弄清蒙古语标准音，规范文学语言的读音，所以他观察研究蒙古书面语与标准音之间的语音对应关系，确定了正确读音。"嘎拉桑从口语的角度，努力主张书面语的口语化和口语的正确化、标准化。

在研究蒙古语语音方面，13 世纪的蒙古方块字的创制者八思巴也应该有著作，可是历史没有留下这样的文献。另外，16 世纪蒙古人阿里嘎里字的创制者阿尤希固师、17 世纪卫拉特蒙古托忒文创制者咱雅班智达·纳木海扎木苏等人都是出色的语音学学者。

四　汉籍和国外文献中的蒙古语言文字

汉籍和国外文献也有蒙古语言方面的研究。除蒙古人以外，最早研究蒙古语言的当属汉人。我们能够读到的有音译《蒙古秘史》和各种《译语》。《蒙古秘史》为了准确表达蒙古语的语音，采取了相当严谨的规则，甚至特意造字。它具有把 i、r、n、ŋ、b、q(k)、s、d(t)、u(ü)、m、l 11 个音节末语音用小题字写法来处理，把长元音充分体现出来等特点。

至今发现最早的汉籍蒙古语辞典是《至元译语》，后有《华夷译语》《蒙古字韵》《译语》《译部》《北虏考》等。乌·满都夫（另译乌·满达夫）整理校注的《蒙古译语词典》（民族出版社 1995 年版）是收集最全的《译语》汇编。它包括了宋末《蒙古译语》（亦称《至元译语》，1264）和明代《华夷译语》[亦称《达达（鞑靼）馆杂字》，1389]、《译语》（1598）、《译部》（1610）、《北虏考》（1621）5 部"译语"。其中，《蒙古译语》，亦称《至元译语》，1264 年刊印，被收为《事林广记》第 8 卷，共 538 词条；《华夷译语》，亦称《达达（鞑靼）馆杂字》，于 1389 年刊印，被收为《涵芬楼秘籍》第 4 集，共 17门 845 词条；《译语》，于 1598 年刊印，被收为《登坛必究》第 22 卷，共 639 词条；《译部》，于 1610 年刊印，被收为《卢龙塞略》第 19—20卷，共 1324 词条；《北虏考》，于 1621 年刊印，被收为《武备志》第227 卷，共 639 词条。这些词典虽然是清一色的汉蒙对照词汇词典，但在记录蒙古语语音方面有其一致性和各自的特点，尤其是反映了 13 世纪到 17 世纪蒙古语语音的动态和静态特点，也反映了北方汉语的语音发展特点。

18 世纪朝鲜人方孝彦修改、补充的《语录解》"是一部研究蒙古语语法形式的语文学著作"。朝鲜人研究蒙古语成果还有《蒙语类解》《蒙语老乞大》《捷解蒙语》等。

早期蒙古文是在草原"丝绸之路"古商道上，以蒙古民族为主其他民族也使用过的文字，从而为草原"丝绸之路"古商道上的国内及跨国性质的各种商贸往来、商业活动、易货买卖发挥过相当重要的推动作用。而且，就如前面的分析讨论，也留下了不少弥足珍贵的有关草原"丝绸之路"古商道方面的历史文献资料。这些历史文献资料的全面、系统、深入的发掘、整理、研究，对进一步客观实在地了解远古时期的草原"丝绸之路"，以及科学阐释草原"丝绸之路"产生的历史性影响和作用，乃至对于更好地推动我们正在实施的新时代草原"一带一路"建设方案均有重要的现实意义。

第六章

草原"丝绸之路"及回鹘式蒙古文

在这一章里，主要讨论草原"丝绸之路"古商道及回鹘式蒙古文之间的历史关系。其中，以古"丝绸之路"古商道上的敦煌石窟所藏回鹘式蒙古文题记，以及蒙元时期的相关文献资料为中心，论述回鹘式蒙古文献的学术研究价值，分析研究回鹘式蒙古文题记的语音特征同早期蒙古语语音之间的关系。同时，阐述敦煌石窟回鹘式蒙古文题记的词汇结构特征及特定词义内涵和使用关系等。

第一节　草原"丝绸之路"及敦煌
回鹘式蒙古文文献研究

就如前面的有关章节里所说，回鹘式蒙古文是蒙古族早期使用的重要文字，是在古代回鹘文基础上创制而成，也是蒙古文字史中具有重要地位的文字，由此被认为是蒙古族最早使用的文字。从使用的时间来讲，在 13 世纪初至 16 世纪末，之后经过不断地改进，沿用至今，发展成为现行蒙古文。至今留存的回鹘式蒙古文文献多数为蒙元时期的珍贵文献，分布在草原"一带一路"沿线国家，其中时间最早的似乎是写于 1225 年的《成吉思汗石碑》（也叫《也松哥碑》）等，现藏于俄罗斯圣彼得堡市艾尔米塔什博物馆中。本文将以草原"丝绸之路"古商道上的敦煌石窟区所藏回鹘式蒙古文题记，作为回鹘式蒙古文文献的代表性资料之一，阐述草原"丝绸之路"古商道同回鹘式蒙古文之间的历史渊源关系。

一　草原"丝绸之路"上的敦煌石窟与"敦煌学"

众所周知，"丝绸之路"曾把太平洋文化、印度洋文化和地中海文化连为一体，为东西文化交流发挥了重要交通枢纽作用，在人类文明史上被誉为"人类文化运河""欧亚大交通动脉"。在这条远古的大通道上，中国的丝绸、茶叶、陶瓷等商品源源不断地运往西方，而其中以丝绸最为代表性，古希腊人把中国称为"塞里斯"，意为"丝绸之国"。所以，后来欧洲历史学家就把这条联系东西方物质文化交流的大通道称为"丝绸之路"。作为"丝绸之路"璀璨明珠的敦煌，位于北纬40°10′，东经94°40′，中国甘肃省河西走廊西端，是在甘肃、青海、新疆三省交接地带，自古以来是西域、河西走廊"丝绸之路"的一大边关要塞，是丝绸古道上最大的交通枢纽，是政治、经济、军事和文化上连接中原和西域、中亚以及欧洲的"咽喉之地"，成为"丝绸之路"贸易繁忙的补给站和中转站，成了"丝绸之路"上的文化驿站。敦煌石窟是在古敦煌郡、晋昌郡（瓜、沙二州）就岩开凿的石窟寺，位于今甘肃省敦煌市、安西县、肃北蒙古族自治县和玉门市境内，是敦煌莫高窟、西千佛洞、安西榆林窟、东千佛洞、水峡口洞子石窟、肃北五个庙石窟、一个庙石窟、玉门昌马石窟的总称。因其主要石窟的莫高窟位于古敦煌郡，各石窟的艺术风格又同属一脉，且古敦煌又为两郡的政治、经济、文化中心，故统名敦煌石窟。窟群建在今甘肃省敦煌市东南二十五公里处的鸣沙山东麓断岸上，坐西朝东，前临宕泉，面对三危山，洞窟密布岩体，大小不一，上下错落如蜂窝状。南北延续数公里，由积沙与卵石沉淀黏结而成。其中，莫高窟开凿最早，始于前秦建元二年，即公元366年；其延续时间最长，自前秦始，经北凉、北魏、西魏、北周、隋、五代、宋、回鹘、西夏、元等时代连续修造，历时千年；其规模也属最大，内容也最丰富，是佛教修行、观象、礼拜的圣地。从某种意义上讲，敦煌石窟是建筑、雕塑、壁画三者结合的立体艺术。石窟建筑源于印度，随佛教东传经阿富汗、新疆至敦煌而有了莫高窟。莫高窟俗称千佛洞，是敦煌石窟群体中的代表窟群，经前后共十一个朝代，十四个时期，历时千年，在武周（初唐）时已有千余个窟龛。莫高窟群全长 1600 余米，分南北两区，现存有壁画、雕塑作品共有四百九十二窟，绝大多数开凿在南区，北区只有少数洞窟存有壁画。莫高窟中现存壁画四万五千多平方米，彩塑三千余身，最大彩塑高 33 米，最大壁画约 47 平方米，石窟以彩塑为主体，四壁及顶部均彩绘壁画，地面铺花砖，窟外有窟檐（或殿堂）、栈道，窟窟相通相连，是石窟建筑、彩塑、壁画三者合一的佛教文化精华。这里的文物遗存，不仅反映了敦煌古代精湛的艺术水平和有关时代的绘画雕塑艺术发展的历史。而且在不同程度上提供了河西及敦煌地区有关古代宗教信仰、思想观念、政治斗争、民族关系、中外往来、社会生活、民俗民情、生产技术、建筑服饰、刀兵甲胄、典章文物等发展演变的立体、形象、鲜活的历史资料，具有珍贵的艺术和历史、考古价值。这里是世界上现存规模最大、连续修建时间最长、内容最丰富多彩的佛教窟群。

敦煌莫高窟中有许多佛像、壁画，这些佛像和壁画因具有极大的艺术价值而蜚声全世界。敦煌是古代诸民族古老文明的象征，是人类创造精神文明的一朵奇葩。"敦煌"一名的最早来源历代学者们众说纷纭，尚未确定，但在应该是少数民族语这一点上基本统一。清光绪二十六年（1900），从第 17 窟中发现封存了近千年的五万余件写本和木刻本及各类文物。其内容涉及西域古代的政治、经济、军事、历史、哲学、宗教、民族、语言、文学、艺术、科学技术，以及东西文化交流的许多方面。涉及的语言文字除了汉文外，还有很多西域文字，如古藏文、蒙古文、西夏文、于阗文、回鹘文等。这是人类史上在"丝绸之路"古道中的一次重大的发现。20 世纪初，欧美、中日等许多国家学者对此展开了研究，进而在世界范围内逐渐兴起敦煌研究，由此形成了一门新的世界性学科"敦煌学"。1987 年 12 月，联合国教科文组织十一届全体会议，批准将莫高窟列入"世界文化遗产名录"。敦煌学因地名学，第一个使用敦煌学这个名词的学者是中国的陈寅恪。[①] 其赖以成立的基础是敦煌地区遗留下来的文物文献资料，而这些资料产生于古代敦煌地区，真实而全面地反映着古代敦煌特有的历史文化风貌，更是为中国古代史、中亚史乃至世界史的研究，包括古"丝绸之路"研究均提供了宝贵的历史资料。在研究过程中，学者们发现敦煌不仅对中国历史文化及古"丝绸之路"的学术探讨有深厚的学术价值，而且对世界文化史的研究具有强大推动作用。随着研究队伍的不断扩大，研究成果的不断涌现，在国际学术界一度形成了敦煌研究热，也就是所说的"敦煌热"。敦煌是古代东西文化的交融点，是早期世界文化结构体系中重要的一环，同样是古"丝绸之路"研究的主要内容。敦煌学的研究是古"丝绸之路"研究的重要课题，也是世界文化史研究中不可或缺的组成部分。

二 草原"丝绸之路"上的敦煌石窟回鹘式蒙古文题记

从 1205 年开始，成吉思汗的蒙古大军沿草原"丝绸之路"打到河西，1226 年攻破沙州，随之西夏也灭亡。蒙古攻占敦煌后，废弃了沙州建置，作为封地将其给予了成吉思汗的长孙拔都。元朝建立后，忽必烈为了加强中央集权，实行行中书省制度。地方行政组织有省、路、府、州、县，重新又设立沙州，属肃州路管辖。1280 年，又升为沙州路总管府，下辖瓜州，直接隶属于甘肃行中书省。屯田也取得了成绩，《元史·地理志》中说："……元太祖二十二年，破其城，以隶八都（即拔都）。至元十四年复立州，十七年升为沙州路总管府，瓜州隶焉。"其下注曰："沙州去肃州千五百里，内附贫民，欲乞粮沙州，必须白之肃州，然后给予，朝廷以其不便，故沙州为路。"元成宗时，为

---

① 褚良才：《敦煌学简明教程》，中华书局 2001 年版，第 20 页。

开发河西，曾在敦煌等地实行屯田，大德七年（1303 年）"御史台臣言：'瓜、沙二州，自惜为边镇重地，今大军屯驻甘州，使官兵反居边外，非宜。乞以蒙古军万人分镇险隘，立屯田以供军实，为便。'从之"①。元初，直接管辖的西部边境在别失八里。在蒙古军队和元朝统治时期，敦煌在草原"丝绸之路"东西交通中仍占有重要地位。经由敦煌，河西的草原"丝绸之路"再度成为连接西域和中原的主要通道。东西交往再度打开，草原"丝绸之路"又活跃和繁荣起来。西方的波斯、大食、印度、伊尔汗国②等国家的商队，经由草原"丝绸之路"古商道上的敦煌络绎不绝往来于中国与中亚。此时，蒙元时期的疆域前所未有地扩大，敦煌也就成为草原"丝绸之路"及河西通道上的一个补给站，是蒙元帝国版图之内的地区。元朝建立后，特别是八思巴于1246 年出任忽必烈国师后，喇嘛教萨迦派十分得势。与此相适应，密宗便盛行于敦煌，成为敦煌寺院的主要教派，在敦煌留下了藏传密教的壁画和塑像。元代在莫高窟新开洞窟 8 个，重修前代洞窟 19 个。元朝提倡"三教并心"，是在前期绘画技艺的基础上加以发展和创新，绘制出新颖的题材和画面。另一个方面，以吸收西藏等地传来的新因素、新技法，创作出新作品。布局采用散点式的排列组合法，形成织锦般的背景。人物也改变了过去常见的或坐式雷同的模式，改用三角的排列法。这一时期是敦煌佛教艺术的新高峰。在蒙古人的统治下，佛教在这一时期受到敦煌各族人民的信奉，莫高窟的开窟造像活动依然在继续进行，可以说，元代是沙州（敦煌）的全盛时期。元代以后，在明朝时期，因将嘉峪关建为国门而关了门，这使西域的国际国内商贸通道及交往受到一定影响。此时，信奉伊斯兰教的吐鲁番统治敦煌地区，敦煌地区呈现出衰落之势。蒙元时期，通过敦煌这一草原"丝绸之路"古商道，使亚洲及欧洲各国人民的友好往来得到了空前发展。

---

① 转引自褚良才《敦煌学简明教程》，中华书局 2001 年版，第 162 页。
② 当时蒙古帝国的四大汗国之一。

这条东西方交往的草原"丝绸之路"古商道,对于东西方的贸易往来起着促进、保护、维护、开发、畅通、支撑的重要作用。敦煌及草原"丝绸之路"古商道将古代东西方文化交汇融合在一起,而且佛教、基督教、伊斯兰教等在平和、安稳的社会生活环境中,得到前所未有的平等传播及和谐共存。所以我们说,草原"丝绸之路"古商道是东西方文化交流的重要通道,而敦煌是这一通道上的中轴枢纽,为早期人类的文明进步,东西文化的互相接触、相互学习、互通有无做出了伟大贡献。

元朝是我国封建社会的又一鼎盛时期,也是敦煌两千年历史上的全盛时期。由于经济的发展,东西文化交流的加强,草原"丝绸之路"古商道上的明珠敦煌,此时更加璀璨夺目,社会经济更是高度发展。政局的稳定、经济的繁荣,为东西友好往来和经济文化交流的进一步发展提供了得天独厚的先决条件和优势环境。草原"丝绸之路"古商道的兴盛,东西商人及使者的友好往来,以及经济文化交流的不断扩大,给敦煌带来了各种各样、灿烂夺目的文化世界。佛教也有了进一步的发展,在这一历史背景下,敦煌的佛教和石窟艺术的发展进入了全盛时期。敦煌石窟中的回鹘式蒙古文题记,多数为蒙元时期记载的蒙古族在草原"丝绸之路"古商道上的辉煌历史文化。关于敦煌石窟回鹘式蒙古文题记的研究,法国学者伯希和在其研究过程中,多次提到蒙古文题记,《伯希和敦煌石窟笔记》中也有少数题记的相关照片。但只是提到而已,并没有进行具体研究和具体说明。我国从 20 世纪 80 年代开始,才对敦煌石窟回鹘式蒙古文题记①进行整理研究工作。1987 年 5 月 20 日至 6 月 20 日,由敦煌研究院的罗华庆和内蒙古师范大学蒙古语言文学系的哈斯额尔敦、哈·丹碧扎拉森、嘎日迪、巴音巴特尔等蒙古族专家学者组成的敦煌石窟蒙古文题记考察组,对敦煌石窟 560

---

① 以下简称"题记"。

个洞窟①进行了蒙古文题记的学术考察。在此基础上，发表了多篇研究论文，为该领域研究打下了坚实的基础，并提供了宝贵的资料。通过这次考察，在莫高窟、西千佛洞、安西榆林窟均发现了蒙古文题记，共抄录和译释回鹘式蒙古文题记 50 处 28 条，其中六字真言题记最多，共 23 处。同时，还发现了蒙元时期的一些壁画和蒙古印花等。敦煌石窟现存的这些文献资料和文物，对于研究蒙古族早期政治、经济、文化、语言文字、民俗宗教等，提供了极其宝贵的历史文献资料。

　　在国外，虽然有些学者提到过敦煌石窟蒙古文题记，但未进行过全面系统的研究。比如，对敦煌石窟回鹘式蒙古文题记的记录工作，可以说始于 1908 年，当时法国人伯希和考察了敦煌莫高窟，劫取很多敦煌遗书的同时，还做了详细的笔记，记录了他所见过的各种文字的题记。包括本文中提到的编号为 03 的《第 61 窟甬道南壁题记》的有关资料，伯希和虽然在 1908 年他的考察记录中提到过，但生前一直没有展开整理研究及发表论文。还有，1926 年，波兰蒙古学者科特维奇对本部分提到的名为《图勒格图古斯题记》曾做过研究，但我们还是没有见到研究成果，这些确实是令人非常遗憾的事情。蒙古国著名语言学家特木尔涛高主编在中国台湾出版的 *Mongolian MonumentsIn Ui-ghur-Mon golian Script*（xⅢ－xⅥ *Centuries*）中，对敦煌石窟回鹘式蒙古文题记的拉丁音标转写重新进行了较系统的修改，还把题记中词与其他中古蒙古文文献的词语进行过比较和整理。他的该项成果对后来的研究提供了宝贵而相当成熟的学术资料。2014 年，由内蒙古教育出版社出版的笔者拙著《敦煌石窟回鹘式蒙古文题记的语言研究》，被学界视为敦煌石窟回鹘式蒙古文题记研究领域中的补白性著作。

　　敦煌石窟回鹘式蒙古文题记从数量和内容上看并不算多，但对蒙元时期西域敦煌一带历史文化、宗教信仰、语言文字研究显得弥足珍贵。而且，对蒙古历史文献资料增添了很多异样的光彩，弥补了以前

---

① 　后增加到了 560 个洞窟。

史籍记载上的许多空白。蒙古族在敦煌及草原"丝绸之路"古商道上留下了永恒的历史文化与文明，进而很大程度上影响了当时的中亚、西亚的宗教、语言和文化。同时，也接受了所到之处的不同文化与文明的影响。从题记中体现的内容可以判断，回鹘式蒙古文至少从 13 世纪以后 5 个世纪中在敦煌流行。① 敦煌石窟现存的蒙古文文献虽较凌乱，不成系统，但仍有较高的研究价值。尤其是，蒙古文题记反映了当时人们的思想感情、社会生活、宗教活动、风俗习惯以及史事等，从而具有了很高的研究价值。由此，陈寅恪曾说："一时代之学术，必有其新材料与新问题。"另外，王国维也指出："自古新学问之起，大都由于新发现之赐。"② 敦煌石窟蒙古文题记的发现是，上述学者所指的"新发现""新材料"，将使蒙古学中的诸多科研工作得到进一步拓展。敦煌石窟回鹘式蒙古文题记是对蒙元历史文化、宗教信仰、语言文字、风俗习惯等诸多领域的研究提供了极其珍贵的资料。专家学者们经过敦煌石窟规模空前的考古调查，全面掌握了敦煌石窟回鹘式蒙古文题记的丰富资料，进而开展了一系列的富有成效的科学研究。在此基础上，客观实在地展现了蒙元时期蒙古族在敦煌一带居住的生活状况和历史背景等诸多方面。特别是，他们用蒙古文书写的蒙古语言及其历史社会文化包含有相当广泛而深远的学术价值。敦煌石窟回鹘式蒙古文题记数量并不多，但对蒙元时期的蒙古语等的研究显得尤其珍贵而重要。它不仅给蒙古历史文献资料增添了新的内容和研究视野，并填补了以前史籍记载上的一些空白。其学术研究意义可用以下几个方面来阐述。

（1）对蒙古文献填补了新题材。由于各种历史原因，有关蒙古族古代文献资料保存下来的并不多，尤其是蒙古文文献更不多。写在敦

---

① 题记中的年代分期最早涉及的时期约为 13 世纪，最晚为乾隆二十三年，即 1758 年。

② 转引自褚良才《敦煌学简明教程》，中华书局 2001 年版，第 21 页。

煌石窟墙壁上的回鹘式蒙古文题记是蒙古文献的重要组成部分，它不仅填补了蒙古文献的内容，而且其独特的格式和手写体给蒙古文文献增添了具有敦煌石窟题记特点的新一种类型。

（2）对中世纪蒙古语言的研究及整个蒙古语言学研究提供了珍贵材料。敦煌石窟回鹘式蒙古文题记，反映了当时当地的蒙古语语音、语法、词汇等特点，从而成为研究西域蒙古语言的最宝贵语言资料。

（3）对蒙古文字学提供了珍贵资料。从题记中出现的 a、e、q、m、s、j 等字母的使用形状、辅音 th 的词中出现、辅音 q 在元音 i 前居词中的使用等规则，都体现了蒙古文早期手写体特征和书写原理，进而对中世纪蒙元时代蒙古文字研究提供了真实材料。

（4）对蒙古历史具有很高研究价值。题记反映了当时真人真事真景象，好多都不在历史记载中，它真实而生动地表现出了当时的蒙古族各阶层人士的生活情景。正因为如此，对研究蒙元时代敦煌、河西及草原"丝绸之路"古商道的历史、政治、军事、经济、宗教、民族，以及东西文化交流史等，均会产生重要资料价值和学术理论意义。

（5）补充和丰富了敦煌学研究。众所周知，敦煌学是一门独立性很强的国际性热门学科，成果累累。但是，在敦煌彩塑、壁画（带有西域风格的绘画风貌）、西域民族文字文献、题记等研究中，蒙元时期的专门研究几乎没有。敦煌石窟回鹘式蒙古文题记的研究，丰富了敦煌学，也丰富了阿尔泰学。蒙古族自古以来拥有丰富的精神财富，从蒙古文献语言中，我们可以窥见中古时期蒙古族辉煌的历史、独特的思维方式和物质文化，还可领略其深邃的智慧和广阔的文化视野。

敦煌蒙古文献研究在蒙古语言史上承前启后，具有十分重要的意义，对蒙古社会历史文化等诸多研究中起着重要的作用。其中，研究蒙古文题记以其提供的真人真事的历史再现，更是具有独特研究价值。从学科分类来讲，其研究价值主要有以下几点。

一是，蒙古语言学方面。蒙古语属于阿尔泰语系，是黏着语，分古代和近现代两个阶段。然而，古代阶段又分前古、中古和中期阶段。① 一些学者认为，原始蒙古语是匈奴时期的语言，而前古阶段的蒙古语文献材料目前似乎还没有出现。中世纪蒙古语阶段留下了很多文献，如回鹘式蒙古语文献、八思巴字文献、用汉字标注当时蒙古语的文献和用阿拉伯—波斯文记录当时蒙古语的文献等。敦煌石窟回鹘式蒙古文题记属于中世纪蒙古语阶段，具有自己的独特之处，是蒙古语文献中的重要组成部分。蒙古族在敦煌石窟中留下的文献资料，这使后人有可能准确复原当时的语言面貌。敦煌石窟回鹘式蒙古文题记，不仅填补了文献资料空缺的有关内容，还增加了回鹘式蒙古文的"题记"文体。那么，题记反映了当时的蒙古语的语音、语法、词汇的特点，对中古蒙古语言研究有其不可忽视的重要意义。换言之，题记反映的是当时西域蒙古语方言特征，以及中世纪和其后相关时期的手写体蒙文特点和书写规则，因此说对西域蒙古语方言和蒙古语言文字的研究，提供了极其珍贵的历史资料。研究表明，题记反映的是一种新的蒙古文文体，对蒙古文的写作、文字与宗教的关系、蒙古文文体的发展演变的研究都有深远的学术价值。

二是，蒙古历史学方面。敦煌石窟回鹘式蒙古文题记对研究蒙古族与敦煌的关系、蒙古族在敦煌的活动情况、蒙古族历史及其对世界历史起到的重大影响，提供了最原始、最直接的真实而可靠的历史文献资料。题记中展现出来的有明确书写年代，还有许多敦煌石窟回鹘式蒙古文题记虽然不能明确断定为哪年，但从其字体、书写方式等角度分析，书写年代上一般都属于元朝初年或元代后期，还有部分是清代的产物。题记中出现的地名，主要涉及草原"丝绸之路"古商道河西走廊的州府和莫高窟、榆林窟等地称谓，还有些题记表明草原"丝绸之路"古商道上穿行腾格里沙漠经河西走廊到敦煌礼佛朝拜的

---

① 本部分中将中古时期和中期阶段合并称作"中世纪蒙古语"。

途径。从这些可以看出蒙元时期的蒙古人在敦煌活动的区域，还给我们提供了沿草原"丝绸之路"古商道从蒙古高原到敦煌的大致交通线路。由此可以认为，当时的敦煌石窟是蒙古人礼佛的主要活动地之一。

三是，蒙古宗教社会文化方面。语言与文化的关系非常密切，准确描写敦煌石窟回鹘式蒙古文题记的特点，是复原敦煌地区蒙古族生活和文化的重要历史资料。在当时，敦煌地区的蒙古族信奉佛教，这种社会生活的转变使得敦煌蒙古文献中出现了大量的有关佛教的词语。那么，对这些词语的研究必将有助于全面了解蒙古宗教文化及当时的社会历史。从题记的有关内容可以看出，蒙古族从蒙元时期至清代，都曾沿草原"丝绸之路"古商道在敦煌地区活动。其中，礼佛活动十分频繁，大量的巡礼洞窟崇法敬佛的记录和六字真言题记，反映了蒙古族常住敦煌石窟专门从事礼佛活动的内容。另外，还有沿草原"丝绸之路"古商道从蒙古草原或其他地方专程来莫高窟、榆林窟等窟中进行礼佛活动的场景。所有这些，为研究蒙古族草原"丝绸之路"古商道上的敦煌佛教活动，以及深度探索当时的宗教社会文化提供了直接而真实的材料。再说，从敦煌石窟回鹘式蒙古文题记中出现的君王、使臣、地方或军队的长官达鲁花赤、法师、喇嘛、巫师、占卜师等人名、职位等方面的实际情况，完全可以看出在当时佛教所得到的社会各阶层的普遍信仰和崇奉。同时，这些资料也表明蒙古族早期萨满教被冷落或边缘化，取而代之的是佛教的信仰这一客观现实。

第二节　草原"丝绸之路"及回鹘式蒙古文题记的语音特征

这一节主要讨论，以草原"丝绸之路"古商道上的敦煌石窟回鹘

式蒙古文题记蒙古语语音特征为依据，分析和讨论回鹘式蒙古文题记
的元音和复元音的基本结构特征和使用原理。本节还要探讨元音和谐
规律，同时，阐述辅音的基本结构特征及其使用原理等。

一 草原"丝绸之路"上的敦煌石窟回鹘式蒙古文题记的元音系统

根据研究，草原"丝绸之路"古商道上敦煌石窟回鹘式蒙古文题
记中使用有 ɑ、e、i、ɔ、ʊ、ө、ʉ、ɑi、ei、ʊi、ʉi、ɑʊ 等元音。其中，
短元音有 ɑ、e、i、ɔ、ʊ、ө、ʉ 7 个，复元音有 ɑi、ei、ʊi、ʉi、ɑʊ
5 个。

(一) 短元音结构特征及使用关系

题记①语言的元音系统有 7 个短元音，即 ɑ、e、i、ɔ、ʊ、ө、ʉ。
这些元音音位的词首书写形式基本上用 5 个符号来记录。这些元音与中
世纪蒙古语的其他文献资料的元音结构性特征几乎相同。

1. ɑ——题记中元音 ɑ 后开（低）展唇紧元音，基本上在阳性词中
出现，且出现于词的任何音节。ɑ 的书写特点同于《蒙古秘史》的元
音 ɑ，《蒙古秘史》中的元音 ɑ 在词首以"阿"出现，辅音之后的 ɑ 以
"哈、纳、巴、撒……"字来表示。现代蒙古语的诸多方言，如喀尔喀
方言和察哈尔方言中，该元音仍然读作 ɑ。其中，在察哈尔、科尔沁等
土语中有时读作 æ、ɛ，这也是因为元音 ɑ 位于元音 i 前出现的条件变
体。如表 6 – 1 所示：

---

① "敦煌石窟回鹘式蒙古文题记"的简称。本文中喀尔喀方言的例子以《新旧蒙文
对照词典》（嘎啦桑朋斯格著，内蒙古教育出版社 1989 年版）为准。本文中的"现代蒙古
语"以"蒙古国喀尔喀方言"和"中国察哈尔方言"为代表举例说明。

表 6 - 1   **ɑ 在不同方言中的使用特点**

使用部位 ＼ 例词	敦煌题记	《蒙古秘史》	喀尔喀	察哈尔①	词义
词首	aqa	阿^中合	ɑx	ɑx	哥
词中	sɑrɑ	撒^舌剌	sɑr②	sɑr	月
	ʤjʁɑ-	札牙阿	ʤɑjɑɑ-	ʤɑjɑɑ-	命
词尾	aʁʊlɑ	阿兀剌	ʊʊl	ʊʊl	山

    2. e——题记中 e 属于前中展唇松元音,可出现于词的任何音节。中世纪蒙古语的元音 e,比央元音 ə 靠前,比前元音 i 稍靠后些,与喀尔喀方言的 e 基本接近,书写特点同于《蒙古秘史》的元音 e。那么,《蒙古秘史》的元音 e 在词首以"额"出现,辅音之后的 e 以"捏、别、客、格、篾、列、薛……"字来表示。元音 e 在现代蒙古语方言中大概分化为两种读法,在喀尔喀方言和卫拉特方言、中国蒙古语中西部方言中读作 e,而察哈尔等诸方言土语中读作 ə。其中,喀尔喀方言等基本保留了中世纪蒙古语的音质特点。如表 6 - 2 所示:

表 6 - 2   **e 在不同方言中的使用特点**

使用部位 ＼ 例词	敦煌题记	《蒙古秘史》	喀尔喀	察哈尔	词义
词首	ene	额捏	ene	ən	这
	eʤen	额锹	eʤen	əʧən	主
词中	thɣri	腾格^舌理	theŋker	thəŋkər	天
词末	ʉge	兀格	ʉk	ʉk	话

---

    ①   本部分中察哈尔方言的例子以《蒙古语标准音水平测试大纲》(内蒙古人民出版社 2003 年版)为准。

    ②   题记中词"sɑrɑ"的词尾元音 ɑ,在现代蒙古语诸多方言中已消失,这是元音脱落现象,类似这种语音脱落现象以下将专门论述。

此外，蒙古语族语言中的达斡尔语和东乡语中相对应为ə，而其他蒙古语族语言中为 e。

3. i——题记中的 i 属于前闭（高）中性展唇元音，可出现于词的任何音节，与现代蒙古语的元音 i 基本相同。因为是中性元音，所以元音 i 可以与紧元音相结合，也可与松元音相结合。需要说明的是，中世纪蒙古语元音 i 几乎都有 ɪ 的变体，并体现在辅音 q、g 之前。题记中的元音 i 基本同于《蒙古秘史》中元音 i，《蒙古秘史》的 i 在词首以"亦"出现，辅音之后的 i 元音以"必、乞、里、米……"字来表示。元音 i 在现代蒙古语喀尔喀方言和察哈尔方言的阴性元音词中均读作 i，察哈尔方言的阳性元音词中有不同的读音，其中有读作 ɪ 的现象。如表 6-3 所示：

表 6-3　　　　　　　　　　　　　i 在不同方言中的使用特点

使用部位＼例词	敦煌题记	《蒙古秘史》	喀尔喀	察哈尔	词义
词首	iredʒʊ	亦^舌列周	irtʃ	irtʃ	来
词中	qɔrin	中豁^舌邻	nɪɔx	xɔrin	二十
词末	ʁaqai	中合中孩	gaxai	gaxai	猪

再说，除了借词外，在蒙古语族语言中基本上与元音 i 相对应。现代蒙古语的上述两个方言中的辅音 g 在中世纪蒙古语中有 ʁ（阳性）和 g（阴性）两种形式。元音 i 居于阳性辅音 q、ʁ 后组成音节 qi、ʁi 时，元音 i 的读法接近于现代蒙古语察哈尔方言中的 ɪ。比如，题记中的 dʒaqɪjathʊ"承命"一词中的辅音 q 的写法为阳性，其后面的元音很可能就是阳性的 ɪ 音。元音 ɪ 在中世纪蒙古文献中出现的有所不同。不过，蒙古文早期文献里，词中的 ɪ 有区别于 i 的现象较少。但是，在 15 世纪的《穆卡蒂玛特》（阿拉伯字标音蒙古语文献）等文献资料中，元音 ɪ 和 i 相互区别显得越来越突出。元音 ɪ 的这种历史演变过程，蒙古

语专家学者们称作阳性 ɪ① 的变化原理。但也有些学者认为，上述现象不属于元音 i 的阴性或阳性之间的区别，而是由辅音的阴性和阳性导致的语音现象。②

4. ɔ——题记中的 ɔ 属于后中圆唇紧元音，该元音词的第一音节出现得多，其他音节出现得不多。在词的第一音节没有元音 ɔ 的情况下，第二音节及之后的音节几乎不出现。该特定同于元音 ɵ。题记中的元音 ɔ 也同于《蒙古秘史》里的元音 ɔ，《蒙古秘史》的元音 ɔ 在词首以"斡"来替代，辅音之后的 ɔ 元音以"孛、脱、朵……"字来表示。元音 ɔ 在现代蒙古语喀尔喀方言和察哈尔方言的阳性词中读作 ɔ，并与题记语言的 ɔ 有对应关系。如表 6－4 所示：

表 6－4 　　　　　　　　　ɔ 在不同方言中的使用特点

使用部位＼例词	敦煌题记	《蒙古秘史》	喀尔喀	察哈尔	词义
词首	ɔdbai	斡都罷	ɔtpai	ɔtpai	走了
	qɔjar	中豁牙儿中	xɔjɔx	xɔjɔx	二
词中	dɔthɔr-a	朵脱舌剌	tɔthɔr	tɔthɔr	内

5. ʊ——题记中的 ʊ 属于后闭（高）圆唇紧元音，可出现于词的任何音节，并同于《蒙古秘史》中的元音 ʊ。在《蒙古秘史》里，该元音词首以"兀"字替代，辅音之后的元音 ʊ 由"不、中忽、鲁、秃……"等字来表示。元音 ʊ 的书写形式几乎与元音 ɔ 相同，但在八思巴文和汉字标音的《蒙古秘史》中则有明显区别。再说，题记中的元音 ʊ 和 ɔ 也是有区别的音位。在现代蒙古语的喀尔喀方言和察哈尔方言的阳性词中它要读作 ʊ，与题记语言的 ʊ 有对应关系。如表 6－5 所示：

---

① 哈斯巴根：《中世纪蒙古语研究》（蒙古文），内蒙古教育出版社 1996 年版，第 36 页。

② 嘎日迪：《中古蒙古语》，辽宁民族出版社 2006 年版，第 102 页。

表6-5 υ在不同方言中的使用特点

例词 使用部位	敦煌题记	《蒙古秘史》	喀尔喀	察哈尔	词义
词首	υlυs	兀鲁思	υls	υls	国家
词中	ʁʊrban	中忽儿班	gʊrwan	gʊrpan	三
词末	υqabasυ	兀（哈）阿速	υxpasυ	υxpasυ	感悟

此外，在蒙古语族语言中，也有元音 υ 或 ʉ 相对应的实例。

6. ɵ——题记中的 ɵ 属于央中圆唇松元音，该元音与 ɔ 相同存在，常出现于词的第一音节、第二音节或第二音节以下很少出现。第一音节在没有元音 ɵ 的情况下，第二音节及之后的音节则基本不出现。《蒙古秘史》和八思巴文中，该元音也只出现在词首音节，而在《穆卡蒂玛特·阿勒——阿达布蒙古语词典》[①] 中，有出现第二音节的实例。[②] 在《蒙古秘史》里，元音 ɵ 的词首出现形式为"斡"，辅音之后的 ɵ 元音以"脱、木、可……"字来表示。该元音在现代蒙古语的喀尔喀方言阴性词内读作 ɵ，而在察哈尔方言的阴性词中要读作 o。其中，喀尔喀方言的元音 ɵ 与察哈尔方言的元音 o 相比较，更接近于中世纪蒙古语特点，与题记里的 ɵ 有对应关系。如表6-6所示：

表6-6 ɵ在不同方言中的使用特点

例词 使用部位	敦煌题记	《蒙古秘史》	喀尔喀	察哈尔	词义
词首	ɵdgʉs	斡脱古思	ɵthkɵs	othkos	年迈
	mɵrgudʒʉ	木˥舌儿古周	mɵrkɵtʃ	mɵrkɵtʃ	叩拜

7. ʉ——题记的 ʉ 属于央闭（高）圆唇松元音，出现于词的任何一个音节。该元音同于《蒙古秘史》的元音 ʉ，《蒙古秘史》中元音 ʉ 在

———————————

① 原名为《монголъский словаръ мукаддимат ал—адаъ》。

② 哈斯巴根：《中世纪蒙古语研究》，内蒙古教育出版社1996年版，第41页。

词首用"兀"字替代，辅音之后的元音 ʉ 由"讷、古、木、速、土、图、周、竹……"字来表示。中世纪蒙古语元音 ʉ 的发音部位，比现代蒙古语元音 ʉ 的发音部位略靠前。在现代蒙古语喀尔喀方言的阴性词中读作 ʉ 音，而在察哈尔方言的阴性词中却读作 u 音。喀尔喀方言与察哈尔方言相比较，更接近于中世纪蒙古语语音特点，与题记语言的 ʉ 有对应关系。换句话说，喀尔喀方言的元音 ө 和 ʉ 保留着中世纪蒙古语特点。如表 6-7 所示：

表6-7 　　　　　　　　　　 ʉ 在不同方言中的使用特点

使用部位 ＼ 例词	敦煌题记	《蒙古秘史》	喀尔喀	察哈尔	词义
词首	ʉnen	兀年	ʉnen	unən	真
词中	buxʉi	不恢	buxii	buxii	正在
	khөmʉn	古温	xʉn	xun	人

　　元音 ʉ 的书写形式与元音 ө 相同，但是八思巴文和汉字标音的《蒙古秘史》中则有明确的区别。题记语言的元音 ʉ 和 ө 是有区别的音位。此外，在蒙古语族语言中，有与元音 ʉ 相对应的元音。

　　8. 敦煌石窟回鹘式蒙古文题记的元音列表（见表6-8）。

表6-8 　　　　　　　　　 敦煌石窟回鹘式蒙古文题记的元音列表

紧松 ＼ 圆展开闭 前后中	展唇元音					圆唇元音			
	紧	松	中	紧	松	紧	松	紧	松
	开（低）元音			闭（高）元音		开（低）元音		闭（高）元音	
后元音	ɑ					ɔ			
前元音		i		e				ʊ	
央元音							ө		ʉ

(二) 复元音的使用关系及使用实例

如前所说，题记语言中有 ɑi、ei、ʋi、ʉi、ɑʋ 等复元音，这也是蒙古语较早时期固有的复元音。 （1） ɑi——出现在题记中的 nɑimɑn "八"、ɔdbɑi "走了"、ʁɑqɑi "猪"、bɔlthʋʁɑi "成为" 等词里。而且，在《蒙古秘史》中要以 "乃" "中孩" 等字体出现。该复元音没有出现词首的实例。这一现象与中世纪其他文献特点相吻合。（2） ei——出现于题记中的 ʉgei "没有" 等词，在《蒙古秘史》中以 "该" 等字体形式出现。没有词首出现的情况，这也与中世纪其他文献特点相符合。（3） ʋi——出现于题记中的 qɑriqʋi 等词，在《蒙古秘史》中以 "中灰" 字体结构出现。在中世纪蒙古语的其他文献中，在词首、词中、词尾均出现。（4） ʉi——出现于题记中的 ithegemʉi "信" 一词里。该复元音在《蒙古秘史》中以 "梅" 字体形式出现。在中世纪蒙古语的其他文献中，在词首、词中、词尾都能出现。（5） ɑʋ——也是题记语言中的复元音。除此之外，中世纪蒙古语中，还有 ɔi 和 θi 两个复元音。这些复元音似乎只出现在词首，词中和词尾音节基本不出现。不过，在敦煌石窟回鹘式蒙古文题记内 ɔi 和 θi 两个复元音没有出现。

二 草原"丝绸之路"上的敦煌石窟回鹘式蒙古文题记的辅音系统

(一) 辅音的分类关系及原则

分析表明，草原"丝绸之路"上的敦煌石窟回鹘式蒙古文题记语言中约出现 18 个辅音，即 n、b、q、ʁ、kh、g、m、l、s、ʃ、th、d、tʃh、ʤ、j、r、ŋ、w。其中，辅音 q、ʁ、kh、g 之间有阳性和阴性之分，q、ʁ 是阳性辅音，kh、g 是阴性辅音，其他辅音无阴阳之别。学者们一般不把辅音 ʁ[1] 看成是独立音位，并视为辅音 q 的变体。我们在这里单独列出，有以下几点理由：（1） 根据蒙古语语音发展规律来看，有一些辅音从发生源上是由另一个辅音变体而来。也就是说，一些辅

---

[1] 学者们通常以 "ɤ" 来标记该辅音。

音相互间很可能有发生源的关系，如"从语音发展的规律来看，q、kh、g 三个辅音可能有一个发生源，l 和 r、d 和 th、d 和 s、s 和 ʃ、ʤ 和 j 等相对应的辅音全部或部分可能有一个发生源，并且在形成时间上有所不同"[①]，如同辅音 ʃ 是属于辅音 s 的变体音位，可以将 ʁ 辅音视为音位。（2）根据中世纪蒙古语的其他资料，如在《穆卡迪玛特》等文献中，有与阴性辅音 g 相对应的阳性变体，也就是辅音 ʁ。（3）q 辅音略有吐气和清化，而 ʁ 辅音是不吐气浊音，两个辅音在词首和词中都会出现，而其较为明显的区别在于，当出现由辅音结尾的音节时，其辅音往往是 ʁ。（4）在阳性词的长音结构中，因浊化而弱化并消失的辅音多数是 ʁ。（5）从语音的历史发展情况来看，阳性辅音和阴性辅音中的一个在现代蒙古语中演变为相同的音位，即阳性辅音 q 和阴性辅音 kh 在现代蒙古语的喀尔喀方言和察哈尔方言里演变为 x，阳性辅音 ʁ 和阴性辅音 g 在现代蒙古语的喀尔喀方言和察哈尔方言中演变为清辅音 k 等。请看下面的展示：

阳性辅音：q、ʁ
　　　　｜　　　｜
阴性辅音：kh、g
　　　　↓　　　↓
现代蒙古语：x、k

根据以上分析，我们认为敦煌石窟回鹘式蒙古文题记中的辅音 ʁ 应视为音位。长期以来，学者们似乎公认为辅音 ʁ 是 q 的变体，一般用 q（ʁ）来表示，把 ʁ 不作为独立音位来看待。其实，辅音 ʁ 与 q、kh、g 是平等的，也符合语音演变规律，只因为辅音 ʁ 处在擦音位置，与有发生源的塞辅音 q、kh、g 在位置上存在差异而被忽略。我们认为，该辅音的演变过程为 *ʁ→q→g→k。其中，*ʁ→q 阶段是发音方法上的变化，即从擦音变为塞音阶段，敦煌石窟回鹘式蒙古文题记，

[①]　嘎日迪：《中古蒙古语研究》，辽宁民族出版社 2006 年版，第 136 页。

以及中世纪蒙古语的其他文献和《蒙古秘史》里，没有明显的区别性特征，由此多数情况下以相同语音形式出现。敦煌石窟回鹘式蒙古文题记中，有时带两点的形式出现，有时也以不带点的形式出现，其不带点的实例与辅音 q 的形式相同。《蒙古秘史》中，辅音 ʁ 与 q 均以左侧旁边有小写的"中"字。但是，本身的结构特征与 q 不同，即其本来具有的浊音特点又使辅音 ʁ 与 q 之间产生区别关系，从而更接近浊辅音 g，由此进入了 q→g 的辅音演变阶段。敦煌石窟回鹘式蒙古文题记中出现的词 ʁaldan，在书写形式上完全与辅音 g 相一致。辅音 ʁ 与 g 之间出现相似的语音关系的基础上，现代蒙古语诸多方言中却演化出清辅音 k。而小舌辅音 q 和舌根辅音 kh 因为都是清辅音，由此也在现代蒙古语诸多方言中演变为辅音 x。这些演变过程，似乎是在 *ʁ→q 式演变阶段完成之后开始出现。下面以表格 A、B、C、D 来显示其演变过程：

表格 A

ʁ→q		舌根	小舌
塞音	清	kh	q
	浊	g	
擦音	浊		ʁ

表格 B

ʁ→q		舌根	小舌
塞音	清	kh	q
	浊	g	ʁ

表格 C

q→g		舌根	q→g		
塞音	清	kh q	塞音	清	
	浊	gʁ		浊	

表格 D

舌根	g→k		舌根
kh q	塞音	清	k
gʁ	擦音	清	x

1. 根据发音部位的不同，将上述辅音可以分类为：

（1）双唇音 ☞ b、m、w。

（2）舌尖音 ☞ n、l、s、th、d、r。

（3）舌叶音 ☞ tʃh、dʒ、ʃ。

（4）舌面音 ☞ j。

（5）舌根音 ☞ kh、g、ŋ。

（6）小舌音 ☞ q、ʁ。

2. 根据发音方法，题记的辅音可做如下分类：

（1）塞音 ☞ b、d、th、q、ʁ、kh、g。

（2）擦音 ☞ s、ʃ、j、w。

（3）塞擦音 ☞ ʤ、ʧh。

（4）边音 ☞ l。

（5）颤音 ☞ r。

（6）鼻音 ☞ m、n、ŋ。

3. 根据发音时声带震动与否，题记的辅音可分为：

（1）清辅音 ☞ q、kh、s、ʃ、th、ʧh。

（2）浊辅音 ☞ b、g、d、ʤ、ʁ、w、j。

4. 敦煌石窟回鹘式蒙古文题记的辅音分类表，见表6－9。

表6－9　　　　　　敦煌石窟回鹘式蒙古文题记的辅音分类表

发音方法＼发音部位		双唇	舌尖	舌叶	舌面	舌根	小舌
塞音	清		th			kh	q
	浊	b	d			g	
擦音	清		s	ʃ			
	浊	w			j		ʁ
塞擦音	清			ʧh			
	浊			ʤ			
边音			l				
颤音			r				
鼻音		m	n		ŋ		

（二）辅音结构特征及使用关系

1. n——舌尖塞鼻浊音。敦煌石窟回鹘式蒙古文题记中出现的辅音
n 与《蒙古秘史》中的 n 相同，在词首以伴有元音的音节形式出现。如

"纳、捏、泥、那、讷"等。在词末,以伴有辅音 n 结尾的形式出现。如"班、坛"等。在现代蒙古语喀尔喀方言和察哈尔方言里,均读作 n 音。如表 6 - 10 所示:

表 6 - 10   n 在不同方言中的使用特点

使用部位 \ 例词	敦煌题记	《蒙古秘史》	喀尔喀	察哈尔	词义
词首	nerethʉ	捏^舌列秃	nerth	nərth	有名的
词中	ʉnen	兀年	ʉnen	unən	真
词末	naiman	乃蛮	naiman	naiman	八

蒙古语族语言中,该辅音基本保留 n 音。题记中,辅音 n 可出现于词的任何音节,形式上带点与否,可能带有随意性,没有音位意义。

2. b——敦煌石窟回鹘式蒙古文题记的 b 属于双唇塞浊音,一般出现于词首和词中,未见词末出现的实例。而且,与《蒙古秘史》中的 b 音相同,在词首以伴有元音的音节形式出现。如"把、别、必、孛、不"等。在音节末以收尾辅音形式出现时,用"卜"字来表现。题记中只有在 bitʃhibʤʉ(bi-tʃhib-ʤʉ)"写"里以音节收尾辅音形式出现。但《蒙古秘史》中没有相对应的例词,认为该词可能是书写方面的问题,视为误写。在现代蒙古语的喀尔喀方言和察哈尔方言中,词首均读作清辅音 p。在词中和词末时,喀尔喀方言读作 w,察哈尔方言读作 p。其中,喀尔喀方言的 w 音应属于辅音 p 的变体。如表6 - 11所示:

表 6 - 11   b 在不同方言中的使用特点

使用部位 \ 例词	敦煌题记	《蒙古秘史》	喀尔喀	察哈尔	词义
词首	bi	必	pi	pi	我
	bars	巴儿思	pars	par	虎
词中	ʁarba-	^中合儿把速	karwa-	karpa-	出去

蒙古语族语言中，该辅音基本保留着 p 音。不过，阿尔泰语系其他语族语言中，也有与此相同的变体辅音 w 的实例。

3. q①——小舌吐气清塞音。敦煌石窟回鹘式蒙古文题记的辅音 q，可出现于词的任何音节，只是不以音节结尾形式出现而已。在《蒙古秘史》中，该辅音以"中哈、中豁、中忽"等音节形式表示。现代蒙古语的喀尔喀方言和察哈尔方言中，该辅音演变为 x。如表 6－12 所示：

表 6－12　　　　　　　　q 在不同方言中的使用特点

使用部位＼例词	敦煌题记	《蒙古秘史》	喀尔喀	察哈尔	词义
词首	qɔrin	中豁舌邻	xɔrin	xɔrin	二十
词中	aq-a	阿中合	ax	ax	哥

4. ʁ——敦煌石窟回鹘式蒙古文题记的 ʁ 是属于不吐气的小舌浊塞音。在题记中，该辅音可出现于词的任何音节。在《穆卡蒂玛特》里，辅音 q 与 ʁ 有相互交替使用的现象，而在《蒙古秘史》中，辅音 ʁ 都以 q 形式出现。如"中哈、中忽"等。现代蒙古语的喀尔喀方言和察哈尔方言中，该辅音演变为 k 音。如表 6－13 所示：

表 6－13　　　　　　　　ʁ 在不同方言中的使用特点

使用部位＼例词	敦煌题记	《蒙古秘史》	喀尔喀	察哈尔	词义
词首	ʁaqai	中合中孩	kaxai	kaxai	猪

---

①　现代蒙古语诸多方言中的辅音 x 和 g，在古代蒙古语中分别以 q、k 和 ʁ、g 出现，即古代蒙古语的辅音 q（阳性词中）和 k（阴性词中），在现代蒙古语诸方言中演变成一个辅音 x；古代蒙古语的辅音 ʁ（阳性词中）和 g（阴性词中），在现代蒙古语诸方言中，演变成一个辅音 g。本文中，在"语音"部分里将辅音 x 和 g，各分成 q、k 和 ʁ、g 来描写，以便进行更详细的研究。其他部分不予细分，只以 x 和 g 表示。

续表

使用部位 \ 例词	敦煌题记	《蒙古秘史》	喀尔喀	察哈尔	词义
词中	aʁʊla	阿山兀剌	ʊʊl	ʊʊl	山
词末	qʊthʊʁ	中忽秃黑	xʊthʊk	xʊthʊk	福禄

也有学者认为，该辅音应为舌根音。①

5. kh——敦煌石窟回鹘式蒙古文题记的 kh 是属于吐气的舌根塞清音，一般都出现在词首和词中。这一特点，与中世纪蒙古语其他文献资料中的辅音 kh 相吻合。在《蒙古秘史》中，以"客、乞、可、阔、曲"等音节形式出现。在现代蒙古语的喀尔喀方言和察哈尔方言中演变为擦辅音 x，而卫拉特和阿拉善额济纳及鄂尔多斯等方言中基本被保存了下来。如表 6 – 14 所示：

表 6 – 14　　　　　　　　　　kh 在不同方言中的使用特点

使用部位 \ 例词	敦煌题记	《蒙古秘史》	喀尔喀	察哈尔	词义
词首	khemen	客延	xeme：n	xəmə：n	么道
	khʉbegʉn	可温	xɵwgʉ：n	xɵwʉʉ：n	儿子
词中	jekhe	也客	ix	ix	大

再说，敦煌石窟回鹘式蒙古文题记的辅音 kh，同蒙古语族达斡尔语中的 kh 演变为 x 音的情况基本一致。然而，东部裕固语等蒙古语族语言及西域语言中，基本保留了 kh 这一辅音。

6. g——敦煌石窟回鹘式蒙古文题记中的 g 是属于不吐气的舌根浊塞音，在题记中可出现于词的任何音节。《蒙古秘史》中，由"格、吉、古、歌"等以伴有元音的音节形式出现，收尾辅音以"克"字体

———————

① 乌·满达夫：《中古蒙古语》，辽宁民族出版社 1997 年版，第 247 页。

表现。在现代蒙古语的喀尔喀方言和察哈尔方言与之相对应的辅音大多为清辅音 k。如表 6-15 所示：

表 6-15　　　　　　　　　**g 在不同方言中的使用特点**

使用部位 ＼ 例词	敦煌题记	《蒙古秘史》	喀尔喀	察哈尔	词义
词首	gɵr	古^舌儿	kɵr	kɵr	诬告
词中	ʉge	兀格	ʉk	uk	话语
词末	ʤʊg	竹克	dzʊk	tʃʉk	方向

7. m——敦煌石窟回鹘式蒙古文题记的 m 属于双唇鼻辅，可出现于词的任何音节。

在《蒙古秘史》里，由"马、篾、米、抹、木"等以伴有元音的音节形式出现。现代蒙古语的喀尔喀方言和察哈尔方言中，也无一例外地均读作 m 音。也就是说，蒙古语族语言里基本保持着该辅音原来的发音特征。不过，在词尾，有时被发作 n 音。如表 6-16 所示：

表 6-16　　　　　　　　　**m 在不同方言中的使用特点**

使用部位 ＼ 例词	敦煌题记	《蒙古秘史》	喀尔喀	察哈尔	词义
词首	mɵrguʤʊ	木^舌儿古周	mɵrketʃ	mɵrketʃ	叩拜
词中	amithan	阿米坛	amthan	æmthan	动物
词末	nɔm		nɔm	nɔm	经书

8. l——敦煌石窟回鹘式蒙古文题记中的辅音 l 是舌尖边音，可出现于词的任何音节。在《蒙古秘史》中由"剌、列、里、罗、鲁"等伴有元音的音节形式出现，收尾辅音以"勒"字体表现。现代蒙古语的喀尔喀方言和察哈尔方言中均读作 l 音。如表 6-17 所示：

表 6 – 17   l 在不同方言中的使用特点

使用部位＼例词	敦煌题记	《蒙古秘史》	喀尔喀	察哈尔	词义
词首	lam-a		lam	lam	喇嘛
词中	dɔluʁan	朵罗安	tɔlɔːn	tɔlɔːn	七
词末	setkhil	薛惕乞勒	setkel	sətkəl	心

9. s——敦煌石窟回鹘式蒙古文题记中的 s 属于舌尖清擦音。在《蒙古秘史》中以"撒、薛、失、雪、莎"等伴有元音的音节形式出现，收尾辅音以"思"字体表现。可出现于词的任何音节，在现代蒙古语的喀尔喀方言和察哈尔方言中也都发作 s 音。如表 6 – 18 所示：

表 6 – 18   s 在不同方言中的使用特点

使用部位＼例词	敦煌题记	《蒙古秘史》	喀尔喀	察哈尔	词义
词首	said	撒亦惕	sait	sait	臣
词中	garbasʊ	中合舌儿巴速	karwa-	karpa-	出去
	arsalan	阿舌儿思阑	arslan	arslan	狮子
词末	ʊras		ʊras	ʊras	工匠们

10. ʃ——敦煌石窟回鹘式蒙古文题记中的 ʃ 是舌叶清擦音，可出现于词的任何音节。辅音 ʃ 在《蒙古秘史》中，以"石"等以伴有元音的音节形式出现，主要用于借词。在现代蒙古语的喀尔喀方言和察哈尔方言中也读作 ʃ 音。如表 6 – 19 所示：

表6-19　　　　　　　　　ʃ在不同方言中的使用特点

使用部位＼例词	敦煌题记	喀尔喀	察哈尔	词义
词首	ʃasin	ʃaʃin	ʃaʃin	教
词末	thaʃ	thaʃ	thaʃ	石

在蒙古语族语言的达斡尔及东部裕固语中，该辅音同样保存了下来。一些专家学者们认为，辅音 ʃ 是 s 在元音 i 前的变体形式。敦煌题记中，辅音 ʃ 除在元音 i 前出现外，元音 ɔ 前也出现。这表明了辅音 ʃ 具有的音位价值。

11. th——敦煌石窟回鹘式蒙古文题记中的 th 属于吐气舌尖清塞音，一般出现于词首和词中，词末几乎不出现。在《蒙古秘史》等的汉字标音中，辅音 th 以"塔、帖、脱、秃"等伴有元音的音节形式出现。现代蒙古语的喀尔喀方言和察哈尔方言中也都读作 th 音。也就是说，现代蒙古语族语言中，基本与 th 相对应。如表6-20所示：

表6-20　　　　　　　　　th 在不同方言中的使用特点

使用部位＼例词	敦煌题记	《蒙古秘史》	喀尔喀	察哈尔	词义
词首	thabʊn	塔奔	thawan	thapan	五
词中	nerethʉ	捏^舌列秃	nerth	nərth	有名的

12. d——敦煌石窟回鹘式蒙古文题记中的辅音 th 是不吐气的舌尖浊塞音，可以出现于词的任何位置。在《蒙古秘史》中以"答、迭、朵、都"等伴有元音的音节形式出现，收尾辅音以"惕"形式出现。现代蒙古语的喀尔喀方言和察哈尔方言中，大多为清辅音 t。该辅音，在蒙古语族绝大多数语言中与 t 相对应。如表6-21所示：

表 6 – 21   d 在不同方言中的使用特点

使用部位＼例词	敦煌题记	《蒙古秘史》	喀尔喀	察哈尔	词义
词首	dɔthʊr-ɑ	朵脱^舌剌	tɔthɔr	tɔthɔr	内
词中	setkhil	薛^惕乞勒	setkel	sətkəl	心
词末	iregsed	亦^舌列_克薛_惕	irekset	irəksət	来者

13. ʧh——敦煌石窟回鹘式蒙古文题记中的 ʧh 属于吐气的舌叶清塞擦音，一般都出现于词首和词中，词末几乎不出现。在《蒙古秘史》中以汉字"察、扯、赤、绰、出"等标音，并伴有元音的音节内出现。现代蒙古语的喀尔喀方言里变读为 ʧh 或 ts 音，而在察哈尔方言内变为 ʧh 音。如表 6 – 22 所示：

表 6 – 22   ʧh 在不同方言中的使用特点

使用部位＼例词	敦煌题记	《蒙古秘史》	喀尔喀	察哈尔	词义
词中	biʧhibei	必赤罢	piʧhip	piʧhip	写了
	ilʧhi-	额勒臣	elʧh-	əlʧh-	使臣

14. ʤ——敦煌石窟回鹘式蒙古文题记中的 ʤ 是不吐气的舌叶浊塞擦音，基本上都出现于词首和词中，词末没有出现的实例。在《蒙古秘史》里以汉字"札、折、只、勺、主"等标音，且出现于带有元音的音节。现代蒙古语的喀尔喀方言中变为清辅音 ʧ 或 ʣ，而在察哈尔方言内发音为清辅音 ʧ。如表 6 – 23 所示：

表 6 – 23		ʤ 在不同方言中的使用特点			
使用部位 ╲ 例词	敦煌题记	《蒙古秘史》	喀尔喀	察哈尔	词义
词首	ʤʒil	真勒	tʃil	tʃil	年
	ʤajaʁa-	札牙阿秃	ʣajaa-	tʃajaa-	命
	ʤaʁan	札安	ʣaan	tʃaan	大象
词中	mɵrguʤʉ	木^舌儿古周	mɵrketʃ	mɵrketʃ	叩拜

15. j——敦煌石窟回鹘式蒙古文题记的 j 是舌面不吐气浊擦音，可以出现于词的任何位置。在《蒙古秘史》中由"牙、也、亦、约、余、由"等伴有元音的音节形式出现。在现代蒙古语的喀尔喀方言和察哈尔方言里，与之相对应的辅音是 j，蒙古语族语言中也同样如此，该辅音由 j 来表示。如表 6 – 24 所示：

表 6 – 24		j 在不同方言中的使用特点			
使用部位 ╲ 例词	敦煌题记	《蒙古秘史》	喀尔喀	察哈尔	词义
词首	jisʉn	也孙	jɵsɵn	jɵsɵn	九
词中	ʤajaʁa-	扎牙阿秃	ʣajaa-	tʃajaa-	承命

16. r——敦煌石窟回鹘式蒙古文题记的 r 是舌尖浊颤音，只出现在词中和词末，词首不出现。这一特点与中世纪蒙古语的其他文献相同。在《蒙古秘史》里，用辅音 l 开头的字出现的同时，其前面要增加小舌字。对此，语音现象在《涵芬楼秘笈·华夷译语》中做了如下说明"字傍小注舌字者乃舌头音也。必弹舌读之"。意思是说"辅音 r 的发音部位与辅音 l 的发音部位相同，都是舌尖部位的音，区别在于辅音 r 的发音有舌头颤抖现象"。在现代蒙古语的喀尔喀方言和察哈尔方言，包括蒙古语族的其他语言在内，与之相对应的辅音同样都是 r 音。如表

6 – 25 所示：

表 6 – 25　　　　　　　　　　　r 在不同方言中的使用特点

使用部位＼例词	敦煌题记	《蒙古秘史》	喀尔喀	察哈尔	词义
词中	nerethʉ	捏^舌列秃	nerth	nərth	有名的
	thɵregsen	朵^舌劣_克先	thɵrsɵn	thɵrsɵn	出生
	theŋgeri	腾格^舌里	thəŋkər	theŋker	天
词末	qɔjar	^中豁牙^舌児^中	xɔjcx	xɔjcx	二

17. ŋ——敦煌石窟回鹘式蒙古文题记中的 ŋ 属于舌根浊鼻音，词中辅音前出现较多，词首几乎不出现，词末也很少使用。不过，在词末像"王""正""永""昌"等汉语借词中出现得多。在《蒙古秘史》中以"昂、郎、蒙、腾"等收尾辅音的形式出现。现代蒙古语的喀尔喀方言和察哈尔方言里与之相对应的多为 ŋ 音，蒙古语族语言中也相同。如表 6 – 26 所示：

表 6 – 26　　　　　　　　　　　ŋ 在不同方言中的使用特点

使用部位＼例词	敦煌题记	《蒙古秘史》	喀尔喀	察哈尔	词义
词中	theŋgeri	腾格^舌里	theŋker	thəŋkər	天
	meŋkhe	蒙客	mɵŋx	moŋx	永远

18. w——敦煌石窟回鹘式蒙古文题记中的 w 属于双唇浊音，只出现在汉语借词 wʉgʉ "府"的词首。现代蒙古语的察哈尔方言的汉语借词被发作 f 音。

三　草原"丝绸之路"上的敦煌石窟回鹘式蒙古文题记的元音和谐规律

（一）敦煌石窟回鹘式蒙古文中元音的分类表（如表 6－27 所示）

表 6－27　　　　　　敦煌石窟回鹘式蒙古文中元音分类表

后元音 ☞ ɑ、ɔ、ʋ	央元音 ☞ θ、ʉ	前元音 ☞ e、i
紧元音 ☞ ɑ、ɔ、ʋ	松元音 ☞ e、θ、ʉ	中性元音 ☞ i
圆唇元音 ☞ ɔ、ʋ、θ、ʉ	展唇元音 ☞ a、e、i	

元音和谐是敦煌石窟回鹘式蒙古文题记中最显著、最突出的一种元音组合相互搭配关系，即词的第一音节元音的性质决定着第二音节及其以下音节的元音，甚至包括词根或词干后面接缀的形态变化语法词缀及构词成分的元音的使用关系。蒙古语专家学者早在几百年前，就探讨过蒙古语元音和谐规律。他们发现，蒙古语元音的使用上，总是遵循同样元音或同性元音的搭配关系，且存在内部的严格规律性或者说搭配原理。后来的人们逐渐总结出其中自然形成的元音和谐规律，进而分析出发音部位相同元音的和谐使用、松紧元音的和谐使用，以及发音时的唇状变化相一致的元音之间产生的和谐使用三种形式的搭配原理。

（二）发音部位相同元音的和谐现象

这里所说的发音部位相同元音的和谐是指词中元音发音时所处的舌位前后部位或者说位置保持一致，即后元音只能跟后元音紧密搭配，央元音跟央元音间产生和谐结合关系，前元音同样跟前元音间相互结合。就如前面的元音分类表所示，敦煌石窟回鹘式蒙古文题记中的元音发音部位的分类应该是：（1）后元音 ☞ ɑ、ɔ、ʋ；（2）央元音 ☞ θ、ʉ；（3）前元音 ☞ e、i 三种结构类型。如表 6－28 所示：

表 6-28　　　　　敦煌石窟回鹘式蒙古文题记中的元音发音部位的分类表

模式	敦煌题记	喀尔喀	察哈尔	词义
a—a	ʤaʁan	ʣaan	tʃaan	象
a—ʊ	darʊʁsan	tarsan	tarsan	压
ɔ—a	ɔdbai	ɔtpɛ	ɔtpai	回
ɔ—ʊ	qɔjitʃu	xɔitʃʰ	xɔitʃʰ	将来
ʊ—a	bʊjan	pʊjan	pʊjan	福
ʊ—ʊ	qʊtʰʊɢ	xʊtʰʊɢ	xʊtʰʊx	吉祥
ɵ—u	ɵdgus	ɵtʰkɵs	ɵtʰkɵs	年迈
u—u	uʤuɡulel	uʤuulel	utʃuulel	边际

（三）发音时喉部调音器官松紧特征相同元音间的和谐现象

敦煌石窟回鹘式蒙古文题记中的元音除舌位前后区别之外，还有因发音时喉部调音器官出现的紧张程度的不同而产生的松元音和紧元音之别。正是因为元音中有了松紧之别，使元音和谐规律变得更加严谨、更加清楚和分明。早期蒙古语言学家发现，发蒙古语元音时：（1）一些元音喉部调音器官出现紧张现象，同时舌根要后缩。由此，将此类元音叫阳性元音，也就是我们现在说的紧元音。（2）在另一些元音喉部调音器官不出现紧张现象，同时舌根不产生后缩感应。因而，将此类元音叫阴性元音，也就是我们所说的松元音。那么，阳性元音与阴性元音是，蒙古语学传统意义上的分类手段和形式，应该属于语音学领域的学术问题。它不同于印欧语系语言语法学中的性范畴概念，为了与语法学的"性"相互区别，学者们把阳性元音和阴性元音叫"紧元音"与"松元音"。不过，松紧元音的发音同样会影响舌位前后和舌头的升降，但这不是发音器官中出现的主要现象，最为突出的反应应该是发音时的调音器官所产生的紧和松的区别，如同蒙古语圆唇元音 ɔ 与 ɵ、ʊ 同 u 的区别。蒙古语的"元音和谐规律"是，主要以元音的"松"与"紧"原理相互间发生的和谐接触关系，这是蒙古语元音和谐规律中最为突出的特点之一。蒙古语元音的松紧变化现象，似乎有别于汉藏语系语言的松紧元音，二者在嗓音数据上具有鲜明的不同。^①。敦煌石窟回鹘式蒙古文题记中的松元音和紧元音的和谐规律可用表6-29归纳如下：

表6-29　　敦煌石窟回鹘式蒙古文题记的松元音和紧元音和谐实例

模式	敦煌题记	喀尔喀	察哈尔	词义
ɑ—ɑ	aq-a	ax	ax	哥
ɑ—ʊ	aʁʊlan	ʊ: l	ʊ: l	山
ɑ—i	qani	xan	xan	伴侣
ɔ—a	qɔjar	xɔjx	xɔjx	二
ɔ—ɔ	dɔlɔʁan	tɔlɔ: n	tɔlɔ: n	七
ɔ—ʊ	bɔlthuʁai	pɔlthuɡai	pɔlthuɡai	成为
ɔ—i	mɔrin	mɔrin	mɔrin	马
ʊ—ɑ	bʊrqan	pʊrxan	pʊrxan	佛
ʊ—ʊ	ʊlʊs	ʊls	ʊls	国家
ʊ—i	sʊrʁaldʒin	sʊrkaltʃin	sʊrkaltʃin	教导者
i—ɑ	ʃithaʁan	ʃitha: n	ʃitha: n	烧
i—ʊ	dʒirʁʊʁan	dzurga:	tʃurga:	六
e—e	ene	en	ən	这个
e—ʉ	eguride	ʉʉrd	uurd	永远
e—i	erdeni	erten	ərtən	宝
θ—ʉ	mθrguʉbe	mθrkew	mθrkeb	叩拜
θ—e	thθruʉgsen	thθrsen	thθrsen	降生
θ—i	θtʃhigledʒʉ	θtʃhkθltʃ	θtʃhkθltʃ	诉说
ʉ—e	thʉmen	thʉmen	thʉmen	万
ʉ—i	ʉdʒid	ʉtʃit	utʃit	淫秽
ʉ—ʉ	ʉdʒekhʉj-e	ʉdzxʉj	utʃxʉj	看
i—e	ʃirgithele	ʃirkthel	ʃirkthəl	干枯
i—ʉ	bitʃhidʒʉ	pitʃhitʃ	pitʃhitʃ	写
i—i	ʃaʁdʒamuni	ʃaktʃamɔni	ʃaktʃamɔni	释迦牟尼

---

① 曹道巴特尔：《喀喇沁蒙古语研究》，民族出版社2007年版，第48页。

从表格中的实例可以看出，敦煌石窟回鹘式蒙古文题记中元音松紧和谐，完全表现在紧元音与紧元音、松元音与松元音相互间的搭配上。与此相反，紧元音和松元音几乎不能同时出现在同一个词中。不过，中性元音可以与紧元音和松元音自由搭配。在这一点上，与蒙古语诸方言保持了高度一致。中古时期的蒙古语元音和谐规律，同样也是表现在松紧元音的和谐方面。

（四）发音时唇状相同元音和谐现象

敦煌石窟回鹘式蒙古文题记中，非词首音节的四个圆唇元音 ɔ、ʊ、ө、ʉ 的书写符号基本相同。所以，判断是否有唇状和谐现象确实有一定难度。不过，通过敦煌石窟回鹘式蒙古文题记，以及《蒙古秘史》等历史文献资料的蒙古语语音研究，还是可以看出其中存在的具体的一些区别关系，即中世纪蒙古语里存在的唇状和谐现象。例如，敦煌石窟回鹘式蒙古文题记的蒙古语里出现的 dɔthɔr-ɑ "内"一词，在《蒙古秘史》中转写为"朵脱舌剌"；另外，dɔlɔʁɑn "七"一词，在《蒙古秘史》里记写为"朵罗安"。从这些实例中也可以看出，当时的蒙古语中元音 ɔ 和 ө 在第一音节以后也出现。虽然无法断定那时已形成唇状和谐规律，但可以证明已经开始出现了唇状和谐现象。与之相比，现代蒙古语内唇状元音和谐已成为普遍存在的语音现象。如表 6-30 所示：

表 6-30　　　　　　　　现代蒙古语唇状元音和谐现象

敦煌题记	喀尔喀	察哈尔	词义
өtʃhigledʒ	өtʃhkөltʃ	ɔtʃhkөltʃ	诉说
bɔsʁɑʁsɑd	pɔsɔksɔn	pʊskɑsɑn	建起
mɔʁɑi	mɔkɔi	mɔkɔi	蛇
qɔjɑr	xɔjɔr	xɔjɔr	二

我们的研究表明，元音和谐规律与借词没有必然联系。例如，在敦煌石窟回鹘式蒙古文题记中的 jөŋ-ʧaŋ-fʉgʉ 一词是汉语地名借词“永昌府”的转写形式，其中就出现元音 ө-a-ʉ 同在一个词里使用，没有受到元音和谐规律的影响和制约。

四　草原“丝绸之路”上的敦煌石窟回鹘式蒙古文题记的音节结构

（一）音节结构

我们掌握的资料表明，草原“丝绸之路”上的敦煌石窟回鹘式蒙古文题记的音节是以元音为主构成，一个词里有多少元音就会区分为多少元音，即词中元音的数目与音节数目要保持一致。在中世纪蒙古语中，书面语和口语之间的差别并不是很大，写与说之间相当接近，这一特点反映在《蒙古秘史》和八思巴文等文献里。敦煌石窟回鹘式蒙古文题记中的音节有以下几种结构类型：

1. V①：元音音节。例如：ʉ-kher（敦煌题记）☞ ʉ-xer（喀尔喀）☞ u-xer（察哈尔）☞“牛”。

2. CV：元音—辅音音节。例如：ɪl-ʧhin（敦煌题记）☞elʧh（喀尔喀）☞əlʧh（察哈尔）☞“使臣”。

3. VCC：元音—辅音—辅音音节。例如：ars-lan（敦煌题记、喀尔喀、察哈尔）☞“狮子”。

4. CV：辅音—元音音节。例如：qa-ni（敦煌题记）☞ xæn（喀尔喀）☞ xan（察哈尔）☞“伴”。

5. CVC：辅音—元音—辅音音节。例如：baɢ-ʃi（敦煌题记）☞ pakʃ（喀尔喀）☞ pakʃ（察哈尔）☞“老师”。

与敦煌石窟回鹘式蒙古文题记中的中蒙古语音节相比，现代蒙古语各方言的音节有很大变化，这一点在音节里表现得尤其明显。以察哈尔方言为代表的现代蒙古语音节，与敦煌石窟回鹘式蒙古文题记为

---

① V 表示元音，C 表示辅音。

代表的中世纪蒙古语音节相比,有以下几个特点:

一是,由于现代蒙古语各方言中词末开音节元音的脱落,使词末闭音节的数量大大增多。如表 6 - 31 所示:

表 6 - 31　　　因现代蒙古语各方言中词末开音节元音脱落而词末闭音节数量增多

敦煌题记	喀尔喀	察哈尔	词义
ʉ-ge	ʉk	uk	话语
e-ne	ən	en	这

二是,由于现代蒙古语中非词首音节短元音的脱落,出现了复辅音音节 VCC 和 CVCC 的结构特征。如表 6 - 32 所示:

表 6 - 32　　因现代蒙古语中非词首音节短元音脱落而出现复辅音音节 VCC 和 CVCC

敦煌题记	喀尔喀	察哈尔	词义
ʊ-lʊs	ʊlʊs	ʊlʊs	国家
dʊ-ra-sʁɑ-qʊ	tʊrs-kɑx	tʊrs-kɑx	纪念

三是,在现代蒙古语各方言里,自从出现长元音和复元音以后,其数量不断增多。如表 6 - 33 所示:

表 6 - 33　　　因长元音和复元音的出现长元音及复元音音节词数量增多

敦煌题记	喀尔喀	察哈尔	词义
ɑ-ʁʊ-lɑ	ʊʊl	ʊʊl	山
qa-tha-ʁʊ-ʤi-qʊ	xa-thʊʊ-ʧix	xa-thʊʊ-ʧix	吉祥的
sɑ-jid	sɑit	sɑit	臣将

四是，由于长元音音节和复辅音音节及词末闭音节的大量出现，现代蒙古语各方言中的音节数量比敦煌石窟回鹘式蒙古文题记中音节数量显得少。

（二）音节划分基本原则

敦煌石窟回鹘式蒙古文题记的音节以元音为主构成，每一个音节有一个元音，即音节中可以没有辅音，但必须有元音。那么，我们以词中使用的元音为前提，对词中音节进行如下划分：（1）VCV——如果两个元音之间只有一个辅音，那么从词首元音后面划分音节，前一个音节由单一元音构成，后一个音节由辅音和元音组成。例如，aqa（a-qa）"哥"、ene（e-ne）"这"、ʉje（ʉj-e）"时"等。（2）VC-CV——如果两个元音之间有两个辅音，那该两个辅音分别属于前后两个音节，即前一个辅音属于前一个音节，后一个辅音归后一个音节。例如，ɔdbai（ɔd-bai）"去了"。（3）VCCVC——如果词首是元音，接着使用两个辅音，再加一个元音和一个辅音的形式构成的例词，其音节的分离线要从连续使用的词中两个辅音之间划开，结果词首元音和后续辅音同属前一个音节，留下的一个辅音同后面的元音归于后一个音节。例如，belge（bel-ge）"标志"、baʁʃi（baʁ-ʃi）"师"等。（4）VCCCVC——如果词首是元音，接着出现三个辅音，还加一个元音和一个辅音的形式构成的例词，其音节分离线要从连续使用的词中三个辅音的前两个辅音后面划开，这使词首元音和它后面的两个辅音同属前一个音节，留下的一个辅音同后续的元音和辅音归于后一个音节。例如，arslan（ars-lan）"狮子"。（5）CVCV——要是辅音加元音再加辅音和元音的形式构成的例词，那么词首辅音与后续元音同属前一个音节，后面的辅音和元音归于第二个音节。例如，sara（sa-ra）"月"。（6）CVCVC——如果是由辅音加元音、辅音加元音再加辅音的语音结构形式构成的实例，那么音节分离线要从词首辅音和元音后面画线。那么，词首辅音与后续元音同属前一个音节，后面的辅音加元音再加辅音的语音形式归于第二个音节。例如，qɔjar（qɔ-jar）"二"等。

第三节　草原"丝绸之路"及敦煌石窟回鹘式
蒙古文题记的词汇结构特征

我们掌握的第一手资料充分说明，草原"丝绸之路"上的敦煌石窟回鹘式蒙古文题记的词汇中，主要有蒙古语固有词和一些借词。其中，固有词有单音节词、双音节词和多音节词等结构性特征，借词中主要有汉语、藏语和突厥语的成分。

一　草原"丝绸之路"及敦煌石窟回鹘式蒙古文题记的固有词

从词源角度来看，草原"丝绸之路"上的敦煌石窟回鹘式蒙古文题记的词汇中，绝大多数词是属于蒙古语固有词。毫无疑问，固有词是敦煌石窟回鹘式蒙古文题记词汇的核心和基础部分。那么，这些固有词具有产生历史悠久、使用范围十分广、构词能力强等特点。再说，这些固有词大都随着历史的发展变迁，会产生不同程度的语音和词义方面的不同程度的变化，有的固有词在语音方面出现较大变化，有的固有词在词义方面发生了变化，有的固有词在语音和词义方面都产生变化，有的固有词各方面的变化比较小，甚至人们很难发现其中存在的一些变化。不论怎么说，经过千百年的发展变化，敦煌石窟回鹘式蒙古文题记的词汇还是较系统地保留了自身具有的结构性特征，进而对于早期蒙古语的传承和发展发挥了应有的作用和影响力。就如前面的交代，敦煌石窟回鹘式蒙古文题记的词汇分类中主要涉及单音节词、双音节词和多音节词。其中，单音节词属于由单一元音、元音加辅音、元音加两个辅音或单一元音和三个辅音构成的词，双音节是指由两个音节构成的词，多音节词是说由两个以上的音节构成的词。然而，在多音节词里，三音节词占多数。请看下面的举例说明；

1. 单音节词 ☞ ix "大"、bi "我"、ʤil "年"、ʁal "火"、bars

"老虎"等。

2. 双音节词 ☞ ene（e-ne）"这"、ʉnen（ʉ-nen）"真"、eʤen（e-ʤen）"主"、ɔdbai（ɔd-bai）"走"、sara（sa-ra）"月"、qɔjar（qɔ-jar）"二"、khʉmʉn（khʉ-mʉn）"人"、belge（bel-ge）"标志"、sansar（san-sar）"宇宙"等。

3. 多音节词 ☞ aʁʊla（a-ʁʊ-la）"山"、ɵtʃhigleʤ（ɵ-tʃhig-leʤ）"诉说"、bɔsʁaʁsan（bɔs-ʁaʁ-san）"建立"、bitʃhiʤʉ（bi-tʃhi-ʤʉ）"写"、ʃaʁʤamʊni（ʃaʁ-ʤa-mʊ-ni）"释迦牟尼"、ʉʤekhʉje（ʉ-ʤe-khʉ-je）"看"、ʃir-gi-the-le（ʃirgithele）"干枯"等。

我们就掌握的资料分析还表明，这三种音节结构类型的固有词里，应该说双音节结构类型的实例占有最高出现率，其次是属于多音节结构类型的词，像单音节结构类型的词没有双音节结构类型的和多音节结构类型的固有词多。

二　草原"丝绸之路"及敦煌石窟回鹘式蒙古文题记中的借词

有史以来在草原"丝绸之路"通道上形成了不同国家和地区、不同民族和商人间的贸易往来、商品交易、经商活动、文化交流、移民流动等各种形式和内容的相互接触与交流，敦煌石窟回鹘式蒙古文题记中也因此借入不少借词。其中，就有早期梵语、突厥语、藏语、汉语、西域等不同语言的借词。分析和研究这些不同来源的借词，不仅可以为敦煌石窟回鹘式蒙古文题记词汇的构成、词汇的发展、语音研究提供直接的材料，而且也为研究不同民族的接触关系及文化交流的深入探索提供有力的语言学佐证。我们在研究借词时发现，一些借词因借入的年代久远而发生根本性变化，完全融化为被借入的语言词汇世界之中，使人难以弄清其原有面貌及其结构性特征。不过，也有一些借词，我们通过分析研究，还是能够看清它的历史来源。下面根据我们现已掌握的语言资料，主要分析来自梵语、突厥语、藏语、汉语、西域等不同语言具有一定代表性的早期借词：

1. 梵语借词 ☞ 题记语言中出现一些源自梵语的佛教术语,这些佛教术语随着佛教在蒙古人中的不断弘扬,极大地丰富了蒙古文献的词汇。例如,有 burqan "佛"、ʃasin "教义" 等。

2. 粟特语借词 ☞ ʃumnu "恶魔"、nɔm "经书"。

3. 突厥语借词 ☞ qɔd "部长"。

4. 藏语借词 ☞ lam-a "喇嘛"。

5. 汉语借词 ☞ 尽管汉语与蒙古语属于不同语系语言,在语音、词汇、语法等领域存在明显的结构性差异,但由于民族间的长期接触和社会影响,彼此的语言相互吸纳了不少语言要素,进而不断发展和丰富了彼此的语言。而且,在早期相互间借入的词语有不少,有的借词已成为彼此语言词汇不可分割的基本词汇。那么,在敦煌石窟回鹘式蒙古文题记中,也借入不少早期一些汉语借词。这些借词,更多的似乎跟地名、年号、官职名称等有关。例如,有 ʃi niŋ "西宁"、ʁadʒu "瓜州"、suɡdʒu "肃州"、ʃadʒu "沙州"、dʒi dʒiŋ "至正"、dʒi dʒi "至治"、ɔŋ wɔɡ "王府" 等。汉语借词的出现,在一定程度上丰富了敦煌石窟回鹘式蒙古文题记的词汇系统,其中一些借词一直沿用到现在。

三 草原"丝绸之路"及敦煌石窟回鹘式蒙古文题记词汇的文化内涵

语言是一种文化现象,民族语言同该民族的文化具有不可分割的内在联系,语言与文化相互依存、相互影响、相互促进、相互发展。所以人们说,有什么样的语言,就会有什么样的文化,语言是文化的载体,文化是语言的基础。语言能够最真实地反映不同民族的不同文化,以及不同民族的不同历史发展时期的不同文化内涵。这使不同民族语言具有了各自不同的个性化文化特征,这些特征毫无保留地向世人展示其特有物质文化及精神文化的所有方面。总而言之,不同民族语言与不同民族文化有着密切联系,语言是一个民族文化得以发展延续的主要条件和依靠,有什么样的民族文化就会有什么样的民族语言。

我们完全可以通过不同的民族语言，去了解不同民族的历史文化与文明。特别是，不同民族语言中的词汇更能够表现出不同民族的文化与文明。不同民族语言创造的词汇系统，蕴含着不同民族的物质的和精神的思想和思维。词汇是语言的基本要素，也是思想和思维的主要表现形式和组成内容。不同民族语言的词汇不仅能够反映不同民族文化，同时也可以反映不同民族对于世间万物的不同认识和解释，"某一种语言在某些领域具有较高比例的词汇体现了该文化的着重点所在。某些词汇知识常常说明人们在特点领域的能力，某些词汇的消失表明了这一文化所关注的东西发生了变化"①。那么，敦煌石窟回鹘式蒙古文题记的词汇中，剔除表示年月日的十二属相名称、数词及地名和表示"去""写"等常用的动词之外，剩余的词中大多是有关佛教文化方面的词，占词汇总数的50%左右。我们如果把这个统计数字与敦煌石窟回鹘式蒙古文题记内容相结合，会更清楚地看到它所具有的佛教文化内涵。另外，从它的年份词和相关词的内容我们可以看出，在元和明、清年代的整个历史进程中，蒙古族在草原"丝绸之路"古商道与佛教的接触，以及他们的先民在敦煌地区进行佛教活动的真实情景。下面，将列举敦煌石窟回鹘式蒙古文题记中出现的佛教文化词汇。如表6－34所示：

表6－34　　　敦煌石窟回鹘式蒙古文题记中出现的佛教文化词汇实例

敦煌题记	喀尔喀	察哈尔	词义
burqan	pʊrxan	pʊrxan	佛
mani	maan	maan	佛珠
lam-a	lam	lam	喇嘛
sʉm-e	sʉm	sʉm	寺庙

① Eugene Nida, *Language, Culture and Translating*，转引自孙英春《跨文化传播学导论》，北京大学出版社2008年版，第57页。

续表

敦煌题记	喀尔喀	察哈尔	词义
ʃagʤamɔmi	ʃagtʃamɔmi	ʃagtʃamɔmi	释迦牟尼
ʃaʃin	ʃaʃin	ʃaʃin	宗教
ʃɔmnʊ	ʃɔlʊm	ʃɔlʊm	妖魔
thŋri	tjeŋker	thəŋkər	天
thəlegtʃhi	thəlɵktʃhi	thəlɵktʃhi	占卜师
mɵrgʉ-	mɵrkɵ-	mɵrk-	叩拜

　　我们认为，同一个民族语言在不同历史时期，在不同自然环境和不同地理位置及特定地域条件下会产生不同程度的变化与演变。反过来讲，不同历史时期生活在不同自然环境，以及不同地理位置及特定地域条件下的同一个民族语言，产生的不同程度的变化与演变，反映出不同时期、不同地域的文化特点。以敦煌石窟回鹘式蒙古文题记的词 sʉm-e、bʊrqan 为例。其中，sʉm-e 在《蒙古秘史》里表示"佛"和"异教寺庙"，而在敦煌石窟回鹘式蒙古文题记里则表示"寺庙"。还有，bʊrqan 在《蒙古秘史》中以人名形式出现，而到了敦煌石窟回鹘式蒙古文题记中的词义为"佛"。众所周知，蒙古族原始宗教是萨满教而不是佛教，所以在《蒙古秘史》反映的蒙古族早期语言中，几乎没有出现有关佛教的词语。与此相反，像敦煌石窟回鹘式蒙古文题记等较晚时期的文献资料里，关于佛教文化方面的词语大量涌现，而与萨满教相关的词语则变得越来越少。这种现象的出现充分说明，语言反映的是使用者的文化，其中就包括物质文化及精神文化，这些文化通过语言文字进行传播传递及流传百世。不同的民族语言源自不同的文化历史，不同的民族语言植根于不同的文化和社会及其历史才能获得强大生命力。再说，不同民族文化均存在于不同民族语言里，同样不同民族历史与传统都保存于不同民族语言中。有关语言与文化的关系，马林诺夫斯基认为，语言深深地扎根于现实的文化生活及该民族的风俗习惯之中。事实上，词汇同语音和语法相比较，与社会生活的关系

更加直接，因此社会生活的发展变化都会很快反映到语言的词汇中。那么，毫无疑问，敦煌石窟回鹘式蒙古文题记中的词汇，反映的是当时蒙古族信奉的佛教文化社会，进而充分展示出敦煌石窟回鹘式蒙古文题记词汇富有的浓重的佛教文化内涵。

总而言之，敦煌石窟回鹘式蒙古文题记在元代的草原"丝绸之路"研究，以及早期蒙古语言文字研究中具有重要学术地位。尤其是对蒙元历史、中古蒙古语研究有其特定学术价值。同时，对蒙古历史文化、风俗习惯、伦理道德、宗教信仰等诸多学术领域的深度探讨，同样具有重要学术意义。其中，敦煌石窟回鹘式蒙古文题记提供的真人真事等历史资料，更是具有独特的学术研究及实际意义和理论价值。综合以上讨论，我们认为敦煌石窟回鹘式蒙古文题记具有以下几个方面特点：

一是，敦煌石窟回鹘式蒙古文题记是属于13—14世纪时期的蒙古语，具有鲜明的中世纪蒙古语特点。从文字学角度来讲，敦煌石窟回鹘式蒙古文题记的书写特点具有中世纪蒙古语的其他回鹘式蒙古文文献相同的特点。例如，（1）元音 e 的词首书写形式；（2）元音 ɑ、e 及辅音 n 的词末书写形式；（3）辅音 q、ʁ 的词首书写形式；（4）辅音 g、ŋ 的词中及词末书写形式；（5）辅音 m、l 的词首、词中、词末书写形式；（6）辅音 s、ʃ 的词首、词末书写形式；（7）辅音 th、d 的词首、词中、词末书写形式；（8）辅音 ʧh、ʤ、j 的词首、词中、词末书写形式等，都具有鲜明的中世纪蒙古文特点。

二是，通过敦煌石窟回鹘式蒙古文题记的蒙古文书写形式，以及语音结构特征的比较研究，进一步科学论证辅音 ʁ 属于独立音位。

三是，敦煌石窟回鹘式蒙古文题记的很多词汇具有蒙元时期人名特点。尤其是，具有像伊儿汗国等西域人名特点。

四是，通过比较研究，使人们充分认识到敦煌石窟回鹘式蒙古文题记体现出的与佛教文化相关的内容，同13—14世纪中国的宗教历史文化状况相吻合的科学原理。

五是，通过把敦煌石窟回鹘式蒙古文题记与现代蒙古语的喀尔喀方言和察哈尔方言的比较研究，进一步揭示了西域蒙古语特点。

六是，对科学论证中世纪蒙古语中的汉语、梵语、藏语、突厥语、粟特语等方面的借词产生了深远影响。

七是，文中使用的"元音对照表"及"辅音对照表"。

（1）元音对照表（见表6-35）

表6-35　　　　　　　　　　　　元音对照表

国际音标	ɑ	e	i	ɔ	ʊ	ɵ	ʉ
拉丁音标	ɑ	e	i	o	u	ö	ü
察哈尔方言	ɑ	ə	i	ɔ	ʊ	o	u
喀尔喀方言	ɑ	e	i	ɔ	ʊ	ɵ	ʉ
基里尔蒙古文	a	э	и	o	y	ө	ү

（2）辅音对照表（见表6-36）

表6-36　　　　　　　　　　　　辅音对照表

辅音	1	2	3	4	5	6	7	8	9	10	11	12	13	14	15	16	17	18
国际音标	n	b	q	ʁ	kh	g	m	l	s	ʃ	th	d	tʃh	ʤ	j	r	ŋ	w
拉丁音标	n	b	q	ɣ	k	g	m	l	s	š	t	d	č	ĵ	y	r	ng	w
察哈尔方言	n	p	x	k	x	k	m	l	s	ʃ	th	t	tʃh	tʃ	j	r	ŋ	w
喀尔喀方言	n	p	x	k	x	k	m	l	s	ʃ	th	t	ts/tʃh	dz/tʃ	j	r	ŋ	w
基里尔蒙古文	н	б	х	г	х	г	м	л	с	ш	т	д	ч	ж	я	р	н	в

第七章

草原"丝绸之路"与"一带一路"
汉语借词的元音变化

　　蒙古国作为草原"丝绸之路"与"一带一路"通往俄罗斯及欧洲各国的第一站，与中国保持长达4677公里的边界线。从早期的草原"丝绸之路"古商道上开展商贸往来、商品交易、易货买卖开始，到通过新时代草原"一带一路"建设同中蒙俄及欧洲各国全面实施经贸往来和经济合作的漫长历史岁月里，蒙古国的蒙古语中借用了相当可观的汉语借词。而且，伴随历史的进程，中蒙两国在草原"丝绸之路"古商道及新时代草原"一带一路"大通道上，中国的汉族商人同蒙古国的蒙古族商人之间的往来变得越来越频繁、越来越密切，相互间的语言交流、语言沟通也变得越来越多，这使蒙古国的蒙古语中的汉语借词也不断增多。然而，汉语借词被蒙古国的蒙古语借入之后，其原来的语音结构会顺应蒙古语语音特征产生变化，要变成同蒙古国的蒙古语语音系统相配套的语音形式。甚至，有的汉语借词的语音，与其原词相比会变得大相径庭，变为符合蒙古国蒙古语语音结构类型的词语。有时会出现，使用蒙古国蒙古语中的汉语借词同中国汉族商人进行交流，对方却很难听懂和辨别该借词词义的现象。这就像日本人或韩国人说汉语借词时，完全用日语和韩语语音特征来发音，结果汉族人根本听不出来在日本人和韩国人说的话里还夹杂着汉语借词。不说日本人和韩国人，就是广东的汉族人说的汉语，北方的汉族人听起来也十分费劲，好多话同样也听不明白。所以说，同样的汉语词汇在不同国家和地区的语言里，发音方面都会遇到不同的问题，对此人们都会按照自己的母语发音习惯和语音特征来对汉语借词进行语音调整。这同样也是汉语借词能够顺应蒙古语语音原理，很快融入到蒙古国蒙古语的途径所在。对于外来语言或借词而言，被借用于其他一种语言之后，对于其他语言的语音系统很难引起大的影响或变化，更多的情况是借词本身的语音会被借用语的语音所同化，进而自然地成为该语言词汇的一个组成内容。因此，蒙古国的蒙古语中借入的汉语借词也是如此，基本按照蒙古语具有的语音系统、语音特征、语音形式做了必要的语音改动。其中，在蒙古国蒙古语汉语借词的发音变化中，表现较为突出的有元音和谐化现象，以及短元音发音为长元音现象和有些音被省略或脱落现象等方面。本章节从汉语借词的元音和谐化现象、长元音化现象、元音的脱落现象等方面入手，讨论汉语借词在蒙古国的蒙古语中使用时出现的元音变化特征。

第一节 草原"丝绸之路"与"一带一路"上 汉语借词元音和谐化现象

综上所述，因为有了草原"丝绸之路"古商道和新时代草原"一带一路"建设，作为山水相连的睦邻友好国家蒙古国的蒙古语中，出现了与汉语的早期语言接触和现当代语言接触中出现的借词。在不同的历史发展阶段，受汉语不同程度的影响而借入的这些汉语借词，其语音变化首先较为明显地体现在元音变化方面。这些汉语借词借用到蒙古国的蒙古语之后，为适应蒙古语"元音和谐规律"，将会重新调整或部署词中使用的元音。在此有必要说明的是，遵循蒙古语"元音和谐规律"的汉语借词，通常是以双音节或三音节组成的多音节词语，并且，往往是根据汉语词首元音或词首音节中使用的元音，调整或部署词的元音间的搭配成分、元音间的使用关系，以及词中元音的整体性结构特征，从而在汉语借词内出现一定的元音变化现象。简而言之，体现"元音和谐规律"的蒙古语词汇是指由两个或两个以上音节构成的多音节词，因此，在被借入到蒙古语中的汉语词汇，需要以"元音和谐规律"这一元音使用关系进行处理的借词，通常都是由两个或两个以上的词组合而成的"复合词"。

一　汉语借词在蒙古国蒙古语中的阳性元音和谐现象

借入到蒙古国蒙古语中的汉语借词中出现的阳性元音和谐现象，主要就是指阳性元音间的和谐原理。如上所述，汉语借词的阳性元音和谐，也是出现在由两个以上的词组合而成的复合词里。而且，往往要以第一个词的阳性元音为依据，调整或替换下一个词的元音。换言之，根据前一个词的阳性元音，把下一个词的元音改为与之相同的阳性元音。汉语借词中出现的阳性元音和谐现象，与蒙古国蒙古语中的阳性元音和谐原理相同，几乎都出现于短元音 a、ɔ、ʊ 与长元音 aa、ɔɔ、ʊʊ 等阳性元音之间。其中，阳性短元音 a 与长元音 aa 的和谐现象的出现率，要比阳性元音 ɔ 与 ɔɔ、ʊ 与 ʊʊ 的和谐现象出现得多一些。

（一）汉语借词中阳性短元音 a 与长元音 aa 的和谐现象

蒙古国蒙古语的汉语借词中，以展唇阳性短元音 a 与长元音 aa 的和谐现象为多见，主要指前置词元音是展唇阳性短元音 a 前提下，将后置词的元音调整或改换为展唇阳性短元音 a 或长元音 aa 的音变现象。如表 7-1 所示：

表 7-1　汉语借词短元音 ə 发音为阳性短元音 a 或长元音 aa 的实例

汉语	汉语拼音	蒙古国蒙古语	蒙古国蒙古语国际音标
大门	da men	дааман	daaman
板凳	ban deng	бандан	bandaŋ

续表

汉语	汉语拼音	蒙古国蒙古语	蒙古国蒙古语国际音标
花生	hua sheng	хуасан	xɷasaŋ
大车	da che	даачаа	daatʃaa

以上列举的汉语复合词 da men "大门"、ban deng "板凳"、hua sheng "花生"、da che "大车"等，被借入到蒙古国蒙古语之后，其后置词中的短元音 ə 受其前置词阳性短元音 a 的影响，最终均被改换为与前置词相一致的阳性短元音，从而达到了展唇阳性短元音 a 的和谐要求（见表7-2）。

表7-2 汉语借词短元音 o 发音为阳性短元音 a 的实例

汉语	汉语拼音	蒙古国蒙古语	蒙古国蒙古语国际音标
烟筒	yan tong	яндан	yandan
茶盅	cha zhong	шаазан	ʃaazaŋ
痰桶	tan tong	тантан	tantaŋ

上面的汉语复合词 yan tong "烟筒"、cha zhong "茶盅"、tan tong "痰桶"等，被借入到蒙古国蒙古语以后，其后置词的短元音 o 受其前置词阳性元音 a 的影响，最终也被调整为与之相应的阳性短元音 a。

在汉语借词中的阳性短元音 a 的元音和谐现象中，除上述汉语复合词的后置词短元音 ə、o 调整或改换成短元音 a 之外，还有像汉语"阿姐"后置词 jie 中出现的复元音 ie 受前置词元音 a 之影响，变成汉语借词中的展唇阳性长元音 aa 的现象，如汉语原词 a jie "阿姐"变为汉语借词 aжaa［adʒaa］。从而可能延伸出了带有复元音 ie 的汉语词汇，在被借入到蒙古国蒙古语时被读作带有长元音 aa 的汉语借词①，如汉语原词 jie

————————

① 汉语词汇中的复元音 ie 变为汉语借词中的长元音 aa 是元音和谐规律所致，这一观点为笔者推理，有待商榷，因此也将该内容放在后面的"汉语借词复元音的长元音化"部分继续讨论。

jie "姐姐" 被读作 aжaa〔adʒaa〕或 жaaжaa〔dʒaadʒaa〕,再如汉语原词 xiezi "鞋子" 被读作 шaaxaй〔ʃaaxai〕等。

(二) 汉语借词中阳性短元音 ɔ 与长元音 ɔɔ 的和谐现象

根据资料,蒙古国蒙古语的汉语借词中,除了有较为常见的展唇阳性元音 a 与 aa 的元音和谐现象外,也有与圆唇阳性元音 ɔ 相关的复元音变成圆唇阳性短元音 ɔ 或长元音 ɔɔ 来实现元音间和谐目的的现象。如表 7-3 所示:

表 7-3　　　　汉语借词阳性短元音 ɔ 与长元音 ɔɔ 的和谐实例

汉语	汉语拼音	蒙古国蒙古语	蒙古国蒙古语国际音标
吵闹	chao nao	цоoно	tsɔɔnɔ
小姐	xiao jie	шоoжоо	ʃɔɔdʒɔɔ
火盆	huo pen	хоoвон	xɔɔvɔn

从上例可看出,汉语复合词 chao nao "吵闹"、xiao jie "小姐"、huo pen "火盆" 等,被借入蒙古国的蒙古语之后,其前置词中的 ao、iao、uo 等复元音变为与之发音特征相近的长元音 ɔɔ。① 同时,其后置词中的复元音 ao、ie 和单元音 ə 等元音,同样受其前置词长元音 ɔɔ 之元音和谐规律的影响,均变为与其相一致的圆唇阳性短元音 ɔ 或长元音 ɔɔ。此外,汉语借词中的圆唇阳性元音 ɔ 的元音和谐现象中,还存在一些个别情况,如 "石匠" 这种汉语复合词的 shi "石" 和 jiang "匠" 两个词中,虽然均没有与圆唇阳性元音 ɔ 的发音类同或相近的元音,但最终在蒙古国蒙古语的汉语借词中出现时,却被读作 шожоoн〔ʃɔdʒɔɔn〕这一带有圆唇阳性元音 ɔ 之元音和谐现象。

(三) 汉语借词中阳性元音 ʊ 与长元音 ʊʊ 的和谐现象

除了上述圆唇阳性短元音 ɔ 与圆唇阳性长元音 ɔɔ 的和谐现象外,

---

① 汉语词汇中的复元音 ao、iao、uo 等变为汉语借词中的长元音 ɔɔ 的现象,将放在后面的 "汉语借词复元音的长元音化" 内容中继续探讨。

在蒙古国蒙古语的汉语借词的圆唇阳性元音和谐情况中，还有一些圆唇阳性短元音 ω 与圆唇阳性长元音 ωω 的和谐现象。如表 7 - 4 所示：

表 7 - 4 汉语借词阳性短元音 ω 与长元音 ωω 的和谐实例

汉语	汉语拼音	蒙古国蒙古语	蒙古国蒙古语国际音标
水道	shui dao	шуудуу	ʃωωdωω
火烧	huo shao	хуушуур	xωωʃωωr
毛头纸	mao tou zhi	муутуу	mωωtωω
手袋	shou dai	шуудай	ʃωωdai

汉语复合词 shui dao "水道"、huo shao "火烧"、mao tou zhi "毛头纸"、shou dai "手袋"等，被借入到蒙古国的蒙古语之后，其前置词中的 ui、uo、ao、ou 等复元音变为与之发音特征相似的长元音 ωω。① 与此同时，其后置词中出现的 ao、ou 等复元音受其前置长元音 ωω 之元音和谐规律的影响，也被自然而然地调整为与其相一致的圆唇阳性长元音 ω。然而，汉语复合词 shou dai "手袋"，被借入到蒙古国的蒙古语之后，其前置词中的复元音 ou 虽然也变成了阳性长元音 ωω，可是后置词里的复元音 ai 却保留了下来，它们之间只是达到了阳性元音间的和谐。此外，汉语借词中的圆唇阳性元音 ω 的元音和谐现象中，还存在一些个别情况，如汉语 tu pi "土坯"被借入到蒙古国的蒙古语之后，其前置词 tu "土"中的短元音 u 变为复元音 ωi，而后置词 pi "坯"中的元音 i 则依据前置词内的短元音 ω 的发音特征，被发音为与其相一致的圆唇阳性元音 ω。经过带有圆唇阳性元音 ω 的元音和谐规律的调整，汉语借词 tu pi "土坯"的最终发音形式在蒙古国蒙古语的汉语借词中被改换为 туйпуу [tωipωω]。

---

① 汉语词汇中的复元音 ui、uo、ao 等变为汉语借词中的长元音 ωω 的现象，将放在后面的"汉语借词复元音的长元音化"内容中继续探讨。

二　汉语借词在蒙古国蒙古语中的阴性元音和谐现象

借入到蒙古国蒙古语中的汉语借词的元音和谐现象中，除了以上分析的阳性元音间的和谐实例外，还有阴性元音间的和谐情况。而且，其和谐现象同样依据前置词中使用的阴性元音为主，将后置词内的其他阴性元音或复元音调整或换为与其相一致的阴性元音。众所周知，蒙古国蒙古语主要有 ə、o、u 及 əə、oo、uu 等长短阴性元音。其中，圆唇阴性短元音 o、u 与长元音 oo、uu 的和谐现象出现的概率，比展唇阴性短元音 ə 与长元音 əə 的出现率要高一些。

（一）汉语借词中圆唇阴性短元音 o 与长元音 oo 的和谐现象

蒙古国蒙古语的汉语借词中，圆唇阴性短元音 o 与长元音 oo 的和谐现象，在阴性元音的和谐现象中占有一定比例。其和谐原理基本上是，根据前置词中使用的圆唇阴性短元音 o，以及由相关复元音演化而来的圆唇阴性长元音 oo，调整或改换后置词中出现的阴性元音。而且，往往要调整或改换为圆唇阴性短元音 o 或长元音 oo。如表 7-5 所示：

表 7-5　　　　　　　汉语借词阴性短元音 o 与长元音 oo 的和谐实例

汉语	汉语拼音	蒙古国蒙古语	蒙古国蒙古语国际音标
铜盆	tong pen	төнпөн	tompon
窝棚	wo peng	өөвөн	oovon
锅盔	guo kui	гөөхий	gooxii
蘑菇	mo gu	мөөг	moog

上面的汉语借词 tong pen "铜盆"、wo peng "窝棚"，被借入蒙古国蒙古语之后，其前置词中的短元音 o 变为与之发音特征相匹配的圆唇阴性元音 o，由此其后置词中的阴性短元音 ə 受元音和谐规律的影响，均被发音成与其相一致的圆唇阴性元音 o。除此之外，汉语借词 guo kui "锅盔"中的前置词复元音 uo 虽然也变为圆唇阴性长元音 oo，但其后

置词中的复元音 ui 却没有被调整为与其前置词长元音 oo 相同的阴性元音，而是受复元音 ui 中的短元音 i 的直接影响后变为长元音 ii，进而出现阴性长元音 oo 与中性长元音 ii 间的和谐关系词 гөөхий［gooxii］"锅盔"。还有，汉语词汇 mo gu "蘑菇"中的前置词短元音 o 出现汉语借词圆唇阴性短元音 o 音变的同时，后置词词首辅音 g 产生脱落而出现词尾短元音 u 的 o 音变现象，这使从原来的汉语双音节结构类型的复合词 mo gu "蘑菇"，演变为 CVVC 结构类型的汉语借词 мөөг［moog］。

（二）汉语借词中圆唇阴性短元音 u 与长元音 uu 的和谐现象

蒙古国蒙古语的汉语借词中，圆唇阴性短元音 u 与长元音 uu 的元音和谐现象也有一定出现率。然而，此类元音和谐出现的前提条件比较复杂，不只是在汉语复合型借词的前置词元音属于短元音 u 的情况下出现该元音和谐情况，甚至是在前置词的元音是短元音 o 或 ə 的前提下，或者是复元音 ou 的时候，都可以发生圆唇阴性短元音 u 与长元音 uu 的和谐现象。而且，经过元音和谐规律的调整，后置词中出现的元音多数是圆唇阴性长元音 uu。如表 7 - 6 所示：

表 7 - 6　　　　　　汉语借词阴性短元音 **u** 及长元音 **uu** 的和谐实例

汉语	汉语拼音	蒙古国蒙古语	蒙古国蒙古语国际音标
物流	wu liu	ҮҮЛҮҮ	uuluu
豆腐	dou fu	ДҮҮПҮҮ	duupuu
公道	gong dao	ГҮНДҮҮ	gunduu
粉条子	fen tiao zi	ПҮНТҮҮЗ	puntuuz

显而易见，汉语借词 wu liu "物流"、dou fu "豆腐"、gong dao "公道"、fen tiao zi "粉条子"等的前置词内使用的元音都不一样。结果，它们被借入蒙古国的蒙古语之后，其前置词的阴性短元音 ə、o、u 和复元音 ou 均变读为与其发音特征相似的圆唇阴性短元音 u 或长元音 uu。在此基础上，其后置词中使用的复元音 iu、ao、iao 等也按照元音和谐规

律，均被改换成与前置词元音相一致的圆唇阴性长元音 uu。① 除了汉语借词前置词与后置词元音经过元音和谐规律，都被调整为完全相同的圆唇阴性短元音 u 或长元音 uu 之外，还有一些圆唇阴性短元音 u 与展唇阴性短元音间发生和谐关系的现象。例如，汉语词汇 tong feng "痛风"、shu gui "书柜" 等的前置词 tong "痛" 与 shu "书" 的元音，在蒙古国的蒙古语里被发音为圆唇阴性短元音 u，然而后置词 feng "风"、gui "柜" 中的元音却被读作展唇阴性短元音 ə，最终形成了前置与后置元音非完全一致的阴性元音间的和谐现象 думбə [dumbə] 和 шүүгээ [ʃuugəə] 等。还有，一些中性元音 i 与圆唇阴性长元音 uu 间发生和谐关系的情况，例如，汉语词汇 yun dou "熨斗" 在蒙古国的蒙古语中被发音成 индүү [induu]。

（三）汉语借词中圆唇阴性短元音 ə 与长元音 əə 的和谐现象

在蒙古国蒙古语的汉语借词中，展唇阴性短元音 ə 或长元音 əə 与阴性长元音 uu 间也会产生元音和谐关系，但出现此类元音和谐规律的情况，比圆唇阴性短元音 o 或 u 的元音和谐现象要少。并且，前置词与后置词内同时使用展唇阴性短元音 ə 或长元音 əə 的实例出现得也很少，只有个别例子里才能够见到。例如，汉语词汇 yue bing "月饼" 借入到蒙古国的蒙古语之后，其前置词 yue "月" 和后置词 bing "饼" 中的元音均被发音为展唇阴性短元音 ə，其结果，就会成为 евэн [yəvən] 这一由展唇阴性短元音 ə 的元音和谐而成的汉语借词。

除了前置词与后置词元音由和谐统一的展唇阴性短元音 ə 构成的汉语借词之外，在蒙古国的蒙古语中，圆唇阴性长元音 uu 与展唇阴性短元音 ə 或长元音 əə 之间发生和谐关系的汉语借词却有不少。如表7－7所示：

---

① 汉语词汇中的复元音 ou、iu、ao、iao 等变为汉语借词中的长元音 uu 的现象，将放在后面的 "汉语借词复元音的长元音化" 内容中详细分类探讨。

表 7-7　　汉语借词阴性短元音 ə 或长元音 əə 与阴性长元音 uu 间的和谐实例

汉语	汉语拼音	蒙古国蒙古语	蒙古国蒙古语国际音标
锄头	chu tou	зээтүү	zəətuu
天胞	tian bao	тэмбүү	təmbuu
铺盖	pu gai	пүүгээ	puugəə
头车	tou che	түүчээ	tuuʃəə

上面的例词中，汉语借词 chu tou "锄头" 与 tian bao "天胞" 的前置词 chu "锄" 与 tian "天" 的阴性短元音 u 和复元音 ia，在蒙古国的蒙古语里发音为阴性长元音 əə 和短元音 ə。与此同时，后置词内各自使用的复元音 ou 和 ao，却都表现出阴性长元音 uu 的音变，进而与前置词的阴性长元音 əə 或短元音 ə 间发生阴性元音和谐现象。另外，像 pu gai "铺盖" 和 tou che "头车" 两个汉语词汇的前置词中使用的阴性短元音 u 和复元音 ou，受其阴性短元音 u 的影响而均被发音为阴性长元音 uu，然而，其后置词中使用的复元音 ai 和阴性短元音 ə，同样用特有的音变形式 əə 与其前置词的阴性长元音 uu 间产生了阴性元音和谐现象。事实上，蒙古国的蒙古语使用的汉语借词里，见到的阴性长元音 əə、uu 及短元音 ə、u 间的和谐现象，也属于一种特有的元音间相互搭配及合作形式。

需要指出的是，在蒙古国蒙古语的汉语借词的元音和谐现象中，除了上述阳性元音与阴性元音各自内部的和谐现象之外，也有中性元音同阳性元音或与阴性元音搭配使用后产生的非纯阳性元音或非纯阴性元音和谐现象以及中性元音内部的和谐现象。例如，汉语词汇 yun dou "熨斗"、guo kui "锅盔" 等，在蒙古国的蒙古语中发音为 индүү [induu]、гөөхий [gooxii]，其中出现了中性元音同阳性元音或与阴性元音间的和谐现象。再如，汉语词汇 ni dao "泥刀" 的前置词 ni "泥" 和后置词 dao "刀" 中的中性短元音 i 和复元音 ao，在蒙古国的蒙古语里均被发音为中性长元音 ii，[①] 从而出现相同的中性元音在前置词与后

---

　　① 汉语词汇中的复元音 ao 变为汉语借词中的长元音 ii 的现象，将放在后面的 "汉语借词复元音的长元音化" 内容中详细讨论。

置词内相互和谐的现象，经过音变后，该汉语借词在蒙古国的蒙古语里的发音形式应为 нийвий［niivii］，很显然，汉语词汇 ni dao "泥刀" 变为汉语借词 niivii 时出现了中性长元音 ii 的和谐现象。

第二节　草原"丝绸之路"与"一带一路"上汉语借词长音化现象

从草原"丝绸之路"古商道开始到新时代"一带一路"建设规划的实施，在蒙古国的蒙古语中借入了数量可观的汉语早期借词和现代名词术语。就如前面的分析，无论是属于早期草原"丝绸之路"古商道上的汉语借词，还是新时代"一带一路"建设上的全新意义的新词术语，借入到蒙古国的蒙古语之后，都要无可置疑地根据蒙古语具有的语音特点，发生适应性、能动性、功能性语音变化。然而，这些变化很明显地体现在元音的使用关系上，其中就包括我们在前面讨论的汉语借词中出现的元音和谐现象。除此之外，这些语音变化还表现在汉语借词元音长音化的音变现象方面，即汉语词汇在被借入到蒙古国蒙古语后，其词内的元音经过语音变化，在汉语借词中被发音为长元音，其中最具代表性的是汉语借词中的短元音的长音化现象，以及汉语借词中的复元音的长音化现象两种。

一　汉语借词短元音的长元音化现象

根据掌握的资料得知，一些汉语词汇在被借入到蒙古国的蒙古语之后，其短元音被发音成长元音的情况，变为与蒙古国蒙古语中常使用的长元音 aa、ɘɘ、ii、ɔɔ、ʊʊ、oo、uu 等相对应的长元音。汉语借词短元音的长音化现象，基本上框定在蒙古国蒙古语的这 7 个长元音之内，除此之外没有长音化的短元音实例。另外，在汉语借词短元音的长音化语音变化中，使用率较高的是长元音 aa、ii、ʊʊ、uu，相比而言，蒙古国蒙古语的长元音 əə、ɔɔ、oo 的使用率相对低一些。汉语词汇中的短元音发音成汉语借词中的长元音时，主要有两种情况，一种是将汉语词汇的短元音直接发音成汉语借词的长元音的情况；另一种是把汉语复合词的后置词短元音，根据蒙古国蒙古语元音和谐规律，调整或改换成与汉语借词的前置元音相一致的短元音，进而再把该短元音发音为长元音的情况。

（一）汉语词汇的短元音在蒙古国蒙古语中发作长元音 aa 之现象

汉语词语被借入蒙古国的蒙古语后，其中使用的短元音 a、ə①、i 等，有发音成长元音 aa 的现象。其中，汉语借词的短元音 a 变成长元音 aa 时，涉及原来的汉语借词中的短元音变成长元音。与此相反，汉语借词的短元音 ə、i 发音成长元音 aa 时，则需要根据元音和谐规律，先将其发音部位调整或改换为短元音 a，其次再进行音长化处理。就汉语词汇中的短元音 a 发音为汉语借词中的长元音 aa 的语音变化而言，短元音 ə、i 发音成长元音 aa 时，需要经过元音发音部位的调整或改换的过程。因此，由汉语词汇的短元音 a 发音成汉语借词的长元音 aa 的现象，要比从短元音 ə 或 i 发音成长元音 aa 的现象多见一些。如表 7 - 8 所示：

表 7 - 8　　汉语词汇中的短元音 a 在蒙古国蒙古语中变读为长元音 aa 的实例

汉语	汉语拼音	蒙古国蒙古语	蒙古国蒙古语国际音标
大布	da bu	даабуу	daabɵɵ
褡裢	da lian	даалин	daaliŋ
麻袋	ma dai	маадай	maadai
沙子	sha zi	шааз	ʃaaz

---

① 汉语复合词 "da che" 的后置词 "che" 中的元音汉语拼音为 e，与其对应的国际音标转写形式为 ə。

汉语词汇 da bu "大布"、da lian "褡裢"、ma dai "麻袋"、sha zi "沙子"等被借入到蒙古国的蒙古语时，其前置词中的短元音 a 的音位与蒙古语中的阳性短元音 a 的音位相对应，因此，可以说汉语词汇中的短元音 a 变为汉语借词中的长元音 aa 时，只涉及了将短元音发音成长元音的问题。

汉语词汇 da che "大车"被借入到蒙古国蒙古语之后，其前置词中的短元音 a 变读为与之音位对应的蒙古语阳性短元音 a，因受前置词元音 a 的阳性元音和谐规律的影响，其后置词的短元音 ə 也变为汉语借词中的阳性短元音 a。然而，将后置词 che "车"中的短元音 ə 变成长元音 aa 时，先将汉语词汇中的短元音 ə 变为与之音位对应的蒙古国蒙古语中短元音 a 的前提下，再将其发音为长元音 aa。如表 7 - 9 所示：

表 7 - 9　汉语词汇中的短元音 ə、i 在蒙古国蒙古语中变读为长元音 aa 的实例

汉语	汉语拼音	蒙古国蒙古语	蒙古国蒙古语国际音标
大车	da che	даачаа	daatʃaa
壁饰	bi shi	бясаа	biasaa

汉语词汇 bi shi "壁饰"在被借入到蒙古国的蒙古语之后，其前置词中的短元音 i 变为与之发音特征相近的复元音 ia。同时，受前置复元音中的 a 的阳性元音和谐规律的影响，汉语借词后置词中的短元音 i 也被读为长元音 aa。然而，后置词 shi "饰"的短元音 i 被发音为长元音 aa 时，其语音演变的规律应为，先将汉语词汇中的短元音 i 变为与之音位相对应的蒙古语中性短元音 i，进而再将其发音部位从前元音换作后短元音 a，最后把短元音 a 发作长元音 aa，最终形成 biasaa 的语音变化形式。

（二）汉语词汇的短元音在蒙古国蒙古语中发作长元音 əə 之现象

汉语词汇的短元音，在蒙古国的蒙古语中有被发音为长元音 əə 的现象。例如，汉语词汇 tou che "头车"的前置词 tou "头"中的复元音 ou，虽然在蒙古国的蒙古语中发音为长元音 uu，但其后置词 che "车"中的阴性短元音 ə 却并未受其前置元音变化的影响，成为与之语音相适应的长元音 əə。结果，在蒙古国的蒙古语的汉语借词中被读作 түүчээ〔tuuʃəə〕。毫无疑问，该借词里阴性长元音 uu 与阴性长元音 əə 之间产生了阴性元音和谐现象。

（三）汉语词汇的短元音在蒙古国蒙古语中发作长元音 ii 之现象

蒙古国蒙古语里借入的汉语词汇中，将其中性短元音 i 发音为汉语借词中的长元音 ii 的实例也有不少。如表 7 - 10 所示：

表 7 - 10 　　汉语词汇中的短元音 i 在蒙古国蒙古语中变读为长元音 ii 的实例

汉语	汉语拼音	蒙古国蒙古语	蒙古国蒙古语国际音标
厘米	li mi	лиймий	liimii
戏子	xi zi	шийс	ʃiis
油漆	you qi	яуучий	yɯɯʃii
汽灯	qi deng	чийдэн	ʃiidəng

上例中，汉语词汇 li mi "厘米"、xi zi "戏子"、you qi "油漆"、qi deng "汽灯"中的短元音 i，在蒙古国的蒙古语中均发音为长元音 ii。对此，需要强调的是，汉语借词中性短元音 i 的长音化现象，通常出现于舌尖前辅音或舌叶辅音等的后面。

（四）汉语词汇的短元音在蒙古国蒙古语中发作长元音 ɔɔ 之现象

汉语词汇内使用的短元音，在蒙古国的蒙古语里也有被发音为长元音 ɔɔ 的现象，但它的出现率要比 aa、əə、ii、ɯɯ、oo、uu 等长元音少得多。根据掌握的资料得知，汉语词汇中的短元音，在蒙古国蒙古语中被发音为长元音 ɔɔ 的几乎只有与其语音特征相近的短元音 o。例如,汉语词汇 bo bo"饽饽"被蒙古国蒙古语借入后,首先将其前一个 bo 的短元音 o 发音成蒙古语的长元音 ɔɔ,其次把后一个 bo 的短元音 o 省略掉的同时把辅音 b 发音为辅音 v。其结果,汉语借词 bo bo"饽饽"在蒙古国蒙古语中的发音形式变为 бɔɔв［bɔɔv］。

（五）汉语词汇的短元音在蒙古国蒙古语中发作长元音 ʊʊ 之现象

汉语词汇的短元音在蒙古国的蒙古语里使用时,也有被发音为长元音 ʊʊ 之现象。其中,汉语词汇中的短元音 i、o、u 等产生音变后,在汉语借词中被读为长元音 ʊʊ 的实例较多。特别是,汉语词汇的短元音 u 被发音为汉语借词的长元音 ʊʊ 的出现率较高。如表 7 - 11 所示:

表 7 - 11　　汉语词汇中的短元音 u 在蒙古国蒙古语中变读为长元音 ʊʊ 的实例

汉语	汉语拼音	蒙古国蒙古语	蒙古国蒙古语国际音标
当铺	dang pu	данпуу	danpʊʊ
糨糊	jiang hu	жонхуу	ʤɔnxʊʊ
糊涂	hu tu	хуутуу	xʊʊtʊʊ
醋	cu	цуу	tsʊʊ

上例中,汉语词汇 dang pu"当铺"、jiang hu"糨糊"、hu tu"糊涂"、cu"醋"等,被借入蒙古国的蒙古语之后,后置词及单音节词内使用的短元音 u 均无一例外地产生音变后被读为长元音 ʊʊ。

汉语词汇 bo cai"菠菜"的前置词里使用的短元音 o,以及汉语词汇 jie mo"芥末"的后置词内出现的短元音 o 等,在蒙古国的蒙古语里均发音为长元音 ʊʊ。值得关注的是,它们都出现于双唇辅音的后面。如表 7 - 12 所示:

表 7 – 12　　　汉语词汇中的短元音 o 在蒙古国蒙古语中变读为长元音 ꭴꭴ 的实例

汉语	汉语拼音	蒙古国蒙古语	蒙古国蒙古语国际音标
菠菜	bo cai	бууцай	bꭴꭴtsai
芥末	jie mo	гаймуу	gaimꭴꭴ

在我们看来，汉语词汇的短元音在蒙古国的蒙古语里发音为长元音 ꭴꭴ 的实例中，除了上面讨论的由短元音 o 或 u 的长元音 ꭴꭴ 语音变化之外，还有短元音 i 也被发音成长元音 ꭴꭴ 的个别情况。例如，汉语名词 tu pi "土坯" 被借入到蒙古国的蒙古语之后，其前置词 tu "土" 中的短元音 u 发生了复元音 ꭴi 之变，同时后置词 pi "坯" 中的短元音 i 受其前置词音变而来的复元音 ꭴi 的影响，竟被发音为长元音 ꭴꭴ。最终，该汉语词汇 tu pi "土坯" 在蒙古国的蒙古语中被发音成 түйпуу [tꭴipꭴꭴ] 的语音结构形式。

（六）汉语词汇的短元音在蒙古国蒙古语中发作长元音 oo 之现象

我们的资料表明，汉语词汇的短元音在蒙古国的蒙古语里，也有被发音成长元音 oo 的实例。如汉语词汇中出现的短元音 o 和 ə 在汉语借词中变读为长元音 oo 的现象比较多见。其中，短元音 o 发音为长元音的情况，要多于短元音 ə 变读为长元音的实例。如表 7 – 13 所示：

表 7 – 13　　　汉语词汇中的短元音 o 在蒙古国蒙古语中变读为长元音 oo 的实例

汉语	汉语拼音	蒙古国蒙古语	蒙古国蒙古语国际音标
蘑菇	mo gu	мөөг	moog
窝棚	wo peng	өөвөн	oovon

可以看出，上面的汉语名词借入到蒙古国的蒙古语之后，前置词的短元音 o 均发音为长元音 oo。但是，第一个例词 mo gu "蘑菇" 的长元音 oo 音变的过程比较复杂，首先是前置词的短元音 o 产生长音化音

变现象，由此被发音成长元音 oo；其次是后置词的短元音 u 出现脱落现象，其结果汉语词汇 mo gu "蘑菇" 在蒙古国的蒙古语里被发音为 мөөг［moog］这一带有长元音 oo 的形式。然而，第二个汉语例词 wo peng "窝棚" 的前置词 wo "窝" 变读为长元音 oo 的音变过程为，首先是前置词的 w 音被脱落，然后短元音 o 被发音为长元音 oo，再者是后置词 peng "棚" 中的短元音 ə 受其前置词元音变化的影响，被发音为圆唇后元音 o，最终在蒙古国的蒙古语中，该汉语词汇被发作 өөвөн［oovon］这一前置与后置元音完全一致的语音形式。

在蒙古国的蒙古语里，出现的汉语借词的长元音 oo 的变化中，除上述由短元音 o 演化而来的实例之外，还有汉语词汇的短元音 ə 发音为长元音 oo 的个别现象。例如，汉语词汇 ge ge "哥哥" 中的短元音 ə，在蒙古国的蒙古语里均被发音为长元音 oo，其结果，该汉语借词的发音形式就变为 гөөгөө［googoo］，不过该汉语借词有时也会被发音为 гөөгө［googo］。

（七）汉语词汇的短元音在蒙古国蒙古语中发作长元音 uu 之现象

蒙古国的蒙古语里使用的汉语借词中，带有长元音 uu 的实例也有不少，但其变化原理及其结构性特征并不复杂，只有与其语音特征相对应的汉语词汇的短元音 u 在汉语借词中被发音成长元音的音变形式。除此之外，目前尚未发现其他相关实例。如表 7 - 14 所示：

表 7 - 14　汉语词汇中的短元音 u 在蒙古国蒙古语中变读为长元音 uu 的实例

汉语	汉语拼音	蒙古国蒙古语	蒙古国蒙古语国际音标
珍珠	zhen zhu	жинжүү	ʤinʤuu
仓库	cang ku	санхүү	saŋxuu
豆腐	dou fu	дүүпүү	duupuu
俸禄	feng lu	пүнлүү	punluu

上例中，汉语词汇中的后置词短元音 u，在蒙古国的蒙古语里无一例外地均被发音为长元音 uu。与此同时，第三例词 dou fu"豆腐"的前置词复元音 ou，以及第四例词 feng lu"俸禄"的前置词短元音 ə 等，也都发生了长元音 uu 或短元音 u 之音变。另外，第一例词 zhen zhu"珍珠"中的前置词短元音 ə 却变读为中性短元音 i。

二　汉语借词复元音的长元音化现象

根据掌握的资料可以得知，由复元音 ai、aɔ、ia、ie、ɷɔ、cai、ua、ui、uə、uo、iu 构成的汉语词汇，在被借入到蒙古国蒙古语后，成为更适合蒙古国蒙古语发音特点的 aa、əə、ii、ɔɔ、ɷɷ、uu 等长元音化现象。然而，在由汉语词汇复元音发音为汉语借词长元音的语音变化中，若遇到其中使用有阴性短元音 ə、o、u 和阳性短元音 a、ɔ、ɷ 合成的实例时，要依据元音和谐规律，对其元音进行同一性调整后，再将其发音为相适应的长元音。而且，在发音时，汉语借词的前置词长元音的音长通常要比后置词长元音音长发得更长一些。

（一）汉语词汇的复元音在蒙古国蒙古语中发作长元音 aa 之现象

蒙古国的蒙古语里借入的汉语词语里，出现阳性复元音 ai、aɔ、ia 或阴性复元音 iə 时，复元音 ai、ia 被发音为 aa 的现象，要比复元音 aɔ、ie 发音为 aa 的实例多一些。如表 7 – 15 所示：

表 7 – 15　汉语词汇中的复元音 ai 在蒙古国蒙古语中变读为长元音 aa 的实例

汉语	汉语拼音	蒙古国蒙古语	蒙古国蒙古语国际音标
白菜	bai cai	байцаа	baitsaa
买卖	mai mai	маймаа	maimaa
袋子	dai zi	таар	taar
海带	hai dai	хайдаа	xaidaa

　　以上汉语词汇 bai cai "白菜"、mai mai "买卖"的后置词内使用的复元音 ai,以及汉语词汇 dai zi "袋子"、hai dai "海带"的前置词内使用的复元音 ai 等,在蒙古国的蒙古语里均被发音为长元音 aa。在此长元音变化过程中需要强调的一点是,在带有复合元音 ai 的汉语词汇中可以变为汉语借词中的长元音 aa 的词汇,通常以类似于 bai cai "白菜"、mai mai "买卖"、hai dai "海带"的叠音词为主,然而,这类叠音词的前置词如 bai "白"、mai "买"、hai "海"中的复合元音 ai 在汉语借词中时常会保持其原来读音,不发生任何语音变化,而其后置词如 cai "菜"、mai "卖"、dai "带"中的复合元音 ai 在汉语借词中才会发生长元音 aa 的语音变化。

　　表 7 – 16 中的汉语词汇 yin jiang "银匠"、kan jian "坎肩"、yang qian "洋钱"中的后置词复元音 ia,在蒙古国的蒙古语里均被发音为长元音 aa,然而,其前置词短元音 i、a 都保留了原有的发音形式及语音结构类型。此外,例词 jia zi "架子"中的前置词复元音 ia 也同样发音为长元音 aa,同时其后置词内的短元音 i 出现了脱落现象。

表 7 – 16　汉语词汇中的复元音 ia 在蒙古国蒙古语中变读为长元音 aa 的实例

汉语	汉语拼音	蒙古国蒙古语	蒙古国蒙古语国际音标
银匠	yin jiang	инжаан	inʤaaŋ
坎肩	kan jian	хамжаар	xamʤaar
洋钱	yang qian	янчаан	yantʃaan
架子	jia zi	жааз	ʤaaz

　　从汉语借词在蒙古国的蒙古语中的发音情况可以看出,汉语词汇内使用的复元音 ie 在蒙古国的蒙古语中均被发音为长元音 aa。需要说明的是,汉语借词 xie "鞋"的复元音 ie 发作长元音 aa 的同时,在其后面新增了 xai 这一词尾形式。如表 7 – 17 所示:

表 7-17   汉语词汇中的复元音 ie 在蒙古国蒙古语中变读为长元音 aa 的实例

汉语	汉语拼音	蒙古国蒙古语	蒙古国蒙古语国际音标
姐姐	jie jie	жаажаа	ʤaaʤaa
鞋	xie	шаахай	ʃaaxai

除了上述实例之外，还有将汉语词汇 bao dan "包单"一词，借入蒙古国的蒙古语后，其前置词 bao "包"内的复元音 ɔa 变读为长元音 aa，结果最终在蒙古国的蒙古语中被读作 ваадан〔vaadaŋ〕形式。

经上述分析可以得知，汉语词汇里的复元音发音为汉语借词中的长元音 aa 的现象中，复元音 ai、ia 相比复元音 ɔa、ie 而言，其实例的出现率要高一些。换言之，汉语借词中以阳性元音为主构成的复元音 ai、ia 发音为长元音 aa 的实例，要比以阴性元音为主构成的复元音 iə 及由阳性元音为主构成的复元音 ɔa 发音为长元音 aa 的实例多一些。

（二）汉语词汇的复元音在蒙古国蒙古语中发作长元音 əə 之现象

汉语词汇内出现的由阴性元音为主构成的复元音 ie、ui，以及由阳性元音为主构成的复元音 ai 等，在借入到蒙古国蒙古语时，均有被发音为长元音 əə 的现象。然而，我们的资料说明，此类实例在蒙古国蒙古语里使用的汉语借词中并不多见，其中复元音 ie 变读为长元音 əə 的现象要比复元音 ui、ai 变读为长元音 əə 的现象略多一些。如表 7-18 所示：

表 7-18   汉语词汇中的复元音在蒙古国蒙古语中变读为长元音 əə 的实例

汉语	汉语拼音	蒙古国蒙古语	蒙古国蒙古语国际音标
街	jie	Зээл	ʧeeʟ
铺盖	pu gai	пүүгээ	puugəə
书柜	shu gui	шүүгээ	ʃuugəə

汉语词汇 jie "借""街"中使用的复元音 ie，以及汉语词汇 pu gai

"铺盖"和 shu gui "书柜"内出现的复元音 ai 与 ui 等，借入蒙古国的
蒙古语之后均被发音为阴性长元音 ɔɔ。

（三）汉语词汇的复元音在蒙古国蒙古语中发作长元音 ii 之现象

汉语词汇借入蒙古国的蒙古语后，一些词汇中的复元音会被发音为中
性长元音 ii。该类长元音变化中最为常见的是，汉语词汇中的阳性元音同中
性元音构成的复元音 ai，以及中性元音与阴性元音组合而成的复元音 ie 等，
在蒙古国的蒙古语中发音为长元音 ii 的现象。其中，汉语词汇内的复元音
ie 变读为汉语借词中的长元音 ii 的实例较多。如表 7 - 19 所示：

表 7 - 19　汉语词汇中的复元音 ai 或 ie 在蒙古国蒙古语中变读为长元音 ii 的实例

汉语	汉语拼音	蒙古国蒙古语	蒙古国蒙古语国际音标
口袋	kou dai	хүүдий	xuudii
二赖子	er lai zi	эрлийз	erliiz
碟子	die zi	дийз	diiz
帖子	tie zi	тийз	tiiz
捏子	nie zi	нийз	niiz

上面的汉语词汇中，第一个例词和第二个例词内出现的复元音 ia，
均在蒙古国的蒙古语里被发音为长元音 ii；从第三个例词到第五个例词
内，汉语词汇的复元音 ie 也都同样变读为长元音 ii。值得关注的是汉语
借词中的复元音 ai 或 ie 发音为长元音 ii 的现象，通常都出现于舌尖中
辅音的后面。

（四）汉语词汇的复元音在蒙古国蒙古语中发作长元音 ɔɔ 之现象

汉语词汇内出现的复元音在被借入到蒙古国蒙古语时，有不少变
读为长元音 ɔɔ 的现象。而且，其形式也比较丰富，有较多的汉语词汇
中的二合元音和三合元音，均出现了长元音化语音变化特征。其中，
汉语词汇中使用的阳性复元音 aɔ、ʊa、ia 和 iaɔ，以及阴性复元音 ue、

ie、uo 等，均有发音为长元音 ɔɔ 的实例。其中，汉语词汇中的复元音 aɔ、ɷa、uo 及 iaɔ 变为蒙古语长元音 ɔɔ 的现象，比复元音 ue、ia、ie 变读为长元音 ɔɔ 的实例要多一些。如表 7 - 20、表 7 - 21、表 7 - 22、表 7 - 23 所示：

表 7 - 20　汉语词汇中的复元音 aɔ 在蒙古国蒙古语中变读为长元音 ɔɔ 的实例

汉语	汉语拼音	蒙古国蒙古语	蒙古国蒙古语国际音标
樱桃	ying tao	интоор	intɔɔr
老爷	lao ye	лооеэ	lɔɔyə
笊篱	zhao li	жоор	ʤɔɔr
潮脑	chao nao	цооно	tsɔɔnɔ

表 7 - 21　汉语词汇中的复元音 iaɔ 在蒙古国蒙古语中变读为长元音 ɔɔ 的实例

汉语	汉语拼音	蒙古国蒙古语	蒙古国蒙古语国际音标
胶布	jiao bu	жообүү	ʤɔɔbuu
小姐	xiao jie	шоожоо	ʃɔɔʤɔɔ
笑	xiao	шоолох	ʃɔɔlɔx
窖	jiao	зоорь	zɔɔri

表 7 - 22　汉语词汇中的复元音 ɷa 在蒙古国蒙古语中变读为长元音 ɔɔ 的实例

汉语	汉语拼音	蒙古国蒙古语	蒙古国蒙古语国际音标
鳏夫	guan fu	гооно/гоонь	gɔɔnɔ/gɔɔni
挂面	gua mian	гоомин	gɔɔmin

表 7 - 23　汉语词汇中的复元音 uo 在蒙古国蒙古语中变读为长元音 ɔɔ 的实例

汉语	汉语拼音	蒙古国蒙古语	蒙古国蒙古语国际音标
锁子	suo zi	цоож	tsɔɔʤ
火盆	huo pen	хоовон	xɔɔvɔn

上述汉语词汇内出现的复元音 aɔ、ωa、uo 及 iaɔ 中的短元音 ɔ、
ω、o、u 等，均与蒙古国蒙古语中的短元音 ɔ 有其一定发音部位及发
音方法方面的内在联系，因此，含有与其相关复元音的词汇借入蒙古
国蒙古语之后，这些二合复元音 aɔ、ωa、uo 及三合复元音 iaɔ 无一例
外地变读为长元音 ɔɔ。除此之外，汉语词汇内使用的复元音 ia、ie、ue
等，也有被发音为长元音 ɔɔ 的情况。例如，汉语词汇 shi jiang "石匠"
的后置词 jiang "匠" 中的复元音 ia，在蒙古国的蒙古语里被发音为长
元音 ɔɔ，经过音变，最终在蒙古国蒙古语中被读作 шожоон
[ʃɔdɔɔŋ] 的形式。再如，汉语词汇 xiao jie "小姐" 的后置词 jie
"姐" 中的复元音 ie，在蒙古国的蒙古语里被发音为长元音 ɔɔ，最终在
蒙古国蒙古语中被读作 шоожоо [ʃɔɔdɔɔ]。

另有，汉语词汇 jue tou "掘头" 被借入到蒙古国的蒙古语之后，
其前置词 jue "掘" 中的复元音 ue 同样被发音成长元音 ɔɔ，语音变化
后的该词在蒙古国的蒙古语中被读为 жоотуу [dʒɔɔtωω] 等。

经上述分析可以得知，汉语词汇中存在与蒙古语阳性圆唇短元音 ɔ
发音特征相关的复元音时，在蒙古国的蒙古语中发音为长元音 ɔɔ 的现
象较为多见。因此，汉语词汇内的 aɔ、ωa、uo 及 iaɔ 等复元音变读为
长元音 ɔɔ 的实例较多见，而由汉语词汇中的复元音 ia、ie、ue 产生长
元音 ɔɔ 的音变现象则不多见。

（五）汉语词汇的复元音在蒙古国蒙古语中发作长元音 ωω
之现象

汉语词汇被借入到蒙古国蒙古语后，其复元音也有被发音为长元
音 ωω 的现象。其中，包括由阳性元音组合而成的复元音 aɔ、ɔɔ、ωa
和 caɔ，以及由阴性复元音或阴性元音与中性元音构成的复元音 uo、ui、
iu 共 7 种复元音。在蒙古国蒙古语里的被发音为长元音 ωω 的现象较
多，汉语词汇的复元音 iu 变读为长元音 ωω 的现象，相比其他 6 个复
元音变为长元音 ωω 的现象而言，要更少见一些，其变化形式也更单
一。如表 7 - 24、表 7 - 25、表 7 - 26、表 7 - 27、表 7 - 28、表 7 - 29

所示：

表 7 - 24　　汉语词汇中的复元音 aɔ 在蒙古国蒙古语中变读为长元音 ɷɷ 的实例

汉语	汉语拼音	蒙古国蒙古语	蒙古国蒙古语国际音标
包子	bao zi	бууз	bɷɷz
炮仗	pao zhang	пуужин	pɷɷʤin
高丽	gao li	гуулин	gɷɷlin
铡刀	zha dao	заадуур/заадуу	zaadɷɷr/zaadɷɷ

表 7 - 25　　汉语词汇中的复元音 ɔɷ 在蒙古国蒙古语中变读为长元音 ɷɷ 的实例

汉语	汉语拼音	蒙古国蒙古语	蒙古国蒙古语国际音标
馒头	man tou	мантуу	mantɷɷ
沟	gou	гуу	gɷɷ
皇后	huang hou	хуанхуу	xɷanxɷɷ
手术	shou shu	шуушуу	ʃɷɷʃɷɷ

表 7 - 26　　汉语词汇中的复元音 ɷa 在蒙古国蒙古语中变读为长元音 ɷɷ 的实例

汉语	汉语拼音	蒙古国蒙古语	蒙古国蒙古语国际音标
百花	bai hua	байхуу	baixɷɷ
轮船	lun chuan	лунцуун	luntsɷɷn
烟卷儿	yan juan er	янжуур	yanʤɷɷr

表 7 - 27　　汉语词汇中的复元音 iaɔ 在蒙古国蒙古语中变读为长元音 ɷɷ 的实例

汉语	汉语拼音	蒙古国蒙古语	蒙古国蒙古语国际音标
辣椒	la jiao	лазуу	lazɷɷ
笤帚	tiao zhou	туужуу	tɷɷʤɷɷ
轿子	jiao zi	жууз	ʤɷɷz
糖尿病	tang niao bing	таннуувйн	tannɷɷbin

表 7 - 28　　汉语词汇中的复元音 uo 在蒙古国蒙古语中变读为长元音 ꞷꞷ 的实例

汉语	汉语拼音	蒙古国蒙古语	蒙古国蒙古语国际音标
骡子	luo zi	луус	lꞷꞷs
戳子	chuo zi	цꞷꞷс	tsꞷꞷs
拉锁	la suo	лаасꞷꞷ	laasꞷꞷ
萝卜	luo bo	лууван	lꞷꞷvaŋ

表 7 - 29　　汉语词汇中的复元音 ui 在蒙古国蒙古语中变读为长元音 ꞷꞷ 的实例

汉语	汉语拼音	蒙古国蒙古语	蒙古国蒙古语国际音标
栏柜	lan gui	лангуу	langꞷꞷ
水道	shui dao	шуудуу	ʃꞷꞷdꞷꞷ

上面实例说明，汉语词汇的复元音在蒙古国蒙古语中发音为长元音 ꞷꞷ 的现象确实较为丰富。综上所述，常见的有 aɔ、ɔꞷ、ꞷa、ou、ui 及 caɪ 等复元音的长元音化现象，其中，像汉语词汇复元音 aɔ、ɔꞷ、uo 及 iaɔ 发音为长元音的概率比较高，像 ꞷa 与 ui 发音为长元音的概率要低一些。除此之外，汉语词汇的复元音 iu，也有在蒙古国蒙古语中被发音为长元音 ꞷꞷ 的一些情况。例如，汉语词汇 jiu cai "韭菜" 在被借入到蒙古国的蒙古语之后，其前置词 jiu "韭" 中的复元音 iu 变读为汉语借词中的长元音 ꞷꞷ，经过语音变化，最终在蒙古国蒙古语中被读作 жууцай［dʒꞷꞷtsai］的形式。

（六）汉语词汇的复元音在蒙古国的蒙古语中发作长元音 uu 之现象

在蒙古国的蒙古语中，汉语词汇的复元音被发音为长元音 uu 的现象有其较高的出现率，所涉及的复元音也比较丰富。其中，汉语词汇的复元音 ou、uo、iu、aɔ 及 caɪ 等变读为长元音 uu 的情况最具代表性。复元音 ou 变为长元音 uu 的现象相比其他 4 个复元音变为长元音 uu 的现象更常见一些，其变化形式也更丰富一些。如表 7 - 30、表 7 - 31、表 7 - 32、表 7 - 33、表 7 - 34 所示：

表 7 - 30　　　　汉语词汇中的复元音 ou 在蒙古国蒙古语中变读为长元音 uu 的实例

汉语	汉语拼音	蒙古国蒙古语	蒙古国蒙古语国际音标
枕头	zhen tou	жинтүү	ʤintuu
豆腐	dou fu	дүүпүү	duupuu
熨斗	yun dou	индүү	induu
绵绸	mian chou	минчүү	mintʃuu

表 7 - 31　　　　汉语词汇中的复元音 uo 在蒙古国蒙古语中变读为长元音 uu 的实例

汉语	汉语拼音	蒙古国蒙古语	蒙古国蒙古语国际音标
骡子	luo zi	лүүс	luus
墨子	mo zi	мүүс	muus
国师	guo shi	гүүш	guuʃ

表 7 - 32　　　　汉语词汇中的复元音 iu 在蒙古国蒙古语中变读为长元音 uu 的实例

汉语	汉语拼音	蒙古国蒙古语	蒙古国蒙古语国际音标
秋衣	qiu yi	чүүяий	tʃuuyii
酒精	jiu jing	жуужийн	ʤuuʤiin

表 7 - 33　　　　汉语词汇中的复元音 aɔ 在蒙古国蒙古语中变读为长元音 uu 的实例

汉语	汉语拼音	蒙古国蒙古语	蒙古国蒙古语国际音标
元宝	yuan bao	ембүү	yəmbuu
铡刀	zha dao	жаадүү	zaaduu

表 7 - 34　　　　汉语词汇中的复元音 iaɔ 在蒙古国蒙古语中变读为长元音 uu 的实例

汉语	汉语拼音	蒙古国蒙古语	蒙古国蒙古语国际音标
青椒	qing jiao	чинжүү	tʃinʤuu
粉条	fen tiao	пүнтүүз	puntuuz
箫	xiao	шүүр	ʃuur

经上述分析可以得知，汉语词汇的复元音 ou、uo、iu、ɔɑ 及 iɑɔ 等，在蒙古国蒙古语中被发作长元音 uu 时，要将调整复元音的舌位高低作为主要手段。例如，汉语词汇中的复元音 ou 发音为长元音 uu 时，其舌位高的短元音 u 发挥了比较突出的作用，所以其结果就是复元音 ou 会自然变读为与短元音 u 的音位相一致的长元音 uu。因此，由汉语词汇的复元音在蒙古国蒙古语里发作长元音 uu 的实例中，复元音 ou 的出现率比其他 uo、iu、ɔɑ、iɑɔ 等复元音的出现率要高一些。

第三节 草原 "丝绸之路" 与 "一带一路" 上汉语元音脱落现象

蒙古国蒙古语中借入的汉语名词术语，以及其他相关借词里，也有不少元音脱落现象。如前面所分析，在数量可观的汉语词语被借入到蒙古国蒙古语之后，首先按照蒙古语的元音和谐规律，对其原有的元音系统进行调整。一般情况下，根据词首元音或词首音节中的元音，对原词的元音之间进行阴阳性一致的和谐化调整。"元音和谐规律"是贯通蒙古国蒙古语，乃至通用于阿尔泰语系诸语言的语音特征，同时也是限制蒙古国蒙古语词汇发音特点的最重要的标志所在，其他一切语音变化均是在"元音和谐规律"基础上产生的。在变为汉语借词时的汉语原词元音变化中，除了绝大多数情况下必须遵循"元音和谐变化"外，汉语词汇中的短元音和复合元音变读为汉语借词中的长元音的"长元音变化"现象也是较为常见的。然而，在该部分探讨的由汉语词汇到蒙古国蒙古语汉语借词时产生的"元音脱落变化"现象，相对于上面讨论的"元音和谐变化"现象和"长元音变化"现象而言较为少见，其变化形式也较为简单。

蒙古国蒙古语词汇中的"元音脱落变化"主要是指，除词汇重读音节（通常为第一音节）以外的非重度音节（第一音节之外的音节）中的短元音的弱化并脱落的语音变化现象。众所周知，蒙古国使用的西里尔蒙古文是在改写传统蒙古书面语基础上，旨在记录蒙古国喀尔喀蒙古方言的"表音文字"，因此，对于传统蒙古书面语与西里尔蒙古文之间记录语音的区别，我们也可理解为是蒙古语的书面语与口语之间的异同现象的体现方式之一。比如，由传统蒙古书面语 axa "哥哥"、nasɷ "年龄"、aŋgilaxɷ "分类" 等词汇演变为西里尔蒙古文时，其词尾音节中的短元音 a 和 ɷ 发生"元音脱落"后变成 ax、нас、ангилал 等辅音结尾的形式。

根据蒙古语词汇的"元音脱落"语音特征，汉语词汇在被借入到蒙古国蒙古语后，为了更加符合蒙古国蒙古语的发音特点，其非重读词尾音节中的 ə、i、o、u 四类短元音产生了"元音脱落"现象，其中 i 和 u 的词尾短元音脱落是常见现象。对此，按照上述传统蒙古书面语与西里尔蒙古文之间的语音记录区别特征，我们不难推理出，有词尾音节短元音脱落现象的汉语借词应该是通过口语借入到蒙古语的这一观点。

一 汉语借词词尾短元音 i 的脱落现象

汉语词汇在被借入到蒙古国蒙古语后，以短元音 i 结尾的汉语复合词为了进一步适应蒙古国蒙古语的发音特点，其后置词的词尾短元音 i 发生元音脱落现象。发生脱落的短元音 i 通常出现于辅音 x［ç］、sh［ʂ］、z［ʦ］、m［m］等的后面。如表 7-35 所示：

表 7-35 　　　汉语词汇中的词尾短元音 i 在蒙古国蒙古语中的元音脱落实例

汉语	汉语拼音	蒙古国蒙古语	蒙古国蒙古语国际音标
把戏	ba xi	бааш	baaʃ
扁食	bian shi	банш	banʃ
包子	bao zi	бууз	bɷɷz
盘子	pan zi	панз	panz/pans
虾米	xia mi	сам	sam

很显然，上述汉语词汇后置词 xi "戏"、shi "食"、zi "子"、mi "米" 等的词尾短元音 i，在汉语借词中均无例外地出现了脱落现象。其结果，它们在蒙古国蒙古语中变读为 baaʃ、banʃ、bɷɷz、sam 等，成为由辅音 ʃ、z、m 结尾的汉语借词。我们掌握的资料表明，汉语词汇词尾短元音 i 的脱落现象，在蒙古国蒙古语中较为常见。比较而言，短元音 i 出现于辅音 x [ç]、sh [ʂ]、z [tʂ] 等后面发生脱落的实例较多。

二 汉语借词词尾短元音 u 的脱落现象

汉语的一些词汇借入蒙古国的蒙古语之后，其后置词词尾出现的短元音 u，为了更好地适应蒙古国蒙古语的发音要求与特点，出现了脱落现象。如表 7 - 36 所示：

表 7 - 36　　　汉语词汇中的词尾短元音 u 在蒙古国蒙古语中的元音脱落实例

汉语	汉语拼音	蒙古国蒙古语	蒙古国蒙古语国际音标
蘑菇	mo gu	мөөг	moog
窗户	chuang hu	цонх	tsɔŋx
公主	gong zhu	гүнж	gundʒ
凉壶	liang hu	лонх	lɔŋx
毛布	mao bu	моов	mɔɔv

上述汉语词汇借入蒙古国的蒙古语之后，其后置词 gu "菇"、hu "户"、zhu "主"、hu "壶"、bu "布" 等的词尾短元音 u，均发生了元音脱落现象。其结果，这些汉语词汇在蒙古国的蒙古语中变为以辅音 g、x、dʒ、v 等结尾的词。汉语借词内出现的此类短元音脱落现象，一般都在双音节词的后置词辅音 g、h、zh [ʂ]、b 等后面出现。

三 汉语借词词尾短元音 o 的元音脱落

蒙古国的蒙古语中使用的汉语借词中，也有以短元音 o 结尾的实例。然而，在具体的语用实践中，该短元音也有被省略的时候。如

表7－37 所示：

表7－37　　汉语词汇中的词尾短元音 o 在蒙古国蒙古语中的元音脱落实例

汉语	汉语拼音	蒙古国蒙古语	蒙古国蒙古语国际音标
饽饽	bo bo	боов	bɔɔv
琥珀	hu po	хув	xʊv

上面两个汉语词汇在借入蒙古国的蒙古语之后，其后置词 bo "饽"和 po "珀"中的词尾短元音 o 都发生了脱落现象。其结果，均成为由辅音 v 结尾的词。根据我们现掌握的资料，在蒙古国蒙古语里使用的汉语借词中，短元音 o 在词尾脱落的实例出现得并不太多。

四　汉语借词词尾短元音 ə 的脱落现象

在蒙古国蒙古语里借入的汉语词语中，也有在词尾使用的一些短元音 ə 被省略的现象。而且，同样都出现在双音节或三音节词的后置词中。如表7－38 所示：

表7－38　　汉语词汇中的词尾短元音 ə 在蒙古国蒙古语中的元音脱落实例

汉语	汉语拼音	蒙古国蒙古语	蒙古国蒙古语国际音标
辽河	liao he	loox	lɔɔh
棚舍	peng she	pənc	pñns
掌柜的	zhang gui de	жангууд	ʤangɷɷd

可以看出，汉语词汇 liao he "辽河"、peng she "棚舍"、zhang gui de "掌柜的"，在借入蒙古国的蒙古语之后，其后置词 he "河"、she "舍"、de "的"等的词尾短元音 e［ə］均出现了脱落现象。其结果，后置词的辅音 h、sh［ʂ］、d 按照蒙古国的蒙古语发音形式，同前置词合为一体，成为词尾短元音被省略后的辅音结尾的借词。我们掌握的资料表明，在蒙古国的蒙古语里，汉语借词词尾短元音 ə 被省略的实

例出现得比较少。

　　总而言之，上面的分析和讨论使我们一定程度上了解到，汉语词汇中的元音为了更好地适应蒙古国蒙古语的元音和谐规律、元音长音化规则、词尾语音形式等方面的具体使用特征，这些元音被借入到蒙古国的蒙古语时，主要经过了以下三个元音变化过程：首先，阳性元音和谐化和阴性元音和谐化之元音和谐性质的语音变化；其次，适应短元音和复元音的长元音化结构类型的音变要求；再次，非重读语音关系的词尾音节短元音，也就是词尾末端的已处于弱化状态的短元音出现脱落现象。比较而言，元音和谐规律发挥的功能和作用要比元音的长音化及脱落更为显著。

第 八 章

草原"丝绸之路"与"一带一路"
汉语借词的辅音变化

蒙古国蒙古语的语音构词法当中，比较注重以替换词汇中的元音的方式表达新词义，并构成新词汇的方法。受其语音构词法的影响，汉语词汇在借入蒙古国的蒙古语时，也自然而然地遵循其构词系统中出现的丰富多样的元音变化为主的语音特点，能动地接受元音方面的一系列变化原理。因此，汉语词汇在被借入到蒙古国蒙古语时产生的语音变化中，以上面讨论的元音和谐变化、长元音化、元音脱落等与元音密切相关的音变现象较为突出。然而，除元音变化现象之外，汉语借词在蒙古国蒙古语中使用时，也不乏遇到辅音方面的相关音变现象。在本章节主要从汉语词汇变为汉语借词时产生的辅音脱落与替换现象、辅音添加现象、辅音结尾现象等方面入手，逐步讨论并分析汉语借词在蒙古国蒙古语中使用时出现的辅音变化特征。

第一节　草原"丝绸之路"与"一带一路"
上汉语借词辅音脱落与替换现象

根据资料，被借入到蒙古国的蒙古语里的汉语借词，为了更好地适应蒙古国蒙古语的发音要求及其语音结构特征，在其辅音系统中也出现了不同程度的音变现象。其中，辅音脱落和辅音交替的音变现象较为多见，其变化形式也较为多样。而且，辅音脱落与替换现象更多的时候出现于词中或词尾，虽然偶尔也在词首出现，但其概率很低。下面分成两个小部分，分别讨论汉语借词的辅音脱落及辅音交替现象。

一　汉语借词的辅音脱落现象

蒙古国的蒙古语中借入的汉语词汇，在被借入或在使用过程中，会遇到辅音脱落现象。其中，相对于其他辅音脱落现象而言，较为常见的是汉语词汇词尾使用的鼻辅音 ŋ 的脱落实例。此外，汉语复合词的中置词词尾辅音 n 和 ŋ 在被借入蒙古国蒙古语时，也会发生脱落现象。如表 8 - 1 所示：

表 8 - 1　　　汉语词汇中的词尾辅音 n/ŋ 在蒙古国蒙古语中的脱落实例

汉语	汉语拼音	蒙古国蒙古语	蒙古国蒙古语国际音标
灯笼	deng long	дэнлуу	dənlɷɷ
土埂	tu geng	түүгэ	tuugə
痛风	tong feng	думбэ	dumbə
瘫痪	tan huan	тамба	tamba

在被借入到蒙古国蒙古语后，汉语词汇的后置词 long "笼"、geng "埂"、feng "风"、huan "痪" 等词的末尾出现的鼻辅音 ng［ŋ］和 n［n］都被脱落，成为 dənlɷɷ、tuugə、dumbə、tamba 等与蒙古国的蒙古语语音结构相匹配的语音形式。除了常见的汉语双音节词或多音节词中的词尾辅音脱落情况之外，还有一些不多见的汉语单音节词，在蒙古国蒙古语中使用时产生的词尾辅音脱落现象，如汉语词 "龙" 的词尾辅音 ŋ 脱落后，在蒙古国蒙古语中被读作 луу［lɷɷ］这一以长元音 ɷɷ 结尾的形式。

表 8 - 2 中由三个词组合而成的汉语复合词，在被借入到蒙古国蒙古语后，发生的鼻辅音脱落现象，就出现在所谓中置词 jian "肩"、bing "饼"的词尾。并且，在 kan jian er "坎肩儿"与 gan bing er "干饼儿"的中置词尾鼻辅音 n 和 ŋ 脱落的同时，留下的语音结构形式与其前后词的发音合为一体，最后变成 xamʤaar 与 gambir 两个语音结构特征的汉语借词。事实上，这两个汉语复合词变为汉语借词的过程中产生的语音变化内容较为复杂，其中置词词尾辅音脱落也只是其中的一个语音变化现象。换言之，若不观察其余的语音变化现象，也很难得知其词尾辅音脱落的缘由。如从汉语词汇 kan jian er "坎肩儿"变为汉语借词 xamʤaar 时，共经过了四个语音变化的过程：一是，其前置词 kan "坎"中的词首辅音 k 变为辅音 x；二是，该词词尾辅音 n 变读为辅音 m；三是，中置词 jian "肩"中的词尾辅音 n 的脱落；四是，后置词 er "儿"与辅音脱落后的中置词语音变体 ʤaa 合为一体读成带有长元音 aa 的 ʤaar 形式。最后，该汉语词汇才成为蒙古国蒙古语中的 хамжаар［xamʤaar］这一语音结构类型的名词。

表 8 - 2 汉语词汇中的中置词词尾辅音 n/ŋ 在蒙古国蒙古语中的脱落实例

汉语	汉语拼音	蒙古国蒙古语	蒙古国蒙古语国际音标
坎肩儿	kan jian er	хамжаар	xamʤaar
干饼儿	gan bing er	гамбир	gambir

二 汉语借词的辅音替换现象

借入蒙古国蒙古语的一些汉语词汇，同样为了更符合蒙古语发音要求和特征，将其中使用的辅音 ŋ、f、b 替换为汉语借词中的辅音 n、p、v。其中，汉语词汇中的辅音 ŋ、f 被替换成汉语借词中的辅音 n、p 的现象，比辅音 b 被替换成辅音 v 的现象更常见。如表 8 - 3 所示：

表 8－3　　　　汉语词汇中的辅音 ŋ 在蒙古国蒙古语中被替换为辅音 n 的实例

汉语	汉语拼音	蒙古国蒙古语	蒙古国蒙古语国际音标
农历	nong li	нэнлий/нонлий	nənlii
行市	hang shi	ханш	xanʃ
凳子	deng zi	дэнс	dəns
北京	bei jing	бээжин	bəədʒin

上述 nong li "农历"、hang shi "行市"、deng zi "凳子" 等汉语词汇中使用的前置词 nong "农"、hang "行"、deng "凳" 等的词尾鼻辅音 ng［ŋ］，在蒙古国的蒙古语里均被 n［n］音取而代之，与此同时，这三个词汇里的元音和辅音也都出现不同程度的音变。在此基础上，这些汉语词汇在蒙古国蒙古语里变为 нэнлий/нонлий［nənlii］、ханш［xanʃ］、дэнс［dəns］等语音结构特征的产物。另外，汉语例词 bei jing "北京" 的鼻辅音 ng［ŋ］与 n［n］间的替换形式，却出现于后置词 jing "京" 的词尾鼻辅音 ng［ŋ］上，进而该词发音也变读为 бээжин［bəədʒin］。

表 8－4 中汉语复合词 ma fan "麻烦"、dai fu "大夫"、dou fu "豆腐" 在被借入到蒙古国蒙古语后，其后置词中的词首辅音 f 被汉语借词中的辅音 p 所替换，而汉语复合词 fen tiao zi "粉条子" 的前置词中的词首辅音 f 则也被替换为辅音 p。究其原因为，蒙古国蒙古语的辅音中，除了个别的英语借词中的专有名词，如 Франц［frants］、Физик［fizik］中出现辅音 f 之外，其他情况下很少使用辅音 f。因此，在遇到外来词中的辅音 f 时，蒙古国蒙古语中通常将其替换为辅音 p。

表 8－4　　　　汉语词汇中的辅音 f 在蒙古国蒙古语中被替换为辅音 p 的实例

汉语	汉语拼音	蒙古国蒙古语	蒙古国蒙古语国际音标
麻烦	ma fan	маапаан	maapaan
大夫	dai fu	дайпуу	daipɷɷ
豆腐	dou fu	дүүпүү	duupuu
粉条子	fen tiao zi	пүнтүүз	puntuuz

表 8 – 5 中 yue bing "月饼"、chao bing "炒饼"、li ba "篱笆"三个汉语词汇的后置词 bing "饼"、ba "笆"中的词首辅音 b，在蒙古国蒙古语里都被发音为 в [v]。另外，汉语例词 tai ping "太平"的后置词词首辅音 p 也同样被发音为 в [v]。

表 8 – 5 汉语词汇中的辅音 b、p 在蒙古国蒙古语中被替换为辅音 v 的实例

汉语	汉语拼音	蒙古国蒙古语	蒙古国蒙古语国际音标
月饼	yue bing	еэвэн	yəvəŋ
炒饼	chao bing	цуивэн	tsuivəŋ
篱笆	li ba	лийва	niiva
太平	tai ping	таивэн	taivəŋ

汉语词汇借入蒙古国蒙古语中时，其词内出现的辅音 ŋ、f、b、p 经常会被替换为蒙古语辅音 n、p、v 来发音。其中，汉语词汇中的辅音 ŋ、f、b 由汉语借词辅音 n、p、v 替换的情况，相比而言，要多于辅音 p 被替换为辅音 v 的实例。然而，汉语词汇辅音 ŋ 被替换为辅音 n 的现象绝大多数情况下出现于词尾处，而辅音 f 被换为辅音 p、辅音 b 或 p 由辅音 v 所替代的现象几乎都出现于词首处。

第二节　草原"丝绸之路"与"一带一路"上汉语借词辅音添加现象

蒙古国蒙古语中的汉语借词在使用方面，为了使这些借入的词语的语音结构更加适合于蒙古国蒙古语的发音要求，在具体发音时会出现增加新辅音的情况，也就是添加辅音的现象。然而，辅音添加现象一般都出现于词尾，在词首或词中很少见到。根据我们现已掌握的资料表明，借入蒙古国蒙古语的汉语词汇中，主要在词尾单元音或复元

音后面，出现添加辅音 ŋ、r、l、x、v、z、ʤ 等的情况。其中，在汉语词汇的词尾短元音或复元音后添加 ŋ、r 辅音的实例，在蒙古国蒙古语中较为多见，因此我们称其为常见的辅音增添现象。而在汉语词汇的词尾短元音或复元音后添加像 l、x、v、z、ʤ 等辅音的实例，在蒙古国蒙古语中均不多见，所以我们也将其称为非常见的辅音添加现象。以下，我们将对蒙古国蒙古语中使用的汉语借词添加辅音情况，分为常见与非常见两个部分进行具体举例分析。

一 汉语借词的辅音添加之常见现象

如同上面的交代，在被借入蒙古国蒙古语里使用的汉语词汇中，辅音添加现象往往出现于元音结尾的词后面。其中，鼻辅音 ŋ 和舌尖颤音 r 的辅音添加实例出现得较多，具有一定代表性。如表 8 - 6 所示：

表 8 - 6 汉语词汇后添加辅音 ŋ 的实例

汉语	汉语拼音	蒙古国蒙古语	蒙古国蒙古语国际音标
萝卜	luo bo	луувэн	looʋəŋ
高丽	gao li	гуулин	gooliŋ
腿布	tui bu	түйвэн	tuivəŋ
俩	lia	лан	laŋ

很显然，以上汉语词汇 luo bo "萝卜"、gao li "高丽"、tui bu "腿布" 等的后置词 bo "卜"、li "丽"、bu "布"、zi "子" 等的后面及单音节词 lia "俩" 的后面，都无一例外地添加了鼻辅音 ŋ。

表 8 - 7 中汉语词汇 wa "瓦"、bi "笔"、mao "猫" 等，包括 zha dao "铡刀" 和 huo shao "火烧" 的后置词 dao "刀"、shao "烧" 等，在蒙古国蒙古语中使用时，在其短元音 a、i 及复元音 ao 的后面，均添加了舌尖颤音 r。经音变后，构成了蒙古国蒙古语里使用的 ваар ［vaar］、бийр ［biir］、муур ［moor］、заазуур ［zazoor］、хуушуур ［xooʃoor］ 等具有蒙古语语音结构特征的汉语借词。然而，这些汉语

词汇的其他语音结构也都出现了不同程度的相应变化，其中，最为鲜明的一种音变现象是，汉语词汇的短元音或复元音出现长音化现象。

表8-7　　　　　　　　　　汉语词汇后添加辅音 r 的实例

汉语	汉语拼音	蒙古国蒙古语	蒙古国蒙古语国际音标
瓦	wa	ваар	vaar
笔	bi	бийр	biir
猫	mao	муур	mɵɵr
铡刀	zha dao	заазуур	zaazɵɵr
火烧	huo shao	хуушуур	xɵɵʃɵɵr

毫无疑问，正如前面所说，汉语词汇后添加鼻辅音 ŋ 和舌尖颤音 r 的实例在蒙古国蒙古语中有一定的出现率。由此，该音变现象可以被认为，在汉语借词辅音添加式语音变化现象中具有一定代表性，并且是常见的语音变化现象。

二　汉语借词辅音添加之非常见现象

蒙古国蒙古语的汉语借词中出现的辅音添加情况，除了前面介绍和分析的鼻辅音 ŋ 与舌尖颤音 r 之外，还有极其个别的 l、x、v、z、ʤ 等辅音的添加情况。由于这几个辅音的添加实例在蒙古国蒙古语中出现得都很少，所以也被称为非常见的辅音添加现象。如表8-8所示：

表8-8　　　　　　　　　　汉语词汇后添加辅音 l 的实例

汉语	汉语拼音	蒙古国蒙古语	蒙古国蒙古语国际音标
街	jie	зээл	zeel
黏	nian	наах/нях	naax/niax
锈	xiu	зэв	zəv
绦	tao	тууз	tɵɵz
锁	suo	цоож	tsɔɔʤ

以上 jie "街"、nian "黏"、xiu "锈"、tao "绦"、suo "锁" 等汉语词在被借入蒙古国蒙古语后，其词尾后添加了 л [l]、x [x]、в [v]、з [z]、ж [ʤ] 等辅音。由此在蒙古国蒙古语中变读为带有这些辅音的 зээл [zəəl]、наах [naax]、зэв [zəv]、тууз [tɷɷz]、цоож [tsɔɔʤ]（pangɷɷz）等汉语借词。就如上面所交代的，这些辅音添加现象的出现率都很低，其中，辅音 l 的添加实例在蒙古国蒙古语中出现的次数，相比其他几个辅音添加现象而言要多一些。此外，还需要说明的是，汉语词汇后面添加 l、h、v、ʤ、z 等辅音的实例，更多的情况下出现于汉语单音节词的音变中。

第三节　草原"丝绸之路"与"一带一路"上汉语借词辅音结尾现象

对于汉语借词中出现的语音变化现象的分析，尤其是对于辅音变化及其辅音使用现象的系统梳理和探讨，使我们充分地认识到一些汉语词汇在借入蒙古国蒙古语之后，根据蒙古语的具体使用条件和实际需求，汉语词汇词尾处出现的部分短元音及复元音出现了元音脱落现象。其结果，在汉语词汇词尾元音前使用的辅音自然成为汉语借词的结尾辅音。在汉语借词的辅音变化中辅音结尾现象与蒙古国蒙古语中的汉语借词"辅音脱落与替换现象"和"辅音添加现象"相比而言，属于汉语借词的语音特征，不能完全归类于汉语借词的辅音音变范畴讨论。讨论蒙古国蒙古语中的汉语借词辅音结尾现象时应包括词尾辅音被其他辅音所取代；词尾辅音演化为相近或相关的辅音；词尾辅音保留其原来的语音形式等现象。我们在上面讨论元音变化现象时，就以元音脱落为视角，涉及过与此相关的一些学术问题，即探讨过由汉语词汇词尾元音脱落而产生的辅音结尾的汉语借词情况。然而，在系统分析蒙古国蒙古语的汉语借词的语音变化过程中，我们发现确实有数量可观的因词尾元音的脱落而出现的辅音结尾现象，因此，该现象进而成为汉语借词在蒙古国蒙古语中使用的一种特有的语音现象。对此，我们将分为常见与非常见两个部分讨论汉语借词中的辅音结尾现象。

一 汉语借词中常见的辅音结尾现象

一些汉语词汇被借入到蒙古国蒙古语后，其后置词词尾短元音发生脱落现象，进而其后置词元音前面使用的辅音成为词尾语音。其中，极具代表性的是汉语词汇后置词词尾使用的短元音 i 的脱落导致的辅音结尾现象，此外，还有少数词尾复元音的音变导致的辅音结尾情况。依据资料，在这种语音变化条件下形成的汉语借词的辅音收尾现象中，以辅音 ∫、z、s、r 等结尾的情况在蒙古国蒙古语中较为多见。如表 8 - 9 所示：

表 8 - 9 以辅音 ∫ 结尾的汉语借词的实例

汉语	汉语拼音	蒙古国蒙古语	蒙古国蒙古语国际音标
扁食	bian shi	банш	ban∫
行市	hang shi	ханш	xan∫
同事	tong shi	түнш	tun∫
国师	guo shi	гүүш	guu∫
把戏	ba xi	бааш	baa∫

从上面实例中可以看出，汉语词汇 bian shi "扁食"、hang shi "行市"、tong shi "同事"、guo shi "国师" 等的后置词词尾短元音 i 均出现了脱落现象，其音变的结果，使这些汉语词汇在蒙古国蒙古语中也自然而然地变读为 банш ［ban∫］、ханш ［xan∫］、түнш ［tun∫］、гүүш ［guu∫］ 等以辅音 ш ［∫］ 结尾的汉语借词。另外，汉语例词 ba xi "把戏"，因其后置词词尾短元音 i 的脱落而出现了由辅音 ш ［∫］ 结尾的

бааш〔baaʃ〕这一音变形式。

表 8 - 10 列举的 shan zi "扇子"、sai zi "塞子"、ce zi "册子"、hu zi "胡子"、dai zi "带子" 等汉语词汇，其后置词词尾短元音 i 均出现脱落或省略现象。由此，这些汉语词汇在蒙古国蒙古语里被变读为 шанз〔ʃanz〕、цайз〔tsaiz〕、цааз〔tsaaz〕、хууз〔xʊʊz〕、дайз〔daiz〕等以辅音 з〔z〕结尾的汉语借词。

表 8 - 10 以辅音 z 结尾的汉语借词的实例

汉语	汉语拼音	蒙古国蒙古语	蒙古国蒙古语国际音标
扇子	shan zi	шанз	ʃanz
塞子	sai zi	цайз	tsaiz
册子①	ce zi	цааз	tsaaz
胡子	hu zi	хууз	xʊʊz
带子	dai zi	дайз	daiz

表 8 - 11 列举的汉语词汇 gan zi "杆子"、hua shi "滑石"、dan zi "单子"、luo zi "骡子" 等，由于其后置词短元音 i 的脱落而在其前面使用的辅音 z〔ts〕与 sh〔ʂ〕，在蒙古国蒙古语里均被发音为 c〔s〕。经过音变后，这些汉语词汇的发音形式被变读为 гаанс〔gaans〕、хус〔xʊs〕、данс〔dans〕、луус〔lʊʊs〕等以辅音 c〔s〕结尾的汉语借词。当然，词尾辅音 z〔ts〕与 sh〔ʂ〕变读为辅音 c〔s〕的语音变化形式，在蒙古国蒙古语中具有一定代表性和常用性。不过，我们也不能否定，在保留原有语音形式的前提下，让辅音 з〔z〕充当汉语借词收尾音的一些情况的存在，例如，把汉语词汇 gan zi "杆子"、dan zi "单子"、luo zi "骡子" 等的蒙古语发音形式 гаанс〔gaans〕、данс〔dans〕、луус〔lʊʊs〕，在蒙古国年轻人的发音中却有发作 гаанз〔gaanz〕、данз〔danz〕、лууз〔lʊʊz〕的现象出现，而且，词类语音变读形式出现率

---

① 汉语词 "册子" 被借入到蒙古国蒙古语后的汉语借词 цааз，其词义多指规定。

似乎在不断增多。

表 8 - 11 以辅音 s 结尾的汉语借词的实例

汉语	汉语拼音	蒙古国蒙古语	蒙古国蒙古语国际音标
杆子	gan zi	гаанс	gaans
滑石	hua shi	хус	xʊs
单子①	dan zi	данс	dans
骡子	luo zi	луус	lʊʊs

表 8 - 12 实例中的汉语词汇 dai zi "袋子"、zha dao "铡刀"、huo shao "火烧"、man zhou li "满洲里" 等，经过其后置词短元音 i 和复元音 ao、ou 变读为长元音 aa 和长元音 ʊʊ，再添加辅音 r 的语音变化后，在蒙古国蒙古语中被变读为 таар〔taar〕、заазуур〔zaazʊʊr〕、хуушуур〔xʊʊʃʊʊr〕、манжуур〔mandʒʊʊr〕 等以辅音 p〔r〕结尾的汉语借词。

表 8 - 12 以辅音 r 结尾的汉语借词

汉语	汉语拼音	蒙古国蒙古语	蒙古国蒙古语国际音标
袋子	dai zi	таар	taar
铡刀	zha dao	заазуур	zaazʊʊr
火烧	huo shao	хуушуур	xʊʊʃʊʊr
满洲里	man zhou li	манжуур	mandʒʊʊr

二 汉语借词中非常见的辅音结尾现象

我们对已掌握的资料进行分析后，同样发现被借入蒙古国蒙古语的汉语借词内，确实还存在一些不常见且不具代表性的辅音结尾实例。

---

① 汉语词"单子"被借入到蒙古国蒙古语后的汉语借词 данс，其词义通常指笔记本。

它们的出现条件和所处的语音环境，也和前面分析过的汉语词汇后置词词尾短元音 i 的脱落和词尾复元音的音变等语音变化后，其辅音充当汉语借词收尾音的情况基本一致。汉语借词中非常见的辅音结尾现象，更多的时候是伴随词尾短元音 i、u、o、a 的脱落及复元音 uo、ua、ui、ao 等的音变，使其前面使用的辅音 z、ʤ、x、m、b、p 等保留原来语音形式或发生不同程度的语音变化，最终在蒙古国蒙古语中出现以 ʤ、x、m、v、l、g 等辅音结尾的汉语借词现象。如表 8 - 13、表 8 - 14、表 8 - 15、表 8 - 16 所示：

表 8 - 13   以辅音 ʤ 结尾的汉语借词的实例

汉语	汉语拼音	蒙古国蒙古语	蒙古国蒙古语国际音标
太子	tai zi	тайж	taiʤ
锁子	suo zi	цоож	tsɔɔʤ
性质	xing zhi	шинж	ʃinʤ

表 8 - 14   以辅音 x 结尾的汉语借词的实例

汉语	汉语拼音	蒙古国蒙古语	蒙古国蒙古语国际音标
灶火	zao huo	зуух	zʊʊx
脸壶	lian hu	лонх	lɔŋx
笑话	xiao hua	шоох	ʃɔɔx

表 8 - 15   以辅音 m 结尾的汉语借词的实例

汉语	汉语拼音	蒙古国蒙古语	蒙古国蒙古语国际音标
芥末	jie mo	жийм	ʤiim
笑骂	xiao ma	шоом	ʃɔɔm
虾米	xia mi	сам	sam

表 8 - 16 以辅音 v 结尾的汉语借词的实例

汉语	汉语拼音	蒙古国蒙古语	蒙古国蒙古语国际音标
琥珀	hu po	хув	xɵv
饽饽	bo bo	боов	bɔɔv

通过上面一系列的实例，我们完全能够看出如下所述的四种音变情况：一是，汉语词汇 tai zi "太子"、suo zi "锁子"、xing zhi "性质"等，在蒙古国蒙古语里使用时，因后置词词尾短元音 i 的脱落而变读为тайж〔taidʒ〕、цооæ〔tsɔɔdʒ〕、шинж〔ʃindʒ〕等由辅音 æ〔dʒ〕结尾的语音形式。二是，汉语词汇 zao huo "灶火"、lian hu "脸壶"、xiao hua "笑话"等，在蒙古国蒙古语中借入后，由于后置词词尾复元音 uo、ui、ua 的音变而出现 зуух〔zɵɵx〕、лонх〔lɔŋx〕、шоох〔ʃɔɔx〕等由辅音 x〔x〕结尾的语音形式。三是，汉语词汇 jie mo "芥末"、xiao ma "笑骂"、xia mi "虾米"等，为适应蒙古国蒙古语里的语音使用原理，脱落后置词词尾单元音 o、a、i 而形成 жийм〔dʒiim〕、шоом〔ʃɔɔm〕、сам〔sam〕等由辅音 м〔m〕结尾的语音结构形式。四是，汉语词汇 hu po "琥珀"、bo bo "饽饽"借入蒙古国的蒙古语后，因后置词词尾短元音 o 出现脱落现象而变读为 хув〔xɵv〕、боов〔bɔɔv〕形式的由辅音 в〔v〕结尾的借词。这些辅音结尾的汉语借词在蒙古国蒙古语中使用时较有趣的现象是，其词尾出现的这些辅音同样有用其他辅音取代使用的情况。例如，词尾辅音 æ〔dʒ〕用辅音 з〔z〕替代；词尾辅音 x〔x〕由辅音 г〔g〕代替；词尾辅音 м〔m〕用辅音 н〔n〕取代；词尾辅音 в〔v〕也有被辅音 б〔b〕取代等情况。然而，这些汉语借词词尾辅音被替换成其他辅音的发音形式，在蒙古国蒙古语中的使用率较低，偶尔出现在蒙古国蒙古语的各类方言中。然而，不只是这些被替代使用的词尾辅音有其较低的出现率，同第一部分中讨论的汉语借词词尾使用的常见辅音相比，像后置词词尾短元音 i、u、o、a 的脱落及复元音 uo、ua、ui、ao 的音变而出现的词尾辅音 dʒ、x、m、 v、l、g 等的使用率也同样都比较低。正因为如此，我们将它们称为非常见的辅音收尾现象。

　　根据现已掌握的资料及以上分析，我们认为汉语借词在蒙古国蒙古语中使用时，出现的辅音变化形式及其语音结构性特征确实显示出一定的复杂性。不过，其中最具代表性和影响力的辅音变化现象，主要涉及我们在前面讨论的三个内容：一是，三音节汉语词汇中的中置词词尾单元音或复元音的脱落，双音节汉语词汇的后置词词尾单元音或复元音的脱落，单音节汉语词汇词尾单元音或复元音的脱落等音变现象而导致的由辅音结尾的情况；二是，汉语词汇词尾使用的辅音被其他相关或相近辅音所替代的音变现象；三是，在以元音结尾的汉语词汇词尾处添加辅音的语音变化现象等。

　　除上述讨论的情况之外，在被借入蒙古国蒙古语的汉语借词中，还有一些像 xie "鞋"、tang "堂"之类的单音节结构类型的汉语词汇后面，增加-хай［-xai］、-хим［-xim］等新的语音结构形式之后，在蒙古国蒙古语中变读为 шаахай［ʃaaxai］（ʃaaxai）、танхим［taŋxim］等形式。然而，使用此类语音构词法构成汉语借词的现象，在蒙古国蒙古语中并不多见。

第 九 章

草原"丝绸之路"与"一带一路"
汉语借词词义与词类属性特征

    不同民族语言包含不同历史文明、不同文化知识、不同思维规则及不同认知方式，也可以表现在不同的心理素养、审美价值、生活习惯及其生产方式等诸多方面。还能够通过不同民族语言，了解不同民族的自然观、世界观、生命观、生活观等。然而，对于借入到蒙古国蒙古语中的汉语借词的词义所指及词类属性的探讨，我们也可以从语言人类学、语言历史学、语言文化学、语言认知学、语言接触学、语言实用学等角度，进一步考释汉语与蒙古语的接触关系，以及其中蕴含的历史的、文化的、文明的、社会的、经济的等诸多物质的和精神的内涵。并将它们表现出的共同点和差异点，视为一种求同存异、取长补短、互通有无的切入点，当作共建"一带一路"命运共同体的重要基础和条件。由此，在我们看来，在今天的新时代草原"一带一路"建设中，挖掘、整理、分析、讨论蒙古国蒙古语的汉语借词中包含的词义及其语用关系显得十分重要。

第一节　草原"丝绸之路"与"一带一路"上
汉语借词词义变化特征

    蒙古国的蒙古语里借入的汉语词汇，在其词义方面一般都不会产生太大的变化，绝大多数汉语借词会将原有的词义所指沿用下来。然而，也有一些汉语借词，根据蒙古国蒙古语的使用目的、使用环境、使用习惯等，会对汉语借词词义进行必要调整或增减相关词义。这主要取决于汉语借词在借入过程中，受到的蒙古族独特而鲜明的历史、文化、社会、经济等方面不同程度的影响。毫无疑问，所有这些也跟作为汉语借词使用者的蒙古人，为了达到更加准确地用汉语借词表达所指事物、现象、动作等的心理需求有必然关系。其结果，一部分汉语借词词义在蒙古国蒙古语中自然而然地产生了不同程度的变化。对此，我们的资料及分析充分表明，在蒙古国蒙古语中借入的汉语词义特征主要有：完整保留原有词义内涵，给汉语词汇增加新的词义，把汉语原有的词义缩小，转化汉语原有词义四种所指特征。

一　保留原有词义的汉语借词

根据我们搜集整理的蒙古国蒙古语中的汉语借词使用状况可以看出，虽然一些汉语借词与汉语原词相比其词义产生了不同程度的变化，但是绝大多数汉语借词的词义自借入到蒙古国蒙古语中使用至今没有发生所指变化，保留了原汉语词汇意义。这些汉语借词，主要以日常生活用品、瓜果蔬菜、人物称谓、动植物名称、地点场所、生产工具等的具体名称居多。除此之外，也有一些表示抽象概念的名词术语或量词、形容词、动词等。汉语词汇中的这些表达具体物品、地点、人物、工具等的相关名词，在被借入到蒙古国蒙古语后能够保留其原词义的主要原因为：一方面是因为这些借词极大地丰富了蒙古语词汇，促进了蒙古语词汇的良性发展；另一方面是因为这些词汇所表达的具体物质已经被蒙古民族所接受、所使用，并成为他们日常生活中必不可少的物品。如表9－1、表9－2、表9－3、表9－4、表9－5、表9－6、表9－7、表9－8、表9－9所示：

表 9 – 1   生活用品类汉语借词

汉语	汉语拼音	蒙古国蒙古语	蒙古国蒙古语国际音标
擀面杖	gan mian zhang	ганжин	gandʒiŋ
刷子	shua zi	сойз	sɔiz
本子	ben zi	бэнс	bəns
算盘	suan pan	сампин	campin

表 9 – 2   饮食类汉语借词

汉语	汉语拼音	蒙古国蒙古语	蒙古国蒙古语国际音标
火烧	huo shao	хуушуур	xʊʊʃʊʊr
花生	hua sheng	хуушэн/хуасан	xʊʊʃnɛ/xʊasan
白菜	bai cai	байцай	baitsai
茶	cha	цай	tsai

表 9 – 3   亲属称谓类汉语借词

汉语	汉语拼音	蒙古国蒙古语	蒙古国蒙古语国际音标
哥哥	ge ge	гөөгөө	gɵɵgɵɵ
姐姐	jie jie	жаажаа	dʒaadʒaa
老爷	lao ye	лооезз	lɔɔyəə

表 9 – 4   职业称谓类汉语借词

汉语	汉语拼音	蒙古国蒙古语	蒙古国蒙古语国际音标
大夫	dai fu	дайфүү	daifuu
花匠	hua jiang	хуажан	xʊadʒan
裁缝	cai feng	сайбан	saiban
木匠	mu jiang	мужаан	mʊdʒaan

表 9 – 5 早期官衔类汉语借词

汉语	汉语拼音	蒙古国蒙古语	蒙古国蒙古语国际音标
皇太子	huang tai zi	хуантайж	xʊantaiʤ
皇太后	huang tai hou	хуантайху	xʊantaixʊ
丞相	cheng xiang	чинсан	ʧinsan
将军	jiang jun	жанжин	ʤanʤiŋ

表 9 – 6 生产工具类汉语借词

汉语	汉语拼音	蒙古国蒙古语	蒙古国蒙古语国际音标
锄头	chu tou	зээтүү	zəətuu
掘头	jue tou	жоотуу	ʤɔɔtʊʊ
铡刀	zha dao	заадуур/заазуур	zaazʊʊr
镐头	gao tou	гоотуу	gɔɔtʊʊ

表 9 – 7 动植物类汉语借词

汉语	汉语拼音	蒙古国蒙古语	蒙古国蒙古语国际音标
母猪	mu zhu	мэгж	məgʤ
海棠	hai tang	хайтан	xaitaŋ
蟑螂	zhang lang	жанлан	ʤanlan
骡子	luo zi	луус	lʊʊs

表 9 – 8 地名类汉语借词

汉语	汉语拼音	蒙古国蒙古语	蒙古国蒙古语国际音标
北京	bei jing	бээжин	bəəʤin
哈尔滨	ha er bin	харбин	xarbin
大都	da du	дайдуу	daidʊʊ
满洲里	man zhou li	манжуур	manʤʊʊr

表 9 - 9 矿物类汉语借词

汉语	汉语拼音	蒙古国蒙古语	蒙古国蒙古语国际音标
石灰	shi hui	шохой	ʃɔxɔi
珐琅	fa lang	паалан	paalan
硝	xiao	шуу	ʃʊʊ
钢	gang	ган	gaŋ

以上列举的只是很小的一部分使用于蒙古国蒙古语中的生活用品类、饮食类、亲属称谓类、职业称谓类、早期官衔类、生产工具类、动植物类、地名类、矿物类等方面的汉语借词。尽管如此，我们也可以一定程度地了解到，在草原"丝绸之路"与"一带一路"通道上，蒙古国蒙古语从汉语借用的基本词汇的一些主要内容，以及这些基本词汇在他们的语言交流中所发挥的作用。这些汉语借词自从借入到蒙古国蒙古语之后，与原来借入时带来的词义几乎没有产生过什么变化，而且，除了早期官衔类汉语借词或过时的一些汉语借词外，其他绝大多数基本词汇至今仍保持着其强盛的生命力，并发挥着其应有的作用。然而，值得关注的现象是，其中一些汉语借词的发音形式越来越回归原有词汇语音特征，出现这种返璞归真的语音现象，可能与蒙古国蒙古语中借入的汉语词汇不断增多的实际情况有关。

二 扩大原有词义的汉语借词

如同前面的交代，蒙古国蒙古语中借入的绝大多数汉语借词保留了原有词义，并且使用至今没有发生过多的词义变化。但是，也有一些与饮食、器具、地点场所等相关的汉语借词，为了更适合于蒙古国的蒙古民族传统文化与生产生活习俗，以及为了在更广泛的范围内使用这些汉语借词，所以对其所表达的词义有目的、有价值、有关系地增加了一些内涵，进而使这些汉语借词词义变得更加丰富，其所指范围也变得更加广泛，其使用率也得到了进一步的提高。如表 9 - 10、表 9 - 11、表 9 - 12 所示：

表 9 – 10　　　　　　　　　**饮食类汉语借词词义的扩大化使用实例**

汉语	汉语拼音	蒙古国蒙古语	蒙古国蒙古语国际音标	借词词义
拌汤	ban tang	бантан	bantaŋ	在保留原有词义"拌汤"基础上，增加了"把事情弄复杂；瞎搅和事情；把好事弄得一团糟"等词义
饽饽	bo bo	боов	bɔɔv	在保留原有词义"面饼"的基础上，增加了"点心；打耳光；扇巴掌；不留情面"等词义
干饼	gan bing	гамбир	gambir	在保留原有词义"干饼"的基础上，增加了"扁平的脸；扁平的屁股；干瘪的思想"等带有贬义的词义
醋	cu	цуу	tsʊʊ	在保留原有词义"醋"的基础上，增加了"酸溜溜的语言；讽刺语；谣言、传闻"等词义

表 9 – 11　　　　　　　　　**器具类汉语借词词义的扩大化使用实例**

汉语	汉语拼音	蒙古国蒙古语	蒙古国蒙古语国际音标	借词词义
铜盆	tong pen	төнпөн	tompon	在保留原有词义"铜盆"的基础上，扩大到所有"盆子"的统称
书柜	shu gui	шүгээл	ʃuugeʃ	在保留原有词义"书柜"基础上，增加了"橱柜；立式柜子"等词义
火盆	huo pen	хоовон	xɔɔvɔŋ	在保留原有词义"火盆"的基础上，增加了"盛水、盛饭或盛其他生活物品的较大桶子"等词义
篓子	lou zi	лүү	luu	在保留原有词义"篓子"的基础上，增加了"酒鬼；胡言乱语者；失信者"等词义

表 9 - 12　　　　　　　　地点场所类汉语借词词义的扩大化使用实例

汉语	汉语拼音	蒙古国蒙古语	蒙古国蒙古语国际音标	借词词义
当铺	dang pu	данпуу	danpɷɷ	在保留原有词义"当铺"的基础上，增加了"破产的店铺；损坏的货物；破旧的东西；变质的食物"等词义
库	ku	хүү	xuu	在保留原有词义"库"的基础上，增加了"货物；库存物资；利钱；利息"等词义
仓	cang	сан	saŋ	在保留原有词义"仓"的基础上，增加了"эмийн сан 药房；номийн сан 图书馆；үгийн сан 词汇库"等词义
烟筒	yan tong	яндан	yandan	在保留原有词义"烟筒"的基础上，为扩大其所指范围新增了"消瘦的人；直立者；弱小者"以及"消瘦的；虚弱的"等词义

　　从以上列举的汉语饮食类、器具类、地点场所类等借词词义扩大化使用的具体分析中，可以看出蒙古国蒙古语中的汉语借词使用方面出现的词义增加现象，以及这些词义的扩大化使用对蒙古国蒙古语的丰富和发展产生的积极作用和影响。事实上，类似的词汇还有不少，在这里我们只是选用了一部分实例说明汉语借词在蒙古国蒙古语的使用中的词义不断得到扩大，使用范围也不断得到拓展，发挥的作用也变得越来越大等方面的实际情况。特别是，改革开放以后，以及我国强有力地推动"一带一路"建设之后，汉语借词在蒙古国蒙古语中的使用概率不断提高，汉语借词词义的扩大化使用现象也变得越来越多，进而为中蒙草原"一带一路"倡议建设的顺利实施发挥着应有的积极作用。

三　缩小原有词义的汉语借词

根据我们掌握的资料，蒙古国蒙古语中绝大多数汉语借词保留了其原有词义，也有一部分汉语借词在使用过程中扩大了词义内涵及使用范围。然而，与此相反的是，还有一些汉语借词，随着蒙古国经济社会的快速发展和崛起，以及传统生产方式的不断变迁和优化，早期或先前借入到蒙古国蒙古语的部分汉语借词，包括早期传统意义上的工具类、社会类、职业类、动植物类词语，已经不太适应现在生活及其语言交流的需要和条件，进而出现其词义使用范围缩小的现象。如表9–13、表9–14、表9–15所示：

表9–13　　　　　　　早期工具类汉语借词的词义缩小实例

汉语	汉语拼音	蒙古国蒙古语	蒙古国蒙古语国际音标	借词词义
架子	jia zi	жааз	ʤaaz	汉语借词"架子"缩小其词义后变成只表示"画框"之意的名词
杆子	gan zi	гаанс	gaans	汉语借词"杆子"缩小其词义后变成只表示"以细竹管制作的吸旱烟的用具"之意的名词
袋子	dai zi	таар	taar	汉语借词"袋子"缩小其词义后变成特指"装子弹的袋子"之意的名词
大车	da che	даачаа	daatʃaa	汉语借词"大车"缩小其词义后变成特指"运行李的马车"之意的名词
褡裢	da lian	даалин	daaliŋ	该汉语借词从原有的"中间开口两头装东西的口袋""古代皮制钱包""摔跤手的布上衣""野生水果"等词义缩小成单指"中间开口两端装鼻烟盒的皮口袋"之意的名词

表9-14 早期社会生活类汉语借词的词义缩小实例

汉语	汉语拼音	蒙古国蒙古语	蒙古国蒙古语国际音标	借词词义
棚	peng	пин	piŋ	汉语借词"棚"缩小其词义后变成特指"简陋的房屋"之意的名词
衙门	ya men	ям	yaam	汉语借词"衙门"缩小其词义后变成单指"政府机关"之意的名词
馆子	guan zi	гуанз	gɷanz	汉语借词"馆子"缩小其词义后变成特指"小饭店"之意的名词

表9-15 人或动植物类汉语借词的词义缩小实例

汉语	汉语拼音	蒙古国蒙古语	蒙古国蒙古语国际音标	借词词义
木匠	mu jiang	мужаан	mɷʤaan	该词早期借入时有"泛指建造房屋木结构、木家具和各类木、铁、铜器材的匠人"之意,缩小其词义后变成单指"做木工活儿的匠人"之意的名词
花儿	hua er	хуар	xɷar	汉语借词"花儿"缩小其词义后变成特指"布料或丝绸上的华丽颜色"之意的名词

上面的这些例词,在早期都有过相当广泛的使用空间,所表示的词义也都较为丰富。后来,随着蒙古国蒙古语新词术语的不断出现,以及从汉语借入的相关词语的不断增多,这些早期汉语借词所包含的词义逐步缩减,其使用范围也逐渐缩小,最后成为单指或特指某一概念的专用名词。依据我们现有资料的分析,在蒙古国蒙古语中的汉语借词词义缩小的实例并不多,更多的汉语借词依然保持原有的词义及使用范围。

四 汉语借词词义的转化使用现象

蒙古国蒙古语中的汉语借词，除保留其原有的词义及添加新词义或缩减词义等之外，为了更好地适应蒙古国蒙古语的使用环境、使用需求、使用特点，对其词义进行了一些必要的调整，或者说是有目的地转化了其原有词义。其结果，有些汉语借词自然失去了原有的词义，或在原有的词义基础上转化生成了与其相关的新词义。汉语借词的词义转化主要体现在由专有名词转化为具体名词、由名词转化为形容词、由名词转化为动词三个方面。如表9－16、表9－17、表9－18所示：

表9－16　　　　　　　　由专有名词转化为具体名词的实例

汉语	汉语拼音	蒙古国蒙古语	蒙古国蒙古语国际音标	借词词义
百姓	bai xing	байшин	baiʃiŋ	该词从专指"群众、平民"的词义，转化为表示"早期汉族移民居住的土房、平房、房屋"之意的名词
垃圾	la ji	лай	lai	该词从专指"废物、垃圾"的词义，转化为表示"不幸、苦难、麻烦"等意义的名词
东胜	dong sheng	дүнс	duns	该词从专指"内蒙古鄂尔多斯的地名"的词义，转化为表示"用杆子吸的烟丝"之意的名词
爸爸	ba ba	баабай	baabai	该词从专指"父亲"的词义，转化为具体表示"对年龄较大的男性的称呼"之意的名词

表9-17 由名词转化为形容词的实例

汉语	汉语拼音	蒙古国蒙古语	蒙古国蒙古语国际音标	借词词义
大清	da qing	дайчин	daitʃing	该词从专指"中国历史上的王朝名称"的词义，转化为表示"英勇的、好斗的、善战的"等意义的形容词
原坯	yuan pi	ямбий	yambii	该词从专指"压制砖坯"的词义，转化为表示"破旧的、残损的、质量差的"等意义的形容词
前门	qian men	чамин	tʃamin	该词从专指"北京的前门大街"的词义，转化为表示"漂亮的、华丽的、奢侈的"等意义的形容词
满洲	man zhou	манж	mandʒ	该词从专指"历史上的满洲人的聚居地"的词义，转化为蒙古语中具体指"恶意的、敌意的、有坏心的"等词义的形容词

表9-18 由名词转化为动词的实例

汉语	汉语拼音	蒙古国蒙古语	蒙古国蒙古语国际音标	借词词义
样子	yang zi	янз	yaŋz	该词从专指"样式、外貌"的词义，转化为表示"装饰、装扮、古怪脾气"之意的动词
将军	jiang jun	жанжин	dʒandʒiŋ	该词从专指"统领军队的将帅"的词义，转化为表示"控制、主导、管理"等词义的动词
窗户	chuang hu	цонх	tsɔŋx	该词从专指"窗户"的词义，转化为表示"原本应该出现或应该做的事情没有出现或没有做"之意的动词
罚	fa	баа	baa	该词从专指"罚款、处罚"的词义，转化为表示"用线绳拴住"之意的动词

从以上汉语借词所指概念的转化特征来看，它们被借入到蒙古国蒙古语时，最初一同带来的词义伴随语言使用者对这些借词所指概念的理解基础上，思索出新的与此相关的词义，进而也提升了这些旧词的生命力，提高了它们的使用率。重新调整和转化的词义，似乎更加适应了蒙古国蒙古语现在的语言使用环境，也进一步满足了蒙古国蒙古语当今的语言使用需求。经过上述分析可以得知，这些转化词义的汉语借词有以下三个特点：首先是，部分汉语借词词义从泛指成为专指；其次是，一些表示单一概念汉语借词转化成为多义词；最后是，部分汉语名词在原词义基础上，转化为与其相关的形容词或动词。

第二节　草原"丝绸之路"与"一带一路"上汉语借词词类属性特征

从草原"丝绸之路"古商道到新时代"一带一路"建设的历史岁月里，在蒙古国的蒙古语里借入的汉语借词有很多，所包含的内容也极其丰富，使用面也十分广泛。若按词类属性对这些蒙古国蒙古语中使用的汉语借词进行划分，可将其分为名词、形容词、动词、量词四种类别。由于汉语借词更多的是同蒙古国的经济社会、生产方式、民俗习惯、日常用品等的称谓有关，因此，在蒙古国蒙古语的汉语借词中名词最多，相比而言形容词、动词、量词等要少一些。然而，这些不同词类属性的汉语借词分别包含哪些内容，表达何种意义，使用于什么样的语音环境，在哪些方面发挥着语言交际功能等问题，很值得我们思考和深入探讨。

一　汉语借词中的名词特征

蒙古国蒙古语中的汉语借词所指范围涉及了政治、经济、社会、民俗、生产、生活等诸多方面。因此，按照汉语借词中的名词词义关系及其特征，可以对其进行人物称谓、动物名称、植物名称、家庭用具名称、器皿工具名称、服饰名称、饮食名称、布料丝绸名称、商品经济名称、住所地点名称、岩石矿产名称、政府管理名称、疾病医疗名称、文化教育名称、乐器艺术名称、武器军事名称、自然现象名称17种所指类别划分。如表9-19、表9-20、表9-21、表9-22、表9-23、表9-24、表9-25、表9-26、表9-27、表9-28、表9-29、表9-30、表9-31、表9-32、表9-33、表9-34、表9-35所示：

表9-19 人物称谓相关的名词实例

汉语	汉语拼音	蒙古国蒙古语	蒙古国蒙古语国际音标
阿姐	a jie	ажаа	aʤaa
太师	tai shi	тайш	taiʃ
和尚	he shang	хуушаан	xɷɷʃaan
道人	dao ren	тойн	tɔiŋ

表9-20 动物名称相关的名词实例

汉语	汉语拼音	蒙古国蒙古语	蒙古国蒙古语国际音标
鹦鹉	ying wu	ингэл	iŋgəl
蟒	mang	ман	maŋ
骡子	luo zi	луус	lɷɷs
母猪	mu zhu	мэгж	məgʤ

表9-21 植物名称相关的名词实例

汉语	汉语拼音	蒙古国蒙古语	蒙古国蒙古语国际音标
大瓜	da gua	даагуа	daagɷa
莲花	lian hua	лянхуа	lianxɷa
芒果	mang guo	манго	maŋgo
梧桐树	wu tong shu	үй түнш	uituŋʃ

表9－22　　　　　　　　　　家庭用具名称相关的名词实例

汉语	汉语拼音	蒙古国蒙古语	蒙古国蒙古语国际音标
毯子	tan zi	танз	tanz
椅子	yi zi	исэр	iiz/isər
扇子	shan zi	шанз	ʃanz
钳子	qian zi	хямсаа	xiamsaa

表9－23　　　　　　　　　　器皿工具名称相关的名词实例

汉语	汉语拼音	蒙古国蒙古语	蒙古国蒙古语国际音标
碟子	die zi	дийз	diiz
茶盅	cha zhong	шаазан	ʃaazaŋ
痰桶	tan tong	тантан	tantaŋ
缸	gang	ган	gaŋ

表9－24　　　　　　　　　　服饰名称相关的名词实例

汉语	汉语拼音	蒙古国蒙古语	蒙古国蒙古语国际音标
汗塌①	han ta	хаантаз	xaantaz
连衣裙	lian yi qun	даашинз	daaʃinz
嫁妆	jia zhuang	инж	inʤ
草帽	cao mao	сийрсэн	siirsən

表9－25　　　　　　　　　　饮食名称相关的名词实例

汉语	汉语拼音	蒙古国蒙古语	蒙古国蒙古语国际音标
锅盔	guo kui	гөөхий	gooxii
辣椒	la jiao	лазуу	lazʊʊ
啤酒	pi jiu	пийжуу	piiʤʊʊ
麻糖	ma tang	маатан	maataŋ

---

①　汉语词"汗塌"被借入到蒙古国蒙古语后的汉语借词хаантаз，其词义常指人们穿的背心。

表 9 – 26　　　　　　　　　　　布料丝绸名称相关的名词实例

汉语	汉语拼音	蒙古国蒙古语	蒙古国蒙古语国际音标
洋布	yang bu	ямбуу	yambʊʊ
纱布	sha bu	шаавуу	ʃaabʊʊ
绫子	ling zi	линс	liŋs
绵绸	mian chou	минчүү	mintʃuu

表 9 – 27　　　　　　　　　　　商品经济名称相关的名词实例

汉语	汉语拼音	蒙古国蒙古语	蒙古国蒙古语国际音标
本钱	ben qian	бэнчин	bəntʃiŋ
栏柜	lan gui	лангуу	laŋguu
钱粮	qian liang	цалин	tsaliŋ
俸禄	feng lu	пүнлүү	punluu

表 9 – 28　　　　　　　　　　　住所地点名称相关的名词实例

汉语	汉语拼音	蒙古国蒙古语	蒙古国蒙古语国际音标
窖窑	jiao yao	зоорь	zɔɔri
棚子	peng zi	пүнз	punz
堂	tang	танхим	taŋxim
厅	ting	тэнхим	təŋxim

表 9 – 29　　　　　　　　　　　岩石矿产名称相关的名词实例

汉语	汉语拼音	蒙古国蒙古语	蒙古国蒙古语国际音标
玛瑙	ma nao	мана	mana
琥珀	hu po	хув	xʊv
赭石	zhe shi	зос	zɔs
滑石	hua shi	хүс	xʊs

表9－30 政府管理名称相关的名词实例

汉语	汉语拼音	蒙古国蒙古语	蒙古国蒙古语国际音标
规律①	gui lü	хууль	xɔɔli
册子	ce zi	цааз	tsaaz
海关	hai guan	гааль	gaali
会	hui	хуй	xɔi

表9－31 疾病医疗名称相关的名词实例

汉语	汉语拼音	蒙古国蒙古语	蒙古国蒙古语国际音标
汤②	tang	тан	taŋ
疮	chuang	жаняр	dʒaniar
通风	tong feng	дүмбэ	dumbə
天胞	tian bao	тэмбүү	təmbuu

表9－32 文化教育名称相关的名词实例

汉语	汉语拼音	蒙古国蒙古语	蒙古国蒙古语国际音标
毛头纸	mao tou zhi	муутуу	mɔɔtɔɔ
砚台	yan tai	янтай	yantai
单子	dan zi	данс	dans
汉字	han zi	ханз	xanz

表9－33 乐器艺术名称相关的名词实例

汉语	汉语拼音	蒙古国蒙古语	蒙古国蒙古语国际音标
琵琶	pi pa	пийпаа	piipaa
月琴	yue qin	ёочин	iɔtʃin
弦子	xian zi	шанз	ʃanz
戏	xi	ший	ʃii

---

① 汉语词"规律"被借入到蒙古国蒙古语后的汉语借词 xууль，其词义多指法律。
② 汉语词"汤"被借入到蒙古国蒙古语后的汉语借词 тан，其词义通常指汤药。

表 9 – 34 武器军事名称相关的名词实例

汉语	汉语拼音	蒙古国蒙古语	蒙古国蒙古语国际音标
炮	pao	пуу	pʊʊ
靶	ba	бай	bai
鞘	qiao	хуй	xʊi
带子①	dai zi	дайз	daiz

表 9 – 35 自然现象名称相关的名词实例

汉语	汉语拼音	蒙古国蒙古语	蒙古国蒙古语国际音标
皇历	huang li	хуанли	xʊanli
寒食	han shi	ханш	xanʃ
干	gan	ган	gan
滩	tan	тан	tan

　　借入到蒙古国蒙古语中的汉语借词中的名词有很多，在这里只是列举了具有一定代表性的实例。然而，这其中使用率较高的还是那些与现代生产生活密切相关的名词术语，而那些早期的、过时的或与现代生产生活关系不大的名词使用率则比较低，甚至有些名词已经失去了其使用价值和意义。在此，还应该提出的是，在使用率很高而生命力很强的名词后面接蒙古语的不同构词词缀之后，可以派生出与其相关词义的动词、形容词或副词，从而扩大该词的使用关系和使用范围的现象在蒙古国蒙古语中也时有发生。

二　汉语借词中的形容词特征
　　按照蒙古国蒙古语中使用的汉语借词内的形容词所表达的词义特

---

　　① 汉语词"带子"被借入到蒙古国蒙古语后的汉语借词 дайз，其词义通常指装子弹的腰带。

征，可以对其进行形容外部特征、形容内在性格、形容程度性质三种
类别的划分。然而，一些汉语形容词被借入到蒙古国蒙古语之后，其词
义会产生不同程度的变化，有的词义变化不明显，有的却变得与原来的
词义大相径庭。此外，在蒙古国蒙古语的汉语借词中，还存在一些由名
词后接构词词缀而派生出来的形容词，该类形容词词义倾向于表示事物
性质。如表9－36、表9－37、表9－38、表9－39所示：

表9－36　　　　　　　　　　　外部特征相关的形容词实例

汉语	汉语拼音	蒙古国蒙古语	蒙古国蒙古语国际音标	借词词义
婉丽	wan li	ванлий	vanlii	美丽的
前门	qian men	чамин	tʃamin	华丽的
平头	ping tou	пинтүү	pintuu	平头的
新	xin	шинэ	ʃinə	新的

表9－37　　　　　　　　　　　内在性格相关的形容词实例

汉语	汉语拼音	蒙古国蒙古语	蒙古国蒙古语国际音标	借词词义
懒散	lan san	лазан	lazan	懒散的
啰唆	luo suo	лоосуу	lɔɔsɷɷ	啰唆的
土气	tu qi	туучий	tɷɷtʃii	土气的
公道	gong dao	гүндүү	gunduu	老实的

表9－38　　　　　改变原名词词义而成的形容词（表示程度性质）实例

汉语	汉语拼音	蒙古国蒙古语	蒙古国蒙古语国际音标	借词词义
当铺	dang pu	дампуу	dampɷɷ	糟糕的
麻烦	ma fan	маапаан	maapaan	复杂的
性质	xing zhi	шинж	ʃinʤ	特征的
赝品	yan pin	ямбий	yambii	质量不好的

表 9 - 39   原汉语名词后加-тай/-тэй/-той 附加

成分而成的形容词（表示性质）实例

汉语	汉语拼音	蒙古国蒙古语	蒙古国蒙古语国际音标	借词词义
样子	yang zi	янз-тай	yaŋz-tai	像样的
法律	fa lü	хууль-тай	xɷɷli-tai	合法的
库	ku	хүү-тэй	xuu-təi	有利息的
锁子	suo zi	цоож-той	tsɔɔʤ-tɔi	锁着的

从以上列举的汉语借词中的形容词可以看出，在不同所指类别的形容词里几乎都有在原有词义基础上增加新义、扩大词义、转换词义等现象。然而，汉语借词中的多数形容词还是选择沿用了原来词义。除此之外，蒙古国蒙古语的汉语借词中也有在名词后面接构词词缀-тай/-тэй/-той 后，派生出形容词的现象。根据我们现已掌握的资料表明，从汉语直接借入的形容词的数量不多，在蒙古国蒙古语的汉语借词中相当数量的形容词还是由名词派生而来。这种现象的出现，似乎与蒙古国蒙古语中的形容词极其发达有关，也跟蒙古国蒙古语中更倾向于注重描写和形容事物性质的语言表达方式有关。

三 汉语借词中的动词特征

蒙古国的蒙古语里也有一些从汉语借入的动词。然而，借入的汉语词汇受蒙古国蒙古语派生构词方法的影响，通常在名词或动词后面接各类构词词缀，派生出与原有名词或动词词义密切相关的动词。蒙古国蒙古语从汉语借词派生动词时，常用的构词词缀主要有-дах/-дэх/-дох、-нах/-нэх、-лах/-лэх/-лох 等。由于这些构词词缀在使用时，均遵从蒙古国蒙古语的元音和谐规律，所以分别接于不同元音构成的名词及动词后面。如表 9 - 40、表 9 - 41、表 9 - 42 所示：

表 9 – 40　　　　　汉语名词后接-дах/-дэх/-дох 等构词词缀派生动词的实例

汉语	汉语拼音	蒙古国蒙古语	蒙古国蒙古语国际音标	借词词义
板子	ban zi	банз-дах	banz-dax	打板子
糨糊	jiang hu	жонхуу-дах	ʤɔnxʊʊ-dax	涂糨糊
熨斗	yun dou	индүү-дэх	indʊʊ-dəx	用熨斗
石灰	shi hui	шохой-дох	ʃɔxɔi-dɔx	刷白

表 9 – 41　　　　　汉语动词后接-нах/-нэх 等构词词缀派生新动词的实例

汉语	汉语拼音	蒙古国蒙古语	蒙古国蒙古语国际音标	借词词义
探	tan	таг-нах	tag-nax	打探
担	dan	дам-нах	dam-nax	担
赏	shang	шанг-нах	ʃaŋg-nax	奖赏
蒸	zheng	жиг-нэх	ʤig-nəx	蒸

表 9 – 42　　　　　汉语动词后接-лах/-лэх/-лох 等构词词缀派生新动词的实例

汉语	汉语拼音	蒙古国蒙古语	蒙古国蒙古语国际音标	借词词义
待	dai	дай-лах	dai-lax	招待
罚	fa	баа-лах	baa-lax	惩罚
挤	ji	чий-лэх	tʃii-ləx	量尺寸
笑	xiao	шоо-лох	ʃoo-lɔx	嘲笑

　　从上面实例中可以看出，蒙古国蒙古语的构词词缀中的-дах/-дэх/-дох，根据元音和谐规律接缀于相关名词后面，从而派生出与原有名词词义密切相关的动词。然而，构词词缀-нах/-нэх 和-лах/-лэх/-лох 也根据元音和谐规律，接缀于由汉语借入的动词后面，派生出与原有汉语动词词义相关的新的动词。这些构词词缀在蒙古国蒙古语中的使用情况都很活跃，由此在汉语借词中的名词的动词化过程中，以及从动词派生新的动词的过程中均发挥着积极作用。同时，也一定程度上扩大了汉语有关名词和动词的使用范围和语用空间。

四 汉语借词中的量词特征

借入到蒙古国蒙古语的汉语借词中，除了上面列举和分析的名词、形容词、动词等之外，还有一些表示事物的长度、质量、重量、面积、体积、硬度等计量单位的量词。而且，这些量词在蒙古国蒙古语中具有一定的使用率。如表 9 – 43 所示：

表 9 – 43 　　　　　　　　蒙古国的蒙古语里借入的汉语量词实例

汉语	汉语拼音	蒙古国蒙古语	蒙古国蒙古语国际音标
斤	jin	жин	ʤiŋ
两	liang	лан	laŋ
亩	mu	мүү	muu
丈	zhang	жан	ʤaŋ

总而言之，在蒙古国蒙古语里借入的数量可观的汉语借词里，有不少名词、形容词、动词和量词。其中，汉语名词占有绝大多数，其次是形容词和动词，量词的数量最少。据不完全统计，蒙古国蒙古语里的汉语借词中，名词约占90%左右，形容词约占5%左右，动词约占4%左右，量词只占1%左右。就如前面所说，在蒙古国蒙古语的汉语借词中，那些早期借入的或过时的旧借词的使用率很低，有的现在几乎失去了其语言使用环境，但其中也有被增加新的词义而重新被使用的情况存在。与此相反，那些与蒙古国的蒙古民族自然环境、历史文化、生产生活、风俗习惯等密切相关的汉语借词还保持着旺盛的生命力，在蒙古国的蒙古语里被广泛使用。然而，伴随中蒙草原"一带一路"建设的顺利推进，蒙古国蒙古语中借入的汉语新词术语不断增多，这一现象也一定程度上冲击着早期进来的汉语借词。

第 十 章

草原"丝绸之路"与"一带一路"
及受汉蒙语影响的通古斯诸语

在这一章里，主要阐述内蒙古草原"丝绸之路"与"一带一路"通道上及其周边地区生活的中国、蒙古国、俄罗斯的通古斯诸民族，在漫长的历史进程中充分发挥自身优势，积极参与草原"丝绸之路"古商道的跨国、跨境、跨地区的早期商贸活动、商品交易及易货买卖，包括东北亚沿海地区的早期海上"丝绸之路"商贸交往中发挥的积极影响和作用。当下，在我国强有力地推动新时代草原"一带一路"建设的关键时期，通古斯诸民族不负初心和使命，又一次义无反顾地积极而踊跃地投身于草原"一带一路"这一惠及人类未来发展，关系到人类共同美好未来的伟大工程之中。通古斯诸民族的先民，不仅为历史上的草原"丝绸之路"及东北亚海上"丝绸之路"的国际商业大通道的开发、畅通、拓展发挥过积极推动作用，同时在该通道上跟中国内陆地区的汉族商人，以及与草原上的蒙古族商人的接触、交往、合作、经商的历史岁月里，也取得了历史性的伟大进步和发展。在他们的生产生活里融入了许多新生事物，他们的传统文化和思想中接纳了许多新概念新内涵。特别是，中国改革开放的 40 余年实践中，在内蒙古草原"一带一路"建设顺利推进的美好日子里，通古斯诸民族获得了更多的、更有价值的、更有知识和未来的幸福生活。在我们看来，草原"丝绸之路"古商道到新时代草原"一带一路"建设的历史岁月里，通古斯诸民族的先民和现代人，不间断不放弃地加强加深同汉族、蒙古族及俄罗斯人之间的接触关系、友好往来及商贸交易活动。与此同时，其自觉主动积极地强化学习掌握汉语、蒙古语及俄语。目的是在早期的草原"丝绸之路"商业活动，以及新时代的草原"一带一路"建设更好地发挥作用。从这个角度上，通古斯诸语无论是在草原"丝绸之路"古商道上，还是在新时代的"一带一路"建设中，都不同程度地受到汉语、蒙古语及俄语的影响。在下面的讨论中，我们主要以草原"丝绸之路"与"一带一路"及通古斯诸民族、草原"丝绸之路"与"一带一路"沿线汉语对通古斯诸语的影响、草原"丝绸之路"与"一带一路"沿线蒙古语对通古斯诸语的影响三个方面具体分析通古斯诸民族同不同民族间的交往与交流及其相互间的影响和作用。

第一节 草原"丝绸之路"与"一带一路" 及通古斯①诸民族

通古斯诸民族从远古时期起，基本上都生活在"丝绸之路"与"一带一路"沿线地带。通古斯诸民族使用的语言属于阿尔泰语系满通古斯语族通古斯语支。其中，中国境内的通古斯诸民族有鄂温克族、

---

① "通古斯"一词，应该和他们的先民曾经生活的西伯利亚叶尼塞和支流"通古斯河"有关。在通古斯诸语里 tungus 是指"清澈的"意思。那么，通古斯诸语里说的"通古斯河"，应该是指"清澈透明的河"之意。由于在历史上，通古斯诸民族的先民生活在 tungus "通古斯河"两岸，由此外来民族就称他们为"通古斯人"或"通古斯河边的人们"等。也就是说，这里所说的 tungus "通古斯"先前应该指河名。由此，人们把"通古斯河"生活的人们就叫"通古斯人"。现在国内的鄂温克和鄂伦春等通古斯诸民族，也习惯于用河名来命名不同地方的人。例如，imin "伊敏河"、huyi > hui "辉河"、olguya "敖鲁古雅河"、mergel "莫日格勒河"、bilaar "毕拉尔河"、huma "呼玛河"等岸边生活鄂温克族或鄂伦春族习惯上称其为 iminqian "伊敏人"、huiqian "辉人"、olguyaqian "敖鲁古雅人"、mergelqian "莫日格勒人"、bilaarqian "毕拉尔人"、humaqian "呼玛人"等。

鄂伦春族和赫哲族。除此之外，俄罗斯的西伯利亚和远东地区有埃文基、埃文、捏基达尔、那乃、奥罗奇、奥罗克、乌德盖、乌利奇等通古斯诸民族，蒙古国北部库苏古尔省的库苏古尔湖周边地区有牧养驯鹿的察嘎坦人，以及一直到 20 世纪 30 年代生活在日本北海道网走地区沿海村落的乌依勒塔人①等。也就是说，这些民族和族群使用的语言都属于通古斯语支。不过，现在只有中国和俄罗斯境内的通古斯诸民族保存并使用母语，其他国家和地区的通古斯诸民族几乎都失去了母语交流的功能。与此相关，中国的通古斯语支语言，也出现不同程度的濒危现象。俄罗斯的通古斯语支语言也出现严重的俄语化现象。甚至是，中国和俄罗斯的通古斯语支的不少语言，受汉语、蒙古语和俄语的长期而全面影响，已经进入严重濒危状态。生活在蒙古国的牧养驯鹿的察嘎坦人，是早年从俄罗斯西伯利亚地区迁徙而来的通古斯人，他们虽然至今还在从事自然牧养驯鹿的传统产业，但他们的语言已经全部蒙古语化，几乎没有人会说本民族语了。然而，生活在日本北海道网走地区沿海村落的乌依勒塔人使用的母语，从 20 世纪 30 年代以后很快被日语所同化，同时也都改名换姓地变成日本人的一部分，但留下不少弥足珍贵的乌依勒塔语口语资料、语言资料、研究成果及词典等。另外，还需要说明的是，通古斯语支语言与同语族的满语和锡伯语有同根同源关系，其次与同语系的蒙古语族语言和突厥语族语言均有十分密切的历史渊源关系，再就是同日本语和日本的阿依努语及朝鲜语之间也有诸多共有关系。另外，通古斯语支语言跟北美的爱斯基摩语和印第安语，乃至同北欧的萨米语等民族和族群语言间，也都存在多层级的不同程度的相关性和共同点。正因为如此，通古斯语支语言的研究，不只是成为中国人口较少民族濒危语言文化研究的主要命

---

①　乌依勒塔人（Uilta）是属于通古斯人的一部分，他们使用的乌依勒塔语是阿尔泰语系满通古斯语族通古斯语支。该语言一直使用到 20 世纪 20 年代末期，20 世纪 30 年代以后基本上被日语所同化，在日本现已没有人使用乌依勒塔语了，但留下了一定数量的语言资料。

题,也是我国北方民族的草原"丝绸之路"与"一带一路"研究,乃至东北亚学和北极圈语言文化研究的重要组成部分。由此,一直以来引起国内外专家学者的极大兴趣和高度重视。

我们在这里,以中国境内通古斯语支语言为讨论对象,特别是以内蒙古呼伦贝尔地区的鄂温克语和鄂伦春语等通古斯语支语言为中心话题,紧密结合境外通古斯语支语言的相关情况,分析通古斯诸民族在草原"丝绸之路"与"一带一路"通道上发挥的作用,以及他们在语言方面受到的不同程度的影响等。众所周知,中国的通古斯诸民族中,除了赫哲族及一部分鄂温克族和鄂伦春族生活在黑龙江省和新疆维吾尔自治区之外,像鄂温克族和鄂伦春族的绝大多数都生活在内蒙古的呼伦贝尔地区。而且,他们基本上从事畜牧业生产和农业生产。由于他们长期生活在草原"丝绸之路"与"一带一路"沿线地区,所以在不同的历史时期、不同的年代,不同程度地受到汉语和蒙古语的影响。特别是,我国改革开放以后的40多年当中,鄂温克语受到汉语和蒙古语的影响比较大,由此已经进入濒危语言的行列。生活在黑龙江省和新疆维吾尔自治区伊犁哈萨克自治州等地的鄂温克族和鄂伦春族,基本上都被同化而使用汉语、哈萨克语及锡伯语。

依据早期史料,通古斯诸民族在《魏书》中被称"失韦",《隋书》曰"室韦""北室韦""钵室韦"等;《旧唐书·室韦传》中叫"黑水靺鞨"。这些史料里,记载的"失韦"或"室韦"等说法,都是属于通古斯诸语及蒙古语名词 ʃigugaj⇨ʃiguaj ~ ʃigaj ~ ʃige⇨ʃiwej ~ ʃiwe 的汉字转写形式,泛指"茂密的树木""树林""森林""森林地带"等词义。毫无疑问,上述史料中提及的"室韦"是指早期生活在兴安岭或相关山林地带的人们,其中就包括通古斯诸民族的先民。后来,在《蒙古秘史》里,把生活在兴安岭山林地带的通古斯诸民族统称为"林木中百姓"。清初时,将居住于尼布楚周围的通古斯诸民族也称为"树中人"。再后来,清朝政府以通古斯诸民族的鄂温克族为主设立了"索伦部"。清朝时期,索伦部的活动区域涉及当时草原"丝绸之路"

古商道沿线的齐齐哈尔城、墨尔根城、瑷珲城、乌库尔城、呼伦贝尔城、布特哈城、海拉尔、满洲里，以及雅克萨城、阿萨津城、铎陈城、多金城、乌鲁穆丹城等地。其中，齐齐哈尔城的 tʃitʃihar "齐齐哈尔"一词是表示"边缘地带"之意，现为黑龙江省的齐齐哈尔市；墨尔根城的 mergen "墨尔根"指"英雄"的意思，现隶属于黑龙江省黑河市嫩江市辖区；瑷珲城的 aihui "瑷珲"有"厉害的"和"可怕的"等词义，现在叫黑龙江省黑河市的瑷珲区；乌库尔城的 ʉkkʉr "乌库尔"有"要塞"之意，位于今黑龙江省塔河县东北绥安站附近；呼伦贝尔城的"呼伦贝尔"是属于 hulun "呼伦湖"和 boir "贝尔湖"两个湖名的合成名词；布特哈城的 butaha "布特哈"则有"猎场"之意，现在隶属于内蒙古莫力达瓦达斡尔族自治旗辖区；海拉尔的 hailar < haleer 指的是"野韭菜"，过去该地区有一条河流，河的两岸上长满了野韭菜，所以人们习惯于叫它"海拉尔河"，意思是说长满"野韭菜"的河流；满洲里的 mandʒur "满洲里"应该来自"满洲"一词。另外，雅克萨城的 yaksa "雅克萨"具有"河流弯曲的地方"之意，属于黑龙江上游的俄罗斯阿尔巴津地区；阿萨津城的 asagin "阿萨津"一般表示"浓缩的"之意，现位于俄罗斯阿穆尔州库兹涅佐沃稍北的托罗伊地区；铎陈城的 dedʒen "铎陈"指"偏僻的"的意思，今同样位于俄罗斯阿穆尔州黑龙江东库兹涅佐沃附近；多金城的 dudʒin "多金"主要表示"偏远的"等词义，位于黑龙江上游俄罗斯境内的阿尔巴津地区；乌鲁穆丹城的 ulmudan "乌鲁穆丹"，有"杨树林深处"之意，[①] 现属于俄罗斯阿穆尔州西北科尔沙科沃地区。这些被称其为"城"的地区，在当时占地面积不是很大，所属人口也不是很多，有的相对于现在的乡镇占有的面积或居住的人口数。再说，这些中国或俄罗斯境内的地名，几乎都跟通古斯语支语言有关，且都生活在草原"丝绸之路"的周边地

---

① ulmudan "乌鲁穆丹"应该是由 ul "乌鲁"和 mudan "穆丹"两个词合成的产物，主要表示"杨树林深处"之意。因为，在通古斯诸语里"杨树"叫 ul 或 ol，而 mudan "穆丹"一词是表示"尽头""深处"等词义。

区或在草原"丝绸之路"通道上。他们的生活区域，基本上是内陆地区的商人，到我国北方地区或到俄罗斯和蒙古国开展商贸活动、商品交易和易货买卖的主要场所及驿站。

这些由通古斯诸民族的鄂温克族等为核心兴建的边防军事要塞或军事防守城堡，除了保护本地区领土安全和防御外来侵略者之外，还是清代官吏、钦使们外出办事途中住宿、补给、换马的理想处所。同时，也变成草原"丝绸之路"通道上过往的商户和商旅们歇脚、休息、补充食物、过夜，以及让马或骆驼吃草饮水的场所。久而久之，沿草原"丝绸之路"古商道经商的内陆地区的商人，包括周边地区的一些商人，同生活在国内外的军事要塞或城堡内及周边地区的通古斯诸民族间建立了较为广泛的商品交易关系或易货买卖关系。同时，通古斯诸民族的商人或上层贵族阶级，也都亲自参与到草原"丝绸之路"通道上的这些要塞或城堡周边地区的商品交易及其易货买卖之中，开始经营各种各样的店铺或交易场所。每年的不同季节，都有内地的商人们通过草原"丝绸之路"通道或者沿着这一古商道，将内陆地区的茶、绸缎、布匹、陶器、瓷器及其他生活用品，用骆驼或牛车、马车运到通古斯诸民族的商人或上层贵族阶级开设的店铺或交易场所，用商品交易或易货买卖的形式换取他们所需的珍奇动物皮毛及名贵药材等。特别是，每到春夏秋三个季节，草原"丝绸之路"古商道上的商品交易及贸易买卖变得十分活跃和繁忙。他们络绎不绝地用驼队带着内陆地区的各种各样的货物，到这些索伦部等驻守的边防要塞、城堡或小城来，开展名目繁多而经营项目内容丰富的商贸活动。甚至，会云集几百头骆驼商户，届时这些边防要塞、城堡及小城会变得十分热闹和繁华。由此，这些地区不仅成为草原"丝绸之路"古商道上的交通要道，更是索伦部要塞兵营或城堡兵营执行军事任务的重要通道，以及不同地区的人们相互流动和迁徙及其各路商人开展商贸物流和文化交流的重要走廊。进而，在当时，这些要塞或城堡自然而然地成为本地区或周边地区的军事、政治、经济、商贸、文化活动中心。

　　后来，内陆地区及周边商业较为发达地区的商人，在此草原"丝绸之路"古商道上的往返次数不断增多，经商活动范围也不断得到扩大，经营内容也不断增加和丰富。在这些以通古斯诸民族的鄂温克族为核心兴建的索伦部兵营要塞、城堡，以及通古斯诸民族生活的小城或相关地段作为草原"丝绸之路"古商道上的驿站，为经营各种商业活动或易货买卖的商人、驼队不断提供诸多方便条件，并建立了相当稳定而稳固的相互往来关系、信任关系、商品和货物交易关系，甚至有的商人还建立了婚姻家庭关系。在此基础上，这些商人还先后设立了临时性或长期性的办事机构，开办他们自己的客栈、住店、店铺、货物储存处等。一些内陆地区的商人带着茶、丝绸、日用品、粮食作物及其生产用具、弹药，直接来到要塞或城堡周边的通古斯诸民族经营的交易市场，或者是直接到鄂温克人家里进行各种形式和内容的商品交易及以物换物的易货买卖。在绝大多数情况下，鄂温克族通古斯诸民族以猎获的珍奇动物皮毛、采集的名贵药材及土特产品等换取布匹、绸缎、茶砖、粮食、油盐、弹药以及急需的生产生活用具等，从而进一步扩大了草原"丝绸之路"古商道上开展各种商品交易活动的范围，一定程度上刺激了商品交易的积极性。反过来讲，这使通古斯诸民族有更多机会接触外来文化，尤其是受来自内陆地区或周边地区的汉族文化与文明的影响较大。由此，通古斯诸民族的上层阶级中出现建造永久性房屋，身穿汉族丝绸服饰，佩戴各种珍珠玛瑙及金银装饰品，送子女上汉语文学校或满语文学校等现象越来越多。所有这些，对他们当时的社会发展产生了一定深刻影响。

　　伴随不断拓展的商业活动、商品交易、易货买卖，沿着这条草原"丝绸之路"古商道上，那些商人们从内陆地区还带来他们的家属及相关工作人员。他们不仅带来了这些边疆要塞、城堡及生活地区紧缺又急需的各种商品和生活物资，而且也带来了内陆地区的文化与文明。其中，就包括商业文化与文明、农耕文化与文明、衣食住行文化与文明等。新移民来的这些商人商家及其他们的家属及其相关工作人员，很快适应了通古斯诸民族生活的温寒带草原森林的气候、生活习惯、风土人情，同时不断加深相互间的往来、接触、交流和友谊。在此基础上，他们开始在这片美丽富饶的土地上开垦种田，积极发展毛皮、毛毡、木料木工、铁制品制作等手工业作坊和服务业。特别是，内陆地区的茶、丝绸、布料、陶瓷和各种生产生活用品，通过草原"丝绸之路"古商道上源源不断地进入到通古斯诸民族生活的草原森林腹地，乃至进入俄罗斯西伯利亚通古斯诸民族生活的地区及莫斯科乃至欧洲各国市场。到了清末民初，草原"丝绸之路"古商道上的商贸活动几乎达到顶峰时期，内陆各地商人将茶、丝绸、布料、陶瓷和各种生产生活用品，通过这些驿站运到内蒙古草原，继而还同呼伦贝尔草原的通古斯诸民族及蒙古族商人结盟，形成庞大的驼队或马车队穿过辽阔无边的边疆草原转运到蒙古国和俄罗斯的通古斯诸民族生活的西伯利亚地区。甚至，经莫斯科运送到欧洲各国。同时，也将从蒙古国、俄罗斯西伯利亚购买的虎皮、貂皮、猞猁皮、狼皮、鹿茸、鹿血、鹿尾等各种珍奇野生动物及驯鹿产品，以及未加工的珊瑚、玛瑙、宝石原料等名贵货物，包括从欧洲购买的精制生活用品及艺术品等，按原路带回中国内陆地区做进一步深加工后拿到各大市场开展商品交易和经商活动。从这一角度来讲，以通古斯诸民族的鄂温克族等为核心建立的索伦部兵营要塞、城堡及他们生活的地区，为草原"丝绸之路"古商道上的早期商贸活动、商品交易、易货买卖，以及人类商业文明的对话与交流发挥了应有的积极作用。他们的先民在这条草原"丝绸之路"古商道上，为草原畜牧业文化与文明同农耕文化与文明的交流及交融，包括欧亚草原文化与文明的进一步深度接触、交往和交流产生了应有的影响。应该说，后来从哈尔滨经满洲里到俄罗斯的铁路线，基本上就是沿着这条草原"丝绸之路"古通道铺设而成。

据不完全统计，俄罗斯西伯利亚地区的通古斯诸民族约有 30 万人口，他们主要生活在俄罗斯西伯利亚和远东地区，基本上都从事自然牧养驯鹿的产业。他们不仅有自己的语言，还有用斯拉夫字母创制的本民族文字，并在教学和记写本民族语言、口头传承民间文学和本民族历史文献等方面发挥着重要作用。在这里，还值得提到的是，在美国出版的《古代字》一书里还明确提出，通古斯诸民族的先民，在远古时期使用过在桦树皮上刻写的一种特殊的文字符号，后来这种文字就消失得无影无踪。为了寻找这些在桦树皮上的古代字及桦树皮书，美国亚利桑那州立大学的杰姆森教授等同中国社科院的有关专家进行过三年的合作研究。虽然，最后还是没有找到通古斯诸民族的先民使用过的那一古代字及桦树皮书，但却给我们留下了极其宝贵的科学命题和深深的思考。由此我们可以想象，在人类文明的进程中，人类的先民曾经不知用过多少个符号系统或者早期文字，后来被自然灾害、战争、历史的迁徙和更新换代所毁灭、淹没、抛弃、消失，从而在后人的记忆中没有留下太多的印记而完全被遗忘。另外，从这里我们也可以看出，通古斯诸民族有其十分悠久的历史文化与文明。再说，也许这些古老的文明同远古时期的草原"丝绸之路"古商道有一定内在联系。众所周知，俄罗斯的通古斯诸民族都生活在西伯利亚和远东地区及贝加尔湖一带，他们的先民用粗加工的虎皮、貂皮、猞猁皮、水獭皮、狼皮等名贵皮毛，以及像鹿茸、鹿血、鹿尾等驯鹿产品，包括用未加工的珊瑚、玛瑙、宝石等原材料，同中国商人带来茶、丝绸、布料、陶瓷及其各种生产生活用品，在西伯利亚及贝加尔湖地区的草原"丝绸之路"商贸活动中心或市场，进行各种商品交易或易货买卖，进而对中国在俄罗斯境内的草原"丝绸之路"商贸活动发挥过积极推动作用。

在这里，还有必要提出的是，早期的日本北海道及我国东北沿海地区、俄罗斯西伯利亚及远东沿海地区等，都属于通古斯诸民族的先民海上"丝绸之路"的古商道，也是他们的先民沿海地区跨国开展商贸活动、商品交易、易货买卖的理想场所。在那时，通古斯诸民族的先民将日本海和白令海及鄂霍次克海作为海上"丝绸之路"商贸通道，相互之间开展广泛意义的自由贸易活动。那么，毫无疑问，在早期东北亚沿海地区的这些海上"丝绸之路"自由贸易及商品交易中，就有通古斯诸民族先民和日本阿依努人的先民及日本沿海原住民，在海上"丝绸之路"进行不同形式、不同内容、不同层面的各种商品交易。这其中，作为日本北海道的原住民，通古斯诸民族成员之一的乌依勒塔人发挥过极其重要的作用。乌依勒塔人使用的乌依勒塔语，同样是属于阿尔泰语系满通古斯语族通古斯语支语言，他们的先民早期一直生活在日本北海道网走地区的沿海地带，是属于日本本土的早期从事渔业生产的沿海民族之一。乌依勒塔人跟北海道的阿依努人，有其历史性的、地域性的、生产生活性的深入而广泛的接触与交流，他们同样属于中日俄东北亚沿海"丝绸之路"跨国商贸交易市场的主要成员之一。通古斯诸民族之一的乌依勒塔人，也是阿依努人同中国的通古斯诸民族海上"丝绸之路"古商道上，开展商贸往来及商品交易市场时的主要桥梁和语言沟通的重要渠道。因为，当时北海道网走地区的乌依勒塔人，除了掌握母语之外还都基本上会说日语和阿依努语。起初，中国境内的通古斯诸民族的商人与日本北海道网走地区的沿海生活的商人之间，只是开展不同特色和地域特色的海产品交易。到后来，他们之间的跨国商贸往来及活动发展成为将中国的丝绸、手工纺织用品、陶瓷产品，同日本的金属类渔猎工具、造船工具、生活用具等之间进行的商品交易和易货买卖。所有这些，给彼此的沿海"丝绸之路"商贸活动，以及彼此的生产生活注入了一定活力和生命力。毫无疑问，就在那漫长的海上"丝绸之路"古商道的历史性交往、交流、交际、交易过程中，作为他们商品交易的交流工具的语言发挥过十分重要的作用。特别是，在那跨海跨国跨地区的人类语言交流并不十分频繁、不同国家或地区间的往来与接触并不多的历史岁月中，中国境内的通古斯诸民族的先民和商人，同日本北海道网走沿海地区生活的诸民族间的海上"丝绸之路"显得更为珍贵，进而给他们的远古历史留下了共同的美好记忆。然而，自从 17 世纪中叶以后，伴随日本内地岛屿的日本人不断迁入北海道地区，这使作为通古斯诸语的乌依勒塔语就开始不同程度地受到日语影响。到了 19 世纪 60 年代，日本政府启动了开发北海道地区的计划，使日本人开始大批量地从内地岛屿迁徙到该地区。尤其是，到了 19 世纪 80 年代中后期以后，日本政府从本州岛大规模向北海道移民，同时对北海道原住民实施同化政策。不到半个世纪的时间，作为日本北海道原住民的乌依勒塔人完全被同化为日本人的一部分。不论怎么说，在中国和俄罗斯及日本之间，早期开展的海上"丝绸之路"跨国商贸活动、商品交易、易货买卖中，在这些国家或地区生活的通古斯诸民族的先民和商人发挥过较为重要的推动作用。

　　当人类历史发展的车轮驶入 21 世纪的今天，尤其是经过 40 余年的改革开放，以及习近平总书记提出的"一带一路"建设规划顺利推进的当下，通古斯诸民族以全新的精神状态投入到新时代新家园的建设，以及新时代新梦想的追求之中。为了在内蒙古草原"一带一路"建设中发挥应有的作用，不断强化中蒙俄通古斯诸民族间的友好交往与合作，且主要体现在相互之间共同召开的一系列国际性学术会议、学术交流、学术访问等方面。通过这些学术活动，中国的通古斯诸民族，向俄罗斯和蒙古国的通古斯诸民族全面、系统、完整地展示改革开放以后取得的各方面进步和成绩。包括中国在通古斯诸民族等人口较少民族的语言文化的保护，通古斯诸民族等人口较少民族的经济社会的建设与发展，通古斯诸民族等人口较少民族的科学技术、文化教育、人才培养、科研成果等诸多方面取得的鼓舞人心的成绩。同时，还邀请俄罗斯和蒙古国的通古斯诸民族，到中国内蒙古呼伦贝尔草原的通古斯诸民族新家园新农村新牧区、新型牧场和农场、民族文化产业园、民族服饰产业园、传统文化博物馆、改革开放新生活展览馆、科研成果展览馆等地参观学习。由此，向俄罗斯和蒙古国的草原"一带一路"沿线生活的通古斯诸民族，强有力地宣传了中国内蒙古呼伦贝尔草原的通古斯诸民族的幸福美好生活。另外，在与俄罗斯和蒙古国的通古斯诸民族的接触和交流中，积极向他们推销具有鲜明的民族风格、民族特色、民族风味的服饰产品、饮食产品和文化产品等。还有，中国内蒙古呼伦贝尔草原的通古斯诸民族，包括黑龙江省的通古斯诸民族，分别在中国的内蒙古呼伦贝尔地区，以及俄罗斯的西伯利亚地区，前后多次召开较大规模的文化交流活动，不断强化草原"一带一路"沿线通古斯诸民族的接触、交往与交流。在此基础上，更加广泛、更加深入、更加有效地开展相互间的优秀传统文化的交流与商贸往来及商品交易活动。其中，从俄罗斯西伯利亚通古斯诸民族那里引进的太阳花及皮毛艺术品制作工艺及其产品，给中国内蒙古呼伦贝尔草原的通古斯诸民族，包括黑龙江地区的通古斯诸民族带来了极其可观的经济效益。所有这些都得益于内蒙古草原"一带一路"建设。而且，通过中蒙俄通古斯诸民族相互间的接触与往来，实现相互学习、取长补短、互通有无、互利互惠、合作共赢、共同繁荣发展的命运共同体的美好愿望。

但是，我们在新时代草原"一带一路"建设的进程和相互间的接触和往来中，也明显感觉到通古斯诸语所面临的濒危或严重濒危的问题。首先是，蒙古国的通古斯诸民族的鄂温克族和察嘎坦人基本上失去母语交流的功能，取而代之的是蒙古语或俄语。只有察嘎坦人至今还保留传统意义上的自然牧养驯鹿的产业。那么，中国的通古斯诸民族和他们的交流，只能够使用蒙古语或俄语，完全没有办法用母语进行交流。他们同俄罗斯通古斯诸民族，也只能够用俄语进行交流。其次是，俄罗斯的通古斯诸民族也一定程度地受到俄语及俄罗斯文化的影响。但好在他们还没有完全失去母语，还可以同中国的通古斯诸民族用母语进行交流。再就是，通古斯语族的一些语言也成为濒危或严重濒危语言。所有这些，自然而然地影响了草原"一带一路"沿线生活的通古斯诸民族在相互接触与交往中的母语交流，也很难找到精通或全面掌握母语、汉语、蒙古语及俄语的高端人才。特别是，中国境内的通古斯诸民族在内蒙古草原"一带一路"通道上，同俄罗斯和蒙古国的商人开展各种商贸往来、商品交易时，更加迫切地感受到俄语及蒙古语学习掌握的重要性。每当中国的通古斯诸民族的商人或购物者通过草原"一带一路"走入俄罗斯和蒙古国，走进他们的社会和厂矿企业、走到他们的市场和民众之中，开展国际性商贸交易或经商活动时，就会觉得由于语言交流不畅通而带来的一系列问题，包括彼此之间存在的商品交易、感情交流、心灵沟通等方面的障碍，也会深刻而切身地感触感觉感悟到，使用彼此最为熟悉的语言带来的亲和力、吸引力和生命力。事实上，中国境内的通古斯诸民族也和其他民族一样，在走过的改革开放的 40 余年时间里，确实经历了从无到有、从小到大、从探索到实践、从实践到理论思考的一条成功之路，也积累了极其丰富的实践经验。这些都成为今天积极参与和推进中蒙俄草原"一带一路"建设的重要前提，以及坚实基础和可靠保障。那么，为了更好地推动内蒙古草原"一带一路"建设，呼伦贝尔地区为了不失时机地培养适应型优秀人才，从通古斯诸民族的鄂温克族中精选优秀青年，派送到俄罗斯的莫斯科和西伯利亚及蒙古国的相关大学学习俄语或蒙古语，甚至让高中毕业生到他们那里的大学用俄语俄文学习文化知识，或派送大学毕业生在俄罗斯或蒙古国的大学读研究生。经过十多年的努力，中国内蒙古呼伦贝尔地区确实培养了一批学有所成，熟练掌握汉语、俄语和蒙古语的通古斯诸民族的优秀人才。加上这些优秀人才又精通母语和汉语汉文，所以其在内蒙古草原"一带一路"建设中，尤其在从满洲里通往俄罗斯及欧洲相关国家，包括从满洲里草原"一带一路"国际陆路大通道向国内各大城市开展国际商贸活动中发挥着越来越重要的作用。

随着中蒙俄草原"一带一路"建设更加扎实、稳妥、有效地推进，加上在此通道上各种国际性、地域性、地区性、民间性商贸交往和商品交易活动的不断深度拓展，通古斯诸民族生活的俄罗斯后贝加尔斯克地区现已成为相当重要的中俄远东贸易市场。由此充分体现出了该通道上俄语、布里亚特蒙古语及通古斯诸语的重要性。毫无疑问，这些民族语言文字的学习掌握和熟练使用直接关系到在俄罗斯远东贸易市场的可持续而富有成效地开展各种国际商贸活动。甚至，对于中俄双方合作开发该地区自然资源有其重要战略意义。因为，俄罗斯西伯利亚及远东地区有十分丰富的地下资源，且基本上属于布里亚特蒙古族及通古斯诸民族的生活区。反过来讲，作为中俄草原"一带一路"重要陆路大通道的内蒙古边城满洲里，也作为亚欧大陆桥的东部起点地区，已成为同俄罗斯西伯利亚和远东地区的国际贸易区建有国际性商贸合作关系的边陲。伴随中蒙俄草原"一带一路"国际贸易的快速发展和崛起，满洲里的国际商贸地位变得越来越重要，各种国际商贸交流、商贸洽谈、商贸活动变得越发活跃，满洲里到处是来自俄罗斯和蒙古国的俄罗斯人、蒙古人及通古斯诸民族，以及中国内蒙古及内陆地区的商人及旅游者。这使中国通古斯诸民族多语高端人才，在国内外商户及旅行者的语言交流、民心沟通、商贸合作、商品交易中同样发挥着应有的积极推动作用。

第二节　草原"丝绸之路"与"一带一路"及汉语对通古斯诸语的影响

依据我们掌握的资料，黑龙江地区通古斯诸民族语言已全面进入严重濒危状态，只有极少数的一些人才能够用母语进行简单交流，真正意义上完整地说母语者已经变得寥寥无几。也就是说，黑龙江地区的通古斯诸民族在日常生活和工作中基本上都是用汉语，只有个别老人之间说些母语，中青年人或少年儿童几乎都使用汉语。所以在这里，主要分析和讨论内蒙古呼伦贝尔草原"丝绸之路"与"一带一路"上生活的鄂温克和鄂伦春等通古斯诸民族受到的汉语影响。

一　汉语语音对通古斯诸语的影响

生活在中国内蒙古呼伦贝尔地区的鄂温克族及鄂伦春族等通古斯诸民族的母语受汉语影响的历史十分悠久，完全可以从远古时期的草原"丝绸之路"说起。由于，长期在草原"丝绸之路"古商道上同汉族商人多方面、多角度、多层面地接触和交流，加上后来沿草原"丝绸之路"古商道迁徙而来的汉族移民广泛而深入地接触与交流，使他们的语言里不断地借入汉语的新词术语，其结果也在一定程度上影响了鄂温克及鄂伦春等通古斯诸民族语的语音系统。而且，主要表现在复元音的使用、阳性元音和阴性元音的同时使用于某一个词内、词尾舌面后鼻辅音演变为舌尖中鼻辅音等方面。

众所周知，在鄂温克和鄂伦春等通古斯语支语言的基本词汇里几乎没有复元音现象，元音基本上都以短元音或长元音形式出现。后来，伴随汉语借词的不断增多及长期的影响，汉语借词中广泛使用的复元音也逐渐产生了作用。起初汉语借词中的复元音，都被通古斯语支语言发为相应的短元音或长元音。如表 10 - 1 所示：

表 10 - 1　汉语借词的复元音在早期通古斯诸语中发为短元音或长元音的实例

汉语早期借词	拼音	鄂温克语	鄂伦春语
馒头	man tou	mantu	mantu
萝卜	luo bu	loobu	loobu
镐头	gao tou	gootu	gootu
瞄枪	miao qiang	miisaŋ	miisan ~ meesan
店铺	dian pu	denpul	denpu ~ dempu
灶坑	zhao keng	ʤooho	ʤooku

可以看出，以上表格内早期汉语借词中出现的二合元音 ou、uo、ao、ia 及三合元音 iao 等均属于复元音。而且，在鄂温克语和鄂伦春语等通古斯语支语言里，无一例外地均被发音为短元音 u、a、e 或长元音 oo、ii、ee 等。在早期的通古斯语支语言里，将汉语借词的复元音发音成短元音或长元音的现象十分普遍。

然而，伴随汉语借词的不断增多和长期性的影响，加上中国内蒙古呼伦贝尔地区通古斯诸民族说汉语的机会及用汉语交流的场合越来越多，在他们的语言里不仅出现了将汉语借词的复元音同样发作复元音，且在他们的母语里也出现了使用复元音的现象。例如，过去在中国境内的通古斯语支语言里的"人""头""剪刀""别的""做""装"等基本词汇，用他们的民族语一般都叫 bəjə ~ bəji ~ bəj、dela ~ dili、hajʧi ~ kajʧi、ɵntɵ ~ ɘntʉ、ooron ~ ooroŋ、təwrən ~ təwrəŋ 等。然而，现在受汉语复元音的影响，已出现将这些基本词汇发音为 bei、diala ~ dial、haiʧi ~ kaiʧi、ʉɘntʉ ~ ʉɘntɵ、uoron ~ uoroŋ、təʉrən ~ təʉrəŋ 等的实例。毫无疑问，中国通古斯语支语言的基本词汇里的早期发音中根本没有复元音，而在现在的发音中就出现了 əi、ia、ai、ʉɘ、uo、ɘʉ 等复元音。像类似的实例还有不少，不一一进行举例说明了。

那么，伴随改革开放的不断深入，以及通古斯诸民族生活区域经济社会的快速发展，尤其是"一带一路"建设方案的顺利实施，使生活在草原"一带一路"沿线的中国通古斯诸民族，积极主动而热情地参与到该项关系到人类共同命运，以及惠及沿线各国人民的伟大建设工程之中。由此，中国的通古斯诸民族同草原"一带一路"沿线的汉族，以及内陆各地在此通道上经商的汉族商人间的接触与往来变得更加频繁、更加密切，甚至出现了鄂温克和鄂伦春等通古斯诸民族同周边地区的汉族商人或内陆地区的商人合办国际商贸公司、商贸企业、商品交易市场，以及兴办农场和牧场的现象。所有这些，更加强化了他们之间语言交流的功能与作用，使他们的语言交流变得更细更深更加广泛。而且，他们更多的时候使用的就是汉语和汉文进行交流。特别是，通古斯诸民族生活区域电视、电脑、平板电脑、手机的普及，使汉字的使用变得更加重要和常态化。其结果，鄂温克和鄂伦春等通古斯语支语言里借入的汉语新词术语越来越多，使用范围越来越广，使用率也变得越来越高。起初，所有汉语借词里出现的复元音基本上都按照通古斯语支语言的语音原理，如同前面所做的举例说明，几乎都发音为单一性质的短元音或长元音。然而，伴随汉语借词的不断增多，以及汉语借词带来的复元音的广泛而深刻的影响，鄂温克语及鄂伦春语等通古斯语支语言里出现了将汉语借词的复元音基本上按照原来的语音结构形式发音的现象。如表 10－2 所示：

表 10－2 通古斯语支语言里汉语借词复元音的发音实例

汉语借词	汉语拼音形式	鄂温克语	鄂伦春语
教授	jiao shou	ʤiaoʃɐu ~ ʤioʃɐu	ʤiao ~ ʤioʃɐu
电脑	dian nao	diannao ~ diannau	diannau
微信	wei xin	wɔiʃin	wɔiʃin
手机	shou ji	ʃɐuʤi	ʃɐuʤi
飞机票	fei ji piao	fɔiʤipiao ~ pɔiʤipio	pɔiʤipio
安全带	an quan dai	antʃuandai	antʃuandai
花生油	hua sheng you	huaʃɐŋyɐu	huaʃɐŋyɐu
黄瓜	huang gua	huaŋgua	huaŋgua

从以上表格中列举的汉语借词，以及在鄂温克语及鄂伦春语等通古斯语支语言里使用的具体情况完全可以看出，在中国内蒙古呼伦贝尔草原"一带一路"沿线地区生活的通古斯语支语言对于汉语借词中出现的复元音的具体发音及使用情况。也就是说，在通古斯语支的这些语言中，对于汉语借词里出现的三合元音和二合元音等复元音，基本上按照原来的语音结构形式来发音。例如，在上面的表格中出现的"教授""电脑""微信""手机""飞机票""安全带""花生油""黄瓜"等汉语借词里，出现的三合元音 iao 及二合元音 ai、ao、ei、ia、ua等，大体上按其复元音的语音结构形式及特征进行了发音。同时，我们发现汉语借词内出现的三合元音 iao 也有被发音为二合元音 io，以及二合元音 ao、ou 等被发音成 au、ɐu 等的现象。

另外，在辅音方面，通古斯语支语言里，原来是没有 f 这一辅音的。所以，在过去，将汉语借词内出现的辅音 f 基本上均发音成 p 音。如表 10－3 所示：

表 10 - 3　　　　　　　通古斯语支语言里汉词借词词首辅音 f 发为 p 音的实例

汉语借词	汉语拼音形式	鄂温克语	鄂伦春语
飞机	fei ji	pəydʒi ~ pəytən	pəydʒi
发动机	fa dong ji	padundʒi	paadundʒi
服务员	fu wu yuan	puwuyan	puwuyen
稀饭	xi fan	ʃipan	ʃipan ~ ʃiipan

结果，受汉语的长期影响，特别是汉语借词中的辅音 f 的直接影响，在鄂温克语及鄂伦春语等通古斯语支语言里，也出现了辅音 f 的准确发音及使用辅音 f 的现象。尤其是，现在生活在内蒙古呼伦贝尔草原"一带一路"沿线的通古斯语支语言里，把汉语借词里出现的辅音 f 都会原原本本地发出来。如表 10 - 4 所示：

表 10 - 4　　　　　　　通古斯语支语言里汉语借词词首辅音 f 发为 f 的实例

汉语借词	汉语拼音形式	鄂温克语	鄂伦春语
飞机	fei ji	fəidʒi ~ fəitən	fəidʒi
发动机	fa dong ji	fadundʒi	faadundʒi
服务员	fu wu yuan	fuwuyan	puwuyen
稀饭	xi fan	ʃifan	ʃifan ~ ʃiifan

除此之外，在传统的通古斯语支语言内，经常会出现辅音的连用或重叠使用等情况。那么，生活在草原"一带一路"通道上的通古斯诸民族语言，长期受汉语单辅音使用原理的直接影响，使他们的母语里也出现将辅音的连用形式及重叠使用形式等发音成单一辅音的现象。例如，鄂伦春语早期词汇 aktagdi "黑暗的"、dʒibkənən "喂"、pargiran "吵闹"等内出现 kt、gd、bk、rg 等辅音的连用形式。然而，现在的鄂伦春语里，却将这些词发音为 atadi、dʒikənən、pagiran 等。另外，鄂温克语里的 attaddi "黑暗的"、əmmə "母亲"、təggətʃʃi "衣服"、modʒdʒir "扭曲的"、luppur "邋遢的"等，现在的鄂温克语里出

现了 atadi、əmə、təgət∫i、moʤir、lupɐr 等发音形式。也就是将鄂温克语的这些例词里出现的 tt、dd、mm、gg、t∫t∫、ʤʤ、pp 重叠式结构类型的辅音，后来有人却发音为 t、d、m、g、t∫、ʤ、p 等单一结构类型的辅音。

总而言之，生活在内蒙古呼伦贝尔草原"一带一路"沿线及周边地区的鄂温克、鄂伦春等通古斯诸民族，由于长期同汉族商人及其汉族的接触，以及长期受汉语影响，在他们的语言里已经出现使用复元音和辅音 f 的实例，以及连用和重叠结构类型的辅音被单一化辅音取而代之等现象。另外，还应该提出的是，在内蒙古草原"一带一路"沿线生活的鄂温克族及鄂伦春族等通古斯诸民族语言，受汉语及其汉语借词的直接影响，也出现了阳性元音和阴性元音同时使用于某一个词的现象。由此，在这些通古斯语支语言中，本来就十分严谨的元音和谐原理，已经变得不是那么严谨而规范。特别是，在鄂伦春语里此类现象出现得比较多。

二 汉语词汇对通古斯诸语的影响

中国境内的内蒙古草原"一带一路"沿线及周边地区生活的鄂温克族及鄂伦春族等通古斯诸民族，在长期同汉族的接触、交往和交流中，使他们的词汇系统也受到一定的影响。而且，这种影响变得越来越大。我们认为，在不同的历史时期，不同的社会发展阶段，不同程度地借入了具有不同内容、不同词义的汉语借词，从而一定程度上丰富和发展了自己的母语。其中，就有早期在内蒙古草原"丝绸之路"古商道上从事跨国跨地区商贸活动、商品交易及易货买卖的汉族商人，以及通过草原"丝绸之路"大通道迁徙而来的汉族商人家属及内陆地区的汉族农民。那么，在通古斯诸民族同他们长期而广泛地接触，以及同他们的语言交流中，从汉语里自然而然地就借入与日常生产生活及商贸活动或商品密切相关的一些名词术语。例如，有 cha "茶"、tu dou "土豆"、gao liang "高粱"、da cha zi "大碴子"（玉米）、bian shi

"扁食"、bu zi"布子"（布料）、fan bu"帆布"、qi pao"旗袍"、zhan ga da"毡嘎达"（毡子靴）、cha hu"茶壶"、tan zi"坛子"、suan pan"算盘"、jin"斤"、tuo zi"砣子"（秤砣）、miao qiang"瞄枪"、ha ba gou"哈巴狗"、luo zi"骡子"、wa er"瓦儿"、zao keng"灶坑"、di jiao"地窖"、wo peng"窝棚"、dian pu"店铺"、xue tang"学堂"等。不过，在中国的通古斯语支语言中，把这些早期的通过草原"丝绸之路"古商道借用的汉字，分别发音成 tudu ~ tuudu ~ tuduu、goolen、datʃas ~ datʃaas、benʃi、bөөs ~ bəəs、panbu ~ pambu、tʃipo ~ tʃiipo、ʤangada ~ ʤaŋgada、tʃaahu ~ tʃaaku、tans ~ tanʤi、suampan ~ suampaŋ ~ sampan、gin ~ giŋ、tөөs、miitʃaŋ ~ miisaŋ ~ miisan、habagu ~ haabagu、lө өs、waar、ʤooke ~ ʤoohu、diʤo ~ diiʤo ~ diiʤor、wөpөŋ ~ өөpөn、denpu ~ dempu ~ denpus、ʃetan ~ ʃeetan 等。这其中，有的汉语借词的发音形式，在通古斯语支语言里表现得比较复杂，出现有三种发音形式。当然，也有的早期汉语借词，在通古斯诸语里只有一种发音形式。

中华人民共和国成立以后，尤其是改革开放的 40 余年时间里，内蒙古地区的经济社会得到快速发展，包括通古斯诸民族生活的边防线在内，也就是草原"丝绸之路"古通道或者说草原国际商贸大通道又开始活跃起来。更为重要的是，沿着从古延续而来的草原"丝绸之路"，强有力地实施了新时代具有强大生命力的草原"一带一路"建设，这使生活在内蒙古呼伦贝尔草原"一带一路"沿线或周边地区的通古斯诸民族，更加积极地投身于这一惠及人类的重大建设工程。他们将改革开放 40 余年实践中积累的极其丰富的国际商贸活动经验，以及在中蒙俄国际商贸往来中开辟并打下的十分丰厚的基础作为条件，在此通道上同汉族商人及其在草原边防城满洲里、海拉尔长期生活的汉族经商者之间，建立更加广泛、更加密切、更有效益的各种各样的商贸关系、商品交易关系等。与此同时，同俄罗斯和蒙古国的商人之间，同样也建立了相当稳定、可靠、深入、扎实而可持续发展的，长期友好的国际商贸往来关系。但是，由于在这一草原"一带一路"国际商贸大通道上，经商或搞各种国际商贸活动的通古斯诸民族商人或消费者，基本上都精通汉语和蒙古语，加上俄罗斯的商人也都或多或少地掌握汉语，所以他们受到的俄语方面的影响并不十分明显。反过来讲，受汉语和蒙古语的影响却越来越明显，越来越突出地表现了出来。与此密切相关，像以汉字为主的功能齐全、使用方便、随时随地可用的手机、平板电脑、电脑及其网络系统的普及和全覆盖，通古斯语支语言里借入的汉语新词术语越来越多，使用率也变得越来越高。

根据我们的调研和所掌握的资料，生活在内蒙古呼伦贝尔草原"一带一路"沿线或周边地区的通古斯语支语言内借入的汉语借词，不仅数量上十分庞大，而且涉及生产生活的方方面面。比如说，与国际商贸活动有关的新词术语有 hu zhao "护照"、qian zheng "签证"、shang biao "商标"、fa piao "发票"、lu bu "卢布"、mei yuan "美元"、gui tai "柜台"、pin pai "品牌"、pi fa "批发"、pi huo "批货"、bai huo "百货"、shang chang "商场"、shi chang "市场"、shang ye qu "商业区"、mao yi "贸易"、shang mao "商贸"、wai mao "外贸"、wai shang "外商"、shi mao "世贸" 等有不少。这些汉语借词在通古斯语支语言里的发音形式是 huʤo ~ huuʤo ~ huuʤau、tʃianʤəŋ ~ tʃenʤəŋ ~ tʃenʤɚŋ、ʃaŋbio ~ ʃambio、fapio ~ papio ~ paapio、lɯɯbɯ、məiyuan ~ məiyen ~ miiyen、guitai ~ guite、pinpai ~ pimpai、pifa ~ piifa、pihɵ ~ piihɵ、baihɵ、ʃaŋtʃaŋ、ʃitʃaŋ ~ ʃiitʃaŋ、ʃaŋyetʃu ~ ʃaŋyitʃu、maoyi ~ mooyi、ʃaŋmao ~ ʃaŋmoo ~ ʃaŋmo、waimao ~ waimo、waiʃaŋ ~ waiʃan、ʃimao ~ ʃimoo ~ ʃimo 等。但是，汉语借词里的一些元音和辅音，按照通古斯语支语言的语音结构特征，以及语音使用关系和规律进行了必要调整。同时，也使用了该语支语言里新出现的复元音及辅音 f 等语音形式。

另外，实施改革开放及强有力地推动更加开放包容而面向世界的"一带一路"建设以后，生活在内蒙古呼伦贝尔草原"一带一路"沿线或周边地区的通古斯诸民族语言里，除了以上提到的汉语借词外，与现代生产生活相关的名词术语借入得也很多。就如前面所述，似乎涉及现代生产生活的诸多领域、诸多方面。例如，有 ling dai "领带"、xi fu "西服"、yu rong fu "羽绒服"、feng yi "风衣"、yun dong xie "运动鞋"、fang bian mian "方便面"、nai xi "奶昔"、kuai can "快餐"、fan dian "饭店"、jiu jia "酒家"、lou "楼"、dian ti "电梯"、qi ye "企业"、lao ban "老板"、liang ku "粮库"、liang dian "粮店"、ge mai ji "割麦机"、shou ge ji "收割机"、tuo la ji "拖拉机"、sha fa "沙发"、li gui "立柜"、cha ji "茶几"、ya shua "牙刷"、ya gao "牙膏"、xi fa ye "洗发液"、xi mian you "洗面油"、dian biao "电表"、ban dao ti "半导体"、shou yin ji "收音机"、lu yin bi "录音笔"、she xiang ji "摄像机"、dian shi ji "电视机"、dian shi ju "电视剧"、dian bing xiang "电冰箱"、xi yi ji "洗衣机"、kuai tie "快铁"、gao su lu "高速路"、jia you zhan "加油站"、ji shu "技术"、ke xue "科学"、shou ji "手机"、wei xin "微信"、wang luo "网络"、tu shu guan "图书馆"、bo wu guan "博物馆"、gai ge kai fang "改革开放"、cheng bao "承包"、wang wei lan "网围栏"、tuo pin "脱贫"、xiao kang "小康"、xian dai hua "现代化"、xin shi dai "新时代"、yi dai yi lu "一带一路"、zhong guo meng "中国梦" 等。它们在通古斯语支语言里被发音为 liŋdai ~ lin-dai ~ liŋde、ʃifu ~ ʃiifu ~ ʃiipu、yʉʉrʉŋfʉ ~ yʉrʉŋfʉ ~ yʉrʉŋpʉ、fəŋyi、yindʉŋʃe、faŋbenmen ~ fambenmen、naiʃi、kuaiʧan、fanden ~ panden、ʤiuʤa ~ ʤuuʤa ~ ʤuʤa、lʉʉ、denti、ʧiye ~ ʧiiye、looban、liaŋku、liaŋden、gəmaiʤi ~ gəəmaiʤi、ʃəʉgəʤi ~ ʃʉʉgəʤi、ʃaafa ~ ʃaapa、liigui、ʧaaʤi、yaaʃua、yaagau ~ yaago、ʃiifaye ~ ʃiipaye、ʃimenyu、den-biu、bandoti、ʃʉʉyinʤi、lʉʉyinbi ~ lʉyimbi、ʃəəʃiaŋʤi、denʃi、denbiŋʃiaŋ、ʃiyiʤi ~ ʃiiyiʤi、tulaʤi、faduŋʤi、kuaite、goosulu、ʤiayuʤan、ʤiiʃʉ、kəəʃe、ʃəʉʤi ~ ʃʉʉʤi、wəiʃin、aipai、waŋlɵ、tuʃuguan ~ tuʃugan、buwuguan ~ buwugan、gaigəkaifaŋ、ʧəŋbo ~ ʧəmbo、waŋwilan、tɵɵpin、ʃiokaŋ、ʃindaihua ~ ʃindehua、ʃinʃidai、yidaiyilu、ʤɵŋgəməŋ ~ ʤɵŋgɵɵməŋ 等。这其中，绝大多数汉语借词的发音，遵循通

古斯语支语言的元音和谐原理，以及元音和辅音的使用关系、使用特征、使用规则，做出了必要调整，从而出现了阴性元音 ə、ɵ、ʉ 的使用现象。另外，还出现把汉语借词拼音字母的元音 e 及复元音 ie 用元音 ə、e 取而代之的情况，以及汉语借词的短元音或复元音发音为长元音的实例等。还有，将汉语借词里的辅音 j ~ zh、q ~ ch、x ~ sh 及 ng 等，用通古斯语支语言的辅音 ʤ、ʧ、ʃ 及 ŋ 来替代的现象等。不过，在个别汉语借词里，也有将汉语借词内使用的一些三合元音或二合元音等复元音，原原本本地遵循原来的发音规则，发作三合元音或二合元音的实例。这里还有必要进一步说明的是，汉语借词不论是由两个词或三个词，还是由四个词结合而成的名词术语，被借入通古斯语支语言后，都无一例外地演化为黏着性结构类型的多音节词。也就是说，都要变成二音节词、三音节词或四音节词等多音节词。再说，有些汉语借词还会遇到阳性元音和阴性元音同时被使用的一些情况，辅音 f 等被使用的实例。

其实，生活在草原"一带一路"通道上及其周边地区的通古斯诸民族，近些年从汉语借用的词还有不少，但绝大多数是属于两个音节以上的多音节词，像三个音节的汉语借词不是太多，特别是四个音节的汉语借词显得更少。再说，单音节词也不多。除了在这里列举的外，还有很多汉语借词，不过有的汉语借词有其很高的使用率，有的汉语借词的使用率不是很高。

另外，在中国内蒙古呼伦贝尔的通古斯诸语借入的汉语借词里，也有一些半音半译或音译加注的词。例如，den təggəən "电车" 就是半音半译的汉语借词，前面的 den 是汉语借词 dian "电" 的发音形式，后面的 təggəən "车" 是属于通古斯诸语的母语单词。再如，bəəse nogo 说的是 "菠菜菜"，指的就是 "菠菜"。那么，该汉语借词的前置词 bəəse 是汉语借词 bocai "菠菜" 的发音形式，后置词 nogo "菜" 是通古斯诸语的母语单词，在这里起到了音译加注词的加注作用。类似的例子还有一些。这说明，在中国内蒙古呼伦贝尔的通古斯诸语中借入的汉语借词不仅数量多，而且结构类型也比较丰富多样。不论怎么说，这些汉语借词的借入一定程度上填补了通古斯语支语言词汇在此方面出现的空缺，进而一定程度上丰富了通古斯语支语言词汇系统。

三 汉语语法对通古斯诸语的影响

对于任何一种语言来讲，语法方面受外来语言的影响是一个十分缓慢的事情，在此领域很少出现大的太明显的变化。通古斯语支语言也是如此，虽然在草原"丝绸之路"与"一带一路"通道上长期受到汉语影响，但其影响主要体现在词汇方面，其次在语音方面也有了一些变化。不过，语法方面的影响不是十分显著。然而，我们也不能说，通古斯语支语言在错综复杂的形态变化语法现象方面，没有受到汉语的任何影响。根据我们掌握的资料，通古斯语支语言里，出现的汉语语法影响，基本上体现在以下两个方面。

一是，通古斯语支语言的错综复杂、纵横交错、系统完整的黏着性形态变化语法词缀，受汉语的影响而已经出现被省略、减少或简化等现象。例如，通古斯语支语言的早期说法 mini akin "我的哥哥"、ayi kalak an ʤiŋʤika "说得稍微好一点"、nooni akinnin əmətʃə "他的哥哥来了"、bəydʉ anawuran "被人推"、tari ooʤogo "他将来会成功的" 等简单句，现在却出现说成 mi akin、ayi kan ʤiŋʤika、nooni akin əmətʃə、bəydʉ anuran、tari ooʤo 等。很显然，这其中 mi-ni "我的" 的领格形态变化语法词缀-ni，以及在 akin-nin "哥哥" 的人称领属形态变化语法词缀-nin 等被省略；在 ayi-kalakan "稍微好一点" 后面接缀的最低级形态变化语法词缀-kalakan 被简化为-kan；在 ana-wuran "被推" 的被动态形态变化语法词缀-wu 及动词词根末尾的短元音 a 合并而简化为 u 音；在 oo-ʤogo "做" 的陈述式将来时形态变化语法词缀-ʤogo 却简化浓缩为-ʤo 等。也就是说，在以上简单句里领格形态变化语法词缀-ni 及人称领属形态变化语法词缀-nin 被省略，最低级形态变化语法词缀 -kalakan、被动态形态变化语法词缀-wu、陈述式将来时形态变化语法词缀-ʤogo 等被简化或减少或合并为-kan、-u、-ʤo 等。

二是，在通古斯语支语言里，受汉语语法影响而出现了使用汉语系词 ʃi "是" 的现象。例如，ʃi ʃi ni bəy？"你是什么人？"，tari ʃi yok-on？"那是什么？"，mi akin ʃi əri bəy "我哥哥是这个人" 等简单句内，句子主语 ʃi "你"、tari "那"、akin "哥哥" 等后面都使用了汉语系词 ʃi "是"。在传统的通古斯语支语言里不使用系词 ʃi，所以基本上都说成 ʃi ni bəy、tari yokon、mi akin əri bəy 等。

第三节　草原"丝绸之路"与"一带一路"及蒙古语对通古斯诸语的影响

众所周知，通古斯语支语言和蒙古语均属于阿尔泰语系语言，而且是在阿尔泰语系的不同语族里，通古斯语支语言和蒙古语属于最为亲近的语言，这跟他们的先民有史以来一直生活在温寒地带草原"丝绸之路"与"一带一路"沿线及周边地区，以及他们的先民共同从事的畜牧业生产活动等有其必然的内在联系。所以，通古斯语支语言和蒙古语中，有数量相当可观的共有词，或者说同根同源的词汇系统，从而成为阿尔泰语系语言学界热议的学术话题和关注点。那么，对于这些阿尔泰语系语言里出现的共有词，国内外有的专家学者认为，它们都是无可置疑的同根同源词，也有的认为它们是相互借用的词，还有人指出它们都是从另外一种更加古老的语言中共同借用的词类系统等。不论怎么说，对于这些共有词的讨论还在继续，至今还没有得出令人满意的科学解答。但是，伴随阿尔泰语言学科不断向深度和广度推进，特别是一直以来被忽略的中国境内的满通古斯语族语言研究成果的不断产出，以及同蒙古语族语言和突厥语族语言比较研究工作的不断深入，这一尘封千古的学术谜团逐渐变得明朗起来。在我们看来，通古斯语支语言和蒙古语里共同使用的数量可观的基本词汇，绝大多数都有极其深远的共同的历史来源关系。同时，我们也应该承认，其中也有在草原"丝绸之路"与"一带一路"通道上，相互接触、相互往来、相互交流的漫长历史岁月里，相互借用的一些词语。事实上，这也是人类不同民族的语言，相互学习、互通有无、共同发展的必然途径和结果。

根据第一手资料，生活在内蒙古呼伦贝尔草原"一带一路"沿线或周边地区的通古斯诸民族语言里借入的蒙古语词汇的内容十分丰富，同样涉及自然现象及动植物、社会历史地名、生产生活、衣食住行、政治军事、商品经济、文化知识、文学艺术、宗教信仰等诸多方面的内容。例如，（1）同自然现象及动植物名称有关的蒙语借词有 manaŋ（manang）"雾"、dola ~ dol（dölö）"火焰"、tɯymɯr（tüymür）"火灾"、mɯrən（müren）"江"、əlsɯŋ ~ əlsɯn（elesün）"沙子"、bodar ~ bodor（budaɣ）"颜色"、bars（bars）"老虎"、sarlag（sarluɣ）"野牛"、boha ~ boh（buq-a）"牤牛"、biruu ~ biru（biruɣu）"两岁小牛"、daag（daɣ-a）"马驹"、iʃig（isige）"山羊羔子"、gülüg（gülüge）"狗崽"、toole（taulai）"兔子"、ituu ~ itu（ituɣu）"飞龙"、mugaildʒi ~ murgaldʒi（muɣailǰi）"鳗鱼"、sarna（saran-a）"山丹"、tʃiwag ~ ʃiwag（čibaɣ-a）"枣"等；（2）与社会历史地名相关的蒙语借词有 nəygəm ~ niigəm（neigem）"社会"、tɯɯhə（teühe）"历史"、h өhhot（kokeqota）"呼和浩特"、ulanhot（ulaɣanqota）"乌兰浩特"、moŋgol（mongɣol）"蒙古"、əbəldʒə ~ əwəldʒə（ebülǰy-e）"冬营地"、ǰuslaŋ（ǰusalang）"夏营地"、bool（boɣol）"奴隶"、darkan ~ dakkan ~ darhan（darqan）"铁匠"、manaɣa čin（manaɣačin）"更夫"、godoŋdʒi（godomǰi）"巷"、səsərlig（čečerlig）"公园"、gərtʃi ~ gətʃtʃi（gerči）"证明"、aldar（aldar）"声誉"等；（3）跟生产生活及衣食住行相关的蒙语借词有 hadlaŋ（qadulang）"割草场"、mal（mal）"牲畜"、targu（tarɣu）"膘"、tɯl（tul）"幼畜"、tag ~ tak（taq-a）"马铁掌"、imneŋ（imnen）"羊印记"、maltʃiŋ（malč in）"牧民"、bəəle ~ bəəli（begelei）"手套"、ʃaahe（šaqay）"布鞋

子"、torga ~ tooggo（torɣ-a）"缎子"、golir（ɣulir）"面粉"、əədʑig（egeǰegei）"奶渣子"、burtʃo（burčaɣ）"豆角"、narim（narimu）"小米"、aag（aɣa）"糠"、dəl（del）"草棚"、oni（uni）"椽子"、niro（niruɣu）"房脊"、bolaŋ（bulang）"墙角"、tag（tag）"灶台"、sirə（sirege）"桌子"、kʉrʤi ~ hʉlʤi（kürǰe）"锹"、loŋko ~ loŋho（longqo）"瓶子"、hoboŋ（qobong）"瓷盆"、kisor ~ hisor（qusuɣur）"锅铲子"、bolod（bolod）"钢铁"、has（qas）"玉"、əm（em）"药"、tahul（taqul）"疟疾"等；（4）关于政治军事方面的蒙语借词有 ʤasag（ǰasaɣ）"政府"、həltəs（heltes）"部门"、kəltəs ~ həltəs（keltes）"科"、nam（nam）"党"、aratʃʃilal（aradčilal）"民主"、howisgal（qubisɣal）"革命"、tug（tuɣ）"旗"、dalba ~ dalwa（dalbaɣ-a）"旌"、ordon ~ oddon（ordon）"宫"、čerig（čerig）"兵"、bag（baɣ）"小分队"、sələm ~ səlmi（selem-e）"军刀"等；（5）关于商品经济方面的蒙语借词有 horʃo ~ hotʃʃo（qorsiy-a）"商场"、ayilčin（ayilčin）"客人"、atʃa（ačiyan）"行李"、tarilaŋ ~ tarigaŋ（tariyalang）"农业"、malʤil（malǰil）"畜牧业"、otor（otor）"游牧点"、gayli ~ gaili（ɣayli）"税"、hʉ（kü）"利息"、ʉn（üne）"价格"等；（6）同文化知识相关的蒙语借词有 tʃaasuŋ ~ saasuŋ（čaɣasun）"纸"、soniŋ（sonin）"报纸"、surgal（surɣaɣuli）"学校"、dəbtər（debter）"本子"、sətgʉl（setgül）"刊物"、urtʃil ~ utʃʃil（orusil）"序"、badar（badaɣ）"节"、onoksu ~ onohsu（onisuɣ-a）"谜语"、namtar（namtar）"史书"、ay（ay-a）"声调"等；（7）关于文学艺术方面的蒙语借词有 ʉnugʉl ~ ʉngʉl（üliger）"故事"、ʃilʉg（šilüg）"诗"、doo（daɣuu）"歌"、bʉʤig（böǰig）"舞蹈"、hʉgʤim ~ hʉdʒʤim（kügǰim）"音乐"、hogor ~ hoor（quɣur）"胡琴"、limbʉ（limbu）"笛子"、yatug（yatuga）"筝"、ʃitar（sitar）"象棋"等；（8）同宗教信仰相关的蒙语借词有 ʃaʃin（šasin）"宗教"、ərlig ~ əllig（erlig）"阎王"、soboggo（suburɣ-a）"塔"、sʉm（süm-e）"庙"、kʉʤ（küǰi）"香"、ʉʃʃel ~ utʃʃəl（örošiyel）"仁义"、

tabilgaŋ（tabilɣan）"运气"、tʃəər～səər（ćeger）"墓"等。在这里，我们只是列举了有代表性的一些蒙语借词，除此之外还有不少借入通古斯诸语的蒙古语名词术语。这些蒙语借词均有较高的使用率，从而对于通古斯诸民族从日常语言交流发挥着应有的积极作用。特别是，那些同生产生活、衣食住行、商品经济、文化知识等有关的蒙语借词有其相当高的使用率。另外，在这些名词术语后面还可以接缀从名词构成动词，以及构成形容词等构词词缀，派生同原有名词词义密切相关的动词或形容词使用的现象。例如，manaŋtaraŋ（manaŋ-taraŋ）"下雾"、bəələlərəŋ（bəəle-lərəŋ）"戴手套"、doo（doo-ldiroŋ）"共同唱歌"、kʉrʤidərəŋ（kʉrʤi-dərəŋ）"用锹打"等动词，都是在名词manaŋ"雾"、bəəle"手套"、doo"歌"、kʉrʤi"锹"等后面，接缀形态变化构词词缀-taraŋ、-lərəŋ、-ldiroŋ、-dərəŋ等派生的动词。再如，ʉʃʃelʃi（ʉʃʃel-ʃi）"恩慈的"、manaŋgar（manaŋ-gar）"朦胧的"、atʃaŋga（atʃa-ŋga）"麻烦的"等是在名词ʉʃʃel"仁义"、manaŋ"朦胧"、atʃa"行李"后面，接缀形态变化构词词缀-ʃi、-gar、-ŋga等派生的形容词。

　　通古斯诸语里除了以上提到的从蒙古语借用的名词外，还有一些从蒙古语借用的形容词、动词、副词等。例如，从蒙古语借用的形容词有tʉgɡʉŋ～tʉgɡən（türgen）"快"、aaʤu（aɣuʃaɣu）"广阔的"、hargis～harkis（qargis）"残酷的"、bat（batu）"结实的"等；从蒙古语借用的动词有soondola-（sundala-）"双人骑马"、ʃerme-（ćirmai-）"努力"、bod-（bodo-）"想"等；从蒙古语借用的副词有dəndʉ（dendegüü）"太"、daruy～daru（darui）"立刻"、ʉkkʉlʤi（ürgülʃi）"经常"等。当然，除此之外也有一些从蒙古语借入的形容词、动词、副词等，但其数量都不多。比较而言，形容词的数量比动词或副词的多一些。也有一些从蒙古语借词中的名词派生而来的形容词或动词。尽管这些蒙语借词的数量比较少，但是同样有一定的使用率，同样为通古斯诸语的使用和发展发挥着积极作用。尤其是，在通古斯诸民族同蒙古族的语言交流中，其具有不可忽视的重要意义和作用。

有史以来生活在内蒙古草原"丝绸之路"与"一带一路"沿线或周边地区的通古斯诸民族使用的母语里，借入了俄语及印欧语系语言借词。而且，对于中国境内的通古斯诸语来讲，从俄语及印欧语系语言借用的名词术语绝大多数是属于早期借词。例如，有 bulaadʒ "俄式连衣裙"、meetar ～ meeta "米"、sʉʉpʉ ～ sʉwə "西红柿土豆汤"、hiləəb "面包"、biraaʃig "烤面包的铁炉子"、birdaŋ "铁炉子"、bitoom "装奶铝桶"、motoor "摩托车"、maʃin ～ maʃiŋ "机器"、tarmul "搂草机"、ʤaruud "大草垛"、bargaad "生产队"、abooda "乳品厂"、komis "领导小组"、kaatar "干部"、kɵlɵɵb "俱乐部"、dansa ～ dans "交际舞"、kart "扑克"、qaranda "铅笔"、romaŋ "长篇小说"、pəlmeet "冲锋枪"、luuta "俄国"、amerika "美国"、aaŋgil "英国"、parans ～ farans "法国"、girman "德国"、kanada "加拿大" 等。在早期草原"丝绸之路"通往俄罗斯以及向欧洲拓展延伸的古商道上，通古斯诸民族中借入的这些俄语借词及印欧语系语言借词同样发挥过应有的作用。特别是，在蒙古国和俄罗斯西伯利亚及远东地区生活的通古斯诸民族语言里，借入了相当数量的俄语借词和印欧语系语言借词，从而为蒙古国及俄罗斯的通古斯诸语的使用和发展发挥了积极推动作用。

参考文献

一　学术著作类

D. 卡拉：《蒙古人的文字与书籍》，内蒙古人民出版社 2004 年版。

巴雅尔：《蒙古秘史》，内蒙古人民出版社 1980 年版。

博·仁钦：《蒙古语书面语法》，内蒙古人民出版社 1990 年版。

曹道巴特尔：《喀喇沁蒙古语研究》，民族出版社 2007 年版。

曹道巴特尔：《蒙古语族语言研究史论》，内蒙古教育出版社 2010
　　年版。

曹道巴特尔：《蒙汉历史接触与蒙古语言文化变迁》，辽宁民族出版社
　　2010 年版。

曹道巴特尔：《〈蒙文启蒙诠释〉文献学研究》，内蒙古人民出版社
　　2015 年版。

曹道巴特尔等：《蒙古国布里亚特人社会文化调查报告》，中国社会科
　　学院民族学与人类学研究所 2016 年版。

策·贺希格陶克陶：《蒙古文字　蒙古文献》，民族出版社 2019 年版。

朝克等：《北方民族语言变迁研究》，中国社会科学出版社 2012 年版。

朝克等：《中国少数民族语言文字研究史论》，中国社会科学出版社
　　2013 年版。

朝克：《满—通古斯诸语比较研究》，民族出版社 1997 年版。

朝克主编：《〈一带一路〉战略与东北亚研究》，社会科学文献出版社

2016 年版。

陈乃雄：《蒙文同形词》，内蒙古教育出版社 1982 年版。

陈炎：《海上丝绸之路与中外文化交流》，北京大学出版社 1996 年版。

陈悦新：《书评彭金章、王建军的〈敦煌莫高窟北区石窟〉》第 1 卷，文物出版社 2000 年版。

戴庆厦主编：《跨进语言研究》，中央民族学院出版社 1993 年版。

戴庆厦主编：《二十世纪的中国少数民族语言研究》，书海出版社 1998 年版。

道布：《回鹘式蒙古文文献汇编》，民族出版社 1983 年版。

德力格尔玛等：《蒙古语族语言概论》，中央民族大学出版社 2006 年版。

多丽梅等：《通古斯鄂温克语研究》，社会科学文献出版社 2016 年版。

额德虎日亚奇：《蒙古贞土语》，内蒙古教育出版社 1996 年版。

额尔登泰等：《〈蒙古秘史〉词汇选释》，内蒙古人民出版社 1981 年版。

恩和巴图：《达汉小辞典》，内蒙古人民出版社 1983 年版。

恩和巴图：《达斡尔语读本》，内蒙古人民出版社 1988 年版。

恩和巴图：《达斡尔语和蒙古语》，内蒙古人民出版社 1988 年版。

恩和巴图等：《达斡尔语词汇》，内蒙古人民出版社 1984 年版。

恩和巴图等：《达斡尔语和蒙古语》，内蒙古人民出版社 1988 年版。

樊保良：《中国古代少数民族语丝绸之路》，青海人民出版社 1994 年版。

嘎日迪：《中国蒙古语研究》，辽宁民族出版社 2006 年版。

盖山林：《丝绸之路——草原文化研究》，新疆人民出版社 2009 年版。

盖世林：《丝绸之路草原民族文化》，新疆大学出版社 1996 年版。

格日勒图：《蒙古书面语语法研究》（蒙），内蒙古大学出版社 1998 年版。

耿世民：《敦煌突厥回鹘文书导论》，台北新文丰出版公司 1994 年版。

哈斯巴根：《蒙古语族语言语音比较研究》（蒙），内蒙古人民出版社

2001 年版。

哈斯巴特尔：《蒙古语满语比较研究》（蒙），内蒙古大学出版社 1991
　　年版。

哈斯额尔敦：《阿尔寨石窟回鹘蒙古文榜题研究》，辽宁民族出版社
　　1997 年版。

哈斯额尔敦等：《现代蒙古语》（蒙），内蒙古教育出版社 1996 年版。

郝春文：《英藏敦煌社会历史文献释录》第 1 卷，社会科学文献出版社
　　2001 年版。

郝苏民译注、解补：《鲍培八思巴字蒙古文献语研究入门》，民族出版
　　社 2008 年版。

呼格吉勒图：《蒙古语族语言基本元音比较研究》，内蒙古人民出版社
　　2004 年版。

呼和等：《蒙古语语音声学分析》（蒙），内蒙古大学出版社 1999 年版。

黄征、程惠新：《敦煌遗书——劫尘遗珠》，甘肃教育出版社 1999
　　年版。

季羡林：《敦煌学大辞典》，上海辞书出版社 1998 年版。

姜伯勤：《敦煌吐鲁番文书与丝绸之路》，文物出版社 1994 年版。

金春子等：《中国的跨境语言》，民族出版社 1994 年版。

李敬忠：《语言演变论》，广州出版社 1995 年版。

李仁晓编著：《蒙汉语比较》，内蒙古人民出版社 1983 年版。

李仁孝：《蒙汉语比较》，内蒙古人民出版社 1983 年版。

梁尉英：《敦煌石窟艺术》，江苏美术出版社 1997 年版。

刘进宝：《敦煌历史文化》，甘肃人民出版社 2000 年版。

伦图：《卫拉特方言词汇汇编》，内蒙古大学出版社 1994 年版。

满达夫：《蒙古语研究》（蒙），内蒙古教育出版社 1990 年版。

满都胡等：《现代蒙古语结构语法》（蒙），内蒙古教育出版社 1986
　　年版。

蒙赫达赉等：《通古斯鄂温克族社会历史》，社会科学文献出版社 2016

年版。

孟和宝音：《蒙古语语音史研究》（蒙），内蒙古教育出版社 2002 年版。

内蒙古大学编：《现代蒙古语》（上下、蒙），内蒙古人民出版社 1964 年版。

内蒙古大学编：《蒙汉词典》，内蒙古人民出版社 1977 年版。

内蒙古大学编：《蒙古语族语言方言研究丛书》，内蒙古人民出版社 1984—1988 年版。

诺尔金等编：《（蒙古语）方言词典》（蒙），民族出版社 1992 年版。

清格尔泰：《蒙古语语法》，内蒙古人民出版社 1991 年版。

清格尔泰：《现代蒙古语语法》（蒙），内蒙古人民出版社 1980 年版。

确精扎布：《蒙古文和托忒蒙文对照蒙语辞典》（蒙），新疆人民出版社 1979 年版。

确精扎布：《卫拉特方言话语材料》（蒙），内蒙古人民出版社 1986 年版。

确精扎布：《蒙语语法研究》（蒙），内蒙古大学出版社 1989 年版。

舍那木吉拉：《中国民族语文工作的创举》，辽宁民族出版社 2000 年版。

斯钦朝克图编：《蒙古语词根词典》（蒙），内蒙古人民出版社 1988 年版。

松布尔巴图：《汉蒙词典》，民族出版社 2011 年版。

宋濂：《元史》，中华书局 1976 年版。

苏荣等编：《卫拉特方言论文集》（蒙），新疆人民出版社 1997 年版。

孙竹：《蒙古语族语言研究》，内蒙古大学出版社 1996 年版。

孙竹主编：《蒙古语语族语言词典》，青海人民出版社 1990 年版。

图力更等：《现代蒙古语研究概论》（蒙），内蒙古人民出版社 1988 年版。

图力古尔：《〈忻都王碑〉蒙古语文研究》，内蒙古文化出版社 1992 年版。

汪立珍主编：《蒙古族及呼伦贝尔诸民族族源关系研究》，中国社会科
　学出版社 2014 年版。

王远新：《中国民族语言学史》，中央民族学院出版社 1993 年版。

王远新：《突厥历史语言学研究》，中央民族学院出版社 1995 年版。

王远新：《中国民族语言学理论与实践》，民族出版社 2002 年版。

乌兰：《元朝秘史》（校勘本），中华书局 2012 年版。

乌·满达夫主编：《中古蒙古语》，辽宁民族出版社 1997 年版。

乌·满都夫整理校注：《蒙古译语词典》，民族出版社 1995 年版。

乌云毕力格等主编：《蒙古史纲要》，内蒙古人民出版社 2006 年版。

乌云：《敦煌石窟回鹘式蒙古文题记的语言研究》，内蒙古教育出版社
　2014 年版。

武达等：《巴尔虎土语词汇》，内蒙古人民出版社 1983 年版。

武达等：《巴尔虎土语话语材料》，内蒙古人民出版社 1984 年版。

小泽重男：《中世纪蒙古语诸形态研究》，内蒙古教育出版社 2004
　年版。

《新蒙汉词典》编委会：《新蒙汉词典》，商务印书馆 1999 年版。

新特克：《蒙古语词汇研究》（蒙），内蒙古大学出版社 1991 年版。

徐思益等：《语言的接触与影响》，新疆人民出版社 1996 年版。

徐通销：《历史语言学》，商务印书馆 1991 年版。

徐序雅：《唐代丝绸之路与中亚历史地理研究》，西安大学出版社 2000
　年版。

亚森：《吐鲁番回鹘文世俗文书语言结构研究》，新疆大学出版社 2001
　年版。

杨富学：《回鹘文佛教文献研究》，上海古籍出版社 2018 年版。

杨优臣等：《达斡尔语词典》，民族出版社 2017 年版。

亦邻真复原：《〈元朝秘史〉畏兀体蒙古文》，内蒙古大学出版社 1987
　年版。

喻世长：《论蒙古语族的形成和发展》，民族出版社 1983 年版。

张铁山：《回鹘文献语言的结构与特征》，中央民族大学出版社 2005 年版。

张志尧：《草原丝绸之路与中亚文明》，新疆美术摄影出版社 1994 年版。

赵杰：《丝绸之路语言研究》，新疆人民出版社 2011 年版。

赵明鸣：《〈突厥语词典〉语言研究》，中央民族大学出版社 2001 年版。

照日格图：《蒙古语族语与突厥语族语词汇比较研究》（蒙），内蒙古教育出版社 2000 年版。

照日格图：《蒙古语族语与突厥语族语词汇比较研究》，内蒙古大学出版社 2004 年版。

照日格图等：《蒙古语格研究》（蒙），内蒙古教育出版社 2001 年版。

中国民族古文字研究会编：《中国民族古文字研究》（第 2—4 辑），天津古籍出版社 1993—1996 年版。

中国社会科学院民族研究所等主编：《中国少数民族文字》，中国藏学出版社 1991 年版。

中国社会科学院民族研究所等主编：《中国少数民族语言文字使用和发展问题》，中国藏学出版社 1991 年版。

中国社会科学院民族研究所等主编：《中国少数民族语言使用情况》，中国藏学出版社 1994 年版。

周庆生主编：《中国民族语言学研究》，社会科学文献出版社 2008 年版。

［丹麦］汤姆逊：《十九世纪末以前的语言学史》，科学出版社 1960 年版。

［俄］W. A. 伊斯特林：《文字的产生和发展》，北京大学出版社 1987 年版。

［俄］桑席耶夫：《蒙古诸语言比较语法》，民族出版社 1959 年版。

［俄］苏尼克：《通古斯诸语满语名词研究》，俄罗斯圣彼得堡科学出版社 1982 年版。

［法］阿里·玛扎海里：《丝绸之路——波斯——中国文化交流史》，耿
　　昇译，新疆人民出版社 2006 年版。

［法］伯希和：《敦煌石窟笔记》，耿昇译，甘肃人民出版社 2007 年版。

［日］福田昆之：《日本语和通古斯语》，日本丸井图书出版株式会社
　　1988 年版。

［苏联］符拉基米尔佐夫：《蒙古书面语与喀尔喀方言比较语法》，陈
　　伟、陈鹏译，青海人民出版社 1988 年版。

［苏联］捷尼舍夫：《突厥语言研究导论》，陈鹏译，中国社会科学出版
　　社 1981 年版。

［匈］卡拉：《东方学研究所圣彼得堡分所收藏哈喇浩特及西域出土中
　　世纪蒙古文文献研究》，敖特根译，民族出版社 2006 年版。

二　学术期刊、集刊类及其他

嘎日迪：《敦煌蒙古文文献》，《蒙古学通报》2004 年第 2 期。

哈斯额尔敦等：《敦煌莫高窟元代回鹘蒙文〈图勒黑图古思题记〉释
　　读》，《敦煌研究》1987 年第 3 期。

哈斯额尔敦等：《莫高窟第 61 窟甬道南壁回鹘蒙文题记释读》，《敦煌
　　研究》1989 年第 1 期。

哈斯额尔敦等：《安西榆林窟第 12 窟前室甬道北壁回鹘蒙文题记释
　　读》，《敦煌研究》1990 年第 3 期。

哈斯额尔敦等：《榆林窟第 12 窟道尔吉题记释读》，《敦煌研究》1992
　　年第 2 期。

金钰：《现代蒙古语中的汉语借词概述》，《中国蒙古学》2011 年第
　　5 期。

照那斯图：《关于〈善说宝藏〉最早的蒙译及其回鹘式、八思巴两种文
　　字的版本》，《蒙古语言文学》1980 年第 1 期。

照日格图：《辨别蒙古语中借词的一些方法》，《内蒙古大学学报》2000
　　年第 1 期。

白萨：《中蒙两国蒙语差异研究》，博士学位论文，黑龙江大学，2016 年。

曹道巴特尔：《汉语对农业蒙古人语音的影响》，《国际蒙古学研究论文集》2006 年第 16 期，乌兰巴托，2009 年。

朝克：《中国通古斯诸语基本词汇对照》（日文），日本小樽商科大学，1997 年。

朝克：《通古斯诸民族及语言》（日文），日本东北大学，2002 年。

嘎日迪：《近十几年来敦煌石窟区考古发现中的蒙古文文献》，《丝绸之路民族古文字与文化学术讨论会会议论文集》，兰州，2005 年。

双山：《蒙古语科尔沁土语词汇研究》，博士学位论文，中央民族大学，2004 年。

乌云：《敦煌石窟回鹘式蒙古文题记的历史文化价值》，《青年蒙古学者国际学术交流会论文集》，乌兰巴托，2009 年。

［俄］列别杰娃：《雅库特自治共和国境内的埃文语（鄂温克语）基本特征》，列宁格勒，1978 年。

［蒙古国］恩·巴力吉尼玛：《蒙古国蒙古语中的汉语借词研究》，乌兰巴托，2018 年。

［蒙古国］帖木儿陶高：《蒙古国蒙古语中的外来词解析辞典》，乌兰巴托，2018 年。

［蒙古］米吉德道尔基：《蒙语满语书面语比较》（蒙），乌兰巴托，1976 年。

［日］池田哲郎：《通古斯诸语和东亚诸语言》，京都产业大学，1998 年。

［日］冈洋树等编：《东北亚地域论的可能性》（日文），日本东北大学，2002 年。

［日］黑田信一郎等编：《通古斯语言文化论集》（日文），日本北海道大学，1991 年。

后　　记

　　经过两年多时间的共同努力，课题组成员终于撰写完成了内蒙古政府交办的"发掘内蒙古历史文化，服务'一带一路'建设"重大课题的第十个子课题"内蒙古语言文字与'一带一路'建设研究"之34万字的项目书稿。后来，经过两次的专家审阅，进行反复修改、删减现已成为30万字左右的成稿。说实话，对于写好的稿子进行修改也是一项不小的工程，有的资料按照审稿专家的意见需要重新核对或做补充调查，有的还要根据审稿人提出的相关建议，对项目稿进行必要的删减。要从课题组经过努力完成的书稿中，删除一些内容，是一个很不情愿去做的工作。但是，为了使书稿变得更加精练，表述的内容更加清楚到位，包括书中用的例子更加精确有说服力，课题组成员还是依据审稿专家的意见和建议，对于项目初稿的表述形式和内容做了必要的调整、修改和提炼。特别是，对于重复性出现的相关内容或实例做了必要的删除。也就是说，经过反反复复的多次修改，终于较理想地完成了这本30万字左右的项目书稿。

　　起初参加该项子课题的课题成员有15人，后来精减为10人。然而，作为该项子课题负责人的内蒙古师范大学教授，著名蒙古语言学家孟和宝音博士，在项目启动后课题组成员正集中精力和时间收集整理与项目有关的历史文献资料的关键时刻，因患肝癌治疗无效病逝。毫无疑问，这给该项子课题的完成带来一定负面影响和损失。在这种现实面前，课题组重新选定负责人，并在新的课题组负责人的带领下，继续搜集整理与课题相关的历史文献资料。同时，按照项目实施计划安排有关课题组成员到草原"一带一路"沿线相关国家和地区开展语言文字使用情况的实地调研。在此基础上，课题组成员从各自承担的科研工作任务的角度，对第一手资料进行分析研究并撰写项目稿。经过两年多时间的共同努力，终于撰写完成了30余万字的项目稿件。参加项目稿撰写工作的主要有朝克、曹道巴特尔、包乌云、凯琳等专家学者。其中，朝克撰写了前言、第一章和第十章，曹道巴特尔撰写了第二章、第三章、第四章、第五章，包乌云撰写了第六章，凯琳撰写了第七章、第八章、第九章。

该项成果即将出版发行之际，课题组全体成员向内蒙古自治区政府领导交给我们此项重大委托项目表示深深的谢意！同时，也要感谢内蒙古自治区研究室的领导及相关工作人员为此项课题的顺利实施付出的劳动和给予的帮助。还要向内蒙古社会科学院财务部门的工作人员，以及中国社科院民族文学所财务部门的工作人员等，为协助管理课题经费而付出的辛勤劳动表示诚挚的感谢！在此，我们也要向项目稿的审稿专家表示真诚的感谢！另外，向课题组成员进行项目资料的搜集整理，以及在国内外开展实地调研时，给予各方面帮助和支持的科研院校、历史文献档案馆、图书馆、文献资料室的负责人和工作人员，包括国内外开展田野调研时给予帮助的专家学者及蒙古族同胞一并致以感谢！